제가 투명인간인가요?

이 도서의 국립중앙도서관 출판예정도서목록(CIP)은 서지정보유통지원시스템 홈페이지
(http://seoji.nl.go.kr)와 국가자료공동목록시스템(http://www.nl.go.kr/kolisnet)에서
이용하실 수 있습니다. (CIP제어번호: CIP2019000852)

구계원 옮김
조앤 리프먼 지음

제가

투명인간

인가요?

남자들은
모르는
**직장 내
성차별의
비밀**

문학동네

톰, 리베카, 앤드루에게,
그리고 네 세대에 걸쳐 강인한 여성과 남성을 키워내신
어머니 다이앤 리프먼에게 이 책을 바친다

차례

일러두기

1. 본문 중 고딕체는 원서에서 이탤릭체로 강조한 부분이다.
2. 인명, 지명 등 외래어는 국립국어원의 외래어표기법을 따랐으나 일부 단어는
   국내 매체에서 통용되는 사례를 참조했다.

프롤로그: 성평등, 분기점에 서다

이 책은 아이오와주 디모인행 비행기 안에서 시작되었다. 전반적으로 특별할 것 없는 여행이었다. 옆자리에 앉은, 사업가라는 남성 승객은 무척이나 상냥하고 붙임성이 좋았다. 플라스틱컵에 담긴 화이트 와인을 마시면서 그의 사업, 그가 뉴욕 교외에 마련한 새집, 그리고 그의 아이들이 참여하는 스포츠팀에 대해 이야기를 나누었다.

그러다가 내가 여성 콘퍼런스 강연차 디모인에 간다고 이야기했다. 그 말이 떨어지자마자 갑자기 그가 얼어붙었다.

"미안해요!" 그는 볼멘소리를 했다. "남자라서 미안합니다."

나는 들고 있던 와인잔 바닥을 어색하게 내려다보았다. 그는 흘끗 곁눈질하더니 이렇게 설명을 덧붙였다.

"몇 달 전에 억지로 다양성 교육을 받았거든요. 정말이지 끔찍했어요."

그는 거침없이 내뱉었다. 그의 말에 따르면, 다양성 교육을 받을 때 진행자가 자신을 비롯해 다른 남성 동료들을 아주 호되게 책망했단다. 교장실에 불려가거나 교실 한구석에 앉아 벌을 받는 기분이었단다. 자기 인생의 몇 시간을 완전히 낭비해버린 것 같았단다. 그리고 그 과정에서 자신과 남성 동료들은 딱 한 가지 교훈을 얻었단다.

이게 전부 다 남자들 잘못이다.

그 남자의 말이 좀처럼 머릿속에서 사라지지 않았다. 사실, 전에도 비슷한 이야기를 수십 번이나 들었다. "나한테 소리지르지 마시오!"라고 외치기라도 하듯 움찔거리는 보디랭귀지도 헤아릴 수 없을 정도로 수차례 목격했다. 당당하고 자신감 넘치는 남성들이 여성이라는 주제, 그리고 한술 더 떠서 '성평등'이라는 말이 등장할 때마다 방어적인 자세로 움츠러드는 모습을 지켜보았다.

남은 비행 시간 동안 우리 사이에 어색한 침묵이 흘렀다.

다음날 아침, 수백 명의 여성이 호텔 연회장으로 모여들었다. 나는 회의 자리에서 무시당하거나 능력에 맞는 평가를 못 받거나 자기가 낸 아이디어의 공을 남성이 가로채는 모습을 속수무책으로 지켜보는 일처럼 여성들이 직장에서 너무나 빈번히 접하는 문제들에 대해 강연하기 위해 이 콘퍼런스에 온 것이었다. 강연을 진행하다보니 수백 명의 여성들이 고개를 끄덕이며 공감하는 모습이 눈에 들어왔다.

나는 순간, 강연을 멈추고는 이렇게 말했다.

"우리 여성들은 이런 현실을 이미 다 알고 있습니다. 여러분이 아니라 이 자리에서 남성들이 이런 이야기를 들어야 합니다."

맨 먼저 짚어둘 사항: 이 책에서는 남성을 비판하지 않는다. 남성들에게 비난이나 손가락질을 하지도 않는다.

남성들을 방에서 몰아내는 가장 빠른 방법으로 성평등에 대해 말하기가 꽤 오랫동안 이용됐다. 누가 그들을 탓하겠는가? 성평등 담론에서는 암묵적으로 남성들을 악당 취급했다. 내가 디모인행 비행기에서 깨달은 것보다 훨씬 앞선 1859년, 법정에서 몸을 웅크린 채 여성 참정권 운동가들에게 질책을 받는 남성들의 모습이 담긴 카툰이 『하퍼스 위클리』에 실렸다. 1875년에는 움츠린 남성에게 여성들이 소리지르는 장면이 묘사된 카툰이 실렸는데 거기에는 "여성의 참정권, 남성의 고통"이라는 설명이 달려 있다.

남성들은 자기네를 악마화한다고 느꼈다. 지금도 그렇다. 하버드대의 최근 연구에 따르면 기업에서 진행하는 '다양성 교육'은 성별 간 격차를 더욱 악화시켰는데, 남성들 스스로가 죄책감을 느껴서이기도 하다. 공교롭게도 다양성 교육의 목적 자체가 바로 그것이다. 노련한 다양성 교육 전문가 하워드 로스는 이렇게 말했다. "예전에는 아주 가혹하게 교육했습니다. 남성들이 자기 잘못이라고 인식할 때까지 사정없이 비난했죠. 누군가가 울음을 터뜨릴 지경이 되면 제대로 먹혀들었다고 판단했죠."

한편 여성들은 사실상 남성들을 몰아내고 관련 담론에서 그들을 완전히 배제했다. 책, 콘퍼런스, 네트워크 단체 등 전반적인 성

평등운동을 살펴보면 성별 격차 좁히기는 남성이 아니라 여성에게
달렸다고 역설했다. 여성들은 목소리를 높여야 한다, 보다 자신감
을 가져야 한다, 자신의 가치에 합당한 보상을 요구해야 한다는 이
야기를 들었다. 여성들은 이러한 주제 전반에 대해 끊임없이 토론
한다. 하지만 남성들에게는 이에 대해 입을 열지 않는다.

　남성과 여성 사이의 이러한 단절은 이해하기 어렵다. 여성들끼
리만 이야기를 나눈다면 기껏해야 문제의 절반밖에 해결할 수 없
다. 남성도 대화에 참여시켜야 하고 그들도 여성의 동반자가 되어
야 한다. 그리고 남성들에 대해 말해두자면, 대부분은 악당과는 거
리가 멀다. 이들을 신랄하게 비난할 필요는 없다. 남성들도 평등한
직장에서 일하고 싶어하지만 도대체 어찌해야 할지 모를 뿐이다.

　인텔의 최고경영자 브라이언 크러재니치도 이렇게 언급한 바
있다. "내겐 두 딸이 있다. 우리 딸들이 동등한 기회를 얻는 세상에
서 살았으면 좋겠다."

　그럼에도 불구하고 성별 격차 좁히기에 대해 이야기하면 남성
들은 움츠러든다. 어떤 남성들은 이 문제에 전혀 관심이 없다. 자신
은 여성들과 전혀 문제가 없으며, 분명 다른 남성들이 문제라고 여
기는 사람들도 있다. 또한 이 주제 자체가 비난을 내포하기 때문에
자기네가 피해자가 됐다고 느끼는 남성들도 있다. 이들은 성별 격
차가 전혀 존재하지 않는다고 굳게 믿으며, 만약 그렇대도 여성들
이 일자리나 다른 여러 기회에 있어 불공평하게 혜택을 받는다고
여긴다.

　사실 어떤 의미에서 보면 지난 10년간 여성들을 향한 노골적인

적대감은 오히려 증가하거나 보다 극명하게 드러났다. 여성혐오와 인종차별주의가 난무하는 인터넷이라는 거친 환경, 그리고 도널드 트럼프가 대통령으로 당선되는 데 원동력으로 작용한 깊은 경제적 좌절감과 '정치적 올바름'에 대한 반발이 이러한 경향을 부채질했다.

여성혐오적인 기업문화는 폭스뉴스, 우버, 창업투자회사, 영화 제작사, 언론사 등을 포함한 다양한 업계에서 기승을 부렸지만, 현실이 폭로된 후에도 해당 기업들은 최고경영진의 사임 정도의 대가만 치렀을 뿐이다. 기술계는 여러 건의 성희롱 스캔들에 휘말렸다. 할리우드에서 여러 여성들이 무려 30년간 성희롱 및 성폭행을 일삼아온 영화제작자 하비 와인스타인을 고발하자 이후 다른 업계에서도 수천 명의 여성들이 각자 겪은 추행을 폭로했다.

이는 전 세계적인 트렌드다. 세계적으로 24개국에서 1만 7천 명 이상을 대상으로 설문조사를 실시한 결과, 남성 다섯 명 중 한 명이 남성보다 여성이 열등하다고 대답했다. 러시아와 인도에서는 남녀를 막론하고 여성이 더 열등하다고 믿는다는 응답자가 거의 절반에 달했다. 이것이 2017년에 진행된 설문조사의 실태다.

이러한 분위기 때문에 남성들이 성별 격차를 가로질러 손을 내밀기가 더욱 어려워진다. 컨설팅 기업 프라이스워터하우스쿠퍼스 PwC의 최고경영자 로버트 모리츠가 링크드인(구인구직 및 인맥 관리 소셜네트워크—옮긴이)에 왜 자사가 다양성을 중시하는지에 대해 쓰자, 전문직에 종사하는 남성들이 실명으로 "역겨운 글" "모든 백인 남성에 대한 모욕"이라는 댓글을 달았고 "백인 남성이 운영하지 않는 기업 중에는 제대로 된 기업이 없다"고 주장하기도 했다.

어떤 사람은 로버트에게 "다양성 규정 덕택에 고용된 사람에게 자리를 내주고 집에서 살림이나 해라"라며 가시 돋친 제안도 했다.

상황이 이러니 남성들이 좌절하고 여성을 위해 목소리 높이기를 두려워하는 것도 당연하다. 경영컨설턴트인 쿠널 모디는 하버드 경영대학원에 재학중이던 2012년, 허핑턴포스트에 성평등에 대한 글을 기고했다. "남성들이여, 남자답게 행동하자"라는 게 그 요지였다. "남성들은 여성들과 마찬가지로 성평등 문제에 책임의식을 가져야 하며, 이게 미국 경제 경쟁력의 핵심이다." 그는 이 글을 통해 "정확한 사실을 파악하자" "가정에서 적절히 가사 분담을 하자" "투표에 참여하자" 같은 지극히 상식적인 내용의 다섯 가지 제안을 했다. 특히 투표와 관련해서는 미국의 경우 "국가 입법부 중에서 여성 대표자의 비율이 전 세계 90위라는 처참한 순위를 기록했다"라고 언급했다.

그럼에도 불구하고 그는 '전송' 버튼을 누르기 전, 크게 심호흡을 해야 했다. "남성들이 이런 발언을 하기란 매우 어려워요." 그는 훗날 이렇게 털어놓았다. 남성들은 이런 걱정을 한다. "내가 충분히 알고 있는가? 내가 이 문제에 대해 이야기할 자격이 있는가? 남성의 관점에서 보면 무엇보다도 어떻게 이러한 문제들을 토론 가능하게 만드느냐가 관건입니다."

기꺼이 성평등에 대해 이야기 나누고 싶어하는 남성들도 사실 적지 않을 것이다. 다만 그들은 혹여나 잘못된 발언을 하지는 않을까 두려워할 뿐이다. 직장 내 여성 문제를 중점적으로 다루는 비영리 단체 카탈리스트가 남성들에게 무엇이 성평등에 대한 지지를 주저하게 만드느냐고 묻자 무려 74퍼센트가 두려움을 꼽았다. 자신이 위상을 잃을지도 모른다는 두려움, 다른 남성들이 반발할지도 모른다는 두려움 등을 언급했는데 이 가운데 실수할지도 모른다는 두려움이 있다는 게 무엇보다 많은 것을 시사한다. 남성들은 그야말로 슬금슬금 눈치를 살피는 셈이었다.

'여성과 기술을 위한 애니타 보그 협회'의 회장이자 최고경영자인 텔 휘트니 역시 기술계에 종사하는 여성들을 위해 해마다 열리는 그레이스 호퍼 콘퍼런스에서 그러한 현상을 몇 번이나 목격했다. 이 연례행사에는 수백 명의 여성뿐 아니라 더 많은 여성 직원을 채용하고자 하는 주요 기술 기업의 남성 임원도 상당수 참석한다.

휘트니는 이 남성들이 진심으로 자기네 업계 내의 성 불균형 문제를 바로잡고 싶어한다고 말했다. 하지만 이들은 겁을 내고 있으며 도대체 어떻게 행동하거나 말해야 할지 좀처럼 갈피를 못 잡는다. 웹 도메인 등록업체인 고대디의 최고경영자 블레이크 어빙이 거의 헐벗은 여성이 등장하는 악명 높은 성차별적 광고를 중단하는 등 자사의 마초문화를 바꾸기 위해 어떤 노력을 하고 있는지 콘퍼런스에서 연설했을 때, 참석자들은 소셜미디어를 통해 가차없이 그를 비난했다.

"많은 남성들이 그레이스 호퍼 콘퍼런스에 참석하지만 매우 혼란스러워합니다." 휘트니의 설명이다. "어떻게든 돕고 싶어하지만 무언가를 시도하면 비난받을지도 모른다고 생각하거든요."

이러한 두려움은 최근 몇 년간 점점 커지는 추세다. 아주 사소한 실수도 인터넷이라는 확성기를 거치는 순간 몇 배로 부풀려진다.

설상가상으로 신중한 태도 그리고 어떠한 외부인 집단도 불편하게 만들지 않겠다는 '포용'의 개념이 확산되면서 남성들이 이러한 대화에 참여하기가 더욱 조심스러워졌다. 의도적이지 않으나 상대에게 상처를 주는 행위를 가리키는 '사소한 차별microagressions'이라는 무시무시한 단어도 있다. 대학 캠퍼스에서는 잠재적으로 불쾌감을 줄 만한 사항에 대해 미리 경고하는 '트리거 워닝trigger warning'이 논란이 되기도 한다. 달갑지 않은 상호작용을 피하고픈 사람들이 이용하는 '안전 지역safe spaces'은 또 어떤가. 남성들, 특히 기업의 고위 경영직을 압도적인 비율로 점령중인 백인 남성들이 겁먹지 않을 턱이 있겠는가?

이들의 두려움은 충분히 이해할 만하다. 연구에 따르면 남성이 여성의 권리를 옹호할 경우 남성들뿐만 아니라 여성들조차도 이에 분노하거나 의외라는 반응을 보인다. 페이스북 경영진이자 『린인』의 저자 셰릴 샌드버그와 함께 여성 문제에 대해 써온 와튼스쿨의 심리학 교수 애덤 그랜트는 "도대체 남자인 당신이 왜 여성에 대해 글을 쓰는 거죠?"라며 일부 독자들에게 질책당했다고 털어놓는다.

젠더 전문가인 바버라 애니스와 존 그레이는 직장에서 여성과 이야기를 나누다가 일을 망칠까봐 겁에 질려 있는 남성들이 많다고 지적한다. 그들은 『직장에서 만난 화성남자 금성여자: 직장에서 남자와 여자 사이에 존재하는 여덟 가지 사각지대』를 통해 남성이 여성에게 "잘못된 발언을 했던 경험이 있다"고 말하는 경우가 많으며 이러한 두려움 때문에 남성이 무력해지기도 한다고 설명했다. 의도치 않게 여성에게 불쾌감을 안기거나 상처를 주는 일이 한 번이라도 발생하면 여자아이에게 말실수를 할까봐 전전긍긍하던 청소년기의 그 끔찍한 기분이 되살아나는 것이다.

이런 남성들이 상사가 되면 문제가 더욱 심각해질 수 있다. 한 설문조사에 따르면, 남성 상사 중 79퍼센트가 여성 부하에게 솔직하게 피드백해주는 걸 두려워하며, 지시도 조심스럽고도 넌지시 해야 할 것 같다고 대답했다. 아이러니하게도 이런 자체 검열 때문에 남성 상사는 여성 부하가 성장하는 데 꼭 필요한 피드백을 제대로 제공하지 않게 된다.

뿐만 아니라 선천적인 본능을 억누르려는 이런 소심함 때문에 오히려 잘못된 발언이 튀어나올 가능성이 더 커지기도 한다. 남성들은 당황스러워하고 자신 없어 하거나 어색해하며 이런 모든 요소가 복합돼 특정 주제를 완전히 회피하거나 아예 여성들에게 가까이 다가가지 않게 된다.

나는 이러한 현상을 오랫동안 도통 이해할 수가 없었다. 언론인으로서 커리어를 쌓아가며 줄곧 주로 남성 동료들과 함께 일했다. 나의 멘토는 전부 남성이었다. 내가 만났던 대부분의 전문직 남성들은 진심으로 자신이 편견을 갖지 않는다고 믿었다. 하지만 여성과 관련된 주제만 등장하면, 하나같이 너무나 불편해하거나 혹시 잘못된 발언을 할까봐 두려운 나머지 그냥 입을 닫아버렸다.

그렇다면 우리는 지금 어떤 상황인 걸까? 그야말로 골치 아픈 상황이다. 어느 한쪽도 다른 쪽에게 터놓고 이야기하지 않기 때문에 수많은 남성들은 매일같이 직장에서 함께 지내는 여성들에 대해 여전히 아무것도 모른다. 물론 의도적인 것은 아니다. 하지만 현실은 답답하기 짝이 없다. 남성들은 자신도 모르는 사이에 여성을 업신여기거나 무시하며, 딴에는 친절을 베푼다고 하는 행동이 오히려 여성들의 화를 돋우기도 한다. 카탈리스트가 진행한 설문조사를 보면 무려 51퍼센트의 남성이 여성들이 정확히 어떤 문제에 직면하고 있는지 모른다고 응답했다.

현실이 이러니 존 F. 케네디 대통령이 동일임금법에 서명한 지 반세기가 지난 오늘날에도 거의 30퍼센트에 달하는 여성이 여전히 직장 내 편견을 감내하고 있다고 대답했다는 게 전혀 놀랍지 않다. 남초업계인 기술산업계에서는 그 비율이 80퍼센트까지 올라가며, 성희롱을 당한 적이 있다고 답한 여성도 60퍼센트에 달했다. 한편 대다수 남성들은 자기가 아는 한 차별은 존재하지 않는다고 말한다. 성차별주의는 이미 사라졌다고 말이다.

성별과 인종이라는 이중고에 시달리는 유색인종 여성의 경우 상황이 더욱 심각하다. 일단 여성이라는 사실만으로 원 스트라이크다. 동일한 자격을 갖춘 남녀가 수학적 능력을 요구하는 직책에 지원할 경우, 남성 지원자가 고용될 확률이 두 배나 높다는 사실이 여러 연구를 통해 밝혀진 바 있다. 여기에 인종 때문에 투 스트라이크다. 유색인종 여성은 동료들보다 더욱 열심히 일하고 끊임없이 자기 역량을 증명해야 하는 '다시 증명하기' 증후군을 훨씬 많이 경험한다. 2014년 소수인종 여성 과학자들을 대상으로 진행한 설문조사를 보면 모든 응답자가 편견에 시달린 적이 있다고 답했다. 뿐만 아니라 미국에서 여성의 소득이 남성의 80퍼센트에 불과하다고 하지만, 소수인종 여성으로 범위를 좁혀보면 임금 격차는 훨씬 더 벌어진다. 남성이 1달러를 벌 때 흑인 여성은 63센트, 라틴계 여성은 54센트를 벌 뿐이다.

사회학자들은 왜 이러한 현실이 여전히 개선되지 않는 걸까 당혹스러워한다. 논리적으로는 말이 안 된다는 걸 우리도 잘 안다. 벌써 30년도 전부터 대학에 진학하는 여성의 수가 남성과 비등해졌으며 일하는 여성도 현재는 절반 이상이니 관리직으로 향하는 '파이프라인'이 여성들로 들어찰 시간은 충분했다. 내가 대학을 졸업한 1980년대에는 내 여자 친구들뿐만 아니라 남자 친구들도 여성이 기업 경영직의 절반을 차지하는 것은 결국 시간문제일 뿐이라고 확신해 마지않았다. 우리는 학교에서 동등하게 경쟁했다. 우리는 똑같이 말단직에 지원하여 합격했다.

졸업식을 며칠 앞두고 룸메이트들과 함께 '10년 뒤 우리는 어떤 모습일까?' 하고 각자의 인생을 예측하는 글을 써보았다. 그리고 그걸 쓴 종이를 봉투에 담아 봉했다. 당시 캐럴은 로스쿨에 진학하려는 참이었고, 아이라는 곧 의대에 입학할 계획이었으며, 미란다는 러시아/소련 연구를 위해 대학원에 갈 터였고, 나는 월스트리트 저널 기자로 채용된 상황이었다. 수정 구슬을 들여다보듯 자신의 미래를 그려보면서, 우리는 각자 만족스러운 커리어를 쌓고 다복한 가정을 꾸리리라 예상했다.

'일과 가정 중 하나를 선택해야 할지도 모른다'는 명제는 우리 중 누구도 떠올리지 못했다. 왜 그래야 하는가? 어쨌든 우리는 남자들과 대등한 위치에 서 있었으며 남자들 역시 우리를 동등한 존재로 존중했다. 우리 입장에서 보면 여성의 권리를 위한 싸움은 이미 끝난 셈이었다. 여성의 승리로 말이다.

당시 졸업생 채용을 위해 캠퍼스를 방문했던 몇몇 초일류 기업들, 특히 전통적인 남초 기업들은 심지어 남학생보다 여학생을 더 많이 채용했다. 경제를 거의 파탄으로 몰아넣기 한참 전인, 아직 투자은행계의 제왕 시절의 리먼브라더스 채용 담당자들도 우리 학교를 찾아왔는데, 내 친구 필리스는 모두가 선망하는 리먼브라더스의 애널리스트 연수 프로그램에 당당히 합격한 행운아 중 하나였다. 몇 달 후, 첫 출근을 한 필리스는 강의에 참석한 연수생 중 삼분의 이가 여성이라서 깜짝 놀랐다며, 약간은 실망했다고 웃으면서 인정했다. 직장에서 연애 상대를 찾을 확률이 희박해진 셈이었으니까.

나와 내 친구들은 우리가 '페미니스트'라고 생각하지 않았다. 당시 많은 젊은 여성들에게 페미니스트란 말은 일종의 금기어로, 페미니스트는 다리털을 밀지 않고 남자들을 증오하는 여성이라는 이미지였다. 우리가 볼 때 성평등을 위한 싸움은 오래전에 끝난 것이나 다름없었다. 남성과 여성은 어깨를 나란히 하고 미래를 향해 함께 나아갈 것이었다. 교수와 대학 관계자들은 강의 시간에 우리가 미래라고 거듭 강조했다. 우리는 그 말을 믿었다. 어쨌든 그들은 어떠한 경고도 덧붙이지 않았으니까. 아무도 남성들만 리더가 될 것이라고 말하지 않았다. 남학생과 여학생 모두에게 미래를 이야기했다.

하지만 30년이 흐른 지금, 세상은 상상대로 흘러가지 않았다. 페미니스트를 향한 무신경한 태도는 큰 잘못이었다. 우리는 별생각

없이 커리어와 가정 모두를 손에 넣을 거라고 희망을 품었는데 이는 페미니스트 여성들이 너무나 많은 것을 희생한 덕분이었다. 우리는 잘못 생각했을 뿐만 아니라, 성평등을 위한 그들의 싸움은 우리와 무관하며 성평등을 위한 투쟁이 이미 끝났다고 치부해버림으로 그들이 너무나 힘겹게 얻어낸 성과 중 일부를 물거품으로 만들었다.

필리스는 물론이고 리먼브라더스 연수 프로그램에 참석했던 거의 모든 여성 연수생이 결국 회사를 그만두었다. 필리스는 그후 스탠퍼드에서 경영학 석사학위를 받았지만 직장인으로 쌓은 커리어를 뒤로하고 시나리오작가가 되었다. 룸메이트들과 함께 미래를 예측하며 봉투에 넣어둔 그 작은 종이에 담긴 글은 그보다 더 엉터리일 수 없을 정도였다. 우리는 결혼을 하고 아이를 낳았지만, 우리 중 절반은 욕심을 줄여 일을 그만두거나 일과 가정을 양립하기 위해 고군분투하면서 시간제로 근무하는 신세가 되었다. 직장에 남아 있던 친구들은 학창 시절 우리보다 한참 뒤처지던 남학생들이 갑자기 상사로 나타나는 현실과 맞닥뜨렸다. 졸업 십 주년 모임 때, 남자 동창들은 캐시미어 소재의 스포츠 재킷을 입고는 유유히 활보하며 동기들 중 누가 제일 먼저 은행의 임원 자리에 올랐는지 정탐하고 있었다. 반면 여자 동창들은 상상도 못했던 장애물과 어려움에 이미 허덕이고 있었다.

어떤 의미에서 보면, 나와 대학 동창들의 상황은 보다 넓은 세상에서 벌어지고 있는 현상의 축소판이나 다름없다. 학사학위자의 거의 60퍼센트, 석사학위자의 50퍼센트 이상이 여성이지만, S&P

500 기업의 최고 책임자들 중 고작 5.6퍼센트, 포천 1000대 기업의 임원직 중 18퍼센트만이 여자다. 로펌의 파트너 변호사 중 여성의 비율 역시 19퍼센트 수준에 머문다. 록펠러 재단의 조사에 따르면, 포천 500대 기업 경영직의 절반을 여성이 차지하는 일은 타임머신 발명보다 요원할 것이라고 대답한 미국인이 무려 네 명 중 한 명에 달했다.

맥킨지와 월스트리트저널의 분석에 따르면 현재 같은 속도라면 중역실의 남녀 성비가 동등해지는 데 100년이 걸린다. 전 세계로 시야를 넓혀보면 상황은 훨씬 암울하다. 세계경제포럼은 전 세계 적으로 여성과 남성이 경제적으로 동등해지는 데 170년이 걸리리 라 예측한다.

이는 여성뿐만 아니라 남성에게도 시급한 문제다. 만약 여성과 남성이 동등하게 일터에서 활약한다면 미국의 국내 총생산은 5퍼 센트가 증가하여 모두가 경제 부흥의 혜택을 누릴 것이다.

물론 이는 미국만의 문제도 아니다. 유럽과 아시아 역시 일터의 남녀 불균형 문제로 분투중이다. 이러한 국가에서는 부진한 경제 에 활력을 불어넣을 수 있도록 더욱 많은 여성 인력이 절실하게 필 요하다. 독일, 노르웨이, 이탈리아, 스페인, 프랑스를 비롯하여 최소 여덟 개 이상의 유럽 국가에서 임원직의 30퍼센트 이상을 여성에 게 할당해야 한다는 여성 임원 할당제가 통과됐다. 영국에서는 대 기업이 의무적으로 남녀 직원의 임금 격차를 공개해야 한다는 새 로운 법안이 통과되었는데, 성별에 따른 임금 격차는 현재 여성의 경제활동 전체에 걸쳐 30만 파운드 이상으로 추산된다. 일본은 '위미노믹스Womenomics'라 하여 보다 많은 여성이 일선에 나서도록 장려중인데 이를 통해 일본 경제가 15퍼센트의 경기 부양 효과를 누릴 것이라 주장한다. 아베 신조 총리는 여성을 "일본에서 가장 덜 활용된 자원"이라고 일컫기도 했다.

하지만 남성들이 계속해서 두려워한다면, 또는 여성 문제에 대해 제대로 이야기하는 방법을 모른다면, 또는 아예 여성에 대해 아무것도 모른다면, 결코 격차를 좁힐 수 없다. 여성에게 가장 호의적인 남성들조차 갈 길이 너무나 멀기만 하다. 영국 금융계의 경영인 헬레나 모리시가 설립한 단체인 30퍼센트클럽에서 마련한 행사에 최근 참석했었는데, 이들은 각 기업에서 임원직 중 여성 비율을 30퍼센트로 끌어올리자고 촉구한다. 어떤 집단이든 여성의 비율이 삼분의 일 정도로 높아져야만 여성들의 의견이 무시되지 않는다는 연구 결과도 있다.

전도유망한 경력직 여성들을 위한 멘토링 프로그램을 발족하는 이 행사의 주최자는 금융계의 거물 라자드의 최고경영자 케네스 제이컵스였다. 록펠러센터의 고층에 위치한 라자드의 근사한 회의장으로 들어가자 웨이터들이 고급 스시 롤을 가져다줬고 창밖으로 미드타운 맨해튼의 전경이 근사하게 펼쳐졌다. 제이컵스는 연단에 올라 백 명 정도 되는 참석자들을 천천히 둘러보았다. 참석자는 대부분 가장 좋은 정장을 빼입은 여성들이었다. 제이컵스는 숨을 가다듬었다.

"보통 저는 사람들 앞에서 연설하는 데 꽤 자신 있어 하는 편입니다." 마침내 제이컵스가 입을 열었다. "하지만 솔직히 오늘은 조금 긴장이 되네요. 여성분들로 꽉 찬 곳에서 연단에 서다니, 굉장히 드문 일입니다…… 사실 약간 겁이 나네요."

나를 포함하여 그 자리에 모인 여성들은 그 말에 담긴 모순을 놓치지 않았다. 그곳에 모인 모든 여성은 남성들로 우글거리는 장소에서 여자 혼자 우두커니 선 기분이 어떤지 너무나 잘 알았다. 하지만 어떤 여성도 그런 상황에서 겁이 난다고 이야기는 하지 않는다. 최소한 나는 절대 그러지 않는다. 어떤 여성 기업인이 연단에 서서 이렇게 연설을 시작한다고 상상해보라. "어머나, 회의장이 남성분들로 가득차 있네요. 정말 겁나네요!" 얼마나 우스꽝스러운가. 연설에 앞서 어색함을 누그러뜨리기 위해 별생각 없이 그런 말을 꺼낼 수 있는 것은 강력한 힘을 쥔 남성들뿐이다. 그가 이런 모순을 인지하지 못한 듯했다는 사실 자체가 직장 내 성평등을 위해 갈 길이 얼마나 먼지를 상징했다.

제이컵스만이 아니다. 그가 농담으로 했던 말은 남성들이 입에 자주 담는 표현이다. 언론계 여성들을 위한 시상식 오찬에서, 주최자인 앤디 코헨은 월도프 애스토리아 호텔 연회장을 채운 천 명 이상의 여성 참석자를 훑어보면서 "이거 참 주눅드네요!"라고 했다. 대형 광고사 인터퍼블릭의 최고경영자이자 그날의 시상자 중 하나였던 마이클 로스는 마이크 앞에서 이런 농담을 던졌다. "제가 어디 가서 소수집단에 속하는 일은 흔치 않습니다." 물론 재미있는 말이다. 하지만 이러한 발언을 들으면, 이들을 비롯하여 수많은 남성들이 평소 여성 동료들이 매일매일 겪는 일을 생각할 필요가 없다는 현실을 다시금 떠올리게 된다.

이런 이유들, 그리고 디모인행 비행기에서 옆자리에 앉았던 남성 기업인과의 대화를 계기로 여성들이 남성들에게 자신만의 비밀을 알려주는 일이 얼마나 중요한지를 깨달았다. 또한 여성이 직면하는 문제뿐만 아니라 남성이 직장에서 함께 일하는 여성 동료에 대해 어떤 부분을 혼란스러워하고 당혹스러워하는지 이해하려고 노력하게 되었다. 나는 남성들이 일상적으로 접하는 의문점의 근본을 파헤치는 것을 목표로 삼았다. 왜 여성들은 회의할 때 자기 의견을 잘 말하지 않는지, 왜 여성들은 발언을 할 때도 머뭇거리는 듯하는지, 왜 여성을 채용하려는 선의의 노력에도 불구하고 경영진 후보 중에는 자격을 갖춘 여성이 그리도 적은지를 알아보고자 했다.

그런 다음 해결책을 찾기 시작했다. 성평등 문제를 바로잡으려는 남성 경영자들을 찾아내려고 노력했다. 미국뿐만 아니라 해외까지 발을 넓혀 새로운 발견, 연구, 실제 실험을 찾아다녔다. 성별 격차를 줄이기 위해 적극적으로 노력중인 남성, 기관, 심지어 국가에도 초점을 맞추었다.

그 과정에서 젠더에 대해 내가 안다고 여겼던 모든 것이 완전히 무너졌다. 엔론 스캔들, 뇌 연구, 성전환한 과학자들, 전국을 '여성화'하려는 아이슬란드의 캠페인 등등, 가장 기대하지 않았던 사례에서 가장 놀라운 사실이 드러나는 경우도 적지 않았다. 이러한 발견들을 모으자 서로 이해하고 공감하는 방식에 대한 새로운 통찰이 생겼다. 이 책에 실린 정보가 경쟁력을 향상하려는 남성들에게 도움이 될 뿐 아니라 여기서 소개한 실용적인 팁을 활용해 평가나 비난 대신 여성들을 이해하고 포용하게 되었으면 한다.

그리고 여성들에게는 이 책이 남성과 여성 사이에 굳건히 자리한 벽을 부수는 데 지금 당장 사용 가능한 새로운 전략과 도구가 되었으면 한다. 여성들은 무시당하고 소외당했다. 수많은 논의가 있었음에도 불구하고 성평등에 대한 실질적인 조치는 거의 취해지지 않았다. 하지만 몇몇 분야는 비교적 놀랍게 발전했고, 그러한 사례들을 찾아다니며 어떻게 성평등을 위한 노력이 성공적으로 뿌리내릴 수 있는지 그 열쇠를 찾고자 노력했다.

그러니 이 책을 대화에 참여하고 성별 격차를 줄이기 위해 함께 노력하자는 초대장 정도로 여기면 좋겠다. 이 책을 읽으면서 놀라기도 하고, 안심하기도 하며, 짜증도 날 것이고, 흐뭇하기도 할 것이다. 하지만 그 무엇보다 남성과 여성 모두가 직장과 삶에서 성별 격차를 줄이기 위해 진정한 한 발짝을 내딛게 등을 힘껏 밀어주는 일종의 구호가 됐으면 한다.

이제부터 만날 사람들은 모든 해결책을 꿰뚫은 양 굴지 않는다. 나 역시 마찬가지다. 하지만 이들의 이야기에 귀기울이다보면 이 문제를 낙관적으로 볼 이유가 충분해진다. 우리는 직장뿐만 아니라 삶 전반에서 남성과 여성을 갈라놓기보다는 결속시키는 새로운 사고방식을 받아들일 분기점에 서 있는 것이다.

1장

가려진
여자들의
사회생활

(남성들을 위한
기본 안내서)

여러분이 남성이며 지금까지 별문제 없이 잘 지내왔다고 가정해보자. 왜 이제 와서 여성에게 맞추기 위해 지금까지의 행동방식을 바꾸겠는가? 그런 가능성을 생각하는 것조차 터무니없다고 느낄 것이다.

"숙녀 여러분(여성분? 아가씨? 제길, 나도 모르겠다!), 남자들 세계에서 성공하고 싶으면 남자들만큼 노력을 해야지." 월스트리트저널에 여성을 보다 잘 이해하기 위해 남성이 노력해야 한다고 내가 기사를 쓰자 어느 독자가 이렇게 댓글을 달았다.

또다른 남성 독자는 이렇게 말했다. "남자들의 상호작용방식을 여자들이 배워 그에 따라 자기 자신을 바꿔야 한다."

사실 여성들은 이미 꽤 많이 변화해왔다. 만약 당신이 남성이라면 몇 가지 꼭 알아두어야 할 사실이 있다. 나는 하이힐을 신어야 남성들에게 보다 능력 있는 여성처럼 보인다고 확신하기 때문에 일할 때 하이힐을 신는다. (내 생각이 옳다는 연구 결과도 있다. 키가 큰 여성은 키가 작은 여성보다 소득이 8퍼센트 정도 높다.) 방위산업체인 BAE시스템스의 전 최고경영자 린다 허드슨은 조지아식 억양을 고치고 남자들과 비슷한 목소리 톤으로 낮추기 위해 연극 강사를 고용하기도 했다. 오하이오 주립대의 정형외과 수석 레지던트 카르멘 콰트먼은 남자들처럼 자신감 있는 태도를 갖추기 위해 개인 교습을 받기도 했다. 이미 스무 건의 논문을 발표하고 콘퍼런스에 열일곱 차례나 섰으며 국가에서 수여하는 상을 여섯 번이나 받은 걸로는 충분치 않다는 듯이 말이다.

이들뿐 아니라 헤아릴 수 없이 많은 여성들이 남성들의 이미지로 구축된 프로 세계에 적응하기 위해 노력중이다. 여성들이 말을 하고, 옷을 입고, 이메일을 작성하고, 스스로를 표현하는 방식은 타인의 문화에 우리가 어떻게 비치는가를 의식한 결과다. 우리는 여행지에 잘 녹아들게끔 끊임없이 현지인들의 습관을 흉내내려 애쓰는 여행자와도 같다. 뉴욕타임스 기자인 데이비드 스트라이트펠드는 성차별 소송에 대한 기사에서 많은 여성들이 아무리 안간힘을 써도 유지하기가 거의 불가능한 균형을 다음과 같이 통렬하게 표현했다. "목소리를 높여라, 하지만 말을 너무 많이 하지는 마라. 분위기를 띄워라, 하지만 다른 사람들을 가로막지 마라. 자신감과 비판적인 태도를 갖춰라, 하지만 거만하거나 부정적으로 행동하지 마라."

여성들이 사회심리학자 에이미 커디의 '파워 포즈'에 대한 연구를 그토록 흥미로워하는 것도 그래서다. 그녀는 여성이 양손을 엉덩이 위에 올리고 팔꿈치를 양옆으로 편 채 다리를 넓게 벌려 서거나('원더 우먼' 자세), 양다리를 책상에 올리거나, 가슴을 쭉 펴는 것처럼 간단한 파워 포즈만 취해도 자신감이 향상되고 실제 테스토스테론 수치도 올라가서 말 그대로 더욱 남성처럼 된다는 사실을 발견했다. 이러한 자세는 테스토스테론 수치를 최대 20퍼센트까지 올려줄 뿐 아니라 스트레스 지수도 낮춘다.

당연히 남성에게는 너무나 자연스러운 자세다. 하지만 대다수 여성에게는 생경한 자세인데다, 폭이 좁은 정장 치마와 하이힐 차림으로는 이렇게 하기가 힘들다. 그래도 여성들은 열심히 흉내를 낸다.

여성들은 남성들과 어울리기 위해 외모까지 바꾼다. 때로는 여성의 외모가 이력서보다 더 중요하다. 한 연구에 따르면 금발 머리 여성이 갈색 머리 여성보다 소득이 7퍼센트나 높다고 한다. 화장을 하는 여성들은 더 좋은 일자리를 얻고 승진도 빠르다. 날씬한 여성은 뚱뚱한 여성보다 소득이 높아 과체중인 백인 여성은 평균보다 소득이 12퍼센트나 낮다. 여러 연구를 통해 남녀를 불문하고 외모가 수려한 사람들은 외모가 평범한 사람들보다 더 많은 수입을 올린다는 사실이 밝혀지기도 했다. 하지만 그 와중에도 남성은 조금 더 유리하다. 1만 4천 명을 대상으로 인터뷰를 진행한 결과, 연구자들은 소득 측면에서 보면 여성의 경우 단순한 생김새보다 머리 모양, 화장, 옷 등의 몸치장이 더욱 중요하다고 결론지었다.

내 말을 믿어도 좋다. 그렇게 외모를 관리하는 데에는 적잖은 돈, 아니 엄청난 돈이 든다. 평균적으로 여성은 평생 동안 화장품에 1만 5천 달러를 소비한다. 이는 그저 시작에 불과하다. 드라이클리닝부터 면도기, 샴푸, 청바지에 이르기까지 거의 모든 생필품을 사는 데 여성이 남성보다 많은 돈을 지불한다. 이렇게 여성용이라는 말만 붙으면 값비싸지는 현상을 '핑크택스Pink tax'라 하는데, 이런 현상은 만연해 있다. 뉴욕시 소비자보호위원회의 조사에 따르면, 팔백 가지 제품 중에서 남성용보다 여성용이 비싼 제품은 42퍼센트에 달했다. 캘리포니아에서는 이 때문에 여성이 1년에 1400달러를 더 소비한다는 연구 결과가 나오기도 했다. 여성이 동일한 직업을 가진 남성보다 소득 자체가 낮다는 사실을 고려해보면, 양쪽의 경제적 격차는 두드러지게 벌어질 수밖에 없다.

어떤 직종에 종사하느냐에 따라 이런 비용은 천정부지로 치솟기도 한다. 패션계, 광고계, 서비스계는 특히 여성들에게 인정사정 없다. 『보그』나 『글래머』 등의 잡지를 내는 컨데나스트 출판그룹에서 편집자로 일할 때 몸에 걸친 옷, 지갑, 구두 아이템 하나까지 사방에서 예리하게 평가를 받았다. 심지어 나는 비즈니스 잡지 쪽에서 일해서 패션지 편집자들과는 엘리베이터도 같이 안 탔는데 말이다. 회사 구내식당에 걸어들어갈 때마다 수많은 눈이 여러분을 아래위로 훑어본다면, 의구심이 들고 자책할 수도 있다.

초기에는 사진 부서의 몇몇 동료들이 반농담조로 창피를 당하지 않게 돕는 '구호활동'이라며 나를 이끌었다. 화장이 서툴기 짝이 없어 '너무 뉴저지 사람처럼 촌스러웠던' 모양이다. (뉴저지에서 태어나고 자랐지만 그 말이 모욕적이라고는 생각하지 않는다.) 그들은 나를 메이크업 전문가에게 데려갔고, 그 전문가는 내가 열두 살 때부터 사용해왔던 잡화점표 마스카라와 아이라이너를 즉시 쓰레기통에 던져넣고서 값비싼 디자이너 브랜드 화장품을 잔뜩 안겨주었다.

이러한 모든 추가 비용에 여성이 머리를 만지고, 매니큐어를 바르고, 화장하는 데 드는 시간은 아직 포함되지 않는다. 이 모든 요소가 어떻게 적용되는지에 대한 설명 가운데 바너드 칼리지의 전 총장 데버라 스파가 자신의 저서 『원더우먼: 섹스, 권력, 그리고 완벽을 위한 여정』에서 소개한 계산법이 돋보인다. 그녀는 기본적인 외모 관리에만 1년에 282시간을 소비하는데 자기 남편은 모든 것을 30시간 만에 끝내버린다며 이렇게 적었다. "40년간 커리어를 쌓으며 그럭저럭 보여줄 만한 외모를 가꾸는 일에 내 옆자리의 평범한 남성보다 10080시간 그러니까 거의 5년간의 업무 시간에 해당하는 시간을 쏟았다."

여성이 단순히 남성과 동등한 상태를 유지하기 위해 동일한 커리어를 쌓으며 5년이라는 시간을 더 짜내야 한다니 정신이 번쩍 드는 현실이 아닐 수 없다. 심지어 여기에 여성이 자녀를 돌보거나 집안일을 하는 데 드는 추가적인 시간은 고려되지 않았는데, 비록 요즘 남성들이 전세대보다 이런 일에 적극적으로 참여한대도 여전히 여성이 남성보다 일주일에 아홉 시간씩 집안일을 더 많이 한다.

심지어 지휘권을 쥔 여성들은 남성들에게 너무 위협적으로 비치지 않게끔 더욱 많은 변화를 모색한다. 한 연구에 따르면, 백인 인구 중 금발 머리는 5퍼센트에 불과하지만 여성 CEO 중 48퍼센트와 여성 상원위원 중 35퍼센트가 금발 머리다. 학창 시절에는 갈색 머리였던 힐러리 클린턴은 오래전부터 금발 머리를 유지중이다. 최초의 여성 대법원 판사인 샌드라 데이 오코너는? 금발이다.

휴렛팩커드의 최고경영자 멕 휘트먼은? IBM의 CEO 버지니아 로메티는? 뉴욕주 상원위원 키어스틴 질리브랜드는? 그렇다, 이들 역시 금발이다. 연구자들은 머리색이 옅을수록 젊고 아름다우며 온화하다는 인상을 주기 때문에 여성에 대한 고정관념과 반대되는 공격성이라는 강렬한 특징이 다소 완화된다는 이론을 내세웠다.

뿐만 아니라 여성들은 남성들과 잘 어울리기 위해 말하는 방식도 바꾼다. 언어학자들에 따르면, 남성들은 일반적으로 좀더 적극적이고 공격적인 말투를 사용하는 반면, 여성들은 좀더 포괄적이고 겸손한 말투를 사용한다며 실생활 속 언어에 대해 기록했다. 언론계에서 종사하는 여성들을 위한 매트릭스 어워즈 오찬에 참석할 때마다 이 사실을 다시금 실감한다. 매년 4월의 어느 월요일이면 맨해튼에 위치한 호텔 연회장에 여성 TV 앵커, 기업 임원, 작가, 기술계의 선구자, 배우들이 잔뜩 모여든다. 수상이나 시상을 하기 위해 티나 페이부터 토니 모리슨, 케이티 커릭 같은 대부분 미국에서 가장 성공한 여성들이 무대에 오른다.

수상자들은 각자 짧게 수상 소감을 말한다. 그리고 거의 모든 수상자가 조금씩 형태는 다르지만 의미는 같은 말을 내뱉는다. "저는 운이 좋군요." 어느 해 시상식에서는 심지어 현대 페미니즘의 모델이라 할 만한 배우 리나 더넘조차도 자신이 얼마나 '행운아'인지 언급했다. 두 번씩이나 말이다.

남성은 성공을 자신의 투지와 지성 덕분이라고 여긴다. 여성은 행운이 따라서라고 본다. 여성은 자신의 성취를 누리기 힘들어한다. 여성은 성공하면 그 의미를 축소하거나, 그에 대해 이야기하기를 주저하거나, 다른 사람 덕으로 돌린다. 여성들은 시도 때도 없이 사과를 하는데, 심지어 미안하지 않은 경우에도 그런다. 동료들에게 "바보 같은 질문일지도 모르지만……"이라거나 "번거롭게 해드려서 죄송합니다만……" 같은 수식어로 기름칠부터 하며 말한다. 여성은 사실을 이야기할 때에도 질문처럼 들리게끔 말을 한다("여기서 좌회전이 아니라 우회전을 해야 하지 않을까?"). 또한 주저하는 듯한 말투, 스스로의 지위를 낮추는 어휘, 다른 사람과 대화할 때 넌지시 상대에게 양보하는 식의 표현을 쓰는데 특히 상대가 남성일 때 그런다.

여성들도 이 모든 사실을 너무나 잘 알고 있으며 이러한 습관을 바꾸기 위해 전력을 다한다. 여성에게는 지극히 자연스러운 이런 말투가 남성들에게는 나약함이나 우유부단함의 징조로 오인될 수 있기 때문이다.

코미디언 에이미 슈머는 아주 우스꽝스러운 풍자극을 통해 여성들의 사과하는 성향을 패러디하기도 했다. 퓰리처상 수상자와 노벨상 수상자를 포함한 여성 패널들이 '혁신을 주도하는 여성들'이라는 포럼에서 대화를 나누다가 점점 더 말도 안 되는 상황에 대해 사과를 한다. 서로 발이 걸려 넘어지는가 하면 급기야 어떤 남성이 뜨거운 커피를 쏟아 한 여성이 심한 화상까지 입는다("미안해요, 이거 커피인가요? 미안해요, 제 잘못이에요"). 현실도 이와 크게 다르지 않다. 힐러리 클린턴은 대선에서 패배한 후 결과에 승복하는 연설에서 "미안합니다"라고 말한 최초의 대통령 후보자로 역사에 기록되었다.

그렇기에 여성들은 자연스러운 말투를 억누르고 보다 남성들처럼 말하려고 애쓴다. 일부 여성 경영자들은 책상에 '미안해 저금통'을 놓고 미안하다고 말할 때마다 1달러씩 집어넣기도 한다. 구글은 여성들을 위한 지메일 플러그인 '미안하지 않아Just Not Sorry'를 제공하기까지 한다. 이 확장 프로그램은 이런 겸양하는 단어와 구절을 사용하면 잘못된 맞춤법을 지적하듯이 빨간색 밑줄로 강조해준다. 여성들이 불필요하게 스스로를 낮추지 않게 알려주는 셈이다.

여성들은 단순히 남성들과 잘 어울리기 위해, 최대한 주제넘지 않게 보임으로 자신의 성과를 인정받기 위해, 옷을 입거나 말을 하거나 바라보거나 행동하는 방식 때문에 불이익을 받지 않기 위해 이 모든 노력을 기울인다. 무슨 말을 해야 하고, 언제 말을 해야 하며, 무엇을 입어야 하고, 집에 아픈 아이가 있다는 사실을 알려야 하는지 판단하기 위해 여성들은 매일같이 여러 시간에 걸쳐 노력하며 수백 개에 달하는 사소한 결정을 의식적, 무의식적으로 내린다. 자기 자신을 보호하기 위한 여성들의 이러한 노력은 대다수 남성에게 전혀 보이지 않는다.

여성들이 이렇게 노력한다는 사실조차 깨닫지 못할 대부분의 남성들을 비난하려는 게 아니다. 그저 현실을 말할 뿐이다. 이것이 남성들과 함께 일하는 여성들의 현실이다.

ॐ

언어학자이자 『직장에서 남녀가 대화하는 법』의 저자 데버라 태년은 여성들의 언어 및 행동적 습관의 기원이 모두 어린 시절로 거슬러올라간다고 주장해 유명하다. 여기서 말하는 언어 습관이란 문장 끝에서 앞서 한 말을 '철회하기', 사과하기, 얼버무리기, 겸양어 사용하기 등이다. 여자아이들은 다른 소녀들과 협동하며 노는 법을 배우지만, 남자아이들은 상대보다 한 걸음 앞서려고 노력하면서 노는 법을 배운다. 주도권을 잡으려는 소녀들은 기피 대상이 된다. 아이들이 노는 모습을 관찰하면서, 태년은 집단에 속한 어린 소녀들이 서로 동등하다고 확인시켜주는 식의 언어와 행동을 구사한다는 사실을 발견했다. 공공연하게 남보다 위에 서려고 나서는 소녀들은 집단에서 외면당한다. 소년들은 다른 소년들과 겨루어서 이기고 남보다 앞서가면서 위상을 획득하지만, 소녀들이 똑같이 행동할 경우 오히려 위상을 잃는다.

일반적인 규범을 어기는 소녀들은 '착한 아이'로 간주되지 않는다. 그들은 '거만'하거나 '못된' 아이다. 착하게 보이기 싫은 아이가 있겠는가? 최소한 나는 착한 아이이고 싶었다. 소녀들은 어린 시절부터 주변의 기대와 다르게 행동할 경우 그 대가를 치러야 한다는 사실을 배운다.

태년이 성별 사이의 간극에 대해 뛰어난 저서에서 이야기한 게 20년 전 일이다. 태년의 입장에서 그 통찰이 현재까지도 유효하다는 사실은 그야말로 난감한 일이다. 이 책이 처음 출판되었을 때 "만약 '20년 후에도 모든 상황이 똑같을까요?'라고 묻는다면 '그러지 않기를 바랍니다'라고 답했을 겁니다." 태년은 그러고는 한숨을 내쉬었다. "하지만 아니더라고요. 아무것도 변하지 않았어요."

이 모든 것은 분통 터지고 화가 치미는 하나의 사실로 귀결된다. 수십 년간 남성과 여성이 함께 일해왔음에도 불구하고, 우리는 아직 서로를 제대로 파악하지 못했다. 가장 트인 남성이래도 바로 옆자리 여성 동료가 어떤 문제에 직면했는지 까맣게 모르는 경우가 많다. 놀랄 일도 아니다. 남성들은 직장에서의 '평등'이라는 개념이 '똑같다'를 의미한다고 생각하며 자랐는데 이는 남녀 모두에게 피해를 준다. 무조건 똑같은 잣대를 들이대면 여러 가지 차이가 고려되지 않아 여성은 불이익을 받고 남성은 의도치 않게 반사이익을 얻을 수도 있다. 그 결과 여성이 매일같이 접하는 어려움은 간과되고 궁극적으로는 인정받지 못하며, 여성들이 겪는 일들이 남성들에게 보이지 않게 된다.

이런 상황은 남성과 여성 모두에게 위험하다. 여성이 겪는 성별 격차를 남성이 전혀 깨닫지 못한다면, 남성들이 이 문제에 대해 신경쓰거나 여성들과 손잡고 격차를 줄이려 노력하리라고는 기대하기 힘들어진다. 최근 퓨리서치센터에서 실시한 설문조사에 따르면, 남성 중 다수가 여성의 성공을 가로막는 장애물은 "대부분 사라졌다"고 믿지만 여성의 다수는 여전히 "상당한 장애물이 존재한다"고 믿는데, 이는 당연한 결과일지도 모른다.

마찬가지로 남성들은 성차별주의자의 행동도 지나치게 과소평가한다. 전국적으로 실시된 여론조사에 따르면 대다수의 여성이 남성에게 부적절한 접촉을 당한 적이 있다고 대답했으나, 자기 아내나 여자 친구가 그러한 성희롱을 경험했다고 생각하는 남성은 삼분의 일에 불과했다.

성평등을 위한 노력은 아직도 대부분 여성의 이익을 위한, 여성이 이끄는, 여성의 투쟁으로 간주된다. 사회학자 마이클 키멀이 언급했듯이 "대다수 남성들은 성별 문제에 남성도 포함된다는 사실을 모른다. '젠더'라고 말하면 '여성'이라고 받아들인다". 한 연구를 보면, '여성은 남성보다 기회가 적다'라는 문장에 43퍼센트의 여성이 동의한 반면 남성은 12퍼센트만 동의했는데 이 결과도 이로써 설명된다. 한마디로 남성들에게는 문제가 보이지 않기 때문에 수치화할 수도 없다.

문제를 인식하지 못하는 남성들은 결국 상황을 더욱 악화시킨다. 세계 최대 광고사인 사치앤드사치의 회장이었던 케빈 로버츠는 이 문제를 전혀 인지하지 못한 나머지 대담하게도 성적 다양성은 "실제로 존재하지 않는 문제"이고 "빌어먹을 논쟁은 이미 끝났기 때문에" 광고계에서 여성 리더십이 부재한 상황은 "문제"가 없으며 "소위 젠더 문제"에 시간 낭비를 하지 않겠다고 공개적으로 주장했다.

한 50년 전에 한 발언 같겠지만 그렇지 않다. 2016년에, 그것도 광고계의 리더십에 상당한 성별 격차가 있는 상황에서 한 말이다. 광고계 전체로 보면 어느 정도 성별의 균형이 잡혀 있지만, 광고 총책임자 중 여성은 고작 11퍼센트에 불과하다. 케빈 로버츠의 발언은 엄청난 분노를 불러일으켰고 결국 그는 사임했다.

그 다음해에 영국의 대형 슈퍼마켓 체인인 테스코의 회장 존 앨런이 영국 기업 임원실에서 백인 남성이 '멸종 위기'라고 불평했던 것도, 이런 맹점 때문일지 모른다. 그러나 현실을 살펴보면 전해에 임명된 임원 중 여성은 29퍼센트뿐이었고 본인이 이끄는 테스코 중역진 열한 명 가운데 여성은 두 명에 불과했다. (나중에 여성 소비자들이 테스코를 보이콧하겠다고 움직이자 존 앨런은 이 발언을 철회했다.)

이러한 남성들은 멍청이 같은 발언 때문에 화제가 된 게 아니다. 그런 발언을 대대적으로, 공개적으로 했기에 입방아에 올랐다. 수십 년에 걸친 연구를 통해 이러한 인식은 상당히 보편적이라는 사실이 밝혀진 바 있다. 남성은 여성의 증가뿐만 아니라 여성의 존재 자체를 과대평가하는 경향이 있다. 지나 데이비스 미디어 젠더 연구소의 조사에 따르면, 영화 속 군중 장면에 여성은 평균 17퍼센트 정도 등장하나 남성들은 여성이 50퍼센트 정도 등장한다고 인식한다.

또한 남성들은 실제보다 여성이 더 많이 말한다고도 인식한다. 남성들은 여성이 남성보다 더 많이 말한다고 인식하지만, 사실 여성이 집단에서 다수(60~80퍼센트)가 아닌 이상 그룹 토론을 할 때 여성은 남성과 동등한 발언 시간조차 확보하지 못한다. 영화에서도 마찬가지다. 2015년 USC 애넌버그 커뮤니케이션 및 언론대학원에서 조사한 결과, 영화에서 대사가 있는 등장인물 중 여성의 비율은 삼분의 일에도 미치지 못했다.

심지어 오늘날까지도 남성이 모든 일의 표준이 되는 게 현실이다. 여성은 특이사항이 된다. 비단 직장에서만 통용되는 이야기가 아니다. 가정과 학교, 쇼핑몰, 병원, 온라인과 오프라인을 막론하고 전 세계 모든 분야에서 '남성'은 기본 모드로 간주된다. 심지어 우리가 쓰는 언어도 대부분 남성 중심이다. 일부 유럽과 아시아 언어에서는 단어의 기본형이 남성형이며, esse나 ette와 같은 접미사로 형태를 바꾸어야 여성형 단어가 된다. 또한 남성을 나타내는 단어가 좀더 진지하게 받아들여진다. '영화배우'는 '여배우'보다 진지하게 느껴진다. 그리고 누가 '여자 외과의사'에게 수술받고 싶어하겠는가?

❧

이 모든 상황은 여성이 이미 남성을 중심으로 돌아가는 세상에서 살아간다는 걸 보여준다. 여성들은 매일매일 남성들에게 맞춰 살아간다. 그러나 더욱 흥미로운 부분은 남성들 역시 여성들 쪽으로 다가온다는 점이다. 여성들이 자기 행동을 조절하는 것처럼 남성들도 자기 행동을 조절한다. 그리고 이렇게 함으로써, 여성이 여성에 대한 이야기를 다른 여성에게 하는 일방적인 대화가 훨씬 더 강력한 영향력을 가진 담론으로 변모된다. 남성과 여성 모두가 성별 격차를 넘어서 상대에게 다가간다면, 실제로 성별 격차를 줄여볼 수도 있다.

로스앤젤레스 경찰대에서 벌어지는 일을 다루는 인기 TV 드라마 시리즈 〈실드〉의 제작 책임자 글렌 마자라의 사례를 생각해보자. 이 드라마에는 다양한 배경을 가진 캐릭터들이 등장하지만 글렌 마자라는 처음 이 드라마를 구상했을 때의 일을 이렇게 회상한다. "작가들이 모인 방을 둘러보니. 상당수가 백인 중년 남성이더군요." 심지어 그가 여성 작가들을 섭외해달라고 특별히 요청했음에도 불구하고, 에이전트에서는 계속 백인 남성 작가들만 보냈다. 에이전트 쪽에서는 그의 요청을 진지하게 받아들이지 않았다. 한 에이전트는 심지어 그에게 "나중에 혹시 말이 바뀔지도 몰라서 그랬다"고까지 이야기했다. 마자라는 "백인 남성들만 받아들이고, 교육하고, 그들에게만 중요한 역할을 맡기도록 이뤄진 시스템은 무언가 근본적으로 문제가 있다"고 믿게 되었다. 실제로 영화 및 방송 작가 중 여성은 삼분의 일도 되지 않으며, 2016년에 흥행 수입 250위 안에 든 영화 가운데 여성 감독의 작품은 고작 7퍼센트였다.

결국 〈실드〉 팀은 두 명으로 구성된 여성 작가 팀을 영입했다. 그러자 또다른 문제가 발생했다. 이들은 작가실에서 제대로 활약하지 못했다. 그럴 기회조차 없었다. 그들이 준비해온 자료를 내놓으려 할 때마다 남자 관계자 중 누군가가 이를 가로막았다. 이러한 상황이 상당히 오랫동안 지속되었다는 사실이 더 심각한 문제였다. 마자라가 깨닫는 데도 너무나 오래 걸렸다. "저도 이 상황에 동조한 셈입니다. 남자로서의 제 귀가 여성의 발언을 가로막는 남성의 목소리에 너무 익숙해져 있었던 거죠." 마자라의 말이다. "그래서 제가 잘못된 행동을 버려야 한다는 사실을 깨달았습니다."

마자라는 자신이 깨달을 때까지 여성의 의견 개진이 묵살되었다는 사실을 전혀 몰랐지만, 모든 여성들에게 이는 너무나 익숙한 상황이다. 어느 시기에, 세계 어느 나라, 어느 회사, 어느 회의를 찾아가더라도 똑같은 상황을 마주할 것이다. 남성들이 모든 것을 주도한다. 여성들은 거의 말을 하지 않거나, 자체 검열을 하거나, 망설이다가 조심스레 질문의 형태로 발언한다. 과감하게 발언하는 여성들은 제지당하거나 무시당한다. 만약 여성이 제지당하기 전에 아이디어를 내놓는다면, 남성이 냉큼 공을 가로채기 일쑤다.

만약 외계인이 지구에 착륙하여 평범한 기업의 분기별 예산 보고 회의장에 간다면, 이러한 불균형을 쉽게 알아차릴 것이다. 그러나 대다수 남성들에게는 이러한 현실이 눈에 들어오지 않는다. 한마디로 회의란 여성의 경력을 대량 학살하는 현장이래도 과언이 아니다.

이 역시 모래놀이를 하는 아이들의 모습에서 그 단초를 찾을 수 있다. 언어학자 태넌은 남자아이들이 여자아이들의 말을 듣지 않는다는 걸 알아챘다. 심지어 어렸을 때부터 남자아이들은 "또래 여자아이들의 말보다는 다른 남자아이들의 말에 더 주의를 기울인다"고 태넌은 주장한다. "그리고 회의에 참석하는 여성들의 경험에 비춰볼 때, 성인 남녀 사이에서도 같은 상황이 다수 발생한다."

실제로 회의에서 적극적으로 발언하는 여성들은 적극적으로 행동하는 어린 소녀들과 마찬가지로 불이익을 받는 경우가 많다. 예일대의 조사에 따르면, 동료들보다 더 자주 발언하는 남성 임원은 능력이 더 뛰어나다고 평가받는다. 여성 임원의 경우는 반대다. 여성 임원이 동료들보다 자주 발언할 경우 14퍼센트나 덜 유능하다고 평가되었다. 그리고 2012년에 다수의 기업 회의를 참관한 연구자들은 남성의 발언 비율이 무려 75퍼센트에 달하기 때문에 여성은 의사결정에 실로 미미한 영향을 미친다는 사실도 발견했다.

수습사원뿐만 아니라 세계를 이끌어가는 지도자들의 경우도 마찬가지다. 국제통화기금의 총재 크리스틴 라가르드는 어떤 회의에서 여성이 발언을 하면 "상당수 남성 임원은 딴청을 합니다. 서류를 보거나, 바닥을 내려다보거나…… 그럴 경우 단호히 저지해야 합니다"라고 말했다. 그녀는 그러한 행동을 거침없이 지적한다. "당신이 의장 자리에 앉아 있다면 이렇게 말하십시오. '다른 사람이 발언하고 있습니다. 경청하세요.'"

마찬가지로 BAE시스템스의 전 최고경영자 린다 허드슨도 직장생활을 하며 이러한 광경을 목격해왔다며 이렇게 말했다. "회의실 탁자를 둘러보면 뻔히 보입니다." 회의에서 "발언을 하는 남성은 여성보다 다른 남성을 더 신경씁니다. 이는 수십 년, 아니 수백 년에 걸쳐 형성된 역학관계이자, 왠지 남성이 하는 말은 중요할 것 같다는 선입견 때문이죠. 여성보다 남성의 말이 더 중요할지도 모른다고 생각하는 겁니다".

수십 건의 연구를 통해 여성은 남성보다 더 자주 발언을 제지당하며, 남성들은 자신의 권력을 드러내기 위해 그렇게 행동한다는 결론이 도출되었다. 언어학 박사학위자이자 기술 기업의 경영진 키런 스나이더는 자사 회의에서 발언을 제지하는 빈도를 계산한 결과, 남성이 여성의 발언을 저지하는 빈도가 다른 남성에게 그러는 것보다 세 배나 높다는 사실을 발견했다. 그러나 타인의 발언을 저지하는 극소수의 여성들 역시 압도적으로 다른 여성의 발언을 저지하는 경우가 많아 무려 87퍼센트에 달했다는 것이 더욱 절망적인 부분일지도 모른다. 이런 여성들도 남성이 발언할 때는 거의 가로막지 않았다.

미국 대법원조차도 예외는 아니다. 12년 이상 대법원에서의 논쟁을 분석한 노스웨스턴대의 연구에 따르면, 세 명의 여성 대법관들은 그들의 남성 동료들에 비해 세 배나 자주 발언을 저지당했다. 대법관이라는 위상과 영향력에도 불구하고, 이들은 "다른 여성들과 다를 바가 없었으며 발언권 측면에서 남성 동료들보다 열세였다"고 연구자들은 기록했다. 그러나 흥미롭게도 경력이 길어질수록 여성 대법관은 남성과 유사한 언어 패턴을 습득하며, "실례합니다"나 "죄송합니다" 같은 예의 바른 수식어를 덜 사용하고 보다 공격적이고 단정적으로 말했다.

키런 스나이더는 여성의 발언에 사람들이 귀기울이게 하려면 위의 대법원 판사들처럼 여성이 자기 행동 습관을 바꿔서 남성처럼 행동해야 한다고 결론지었다. "남의 말을 가로막는 법을 배우지 않는 여성은 일정 직급 이상으로 승진할 수 없습니다."

심지어 행동방식을 바꾼 후에도 여성들은 여전히 험난한 장벽에 부딪힌다. 최근 다보스에서 열린 세계경제포럼 회의에 참석했다가 이 사실을 다시 한번 깨달았다. 억만장자, CEO, 각국 지도자 들이 일주일 동안 여한 없이 마음껏 서로 등을 두드리고, 한담을 나누고, 파티를 즐기고, 조지 클루니나 시진핑을 만났다며 자랑할 권리를 누리기 위해 매년 스위스의 자그마한 스키 리조트 마을에 모여든다. 아, 물론 그러면서 세계의 주요 현안들도 해결하고 말이다.

몇 년 동안 기자로서 취재차 다보스로 향했는데, 여성 참석자가 얼마나 적은지 갈 때마다 새삼 놀랐다. 참석자가 삼천 명에 달하는 행사이지만 여자 화장실에 줄이 늘어선 광경은 한 번도 본 적이 없다. '글로벌 엘리트'가 어떤 사람들로 구성되어 있는지 너무나 많은 것을 시사해준다.

다보스포럼은 더 많은 여성을 초대하기 위해 다각도로 노력해왔다. 기업마다 최대 인원을 네 명으로 규정했으나 추가 인원이 여성인 경우에 한해 그 이상도 참석할 수 있다는 필사적인 조치까지 취했다. '레이디스 나잇!'이라며 여성들을 불러모으던 대학 시절 싸구려 술집이 떠오르는 조치였다. 2017년 다보스포럼의 주최측은 자랑스럽게 참석자 중 20퍼센트가 여성이라고 대대적인 발표를 했다. 실망스럽게도 청중들은 힘찬 박수를 보냈다. 여성이 세계 인구의 절반 이상인데 어떻게 20퍼센트가 축하할 일인가?

"인내심이 필요합니다." 2017년 포럼에 참석한 존슨콘트롤스의 최고마케팅책임자 킴 맷캐프 쿠프레스는 이렇게 말했다. "저는 선천적으로 내성적인데다 이 포럼에서는 소수집단인 여성입니다. 여기엔 외향적이고 잘난 척하기 좋아하는 사람들이 모이죠."

다보스포럼에서는 대규모 공식 세션보다 소규모로 진행되는 사적 모임에서 대부분의 일이 진척된다. 킴 맷캐프 쿠프레스는 이에 대해 이렇게 말한다. "남성들이 대화를 주도해요. 저는 그들의 보디랭귀지가 불쾌해요. 제 개인 공간은 점점 좁아지고 그들의 팔동작은 점점 커지죠. 그리고 아무도 질문을 안 해요. 다들 무언가 선언을 하고 싶어하죠…… 누가 더 사람들의 눈길을 끄는가를 겨루게 돼요…… 물론 개중에는 여러 가지 생각할 거리를 주는 발언들도 있지만, 다들 앞다투어 상대방에게 먼저 이야기를 하거나 상대방보다 말을 많이 하려고 해요."

여성이 목소리를 높이려면 용기가 필요하다. 때로는 어느 정도 얼굴도 두꺼워야 한다. 나는 뼈아픈 경험을 통해 이를 깨달았다. 오랫동안 나는 회의에서 거의 발언을 하지 않았다. 다른 사람들이 내 의견을 바보 같다고 생각할까봐, 혹은 내가 멍청하다고 생각할까봐 두려웠다. 처음으로 용기를 쥐어짜서 발언을 했을 때에도 내 발언이 무시되거나, 조롱을 당하거나, 기자들이 가장 두려워하는 반응인 "그걸 누가 몰라"라는 말이 돌아올까봐 겁에 질렸다. 남성들이 당당하게 내가 이전부터 생각은 했지만 너무 소심해서 제대로 표현하지 못했던 주장을 늘어놓는 모습을 매일같이 가만히 앉아서 지켜보았다. 마침내 나는 머뭇거리면서 다른 사람의 발언에 끼어들어 내 생각을 피력했다. 처음에는 해방감이 들었다. 상사도 귀를 기울였고 뉴스 보도에 대한 내 아이디어가 어느 정도 성과도 냈다. 그때까지는 모든 것이 순조로웠다.

하지만 그러던 어느 날, 거들먹거리는 한 남자 동료가 나를 따로 불러냈다. 상사 눈에 들고 싶은데 내가 눈엣가시 같았던 모양이었다. 그는 빈 회의실로 나를 데려가더니 문을 닫았다. 이마의 핏줄이 터져나올 듯 꿈틀거렸다. 그는 "아무 말도 하지 마! 입다물라고. 생각만큼 넌 똑똑하지 않아" 하며 소리질렀다.

나는 너무나 깜짝 놀라 얼어붙었다. 말 그대로 몸이 부들부들 떨렸다. 모멸감마저 들었다. 그리고 분노가 격렬하게 치밀어올랐다. 그와 동시에…… 혹시 그의 말이 맞지 않을까 하는 의구심이 들었다. 어쩌면 회의실에 있는 모두가 나보다 더 많이 알지도 몰랐다. 충격을 받아 그날 밤 남편 톰에게 낮에 있었던 일을 털어놓았다.

기사도 정신이 충만한 남편은 처음에는 그 자식을 제대로 패주겠다며 반응했고, 나 역시 그랬으면 좋겠다 싶었다. 하지만 그러고는 어깨를 으쓱하더니 그냥 털어버리라고 조언했다. 상사의 눈에 들기 위해 경쟁하는 동료가 으름장 놓은 것일 뿐이라고 말이다.

다음날 나는 크게 심호흡을 하면서 용기를 내어 발언을 했다. 이후 몇 주 동안 매일같이 그랬다. 앞에 나서서 발언하려면 노력이 필요했으며, 여전히 쉽지 않았다. 하지만 남편 말이 맞았다. 내 의견은 반영되었다. 잘난 척하기 좋아하는 그 남자 동료는 결국 회사를 떠났다.

아마도 사회학자들은 이러한 내 경험에, 그리고 내 의견이 가치 있느냐며 의구심을 품는 모습에 매우 익숙할 것이다. 남성뿐만 아니라 여성 본인조차 자신의 특정한 행동이 여성에 대한 전통적인 고정관념과 대치될 때면 좀처럼 이를 받아들이지 못한다. 직장인 및 대학생 또래의 삼천 명 이상의 여성에게 자라면서 어떤 가르침을 받았느냐고 조사했다. "타인에게 친절해라" "훌륭한 학생이 되어라" "권위자나 손윗사람을 존경하라" "항상 도움의 손길을 내밀어라" 등의 응답이 가장 많았다. 가장 소수 의견은 뭐였을까? "뛰어난 리더가 되어라" "사회에서 변화를 일으켜라" "기술을 익혀라" "자신의 생각을 공유해라"였다.

여성이 겨우 용기를 내서 발언을 하더라도 첫번째 장애물을 넘은 것일 뿐이다. 다음 장애물은 훨씬 더 극복하기 힘들다. 여성의 아이디어가 채택되더라도 그 공을 남성이 채가는 경우가 흔하기 때문이다. 올리비아가 똑똑한 발언을 하지만 아무도 귀담아 듣는 것 같지 않다. 그러다가 빌이 살짝 말만 바꿔서 동일한 요지로 발언을 하면 갑자기 천재 취급을 받는다. "역시 빌이야! 정말 날카롭다니까." 한편 같은 회의실에 있는 여성들은 모두 똑같은 생각을 한다. "뭐 이런 엿같은 경우가 다 있어? 올리비아가 똑같은 이야기를 했었잖아!"

어떤 여성을 붙잡고 물어보아도 대부분 이런 상황을 경험해봤다고 할 것이다. 이런 상황이 어찌나 빈번한지 『마더 존스』라는 잡지에서는 「숙녀들은 마지막에: 남자들이 공을 가로챈 여성의 발명 여덟 가지」라는 헤드라인을 단 기사를 싣기도 했다. 여기에는 이중나선 구조(로절린드 프랭클린), 컴퓨터 프로그래밍(에이다 러브레이스), 그리고 모노폴리 게임(엘리자베스 매지) 등의 사례가 소개되어 있다. 테일러 스위프트의 성공을 자신의 공적으로 돌린 카녜이 웨스트도 그 전형적인 사례다. "내가 그년을 유명하게 만들었어, 제기랄, 내가 그년을 유명하게 만들었다고."

"이런 상황은 우리 모두에게, 매일같이 일어납니다." 존슨콘트롤스의 맷캐프 쿠프레스는 유감스럽다는 듯이 쓴웃음을 지으며 말했다. "남자들은 심지어 자기네가 그런다는 사실조차 모른다니까요."

한 무리의 변호사들 앞에서 강연할 때 이러한 현상에 대해 언급한 적이 있다. 강연이 끝난 후 질의응답 시간에 한 남성이 청중석에서 눈을 동그랗게 뜨고는 손을 들었다. 그는 대다수의 업무를 여성 변호사 한 명이 진행하는 팀에 속해 있다고 했다. 하지만 일이 마무리되면 그중 한 남성 팀원이 대표 변호사에게 최종 발표를 하고 공을 가로챈다고 했다. 그는 이런 이야기를 들려주면서도 지금에야 갑작스럽게 이 사실을 깨달아 어안이 벙벙해 보였다. 그 남성 주변에 앉은 백 명 정도의 여성 청중들은 겸연쩍어하거나 약간 짜증나 보였다. 내 귀에는 그 여성들의 반응이 들리는 듯했다. "쯧쯧."

하지만 상황을 바꾸어놓기 위해 여성에게 힘을 보탤 수 있는 최적의 위치를 잡은 사람이 바로 이러한 역학을 깨달은 남성들이다. 그렇기에 여성의 의견을 존중하고 수렴하려면 자기 습관 중 일부를 "의식적으로 고쳐야 한다"는 글렌 마자라의 깨달음이 그토록 중요한 것이다. 남성 작가들이 계속해서 여성 작가들의 발언을 가로막는다는 사실을 깨닫고 마자라는 새로운 규칙을 정했다. 준비한 프레젠테이션 도중에는 절대 끼어들지 말 것. 이를 모든 사람에게 적용할 것. 이는 여성 작가를 과잉보호하기 위해서가 아니었다. 가장 좋은 아이디어를 개진시키고, 형편없는 아이디어는 즉시 기각하기 위함이었다.

모든 작가가 다른 사람의 간섭을 받지 않고 자기 의견을 결론까지 제시하게 됐다. "그러면 일단 프레젠테이션이 끝나면 그때부터는 아주 눈물이 쏙 빠질 때까지 신랄하게 비판할 수 있지요. 발표자가 남성이든 여성이든 간에요." 마자라는 그후에도 〈워킹 데드〉를 비롯한 인기 드라마 시리즈를 여러 편 제작했는데 그때마다 같은 원칙을 적용했다.

☙

남성들은 미처 깨닫지 못했을 수도 있지만, 여성들도 자신의 의견을 제대로 제시하기 위해 이와 비슷한 방안을 오랫동안 강구해왔다. PwC에서 다양성 총괄 책임자로 일하는 제니퍼 앨린은 '성과를 칭찬해주는 친구'라는 방법을 권장한다. 여성들은 스스로의 성취에 대해 이야기하기를 어려워하며 그렇게 할 경우 비판적인 시선을 받는다. 그녀는 이를 '겸손의 덫', 즉 '착한 여자아이는 자랑하지 않는다'라는 사고방식이라고 말하며 그렇기에 여성들끼리 성공담을 교환해야 한다고 권한다. 그런 다음 다른 여성 동료의 성과를 칭찬하는 일을 우선순위로 삼게 하면 여성끼리 서로를 지원사격하는 셈이라고 한다.

버락 오바마 대통령 내각에서 일한 여성들은 이러한 개념을 나름대로 변형해냈다. 오바마는 여성을 옹호하는 입장을 취한다는 사실에 자부심이 있었다. 2009년 백악관에 입성한 오바마는 맨 먼저 릴리 레드베터 공정임금법, 즉 실질적으로 임금 차별 관련 소송의 공소시효를 연장하는 법안에 서명했다. 오바마의 임기가 끝날 즈음 오바마 대통령의 최측근 관료 중 여성의 비율은 44퍼센트에 달했다.

하지만 오바마 정부에 몸담은 여성들은 여전히 회의할 때 남성들에게 무시당하거나 남성들이 자기네 의견을 밀어붙인다고 느꼈다. 이 문제로 골머리를 앓던 여성 관료들은 마침내 메아리 효과를 노릴 수 있는 '확성기'라는 해결책을 고안해냈다. 일단 한 여성이 발언을 하면, 다른 여성이 그 아이디어를 반복해서 이야기하고 처음 의견을 제시한 여성에게 공을 돌린다. 여성들이 서로의 의견을 강조해줌으로써 남성이 공을 채가기 전에 아이디어를 확실하게 소유하게 되는 셈이었다.

고무적이게도 많은 남성들도 이러한 전략을 수용하기 시작했다. 카디널헬스의 방사선 의학 서비스 사업부 부사장인 폴 고티는 책임자 자리에 오른 뒤, 회의 자리에서 '여성이 무언가를 말하더라도 나중에 남성이 그 말을 다시 하기 전에는 그 내용이 주목받지 못한다'는 사실을 깨달았다. 그래서 이제 그는 반드시 처음에 그 발언을 한 여성에게 공을 돌리고 "그에 대해 좀더 자세히 설명해보겠나?"라고 요청해 여성을 적극적으로 토론에 참여시킨다.

고티의 해결책은 점잖으면서도 지극히 간단해 효과적이다. 여성의 뛰어난 아이디어가 간과되고 다른 사람에게 공이 돌아갈 때 상사여야만 이를 알아주는 것은 아니다. 우리 중 누구라도, 남자든 여자든 간에 그녀를 대신하여 더 크게 말하고 그녀의 공을 인정해주자.

∿

여성들이 하루도 빼놓지 않고 아침부터 밤까지 남성들에게 맞추기 위해 갖은 방법으로 노력함에도 불구하고, 대다수 남성들은 이를 까맣게 모른다. 이제 이런 현실에 종지부를 찍어야 한다. 그러는 데 이 책이 유용할 것이다. 여러분이 남자든 여자든, 직장생활을 갓 시작한 사회 초년생이든 고위 간부든, 아빠든 엄마든, 이제는 남녀 사이의 간극을 인식하고 어떻게 힘을 합쳐 이를 좁힐 수 있을지 생각해봐야 한다. 직원이자 상사, 그리고 딸과 아들을 둔 엄마로서,

나는 다양한 입장에 서보았다. 내 딸과 아들이 자라서 보다 평등한 세상을 누리기를 간절히 바라며, 내 남편 역시 나만큼이나 열렬히 이를 바란다.

여러분이 어떤 입장이든, 일단 여성들이 간과당하고 발언을 저지당하며 남성에게 아이디어를 빼앗긴다는 현실을 인식만 한다면 어디서든지 이런 불합리한 격차가 눈에 들어올 것이다. 그나마 다행스럽게도, 이는 간극을 줄이기 위한 첫번째 단계다. 미국 전역과 전 세계를 가로지르며 성별 격차를 넘어서기 위해 노력중인 경영진 및 학자들과 이야기해보니 모두가 이를 매우 중요한 단계로 언급했다. 인식은 햇빛과 같아서, 단순히 최고의 소독제 역할만 하지 않는다. 치료제이기도 하다. 성별 격차 문제를 인지한 남성들은 자기 행동을 바꾸는 데서 그치지 않고 각자 근무하는 직장의 문화까지 변화시키기 위해 노력한다고 했다.

이러한 남성들은 이미 변화를 이끌어내고 있다. 대학 시절부터 나와 친하게 지낸 맷 크렌츠의 사례를 생각해보자. 맷은 대학 1학년 때 나를 포함하여 여학생 다섯 명이 함께 사는 집의 바로 위층에 다른 남학생 몇 명과 함께 살았고 우리는 이내 친한 친구가 되었다. 윗집 남학생들은 형제처럼 가까웠는데 우리를 보호하면서도 괴롭히기도 했다. 한번은 룸메이트들과 저녁을 먹고 집에 돌아와보니 각자 한 푼 두 푼 모아 구세군 센터에서 구입한 가구가 전부 온데간데없어진 적이 있었다. 당황한 나머지 경찰에 연락했다. 당시 우리는 너무 순진했던 나머지, 최소한 자존심이 있는 도둑이라면 넝마에 가까운 격자무늬 소파를 훔쳐갈 리 없다는 생각까지는 미처 못했다. 우리가 경찰을 불렀다는 사실을 알게 된 남학생들은 짓궂은 장난을 치려고 자기네 집에 가구를 숨겨놓았다고 자백했다.

졸업 후, 맷은 보스턴컨설팅그룹에 신입사원으로 입사했다. 맷은 뛰어난 여성들을 많이 배출한 집안 출신으로 그의 여자 형제 둘은 무척이나 똑똑했고 그의 어머니는 대학원에서 영어를 전공하셨으며 아내와는 경영대학원에서 만난 사이였다. 그랬기에 그는 세월이 지나 직장에서 직급이 올라갈수록 동일한 직급의 여성 동료가 점점 줄어든다는 사실에 어리둥절했다. 결국 맷이 보스턴컨설팅그룹의 시카고 지사장으로 승진했을 때, 주변을 둘러보자 자기네 사업부에는 여성 고위 관리자가 아무도 없었다. 그는 그때부터 이 문제를 파헤쳤다.

맷은 마치 인류학자처럼 주변의 남성 및 여성 직원들의 습관, 서식지, 상호작용을 연구했다. 컨설팅 일은 누구에게나 만만찮다. 책임자 자리에 오르는 데는 일반적으로 8년 정도 걸리며 고객들과 긴밀하게 협업하기 위해 끊임없이 출장을 다녀야 한다. 이는 전업주부 아내와 함께 사는 남성 컨설턴트에게 적합하게끔 수십 년 전에 설계된 제도였다.

하지만 맷을 비롯한 여러 기업 관리자들은 유독 여성만을 소외시키는 좀더 미묘한 다른 문제들이 있음을 깨달았다. 예를 들어 "우리는 매우 비판적인 기업문화를 가지고 있습니다. 개선이 필요하다면 직원들에게 직설적으로 이야기하지요" 같은 메시지는 많은 남성들에게는 효과적이지만 상당수 여성들에게는 치명적이다. 실제로 연구자들은 일부 여성이 남성들보다 부정적인 피드백에 훨씬 격렬하게 반응한다는 사실을 발견하기도 했다. 긍정적인 피드백과 부정적인 피드백을 동시에 받을 경우 남성은 긍정적인 부분에 초점을 맞추지만 여성은 부정적인 부분에 보다 무게를 두기 마련이다.

보스턴컨설팅그룹의 여성 직원들은 비판적인 피드백을 너무나 심각하게 받아들인 나머지 자신감을 상실했다. 보스턴컨설팅그룹은 심지어 업무 실적이 뛰어난 여성에게도 "보다 신랄해야 된다"거나 "강하게 대립해야 한다"는 식으로 피드백하는 경우가 많았는데, 의도하지 않았겠지만 이러한 피드백은 다른 남성들처럼 행동해야 한다는 메시지나 다름없다.

맷에 따르면 남성들에게 "이러한 환경은 생소하지 않다". 하지만 "여성들은 이러한 환경에서 남성들보다 훨씬 더 소외감을 느끼기 때문에, 회사 입장에서는 그들을 회사에 잡아둘 기회를 잃게 된다"고 한다. 여성이 남성보다 직장을 그만두는 비율이 높을 뿐만 아니라 자발적으로 퇴직하지 않는대도 해고당할 확률도 남성보다 훨씬 높다.

맷은 자신뿐 아니라 비슷하게 생각하는 다른 동료들이 스스로의 행동을 면밀히 살핀 후 내린 결론에 대해 이렇게 말했다. "우리는 업무 환경 및 피드백을 제공하는 방식을 바꿔야 하고, 여성들에게 멘토 역할을 해주거나 그들을 지원해야 하며 보다 적극적으로 적절한 지침을 제공해야 해." 여러 가지 조치 중에서도, 그는 여성 직원들을 능력 있는 책임자들과 이어줌으로 실제 성공 사례를 모범으로 삼게끔 했다. 이때 책임자는 단순히 조언을 제공하고 정신적으로 지지해주는 사람이 아니라 함께 일하는 여성 직원을 효과적으로 옹호할 만한 사람이어야 했다.

맷은 "단순한 멘토만으로는 충분치 않아. 다소 위험을 자초하면서라도 '네, 제가 이 사람을 보증하지요'라고 말할 수 있는 사람이어야 해"라고 말했다. 그가 다른 직무로 옮길 즈음, 보스턴컨설팅그룹의 시카고 지사 책임자 중 여성의 비율은 거의 20퍼센트에 달했다.

현재 맷은 보스턴컨설팅그룹의 최고경영진 중 한 명이자 집행위원회 위원이며 글로벌 인사팀도 맡고 있다. (그리고 아마 이제는 친구들의 가구를 몰래 훔치지 않겠지!) 그의 노력 덕분에 말단직원들이 직장에서 좋은 관계를 쌓을 수 있도록 도울 뿐 아니라 다양한 활동을 진행하는 '행동하는 수습직원'이라는 프로그램이 탄생했다.

업무 평가 역시 단점이 아니라 장점에 초점을 맞추고, 이러한 장점을 보다 개발이 필요한 영역과 연계하는 방향으로 바뀠다. 관리자들은 "회의에서 더욱 강하게 대립해야 한다, 보다 적극적으로 발언해야 한다"처럼 남성중심적인 피드백을 제공하지는 않는지 거듭 확인한다. 맷은 "단순히 누군가에게 무언가를 하라고 지시한 다음 실제로 할 수 있는지 지켜보는 게 효과적인 인재 개발 방식은 아니지만, 우리는 이를 기본 방침으로 삼았어. 왜냐하면 남성들이 거기에 반응하거든"이라고 이야기했다. 2011년부터 2016년 사이에 여성 컨설턴트의 수는 70퍼센트나 증가했다.

무엇보다 "회사 내의 남성 책임자들이 이 문제에 적극적으로 참여하는 것"이 관건이라고 맷은 말했다. "우리 남자들이 행동을 바꿔야 해."

우리 남자들이 행동을 바꿔야 한다. 이 말을 잠시 생각해보자. 여성들은 직장생활을 하는 내내 남성들에게 맞춰왔다. 그러나 맷 크렌츠와 글렌 마자라 같은 남성들이 여성에게 맞추기 위해 행동을 바꾸자 갑자기 판도가 달라진다. "진저 로저스는 프레드 애스테어의 춤을 전부 똑같이 추었다. 심지어 하이힐을 신고 뒷걸음을 치면서"(프레드 애스테어와 진저 로저스는 수많은 뮤지컬 영화에 함께 출연한 명콤비였지만 상대적으로 남성인 프레드 애스테어가 더 주목받았다―옮긴이)라는 옛말은 여성이 직장에서 느끼는 감정을 상당히 정확히 표현한 말이다. 보다 많은 남성들이 성별 격차를 뛰어넘어 손을 내민다면, 남녀가 어깨를 나란히 하고 함께 앞을 보면서 나아갈 수 있을 것이다.

2장

성공의
비결은
여성이다

1945년 어느 날, 실패만 거듭하던 어느 정원사가 확실히 부자가 될 듯한 아이디어를 떠올렸다.

얼 실라스 터퍼는 이미 한 차례 파산 신청을 했었고 이대로 가다가는 두번째 파산 신청도 머지않은 상황이었다. 대공황이라는 암흑기에 그는 매사추세츠에서 운영중이던 수목 관리 사업을 접어야 했다. 아이들에게 먹일 음식도 없는데 누가 나무 가지치기를 신경이나 쓰겠는가? 터퍼는 발명에도 손을 대보았지만 물고기의 힘으로 움직이는 배나 내용물이 흘러내리지 않는 아이스크림콘을 구매하려는 사람은 아무도 없었다.

일자리가 절실했던 터퍼는 플라스틱 공장에 취직했다. 어느 정도 돈이 모이자 그는 주형 기계를 구입해 직접 사업에 나섰다. 제2차세계대전이 발발해 군용 제품을 납품했으며 방독면과 지프차에 사용할 플라스틱 부품을 대량 생산했다.

하지만 전쟁이 끝나자 방독면 수요는 사라져버렸다. 설상가상으로 공장 가동에 필요한 원재료도 바닥이 났다.

"미안하지만 유통할 원료가 충분하지 않소." 베이클라이트(과거 전기용품 등에 사용되던 플라스틱의 일종 — 옮긴이)의 영업 담당자는 주형에 부을 플라스틱 수지를 구하는 터퍼에게 이렇게 말했다.

터퍼는 그 자리에서 버텼다. "다른 건 뭐 없소? 뭔가 남는 게 있을 것 아니오."

영업 담당자는 어깨를 으쓱하더니 터퍼에게 고무같이 생긴, 냄새가 고약한 검은 물질을 건네주었는데, 그것을 만지자 손가락에 기름막이 남았다. 공업용 제련 작업을 하고 남은 용재, 즉 찌꺼기였다. 전시에는 군용 장비용 전선을 절연하기 위해 그 물질을 사용했지만 이제 전쟁이 끝났으니 아무 쓸모가 없었다.

"이게 산더미처럼 쌓여 있는데 완전히 처치 곤란이라오." 영업 담당자가 말했다. "원하면 전부 가져가도 좋소."

그는 기름이 묻어나는 덩어리 하나를 집으로 가져왔다. 그걸 손에 쥐고 이리저리 주물럭거리면서 생각에 빠져들었다. 이 물질을 액체화하는 방법만 알아낸다면 뭔가 유용한 물건을 만들어낼 것 같았다. 그래서 그 덩어리를 끓는 물에 넣고 삶아보았다.

머지않아 터퍼는 화학 용어로 폴리에틸렌으로 알려진 그 용재로 다양한 혼합물을 만들어내기 시작했다. 매일 밤, 샘플 십여 개를 가져와서 다양한 화학물질과 섞고서 압력을 다르게 가해가며 가공 처리했다. 그런 다음 십대인 아들 마일스와 함께 샘플을 통에 던져 넣고 다양한 온도에서 가열했다.

몇 달 동안 터퍼 부자는 조합, 온도, 압력을 다양하게 바꿔 실험을 하며 난로 옆에서 살다시피 했다. 마침내 두 사람은 이 물질을 주형에 부을 정도로 가변성은 있지만, 굳히고 나면 갈라지지 않을 만큼 탄력이 있고, 보기 흉한 검은색이 아니라 반투명으로 만드는 방법을 찾아냈다. 심지어 파스텔톤으로 만드는 방법까지 알아냈다. 그는 이 물질을 '폴리 T: 미래의 재료'라 불렀다.

그러고는 이 재료로 구슬, 담뱃갑 등 갖가지 물건을 만들어냈다. 물론 나쁘지는 않았지만 터퍼조차도 그리 특별하지 않다는 사실을 인정할 수밖에 없었다. 이 재료로 그릇을 만들어보고서야 그는 뭔가 굉장한 일에 착수했구나 하고 깨닫게 되었다.

전쟁 후 미국 주부들은 식료품 보존 때문에 상당히 골치 아팠다. 전장에서 돌아온 미국의 젊은이들은 결혼을 하여 아이들을 낳고 점차 확장되어가는 교외 지역의 자그마한 집으로 이사했다. 농경지를 불도저로 밀어버린 자리에 성냥갑처럼 똑같이 생긴 집들이 들어서면서 선반마다 어지러울 정도로 많은 상품이 빼곡하게 들어찬 슈퍼마켓이 전국에 우후죽순 생겨났다. 이런 슈퍼마켓 한 매장당 무려 1만 개가량의 상품이 갖춰져 있었다. A&P와 세이프웨이 슈퍼마켓 체인에서 대규모로 신규 매장을 오픈한다는 소식이 매주 신문 1면을 장식할 지경이었다.

하지만 여성들은 구매한 식료품을 어떻게 하면 신선하게 보관할 수 있을지 몰랐다. 대부분 즉흥적으로 방법을 고안해냈다. 샤워캡을 남은 음식 위에 씌워두는 방법도 꽤 인기였다. 하지만 그렇게 해도 공기가 새어 들어가 음식이 상해버렸기에 그리 좋은 해결책은 아니었다.

바로 여기서 터퍼는 가능성을 발견했다. 그는 미래의 재료로 그릇 뚜껑을 만들었는데, 공기가 전혀 빠져나가지 않을 정도로 그릇에 꼭 맞아 과일 샐러드나 저녁에 먹다 남은 음식의 신선도를 유지할 수 있었다. 유일한 문제점이라면 이 뚜껑을 제대로 닫으려면 모서리를 살짝 열어서 그릇에 갇힌 공기를 빼내야 한다는 점이었다.

그는 이 제품에 타파웨어라는 이름을 붙였다.

타파웨어는 다양한 파스텔톤 색상으로 출시되었다. 이 새로운 발명품에 대한 반응은 열광적이었다. 『아름다운 집』에서는 타파웨어를 "39센트로 살 수 있는 예술작품"이라고 소개했다. 뉴욕 현대미술관에서는 가정용품 전시회에 타파웨어를 전시할 정도였다.

주문이 쏟아져 들어왔다. 미국에서 손꼽는 대형 백화점인 디트로이트의 J. L. 허드슨에 타파웨어 전 제품이 진열됐다. 마흔 살의 터퍼는 하루아침에 엄청난 성공을 거머쥐게 되었다. 1947년 『타임』에 터퍼는 "혼자서 붐을 일으킨 사람"으로 소개됐다. 터퍼의 이야기를 다룬 『타파웨어를 파헤치다』라는 책을 쓴 밥 킬링에 따르면, 터퍼는 첫해에 수백만 개의 그릇을 팔 거라고 확신했다.

엄청난 성공 스토리가 아닌가?

사실은 그렇지 않다.

미국 전역의 매장에 아름다운 새 그릇들이 놓였다. 그러고는 계속 거기 놓여 있었다.

여성들은 타파웨어를 어떻게 사용해야 하는지 몰랐다. 타파웨어를 구매한 몇 안 되는 여성들조차도 뚜껑이 제대로 맞지 않으니 상품에 문제가 있다며 환불을 요청했다. 백화점 매대에 놓인 타파웨어에 먼지만 쌓여갔다.

터퍼는 다시 한번 실패를 맛본 셈이다.

❧

미국 경제를 이끄는 원동력은 압도적으로 여성에게서 나온다. 미국 국내 총생산—모든 상품과 서비스의 가치를 합산한 수치로 보통 경제 건전성을 판단하는 측도다—의 75퍼센트 정도는 소비자 구매에서 나온다. 그러한 구매 중 무려 85퍼센트가 여성의 몫이다.

하지만 터퍼가 타파웨어를 발명하던 시기와 마찬가지로, 소비자가 구입하는 대다수 제품의 디자인과 생산, 판매는 압도적으로 남성이 많이 좌우한다. 이 때문에 웃음이 나올 정도로 형편없는 제품 디자인과 마케팅 참사, 그리고 '도대체 무슨 생각으로 이걸 내놓은 거지?' 하게 되는 순간이 일어난다.

심지어 흠잡을 데 없는 디자인 센스로 유명한 애플조차도 그랬다. 대부분의 남성은 편안하게 쥘 만하지만 대다수 여성의 경우 쥐거나 주머니에 넣기 너무 큰 아이폰 6플러스를 애플이 처음 공개하자 많은 여성들은 분노했다. 도대체 이 휴대전화를 어디에 둬야 하는 거지? CBS 뉴스에서는 "아이폰 6플러스: 여성에게는 너무 큰가?"라는 의문을 제기했다. 의상디자이너들은 여성복의 주머니를 다시 디자인해야 하는가를 두고 고민에 빠졌다. 설상가상으로 이 새로운 아이폰 카메라에 여성의 머리카락이 너무나 빈번하게 껴서 트위터에 #헤어게이트hairgate라는 조롱 섞인 유행어까지 등장했다.

이 모든 일이 그리 놀랍지도 않다. 여성을 고용하기 위해 다각도로 노력함에도 불구하고 애플 직원 중 68퍼센트는 남성이며 특히 디자인팀과 엔지니어링팀은 남성이 주축이다.

남성이 디자인을 주도한다는 사실로 너무나 많은 삶의 수수께끼가 풀린다. 내 주변의 거의 모든 여성들이 사무실에 두툼한 스웨터나 따뜻한 담요, 혹은 나처럼 전기난로를 구비해둔다. 심지어 나는 가끔씩 장갑을 낀 채 타이핑하기도 한다. 예전에는 왜 사무실은 항상 추운 걸까 궁금했다. 그래서 의사에게 물어본 적도 있다. 제 피부가 특별히 얇은 편인가요?

물론 그렇지 않다. 뉴욕타임스에서 보도한 대로, 사무실 온도는 〈매드 맨〉이라는 드라마가 나온 1960년대 이후 줄곧 남성 몸의 해부학적 구조를 기반으로 설정되어왔다. 대다수 사무용 건물은 몸무게가 70킬로그램 정도 나가는 40세 남성의 평균 신진대사율, 즉 신체가 열을 생성하는 속도를 기준으로 이상적인 실내 온도를 계산하는 공식을 적용한다. 일반적으로 남성의 신진대사율은 여성보다 높다. 따라서 이 구닥다리 공식 때문에 양복이나 긴 와이셔츠 차림의 남성은 쾌적하지만 원피스를 입고 하이힐을 신은 여성은 오들오들할 정도로 추운 사무실 온도가 산출된다.

낮은 사무실 온도 때문에 소름 돋는 게 여성들이 하는 가장 큰 걱정거리라면 대수롭지 않게 넘겨버리고 스웨터를 구입하면 된다. 하지만 그보다 훨씬 더 심각한 문제들이 존재한다. 2011년 한 연구를 통해 에어백과 안전벨트가 주로 남성의 신체에 맞게 설계되었음이 밝혀졌다. 이 말인즉 교통사고 발생시 안전벨트를 착용한 여성이 부상당할 가능성이 남성보다 47퍼센트나 높다는 의미다.

또한 2013년 미국 식품의약국FDA은 여성에게 엠비엔이라는 수면제가 과잉 처방되는 경우가 매우 흔하다는 사실을 발견했다. FDA는 처방된 양을 복용할 경우 운전 기능 저하를 비롯하여 여성이 여러 가지 위험한 부작용에 시달릴 가능성이 있음을 확인해 엠비엔의 권장 복용량을 절반으로 줄였다. 어떻게 복용량이 이 정도로 잘못됐던 걸까? 대다수의 임상 실험이 그렇듯 엠비엔의 임상 실험도 남성을 대상으로 진행됐으며, 남성의 몸에서는 이 약이 여성의 몸과는 다르게 대사 작용했기 때문이다.

실제로 과학자들은 수십 년 동안 약효를 확인할 때 남녀의 기본적인 생물학적 차이를 신경쓰지 않았다. 남성의 몸은 생리나 호르몬 변화 같은 골치 아픈 문제를 고려할 필요가 없기에 여성의 몸보다 훨씬 다루기 쉬운 실험 대상이다. 심지어 오늘날까지도 동물 실험실에서는 대다수의 동물 실험을 수컷으로 진행한다.

이제 남성과 여성이 진정한 의미에서 평등하게 일하는 세상을 상상해보자. 남녀 모두가 제품의 디자인과 제작에 대해 동일한 발언권을 가지고 동등하게 기여할 수 있는 환경이다. 그렇다면 어떻게 될까? 우선 팃스테어와 같은 스타트업 기업이 줄어들 것이다. 팃스테어는 2013년 열린 테크크런치 디스럽트 콘퍼런스에서 '여성의 가슴을 바라보며 셀카를 찍는 앱'을 홍보하며 잠재적인 후원자를 모집하려 했다. (소셜미디어에서는 엄청나게 항의가 빗발쳤지만, 후드티를 입은 젊은 백인 남성이 대다수였던 현장 관중들은 이에 환호했다.)

전반적인 경제 역시 활성화된다고 보아도 무리가 없다. 많은 사람들이 더 많은 돈을 쓰면 기업 수익이 개선될 테고 그러면 고용 기회도 늘어날 것이다. 여성들을 위한 블로그 제제벨에는 "더 많은 여성이 여성용 상품의 디자인/마케팅에 참여했다면 일어났을 일들"이라는 글이 게재되기도 했다. 이 기사는 존재하지 않았을 제품들(분홍색 면도기, 분홍색 공구)과 진작 나왔어야 하는 제품들(빨갛지 않은 소아용 약품, 비행기에서 폭발하지 않는 화장품)을 소개했다. 온라인 매체 버즈피드도 분홍색으로 된 이어플러그, 펜, 셀로판테이프 등을 예로 들면서 "의미 없이 성별을 구분해둔 제품 스물한 개"라는 기사를 실었다. 이런 상황을 불평만 하기보다 실질적인 행동에 나서기로 결심한 MIT 미디어랩의 한 여성 연구원은 좀더 사용하기 편한 유축기를 만들고자 해카톤을 조직하기도 했다. 유축기를 사용해본 여성이라면 누구든 투박하고 사용하기 불편하며 창피할 정도로 시끄러운 이 제품을 디자인한 건 틀림없이 평생 아이라고는 돌본 적 없는 사람일 거라고들 한다.

하지만 반드시 이런 식으로 흘러갈 필요는 없다. 남성이 성별 격차를 넘어서 손을 내민다면 놀라운 일이 일어나기도 한다. 여러분은 아마도 컨테이너스토어(미 전역에 매장이 있는 수납용품 전문업체―옮긴이)를 잘 알 것이다. 이 매장은 정리벽 환자와 나처럼 정리벽 환자가 되고 싶어하는 사람들에게 천국과도 같은 장소다. 잔가지로 엮은 바구니, 옷걸이, 구두 걸이, 옷장 정리 도구, 알록달록한 갖가지 용기가 완벽하게 정렬된 컨테이너스토어 매장에 들어서면 나도 이렇게 깔끔하고 가지런히 정돈된 삶을 누릴지 모른다고 상상하게 된다. 컨테이너스토어의 매대 통로는 『리얼 심플』 잡지의 표지가 실사판으로 눈앞에 펼쳐지는 듯 마음이 안정되게 구성되어 있다. 이러한 환상은 처음부터 끝까지 철저하게 의도된 바이다.

"우리는 모든 이미지를 여성 중심으로 그렸습니다. 두 아이의 등교 준비중인데, 다들 지각할 판인데다 징징대고 있다면 스트레스가 하늘을 찌를 겁니다." 컨테이너스토어의 창업자 킵 틴델은 나에게 이렇게 설명했다. "하지만 삶의 모든 것이 정돈되어 있으면 즐거워집니다. 어린 딸의 교복은 완벽하게 다림질되어 있고, 남편은 조금 더 듬직해 보이지요. 하나부터 열까지 달라집니다."

이렇게 신중하게 설계된 킵 틴델의 세계에서도 반응이 뜨뜻미지근했던 상품이 있었다. 여성들이 화장대 위나 서랍에 놓고 쓰는, 립스틱이나 마스카라를 손쉽게 꺼낼 수 있는 화장품 정리함이었다. 틴델은 어리둥절했다. 여성들은 정리함이 필요해서 매장에 왔을 텐데 이 상품은 도대체 왜 안 팔릴까? 틴델은 이 수수께끼를 풀기 위해 제품의 생산지, 즉 대만으로 눈을 돌렸다. 그리고 문제가 뭔지 알게 됐다. 디자이너들이 전부 남성이었다.

"말도 안 되는 일이었지요." 대만의 남성들이 사무실에 앉아서 '제멋대로 디자인한' 화장품 정리함이 생산되고 있었다. 이 정리함은 "제 기능을 못하는 게 당연했습니다…… 낚시 도구 상자와 별 차이 없었을 겁니다." 그래서 틴델은 이 상품 라인을 단종시키고 미국 여성 디자이너를 고용하여 화장품 정리함을 다시 디자인했다. 매출은 네 배로 뛰었다.

그후 틴델은 여성 디자이너뿐만이 아니라 여성 임원도 선호하게 됐다. 그의 말에 따르면, 여성들은 일반적으로 커뮤니케이션 기술과 공감력, '감성 지능'이 뛰어난데 이 모든 요소가 기업의 실적 향상에 도움이 된단다. 틴델은 만약 남성들이 직장에서 여성들을 옹호한다면 "그들의 비즈니스 실적이 향상될 겁니다. 여성들은 더욱 뛰어난 비즈니스 리더가 될 수 있어요"라고 한다.

∾

물론 성평등이 사회적 선善이라는 말도 충분히 설득력 있고 현명한 주장이다. 성평등은 기본적인 인권이다. 한마디로 옳은 일이다.

하지만 틴델의 주장은 조금 다르다. 훗날 경제학자들이 다양한 연구 끝에 도출해낸 결론에 그는 혼자서 도달했다. 더욱 크게 성공하고 싶다면, 여성을 고용하는 게 최선이다.

여러 건의 연구를 통해 남성으로만 이루어진 팀에 여성을 투입할 경우 경제적 성과가 보다 커진다는 사실이 밝혀졌다. 여성이 최고재무책임자CFO인 기업은 남성 CFO를 둔 기업보다 인수할 때 좋은 결과를 낳는다. 여성 임원들은 남성 임원들에 비해 기업 인수를 통해 더욱 많은 수익을 거두며 부채를 더욱 적게 떠맡는다. 어떤 재무 척도를 기준으로 살펴보아도, 여성 임원의 수가 가장 많은 기업들이 가장 적은 기업들보다 실적이 뛰어났다. 최고경영진 중 최소 절반 이상이 여성으로 이뤄진 기업들은 평균보다 19퍼센트 높은 자기자본수익률을 기록했다. 또한 팀에 여성을 투입하면 2008년의 경기 침체를 야기했던 금융 도박과 같은 위험한 행동이 현저히 줄어든다.

여성이 이끄는 펀드가 남성이 이끄는 펀드보다 상당히 큰 차이로 높은 수익을 올렸다는 결과도 나왔다. 또한 3만 8천 가구를 대상으로 연구한 결과, 남성 투자자들이 거래를 훨씬 빈번히 하여 여성 투자자들보다 수익이 더 낮았다는 사실이 발견되기도 했다.

현시대의 가장 뛰어난 투자가라는 워런 버핏이 테스토스테론으로 가득한 월스트리트에서 멀리 떨어진 네브래스카주 오마하 소재의 개인 사무실에서 다른 남성 금융전문가들과는 매우 다른 방식으로 투자를 진행하는 것도 놀랄 일이 아닐지 모른다. 버핏은 장기적으로, 잘 아는 기업에만 투자를 하고, 수많은 남성 투자가를 파멸로 몰아넣은 광적 거래와 공황 매도를 피한다. 루앤 로프턴이 버핏의 투자 스타일을 분석한 책을 쓰며 『워런 버핏은 왜 여자처럼 투자할까』라는 제목을 붙인 것도 바로 이 때문이다.

여성들이 더욱 뛰어난 비즈니스 리더가 될 수 있다는 틴델의 주장은 이러한 증거로 뒷받침되기도 한다. 7280명의 기업 경영인을 대상으로 설문조사를 진행한 결과, 여성은 열여섯 개 역량 평가 항목 중 열두 개에서 남성보다 높은 점수를 기록했는데, 여기에는 솔선해서 일을 추진하다, 결과를 내다, 변화를 위해 싸우다처럼 보통 남성적 특징으로 간주하는 항목도 포함되어 있었다. 연구자들은 남성보다 여성이 열등하다는 바로 그런 인식 때문에 여성들이 이런 항목에서 훨씬 눈에 두드러지게 능력을 발휘한다는 사실을 발견했다. 여성들은 자기 능력을 증명하기 위해 남성보다 더 열심히 노력해야 한다고 믿었던 것이다.

"여성들은 월계관을 쓴 상황에 안주하기를 두려워합니다. 먼저 적극적으로 행동해야 할 필요성을 (많은 경우 간절히) 느끼며, 피드백을 보다 의욕적으로 진지하게 받아들입니다." 리더십 컨설턴트 잭 젠거와 조지프 포크먼은 이렇게 결론짓는다. "아이러니하지만 남자든 여자든 모든 리더의 성공을 견인하는 기본적인 행동방식이 바로 이런 점이지요."

남성으로만 구성된 집단에 여성을 투입하면 상당히 큰 변화가 일어나기도 하며, 때로는 놀라운 방식으로 변화가 진행된다. 어디서나 쉽게 볼 수 있는 플라스틱 양동이를 생각해보자. 몇 년 전, 홈디포는 매출이 부진하자 양동이를 재개발해보기로 결정했다. 소비자들은 매년 수백만 개의 양동이를 구입한다. 아마 여러분도 걸레질용이나 정원 손질용 또는 세차용 양동이를 한두 개쯤 가지고 있을 것이다. 그 양동이는 십중팔구 황달기가 도는 누런색이나 병원을 연상시키는 파란색 같은 다소 보기 싫은 색일 것이다. 플라스틱 양동이는 오랫동안 별다른 변화가 없었다. 처음 발명되었던 1967년에도 아마 지금과 똑같은 양동이를 구매했었을 것이다. 우연인지는 알 수 없지만 1967년은 영화 〈졸업〉이 개봉된 해이기도 한데, 이 영화에서 더스틴 호프만이 연기한 벤저민 브래덕은 "미래를 딱 한마디로 말하면, 플라스틱이야"이라는 명대사를 남겼다.

하지만 2010년까지는 아무도 양동이를 사러 홈디포에 갈 필요가 없었다. 잠옷 차림으로 집에서 아마존 웹사이트에서 골라 클릭해 주문하는 편이 훨씬 쉬웠으니까. 홈디포의 창업자 버니 마커스는 사람들을 매장으로 끌어들일 새로운 이유가 필요하다고 깨달았다. 그래서 홈디포는 '흰 공간 프로젝트Project Whitespace'라는 극비 프로그램에 착수했다. 일상적으로 사용하는 평범한 물건들을 혁신하여 단순히 외관뿐만 아니라 기능까지 개선한다는 사뭇 비현실적인 목표를 지향하는 프로젝트였다.

홈디포는 양동이 문제를 해결하기 위해 스콧 허스트가 이끄는 캘리포니아 소재의 산업디자인 회사를 찾았다. 여성 산업디자이너의 수는 많지 않으며 산업디자인계 종사자 중 여성의 비율은 얼추 10퍼센트 혹은 그 이하 정도나 다행히 허스트네 팀에 여성 디자이너가 있었다. 그 여성 디자이너는 즉시 50년간 남성 디자이너와 소매업자들이 간과했던 명백한 결점을 찾아냈다. 가득찬 양동이가 대다수 여성에게 너무 무겁다는 사실이었다. 이에 디자인팀은 직접 현장을 뛰며 실제 소비자들이 창문을 청소하거나 바닥을 닦을 때 양동이를 어떻게 사용하는지 관찰했다. 아니나다를까, 여성들은 양손으로 물이 가득찬 양동이를 서툴게 들어올리려고 하거나, 아예 바닥에 질질 끌고 다녔다.

사무실로 돌아온 허스트와 디자인팀은 이 문제를 해결하기 위해 여러 차례 시제품을 디자인했다. 마침내 해결책을 찾아냈다. 바닥에 손을 걸칠 만한 홈을 파놓고 하중을 보다 잘 분산하게끔 인체공학적으로 설계한 손잡이 달린 양동이였다. 이 제품이라면 여성이라도 쉽게 양손으로 들어올릴 수 있고, 쏟을 염려 없이 운반할 수 있으며, 내용물도 더욱 손쉽게 쏟아낼 수 있었다. 월마트 등의 다른 대형 소매 체인점에도 빅 그리퍼라는 이 양동이의 주문이 쇄도했다. 이제 빅 그리퍼는 양동이의 새로운 표준이 되어간다.

고도의 기술이 요구되는 작업이 아니었다. 50년 전부터 충분히 누군가는 깨달을 수 있었다. 하지만 아무도 여성을 디자인 과정에 참여시키지 않았다. "우리는 마법을 부린 게 아닙니다." 허스트는 이렇게 말했다. 단순히 여성이 투입되었을 뿐이다.

❧

얼 터퍼가 타파웨어를 팔아보려고 헛되이 노력하던 1949년에는 아직 플라스틱 양동이가 발명되지 않았다. 터퍼가 또 한번의 실패를 곰곰이 되짚어보던 바로 그때, 미국 대륙을 절반이나 건넌 디트로이트의 교외에서 이혼 후 홀로 어린 아들을 키우던 한 여성이, 자신에게 주부들이 필요한 줄도 몰랐던 제품을 사게 하는 재능이 있다는 사실을 깨달았다.

비서로 일하며 근근이 생활하던 브라우니 와이즈의 집에 스탠리 가정용품의 한 영업사원이 찾아와 문을 두드렸다. 그녀는 그 영업사원의 상품 권유에 별로 끌리지 않았다. 내가 해도 저것보다는 더 잘하겠다 싶었다. 그래서 한번 시도해보았다.

얼마 지나지 않아 그녀는 주부들을 초대하여 홈파티를 열었고 그 자리에서 도저히 안 사고는 배길 수 없는 스탠리의 빗자루, 솔, 청소기를 보여주었다. 그녀는 말을 청산유수처럼 쏟아내는 달변가였는데, 모자 생산 공장에서 일하던 어머니가 주최한 노조 집회에서 연설하던 어린 시절부터 연마해온 기술이었다. 생활용품 판매로 크게 성공한 그녀는 마침내 비서 일을 그만둘 수 있었다.

브라우니는 무엇보다도 다른 여성들을 설득하여 각자의 집에서 홈파티를 주최하게 이끄는 데 재능이 뛰어났다. 이웃 주부들 중 상당수는 제2차세계대전 당시 공장에서 일을 했으나 다시 전업주부로 돌아온 상황이었는데, 브라우니는 직감적으로 이들이 일자리에 수반되던 화려함, 존중, 영향력을 그리워한다는 사실을 이해했다. 물론 돈도 필요했다. 하지만 그들이 돈만큼이나 인정을 바란다는 사실을 브라우니는 간파했다. 게다가 집에서 아이들을 돌보고 남편을 위해 매일 저녁밥을 차리며 할 수 있는 일이라니 주부에게 이보다 더 좋은 직업이 어디 있겠는가?

브라우니는 점점 늘어나는 주부 판매원들을 살뜰히 챙겼다. 트로피를 수여하고 소식지에 그들을 소개했으며 실적이 가장 뛰어난 판매원들에게는 선물을 전달했다. 브라우니는 "개인적인 인정이 얼마나 중요한지는 새삼스럽지도 않지요. 인류의 역사만큼이나 오래된 욕구니까요" 하고 입버릇처럼 말했다.

1949년에 접어들자 브라우니는 스탠리에서 가장 잘나가는 영업책임자가 되었다. 매사추세츠주에 위치한 스탠리 본사에서 그녀를 호출하자 그녀는 엄청나게 승진을 해서 중대한 업무를 맡게 되리라 확신했다. 하지만 그녀가 받은 메시지는 사뭇 달랐다. 스탠리의 창업주는 중역실에 "여자가 들어설 자리는 없습니다"라며 그녀가 임원 승진 자격이 없다고 못박았다.

브라우니는 머리끝까지 화가 치민 채 디트로이트로 돌아왔다. 지금보다 더 높이 올라갈 가능성은 사라졌고 야망도 산산조각났다. "그 인간에게 본때를 보여주겠어!" 그녀는 자신의 아들에게 맹세했다.

어쩌면 그랬기 때문에 브라우니는 뛰어난 판매원으로 활약하던 동네 십대 소년이 준 선물에 매료되었던 건지도 모른다. 그 흥미로운 물건이란 다름아니라 소년이 동네 상점에서 찾아낸 타파웨어 그릇이었다. 여느 소비자들과 마찬가지로 브라우니도 처음에는 그 이상하고 새로운 물건을 보고 당황했다. 그걸 바닥에 떨어뜨려 튀어오르는 모습을 지켜보았다. 뚜껑을 도대체 어떻게 사용해야 할까 골똘히 생각하다가 마침내 이렇게 중얼거렸다. "아하! 이 그릇은 갓난아기처럼 트림을 시켜줘야 하는구나." 브라우니의 이 말은 훗날 유명한 홍보 문구가 되었다.

브라우니와 그를 따르는 판매원들은 얼 터퍼가 깨닫지 못했던 사실을 즉시 간파해냈다. 여성 소비자들은 절대 자발적으로 이렇게 이상한 새 그릇을 사지 않을 것이다. 이 제품이 어떻게 작동하는지 여성들에게 직접 보여주어야 했다. 일단 얼마나 신기하게 작동하는지를 확인하면 여성들이 앞다투어 달려들 터였다. 브라우니는 곧 점점 늘어나는 판매원들과 함께 타파웨어로 적을 옮겼다.

브라우니는 빗자루와 솔을 팔 때보다 타파웨어 그릇 판매에 훨씬 뛰어난 재능을 발휘했다. 그녀는 알루미늄 포일과 샤워캡으로 남은 음식을 덮으며 식료품 보관에 골머리를 썩이던 수많은 주부들에게 주목했다. 그녀는 기록적인 매출을 올리는 한편 타파웨어 파티를 개최할 여성들을 수십 명이나 더 고용했다. 이들은 "샤워캡은 버려라! 남은 음식이 놀랍게 변신한다!"라는 슬로건을 걸었다.

터퍼 본인은 이 모든 일들을 전혀 생각지도 못했다. 그는 주 고객층인 여성들이 자기네 예쁜 그릇을 어떻게 쓰는지 몰라 당황할 것이라고는 직감적으로 이해하지 못했다. 뿐만 아니라 종전 이후 주방으로 돌아가야 했던 여성들의 인정 욕구나 좌절감을, 이 여성들이 막강한 판매 인력이 될 수 있다는 가능성을 깨닫지 못했다.

머지않아 터퍼의 관심을 끌게 된 브라우니는 그에게 사업이 성공하려면 타파웨어를 상점에서 아예 팔지 말아야 한다고 지체 없이 조언했다. 가정에서 진행하는 홈파티로 판매 창구를 단일화해야 한다고 말이다. 그녀는 터퍼에게 비즈니스 모델을 바꿀 것을 강력하게 요구했다. 판매만큼은 자신이 더 잘 안다고 확신했다.

이것이 얼마나 놀라운 순간이었지는 아무리 강조해도 지나침이 없다. 1950년대만 해도 여성이 경영진에게 회사를 어떻게 경영할지 이러쿵저러쿵한다는 건 있을 수 없는 일이었다. 1950년대는, 여성이 대기업의 최고경영자로 처음 임명되기 무려 20년 전이었다. 게다가 그 최초의 여성 최고경영자인 워싱턴포스트의 캐서린 그레이엄조차 남편에게 그 자리를 물려받았다. 여성은 집에서 살림을 하면서 남편의 비위를 맞추고 절대, 무슨 일이 있어도 말대답을 하면 안 됐다.

여성이 남성만큼이나 비즈니스 역량이나 지성을 갖췄다고는 생각조차 하지 않던 시대였다. 당시 켄모어 믹서기 광고에서는 "셰프 믹서기는 요리만 빼고 전부 다 해줍니다. 요리는 아내의 몫이니까요!"라고 외쳤다. 놀랍게도 여성용 질 청결제(당시 여성들은 이 여성 청결제를 원시적인 형태의 피임약으로 사용했지만 별 효과는 없었다)로 처음 출시되었던 라이솔 살균제 광고에서는 으름장을 놓듯 여성들에게 "남편의 사랑이 식어간다고 불평하지 말고 자신을 돌아보세요"라고 위협조로 경고하고 "섹시함을 유지하세요!"라며 라이솔로 세정하라고 부추겼다.

이런 시대 상황과 당시의 주도적인 문화를 고려할 때 터퍼는 브라우니의 조언을 간단히 무시할 수도 있었다. 하지만 그는 당시 통념에 거의 정면으로 대치되는 용단을 내려 그녀의 제안을 받아들였다. 터퍼는 아마 이렇게 전통을 거부하는 일이 어떤 파장을 일으킬지 생각해보지 않았을 것이다. 그는 여성들의 대의명분을 옹호하려던 게 아니었다. 그저 자기 사업체를 살려보려고 했을 뿐이었다. 어쨌든 이런 이유로 터퍼는 브라우니의 계획에 따랐다. 소매 매장에서 타파웨어를 철수시킨 후, 끈질기고 설득력이 뛰어난 브라우니와 그녀의 지휘하에 자택 거실에서 타파웨어를 파는 수많은 주부들에게 전적으로 판매를 맡겼다.

브라우니의 예상은 보기 좋게 적중했다. 한때 기울어가던 타파웨어 사업은 폭발적으로 성장했다. 몇 년 지나지 않아 브라우니는 플로리다의 키시미 지역에 소재한 타파웨어 본사에서 대부분 주부인 구천 명 이상의 판매원 군단을 전두지휘하게 되었다. 일찍이 스탠리에서 승진을 거부당했던 브라우니였기에 이번에는 어떤 남성만큼이나 성공적으로 임원직을 수행할 수 있음을 증명하기 위해 두 배로 노력했다.

브라우니가 판매자와 관리자들을 위해 매년 개최한 '타파웨어 기념일' 행사는 부흥제와 축제를 합쳐놓은 듯한 분위기였다. 어느 해 플로리다에서 열린 행사에서, 브라우니는 밍크코트, 다이아몬드

반지, 텔레비전 세트를 땅에 묻어두고서 보물을 파낼 수 있도록 육백 개의 삽을 여성 판매원들에게 쥐여주었다. 캐딜락 자동차와 유럽 여행도 경품으로 제공했다. 브라우니 본인이 착용한 원피스와 구두를 경품으로 걸어 행사장을 가득 채운 판매원들을 한순간에 광란으로 몰아넣기도 했다. 그녀는 어떤 여성도 타파웨어 판매왕이 될 수 있다고 공언했다. 어떤 때는 한번에 믹서기 1만 개를 주문하여 파티를 여는 주부들에게 선물로 나눠주기도 했다.

"브라우니는 상대의 꿈에 대해 이야기하는 재능이 있었습니다. 심지어 당사자도 깨닫지 못하던 일들에 대해 이야기했죠." 브라우니 밑에서 일했던 한 여성 판매원은 이렇게 말했다. "브라우니가 근사한 그림을 그리면, 갑자기 이전에는 상상조차 못했던 제 모습이 눈앞에 그려지더라고요."

브라우니와 판매팀의 활약에 힘입어 터퍼는 수백만 개의 타파웨어를 판매해 완전히 불가능하다고 여겼던 판매 목표액마저 훌쩍 넘겼다. 백만장자를 몇 명이나 합쳐놓은 것만큼 엄청난 부자가 된 것은 물론이다.

터퍼와 브라우니는 한 팀을 이뤄 혼자서는 절대 이룰 수 없었던 성과를 달성했다. 터퍼는 뛰어난 상품을 만들어냈지만 여성을 이해하지 못했다. 브라우니는 여성 직원들이 급료만큼이나 사회적 인정을 바라고, 여성 소비자들이 신기하게 작동하는 재미난 상품을 찾는다는 사실을 이해했다. 두 사람이 손을 잡음으로써 엄청난 시너지 효과가 일어난 셈이다.

터퍼와 브라우니가 협력하여 놀라울 정도로 엄청난 성공을 거두고 반세기가 지나서야, 두 사람의 협력관계가 왜 그렇게나 좋은 결실을 맺었는지가 명확히 밝혀졌다. 터퍼와 브라우니는 본인들도 모르는 사이에 남녀가 협력하여 최대의 결과를 내기 위한 조건들을 갖췄음을 알게 되었다.

연구자들은 타파웨어의 이 듀오처럼 남성만으로 구성된 조직에 여성이 투입될 경우 남녀를 불문하고 단일 성별로 구성된 팀보다 훨씬 창의적인 해결책을 내놓는다는 사실을 발견했다. 남학생과 여학생에게 캠퍼스의 빈 점포에서 어떤 사업을 하면 좋을지 생각해보라고 질문을 던지자 남학생 또는 여학생만으로 이루어진 그룹보다 남녀 혼성 그룹이 보다 혁신적인 아이디어를 지속적으로 제시했다는 실험 결과도 있다. 연구자들에 따르면, 단일 성별로 이루어진 그룹에서는 서로의 말에 쉽게 동의하므로 결국 상상력이 부족해지고 제한된 아이디어만 나온다. 혼성 그룹에서는 다양한 관점으로 문제에 접근해 훨씬 독창적인 해결책을 내놓는다.

터퍼와 브라우니의 사례에서도 알 수 있듯이, 혼성 집단은 한마디로 더 똑똑하다. 다양한 그룹에게 살인 사건의 해결을 과제로 제시했던 흥미로운 연구를 살펴보면 왜 그런지를 심도 깊게 파악할 수 있다. 연구자들은 단일 성별 집단에, 그러니까 각각 남학생 사교클럽 회원 세 명과 여학생 사교클럽 회원 세 명으로 이루어진 그룹에게 추리소설에서 누가 살인자인지 지목하라고 지시했다. 단일 성별인 이 그룹 사람들은 서로를 편안해했고, 아무런 어려움 없이 머리를 맞댔다. 두 그룹 모두 지체 없이 답변을 제시했다. 자기네 답변이 정답이라며 자신만만해했다. 또한 토론과정에 대해서도 긍정적으로 평가했다.

그런 다음 연구자들은 외부인을, 즉 여학생 그룹에는 남성을, 남학생 그룹에는 여성을 투입했다. 각 그룹 내의 친밀감은 사라졌다. 모두 어색해했다. 자신과 비슷한 사람에게 끌리는 현상은 지극히 자연스러운데 외부인이 들어오면 이런 편안한 분위기는 깨진다. 동맹관계에도 변화가 일어났다. 새로 합류한 외부인의 관점에 동의하는 '내부인'은 그룹 내 다른 사람들과의 사회적 유대감이 와해되었다고 느꼈다. 갑자기 구성원 모두가 명확하게 설명할 만한 대답을 내놓아야 한다며 더 부담스러워했다. 두 그룹 모두가 살인 사건 해결을 더욱 어려워했다. 결론에 대해서도 이전만큼 확신하지 못했다. 토론과정도 거북했다.

하지만 결과적으로는 단일 성별 그룹보다 혼성 그룹 쪽이 훨씬 자주 범인을 정확히 지목했다. 그리고 그렇게 정답을 맞힌 이유는 그 어색한 분위기 때문이었다. 혼성 그룹에서는 각 구성원이 최선을 다해서 머리를 짜내야 했고, 각자 생각하는 바를 신중하게 설명하고 정당한 논리를 제시했다. 연구자들은 단순히 다른 성별의 구성원만 추가해도 그룹 전체가 통찰력이 보다 높아지고, 타협점을 찾기 위해 더욱 애쓰며, 그 결과 보다 뛰어난 해결책을 도출한다고 결론지었다.

이는 얼 터퍼 같은 남성들이 이미 반세기도 전에 직접 증명한 바다. 남성들이 성별을 가르는 경계를 넘어서고 남성과 여성이 공동 목표를 향해 협력한다면 굉장한 일이 벌어질 수 있다. 그리고 그 혜택은 남성과 여성, 우리 모두의 것이다.

사회적 통념을 깨고 여성을 비즈니스 파트너로 받아들인 얼 터퍼는 당대의 이단아였다. 그는 성평등이라는 대의명분을 지지하기 위해 그런 게 아니다. 노년의 그의 삶만 살펴도 알 수 있듯이 그를 사회운동가라 보기는 힘들다. 그는 그저 가장 중요한 핵심에 집중했을 뿐이다.

그런 점에서 터퍼는 비슷한 성과를 올린 현대 남성들과 일맥상통한다. 2년간 이 책을 집필하는 과정에서 취재차 성공한 경영자, 의사, 학자를 비롯하여 백 명 이상의 다양한 남성들을 인터뷰했다. 사실상 그들 모두가 얼 터퍼와 한 가지 특징을 공유했다. 터퍼처럼 그들은 대부분 여성의 권리 신장을 주장하는 활동가가 아니었다.

수십 년 전 터퍼가 그랬듯이 나와 이야기를 나눈 대부분의 남성들은 공통적으로 성별 격차를 줄이려는 노력을 정치적 행보로 간주하지 않았다. 이들은 페미니스트를 자처하지 않았다. 이들은 수세기 동안 이어져온 남성 지배 판도를 바꾼다거나, 선조들의 차별을 속죄한다거나, 역사의 잘못을 바로잡겠다는 식의 거창한 목표로 움직이지 않았다.

그 대신, 이들은 성평등을 그저 비즈니스에 있어서 필수 불가결한 요소로 보았다. 체육 수업에 빗대 이 문제를 설명한 사람도 여럿이었다. 만약 여러분이 배구팀 주장이라면 방에서 최고의 선수들을 선발하고 싶을 것이다. 여러분은 방에 모인 인원 가운데 절반

중에서만 선수를 고를 수 있는 반면 상대팀 주장은 모든 사람 중에서 고를 수 있다면 당신이 이길 턱이 없다. 승리를 원하는가? 이용할 만한 모든 인재 중에서 최고의 선수들을 내보내는 것 말고는 방법이 없다. 전체 인원 중 절반을 제외해버리면 승리는 요원해진다.

∽

그러나 이 남성들은 터퍼와 또하나의 우려스러운 사항을 공유한다. 터퍼는 여성과 협력관계를 맺으며 엄청난 사회적 압력에 직면했다. 무슨 영문인지 알 수 없지만 나와 인터뷰한 남성들도 적대적인 분위기를 접했다고 털어놓았다. 이들은 무슨 의도로 여성의 대의명분을 지지하느냐며 의구심을 품은 다른 남성들의 따가운 시선 및 반대와 싸워야 했다. 이렇게 그들을 비방하는 남성들은 여성의 성공이 곧 남성의 실패라고 확신했다. 제로섬게임이라고 말이다. 만약 여성이 승리한다면 필연적으로 남성은 패배할 수밖에 없다고 봤다.

이러한 제로섬게임 사고방식은 유구하며 남성들에게 깊이 뿌리박혀 있다. 19세기 영국의 변호사 어니스트 벨포트 백스는 사뭇 불길한 어조로 여성이 "평등이 아니라 지배권을 쥐기 위해 노력한다"고 경고했다. 여성이 처음으로 참정권을 요구하던 시대에는 백스와 같은 견해가 일반적이었다. "적의를 불태우는 여성 참정권론자들"이라는 제목이 붙은 전형적인 초기 컬러 엽서에는 여성들이 우산으로 남성 경찰관을 때리는 모습이 그려져 있었다. 이것이 전하는 메시지는 분명했다. 이런 여성들은 평등이 아니라 여성이 주도권을 쥐는 시대를 만들려고 한다. 여성의 성공은 즉 남성의 실패다.

그로부터 수세기가 지난 현재, 버지니아대에서 대학생 커플을 대상으로 진행한 연구에서도 남학생들이 여자 친구의 성공을 자신의 실패로 해석한다는 결과가 나왔다. 연구자들은 문제 해결력 및 사회 지능을 평가하는 테스트라며 실험을 진행했다. 사실 아무 관련 없는 테스트였다. 연구자들은 실제 결과와는 관계없이 각 참가자에게 테스트 점수를 무작위로 할당했다. 그다음 커플에게 두 사람이 각자 어느 정도 점수를 받았는지 알려주었다. 남학생이 여자 친구보다 '점수가 높은' 경우도 있었고, 그 반대 경우도 있었다.

점수를 전달한 다음, 연구자들은 각 참가자의 자존감을 측정했다. 놀랍게도 여자 친구보다 점수가 낮다고 들은 남학생들은 스스로에게 매우 실망했다는 반응을 보였으며 자존감도 크게 떨어졌다. 그러나 여자 친구가 형편없는 점수를 받았다는 이야기를 들은 남학생들의 자존감은 오히려 높아졌다. (한편 여학생들의 자존감은 남자 친구의 점수에 관계없이 변화가 없었다.)

네덜란드에서 학생들 및 온라인 설문조사를 통해 모집한 지원자들을 대상으로 비슷한 실험을 진행했는데 결과는 마찬가지였다. 남성의 경우 여자 친구의 성공을 생각만 해도 자존감이 곤두박질쳤다.

남성들의 이러한 반응에는 강력한 문화적 힘이 자리한다. 남성들은 태어나면서부터 세상을 승자와 패자라는 관점에서 바라보게끔 길들여졌다. 앞서 소개했던 데버라 태넌의 발견을 다시 떠올려보자. 남자아이들은 서로 경쟁을 하면서 노는 반면 여자아이들은 서로 협력하는 방법을 배운다. 남자아이들은 상대방보다 한 발짝 앞서가는 걸 목표로 한다. 이런 남자아이들과 여자아이들이 성장한 후에도 이러한 역학은 거의 변하지 않는다.

성인이 된 남성들은 남성성, 그리고 승리와 가장이 되는 일을 연관짓는다. 권력과 남성성 사이의 관계를 연구해온 포덤대의 심리학 교수 제이 웨이드는 심지어 가사와 육아를 동등하게 분담하는 걸 자랑스러워하는 이삼십대 젊은 청년들 사이에서조차도 "남자는 돈을 벌어와야 한다는 생각만은 변하지 않는다"고 주장한다. "남성은 결혼을 하고 아이가 태어나면 아내와 자식을 부양해야 한다고 느낍니다. 이것만큼은 우리 아버지 세대가 가정을 꾸리던 1950년대와 달라진 바가 없습니다."

여성보다 뒤떨어질 때 남성의 자존감이 곤두박질하는 또하나의 이유는, 그들이 일관되게 자신의 지성과 능력을 실제보다 높이 평가해서다. 어느 연구를 보면, 남성의 경우 자신의 지능 지수를 5점 높게 과대평가하는 게 일상적이지만, 여성은 오히려 5점 정도 과소평가한단다. 또다른 실험을 보면 남녀가 수학 시험을 치렀는데, 남성은 자기 점수를 30퍼센트나 과대평가했다. 이는 여성의 두 배에 달하는 수치였다.

여기서 한 가지 사실을 분명히 짚고 넘어가자. 이 남성들은 거짓말을 하지 않았다. 이들은 진심으로 자신이 실제보다 훨씬 좋은 성과를 거두었다고 믿고 있었다. 이들은 자신이 다른 사람보다 뛰어난 성과를 올렸다고 상당히 확신했다. 그렇다면 자기보다 훨씬 뛰어난 여성과 마주했을 때 엄청난 타격을 입을 수 있다. 그 기저에는 그가 실패했다는 의미가 깔리기 때문이다.

이런 상황에 처하면 일부 남성들은 불같이 화를 낸다. 연구자들에 따르면, 아내가 남편보다 수입이 높을 때 남편이 외도할 확률이 높다고 한다. 설상가상으로 아내가 돈을 더 많이 벌면 벌수록 남편이 바람을 피울 가능성은 높아진다. 하지만 여성의 경우 상황이 반대다. 아내가 남편보다 돈을 많이 벌 경우 외도할 확률은 낮아진다. 어느 연구에서 밝혀진 바에 따르면, 이럴 때 아내는 남편의 남성성을 세워주기 위해 노력한다. 아내는 자신의 성과를 최소화하는 한편 집안일도 더 많이 하려 한다.

이런 가혹한 현실 때문에 수많은 남성들이 설령 그럴 생각이 있더라도 여성들을 공개적으로 지지하기를 두려워한다. 페이스북 경영진이자 『린인』의 저자 셰릴 샌드버그와 함께 수차례 여성 리더십에 대한 글을 써온 애덤 그랜트는 이러한 반발을 직접 경험했다. 독자들은 여성 편에 선다며 그를 비난했다. "더욱 많은 여성 리더들을 보고 싶어하는 남성이 있더라도, 그런 의견을 공개적으로 꺼내기 두려워하는 경우가 많습니다." 애덤 그랜트는 『애틀랜틱』에서 이렇게 결론지었다.

PwC의 최고경영자 로버트 모리츠도 다양성에 대한 기고문을 링크드인에 올렸을 때 사람들이 그 정도로 심하게 반발하리라고는 예상을 못했다. 그는 오랫동안 일하는 여성을 지지해왔다. 2010년 PwC는 '백인 남성과 다양성'이라는 프로그램을 출범시켰는데, 임원 중 79퍼센트가 백인 남성이라는 사실을 인정하여 의도적으로 이렇게 이름 붙였다. 이 프로그램에서는 다양한 활동을 진행하며 임원들과 협력하여 여성 및 소수집단이 남모르게 겪는 어려움을 파악하게끔 돕고 그 간극을 줄이기 위한 방법을 제시한다. 예를 들어 이 프로그램에서는 남성들에게 회의를 시작하기 전에 프로미식축구의 최신 드래프트 소식에 대해 이야기를 나누는 남성 직원들과 어울리기보다는 구석에 혼자 앉아 있는 여성 직원에게 말을 걸라고 권장한다.

PwC에서 다양성과 포용 부서 책임자로 일하는 크리스 브라셀은 여성 및 다른 소수집단과 함께 일하면 "더욱 뛰어난 리더가 될 수 있다. 세상에는 백인만 사는 게 아니며 우리 고객들 역시 다양한 배경을 가졌기 때문이다"라고 말한다.

모리츠는 링크드인 기고문을 통해, 사려 깊고 신중하게 PwC에서 자신이 실천한, 누구나 쉽게 따라 할 만한 몇 가지 간단한 조치를 설명했다. 예를 들자면 여성 임원들의 고충을 듣기 위해 저녁식사 초대하기 같은 것이었다. 그는 남성들이 "잘못된 발언을 할까봐 너무나 걱정한 나머지 가끔은 아예 입을 닫아버린다. 하지만 그것은 실수다"라고 주장했다.

"다양성의 중요성을 개인적으로 체험하라" "질문을 던지고, 타인의 관점에 귀를 기울이고, 관심을 가진다는 걸 보여주어라" 등 모리츠는 절대 극단적이지 않은 조치들을 제안했다. 하지만 이백 명이상의 네티즌이 즉시 댓글로 그를 공격했으며, 모리츠가 그들을 파멸시키려고 나서기라도 한 양 그에게 분노를 쏟아냈다.

• 다양성="남자들을 해고하라"는 비밀 암호.

- '백인 남성'으로서, 왜 항상 모든 것이 내 잘못인지 모르겠다. 우리는 2015년에 살고 있다. 나는 '백인 남성이 모든 악의 근원'이라는 헛소리에 진절머리가 난다.
- 백인 남성은 지구상에서 가장 차별받는 집단이다.

네티즌들은 모리츠도 인정사정없이 공격해 그에게 "백인 겁쟁이" 등의 갖가지 악플을 퍼부었다.

기업문화를 바꾸고 여성에게 보다 평등한 환경을 조성하려는 모리츠 같은 남성들은 괜히 나서지 말고 현상황에 순응하라는 엄청난 압박을 받게 된다. 이러한 분위기에 정면으로 맞서기 위해서는 용기와 신념이 필요하다. 사실 모리츠의 이러한 지지는 인간 본성에 어긋난다. 우리는 본능적으로 자신이 속하지 않은 집단을 지지하는 사람을 의심하고 불신하기 때문이다.

연구에 따르면, 사람들은 여성의 권리를 옹호하는 남성에게 실제로 분노하는데, 남성과는 관계없는 싸움이라고 보기 때문이다. 모리츠가 빠르게 배웠듯이 이렇게 보편적인 문화 규범을 어기면서까지 여성의 권리를 옹호하는 남성들은 비난받는 경우가 많다. 뿐만 아니라 다양성의 주창은 연봉이나 윗선의 인정이라는 측면에서 남성 임원에게는 득될 것이 없다. 『하버드비즈니스리뷰』의 조사에 따르면, 이들 임원이 아무리 성평등을 주창해도 능력과 성과 면에서 상사에게 받는 평가에는 아무런 영향이 없다고 한다.

그러나 적대감과 의심의 눈초리라는 위험을 감내하며 모리츠처럼 성별 격차를 줄이고자 노력하는 남성 임원들이 점차 늘고 있다.

이들은 그 과정에서 받는 비난과 불신에 용감하게 맞선다. 이들이 그렇게 행동하는 이유는 매우 간단하다. 사업 성과가 좋아지기 때문이다.

인터뷰를 진행한 남성들 중 상당수가 '좋아, 이 여성 문제인지 뭔지에 대해 한번 제대로 알아봐야겠어'라고 언제 깨달았는지를, 즉 갑작스럽게 이마를 한 대 얻어맞은 것 같은 '깨달음'의 순간이 언제였는지를 정확하게 집어냈다. 톰 포크는 임원 회의 도중 그런 순간이 찾아왔다. 포크는 하기스, 크리넥스, 코텍스와 같은 소매 브랜드를 보유한 제조업체 킴벌리클라크의 최고경영자다.

어느 날, 중역 회의에서 포크와 코텍스 사업부를 운영하는 남성 임원들이 탐폰 판매 전략에 대해 논의를 했다. 회의를 마친 후 어떤 임원이 조용히 다가와서 아주 간단한 질문을 던졌다. "여성의 탐폰 전략 프레젠테이션을 들어보는 것이 좋지 않을까요?"

사무실로 돌아와 기업 조직도를 살핀 포크는 자사의 소비자층은 압도적으로 여성이 많음에도 불구하고 고위직 중 81퍼센트가 남성이라는 사실을 깨달았다. 왜 탐폰 광고에 활짝 웃는 여성이 나와 몸에 딱 달라붙는 흰색 바지를 입고 빙글빙글 도는 걸까 궁금했다면 이제 그 이유를 깨달았을 것이다. 실제로 생리중인 여성이라면 절대 그럴 리가 없는데 말이다.

포크는 전부터 자신이 다양성을 주창한다고 생각해왔다. 자신은 공정하고 편견이 없으며, 이러한 깬 태도가 회사 전체에 영향을 미친다고 생각했다. 하지만 조직도상 숫자가 하는 이야기는 전혀 달랐다. 포크는 훗날 나와의 인터뷰에서 이렇게 말했다. "회사의 임원

현황을 보자 정신이 번쩍 들었습니다. 거울을 보면서 이렇게 다짐했지요. 모든 것이 나부터 시작된다. [다양성에 대한] 행사에 수도 없이 참석했지만 개인적인 목표로 삼고 충분히 노력하지는 않았구나."

그래서 포크는 변화를 모색했다. 전 직원이 모인 자리에서 다양성에 대해 발언했다. 수유실을 설치하고 탄력 근무제를 허용하는 등 근무 환경 개선 작업도 진두지휘했다. 출퇴근 시간대에 끔찍한 교통 체증이 일상인 중국에서는 업무 시작 시간 및 종료 시간을 변경하여 출산한 지 얼마 안 된 엄마들이 아기와 더 많은 시간을 보내게끔 배려했고, 이를 하기스 광고와 연계하여 대외적으로 알려 다른 기업에서도 따르도록 촉구했다.

그런 다음 포크는 이렇게 수치화하기 어려운 라이프스타일과 관련된 문제에 대한 대책에서 한 발짝 더 나아갔다. 특히 자사의 금전적 보상 제도에 다양성 항목을 도입하여 급여체계에 추가하는 조치를 추진했다. 킴벌리클라크의 임원은 네 가지의 성과 '범주'에 따라 상여금을 받는다. 현재 이러한 범주 중에 다양한 배경을 가진 직원들의 채용뿐만 아니라 교육, 승진, 고용 유지라는 항목도 포함되어 있다. 몇몇 다른 기업들도 유사한 정책을 채택했으며 인텔 같은 경우에는 상여금에 부분적으로 다양성 관련 목표를 반영하고 있다.

이러한 변화가 항상 쉬웠던 것은 아니다. 거대한 회사가 기업 문화를 전반적으로 재정비하기란 최상의 환경이 갖추어진 상황에서도 매우 복잡하고도 까다롭다. PwC의 모리츠와 마찬가지로, 포크 역시 일부 영역에서 강력한 반발에 부딪혔다. 제로섬게임이라는 사고방식은 좀처럼 떨치기 힘들다. 킴벌리클라크의 일부 남성 직원들도 강하게 저항했다. 킴벌리클라크의 글로벌 다양성 책임자인 수 도즈워스는 이들이 "이러한 조치에 위협을 느꼈다"고 했다. 심지어 도즈워스와 업무상 가까울 뿐만 아니라 다양성을 옹호한다고 생각했던 어느 남성 직원도 그녀에게 불평을 털어놓았다. "개인적으로 이 조치를 지지할 수가 없습니다. 계속 이걸 밀고 나간다면 저는 앞으로 절대 승진을 못 할 겁니다." 그 남성 직원은 결국 회사를 떠났다.

다른 남성 임원들은 꾸물거렸다. 이들은 말로는 다양성 관련 조치를 지지한다면서도 이를 추진하기 위한 그 어떤 노력도 하지 않았다. 글로벌 다양성 및 포용 부서의 부사장인 수 시어스는 이렇게 말했다. "우리는 한 번에 한 명씩 끌어들입니다. 누가 옹호자인지 눈여겨보았다가 그들에게 연단에 설 기회를 줍니다. 이런 사람들이 다양성을 갖춘 팀을 꾸리고 보다 뛰어난 성과를 내면서 CEO의 인정을 받고 승진하게 되는 수순을 밟습니다."

결국 킴벌리클라크에서 다양성을 정착시키는 데 핵심적인 역할을 한 것은 바로 이 뛰어난 성과였다. 여성의 손길이 조금만 닿아도 얼마나 큰 변화가 일어나는지 놀라울 정도다. 킴벌리클라크 직원들은 소비자를 더욱 잘 이해하기 위해 소위 '가정 방문'을 한다. 직원 몇 명이 여성 소비자를 찾아가 청소용품을 보여달라고 하거나 생리주기에 대해 이야기를 나누는 식이다.

몇 년 전 이스라엘에서 가정 방문이 진행될 때 포크는 남성 직원으로만 이루어진 그룹에 합류하여 십대 소녀에게 생리에 대해 질문을 던졌다. 남자 어른들이 십대 소녀를 둘러싸고 생리에 대해 물었으니 당연히 분위기는 무척 어색했고 별 성과도 얻지 못한 채 끝났다. 어떤 때는 고객에 대한 정보를 수집하기 위해 임원들이 약국에서 상품을 구매하는 소비자들의 모습을 지켜보기도 했다. "양복 차림의 남자 다섯 명이 여성용품 코너에서 여자 손님이 무슨 물건을 사는지 지켜보는 것만큼 우스꽝스러운 일이 있을까요." 포크는 담담하게 말했다.

이러한 가정 방문 팀에 여성을 투입하면 모든 것이 달라진다. 인도의 한 가정을 방문했을 때의 일이다. 얼마 전 이 집에서 아이가 태어나 시댁 식구들이 함께 살게 됐고 아기 엄마가 아니라 시어머니가 결정권을 가졌다는 사실을 팀 내 유일한 여성 직원이 감지했다. 이 팀은 이런 정보를 바탕으로 인도 내 유아용품 시장에 대한 전략을 조정할 수 있었다. 미국에서는 전부 여성으로 구성된 팀이 요실금을 쑥스러워하는 중년 여성들을 설득하여 포이즈 성인용 기저귀 라인을 위한 인터뷰를 실시했다. 그 결과 〈더 뷰〉라는 아침 토크쇼에서 포이즈 기저귀를 사용한다고 이야기한 우피 골드버그를 내세운 익살맞은 광고 캠페인을 제작할 수 있었다. 그녀가 모나리자와 잔 다르크로 분한 재미있는 광고 시리즈였다. ("저는 웃을 때마다 살짝 실례를 합니다.")

실제로 킴벌리클라크에서 가장 먼저 전면 정비에 들어간 부서는 마케팅팀이었다. 그리고 구닥다리 코텍스 생리대 광고부터 전부 폐기했다. 새 광고는 이전의 광고를 조롱하며 흰옷을 입고 황홀

한 표정으로 뛰어다니던 여성들의 모습을 짜깁기로 보여주는데 이때 여성 내레이터가 비꼬듯 말한다. "생리 때 제 기분이 어떨까요? 정말 최고죠. 아주 순수해져요. 가끔은 해변에서 마구 달리고 싶어지죠. 천천히 빙글빙글 도는 것도 좋아요. 흰색 스판덱스 바지도 필수죠. 그리고 사흘째 정도 되면 얼마나 춤추고 싶어지는데요."

이 광고 캠페인에는 '사과'라는 이름이 붙었다.

포크는 정치적으로 올바르게 보이려고 더 많은 여성을 채용하고 승진시킨 게 아니라고 공개적으로 인정하며 이렇게 말했다. "최고의 인재를 얻기 위해서였습니다." 그렇다면 킴벌리클라크의 남성 직원들은 결국 어떻게 되었을까? 글쎄, 일단 돈을 더 많이 벌었다. 코텍스의 매출은 급상승했으며, 포크가 2009년에 다양성 관련 조치를 취한 후 기업 주가도 두 배 이상 상승했다. 여성 직원들뿐만 아니라 남성 직원들에게도 반가운 소식이 아닐 수 없다.

❧

어쩌면 터퍼는 반세기 전에 이런 일을 예상했을지도 모른다. 하지만 그렇다고 확신할 수는 없다. 브라우니 와이즈와 선구적인 협력관계를 구축했음에도 불구하고, 터퍼는 결국 그 시대의 사람이었고 눈앞에 닥친 문화적 압력에 굴복하고 말았다. 심지어 터퍼 같은 사람도 여성과 남성이 서로 힘을 합쳐 성공할 수 있다는 사실을 제대로 이해하지 못했다. 터퍼는 인생이 제로섬게임이 아니라는 걸 결국 깨닫지 못했다. 그는 브라우니 와이즈가 아무리 대단한 성과를 거뒀어도 그 때문에 자기 성공이 폄하되지는 않는다는 걸 받아들이지 못했다. 남성과 여성이 협력할 때 얻을 수 있는 진정한 시너지 효과를 이해하지 못했으며, 각자 개별적으로 노력할 때보다 협력할 때 훨씬 더 많은 가치를 창출할 수 있다는 사실을 깨닫지 못했다.

두 사람의 성공적인 협력관계의 결말을 보면 남녀가 힘을 합쳤을 때 얻을 이득이 너무나 명확한데도 왜 아직도 백인 남성들이 주도하는 세상에서 사는 건지 잘 알 수 있다. 한동안 터퍼와 브라우니 사이의 협력관계는 그보다 더 순조로울 수 없을 정도였다. 두 사람의 장점이 이상적으로 맞아떨어지는 듯했다. 브라우니 와이즈는 타파웨어를 판매하는 여성 판매원들과 그걸 구매하는 주부들을 독려하는 등 자기 영역에서 맹활약을 펼쳤고, 그 결과 터퍼는 무명의 발명가에서 미국 내 가장 성공한 기업인으로 발돋움하여 타파웨어 제국의 지배자로 군림했다. 만약 브라우니가 없었다면 지금까지도 건재한 터퍼의 가장 뛰어난 발명품은 오래전에 역사의 저편으로 사라졌을 가능성이 크다.

두 사람의 성격 역시 잘 맞는 듯했다. 얼은 사람들 앞에 나서기를 꺼린 반면 쾌활한 브라우니는 그러기를 좋아했다. 얼은 무대 뒤에서 자신의 제국이 점점 번창하는 모습을 지켜보는 데 만족했고 브라우니는 기꺼이 타파웨어의 얼굴로서 대중 앞에 섰다. 타파웨어 홍보팀의 지원을 받아 브라우니는 언론에서 인기인으로 발돋움했다. 토크쇼에 자주 모습을 비추는가 하면 『맥콜스』나 『코스모폴리탄』 등에도 등장했는데, 이들 잡지에서는 그녀를 "햇살 같은 신데렐라"라고 소개했다. 두 사람이 균형을 이루면서 타파웨어 비즈니스는 더욱 번창했다.

그러나 그것도 1954년 4월 17일까지였다. 이날 브라우니 와이즈는 여성으로서는 최초로 『비즈니스위크』 표지를 장식했다. 『비즈니스위크』는 여성지나 텔레비전 간담회와는 달랐다. 터퍼가 동료라고 여겼던 남성들, 그것도 잘나가는 남성들이 읽는 비즈니스계의 성경과도 같은 잡지였다. 게다가 그 기사에서 터퍼는 거의 언급조차 되지 않았다. 감히 브라우니가 공을 독차지하다니!

브라우니 와이즈는 미국에서, 아니 아마도 세계에서 가장 성공한 여성 기업인으로 꼽혔다. 그녀의 이름을 모르는 사람이 없을 정도였다. 『비즈니스위크』 표지에 실린 후 언론의 취재 열기는 더욱 달아올랐다. 그녀는 여성들에게 영감을 주기 위해 『영광을 빌며』라는 책을 펴냈으며("여성으로 사는 것은 행복해요. 여성과 영광은 잘 어울리는 것 같아요!"), 그녀가 존경하는 강연가 노먼 빈센트 필이 그 책의 서문을 써주기도 했다.

그리고 터퍼는 해야 할 일을 했다.

브라우니 와이즈를 해고했다.

거의 8년간 함께 일해온 브라우니를 자르고는 직원들에게 타파웨어 본사 뒤쪽에 구덩이를 파고 브라우니의 책을 전부 묻어버리라고 지시했다. 터퍼는 브라우니에게 회사 주식도 증여한 적이 없었으며 퇴직금도 지급하지 않았다. 브라우니가 고소하자 터퍼는 마지못해 1년 치 연봉에 해당하는 약 3만 달러를 지급했다. 몇 달후, 터퍼는 타파웨어 사업을 1600만 달러에 매각했는데, 이는 오늘날 1억 3200만 달러에 해당하는 금액이다.

브라우니 와이즈는 1992년에 조용히 세상을 떠났다. 한때 유명인이었던 브라우니는 이미 오래전에 잊혔다(현재 타파웨어 웹사이트에는 그녀를 위한 헌정 페이지가 마련되어 있으며 "브라우니처럼 일하자!"라는 장려 문구가 게시되어 있지만 말이다). 얼은 그보다 거의 10년 먼저 숨을 거두었다. 타파웨어를 떠나 각자 홀로 선 후 두 사람은 함께했을 때만큼 성공의 정점에 이르지 못했다.

그렇다면 타파웨어는 어떻게 되었을까? 브라우니가 플로리다 자택에서 조용히 숨을 거둔 1992년, 릭 고잉스가 경영진에 합류했다. 패기 넘치며 미 해군 출신으로 에이번 화장품 회사에서 오래 근무했다는 독특한 경력을 가진 고잉스가 입사할 당시, 타파웨어에는 여전히 터퍼가 남긴 안타까운 유산이 남아 있었다. 브라우니 와이즈는 타파웨어의 역사에서 완전히 지워졌다. 여성들은 기업 수뇌부에서 거의 아무런 역할도 맡지 못했다. 제품 라인업도 진부하기 짝이 없었다. 타파웨어는 한물간 브랜드였다. 타파웨어는 엄마 세대가 구매하던 촌스러운 파스텔톤 그릇으로 인식됐다. 매출도 지지부진했다.

고잉스는 즉시 이 상황을 반전시키려는 노력에 착수했다. 일단 여성을 더 많이 채용했다. 일흔한 살이 된 지금까지도 25년 전 첫 출근 날과 다름없이 타파웨어에 열정을 바치고 있는(나와 만난 자리에서 그는 "1.3초마다 새로운 타파웨어 파티가 시작됩니다!"라고 알려주었다) 쾌활한 고잉스는 그 과정이 결코 쉽지 않았다고 인정했다. 고잉스는 1997년 최고경영자로 임명된 뒤에도 계속해서 이러한 노력을 아끼지 않고 있다. 타파웨어 역사상 처음으로 여성이 사장 및 최고운영책임자로 일하고 있고 임원진 중 절반, 그리고 관리자 중 삼분의 일이 여성인데 고잉스는 관리자의 여성 비율 역시 50퍼센트가 되길 희망하고 있다.

그 과정에서 고잉스는 타파웨어의 비즈니스 모델을 전면 정비했다. 고잉스가 타파웨어에 합류할 즈음 미국에서는 여성 인력이 일터로 쏟아져나오고 있었다. 브라우니 와이즈가 판매팀으로 영입했던 한가한 주부들은 거의 찾기 힘들었다.

이에 고잉스는 빠르게 해외로 눈을 돌렸고 현재는 해외 시장이 타파웨어 매출의 90퍼센트를 차지하고 있다. 고잉스는 상대적으로 규모가 작은 미국 시장의 경우, 최근에는 정규직보다는 프리랜서 일자리를 선호하며 '기그 경제(임시 계약 중심의 경제—옮긴이)'에 일조하는 젊은이들, 즉 밀레니얼 세대에 희망을 걸고 있다. 예나 지금이나 낙관주의자인 고잉스는 밀레니얼 세대 중 58퍼센트가 "일자리를 바라지 않습니다. 그보다는 관계를 더 소중히 여기지요. 이러한 변화가 눈에 보일 정도입니다. 밀레니얼 세대가 데이트하는 모습을 보세요. 일주일에 일곱 번이나 만난다니까요!"라고 통계를 언급한다.

한편 수질이 좋지 않아 타파웨어 정수기 제품의 수요가 높은 중국이나 여성의 경제활동 기회가 적은 제3세계 국가에서 타파웨어는 성공을 거두고 있다. 타파웨어의 전도사이자 진심으로 그 우수성을 믿고 있는 고잉스는 빈곤층 여성이 타파웨어를 판매함으로써 어떻게 가난에서 벗어나 '가족을 부양할 수 있는지' 열정적으로 설명했다. 고잉스는 전 세계 수많은 사람들 앞에서 똑같은 설명을 백만 번쯤 했겠지만, 듣는 사람을 매료시키는 힘이 있어 당장이라도 자리를 박차고 일어나 내 옷깃을 잡고 호소할 것만 같았다. 이런 이야기를 난생처음 하나 싶을 정도였다.

하지만 이렇게 이상주의자 같던 고잉스도 직장 내 여성이라는 주제가 등장하자 단박에 말투를 바꿔 실용주의자 같은 CEO의 모습으로 돌아갔다. 터퍼가 오늘날 타파웨어를 본다면 아마 못 알아볼 정도로 많은 것이 변했지만, 터퍼와 그의 뒤를 이은 경영진은 한 가지 중요한 특징을 공유하는 듯했다. 50년 전의 터퍼, 그리고 킴벌리클라크의 포크나 PwC의 모리츠와 마찬가지로 릭 고잉스는 정치적으로 올바르게 행동하고자 여성을 고용한 게 아니었다. 그보다는 훨씬 현실적이었다.

누가 뭐래도 릭 고잉스는 20년 이상 거대한 기업의 정점을 지켜 온 최고경영자다. 그는 자기 사업에 무엇이 최선인가를 생각한다. 앞서 소개했던 체육 수업의 비유, 즉 인구의 절반이 아니라 전체 중에서 최고의 선수들을 선발해야 한다는 논리가 여기에 적용된다. 고잉스는 무엇보다도 성과를 내기 위해서 여성을 기용한다.

고잉스는 "'여성에게 공정하지 않습니다!'라는 대의명분만 내세우는 일은 이제 그만둬야 합니다"라고 강조한다.

또한 인터뷰를 마치기 전 그는 이렇게 말했다. "저는 사람들이 이타주의를 넘어서 실질적인 이득을 깨닫게끔 노력합니다. 이타주의에서 출발하지 마세요. '여성의 역량을 개발하는 것이 합리적이다'로 대화를 시작하세요."

3장

누구도
피할 수 없는
성차별주의의
함정

우리 아들이 가장 좋아하는 공연은 인형이 등장하는 선정적인 뮤지컬 〈애비뉴 Q〉다. 〈세서미 스트리트〉를 풍자하는 이 유쾌한 뮤지컬에서 인형들은 서로 말다툼을 하다가 〈누구나 약간은 인종차별주의자〉라는 재미있는 노래를 부른다.

너 약간 인종차별주의자야.
글쎄, 너도 약간 그런데 뭐.
우리 둘 다 약간은 인종차별주의자인 것 같아.
그걸 인정하기란 쉽지 않아……
하지만 사실인 것 같아……
누구나 너 정도는 인종차별주의자인걸!

이 노래는 사실적인 가사로 통렬하게 웃음을 자아낸다. 하버드

대 심리학자 마자린 R. 바나지는 무의식적인 편견, 즉 너무나 마음속 깊이 자리해 우리 자신조차 그 존재를 깨닫지 못하는 뿌리깊은 편견에 대한 연구를 주창한 학자다. 2013년에 출간된 『마인드버그』에서 바나지와 공저자 앤서니 G. 그린월드는 "숨겨진 편견은 우리도 모르는 사이에 우리의 행동을 좌지우지하는 힘을 가지고 있다"고 주장했다.

일례로 수백만 명을 대상으로 진행한 여러 건의 연구를 통해 75퍼센트에 육박하는 사람들이 흑인에 대해 편견을 가졌음이 드러났는데, 심지어 흑인들도 절반 이상이 그랬다. 여성의 경우, 이 현상이 보다 두드러진다. 남성의 약 75퍼센트—그리고 여성의 무려 80퍼센트!—가 무의식적으로 남성을 일과 동일시하며 여성을 가족과 동일시한다.

뮤지컬 속 인형들의 가사를 약간 뒤틀어보자면, 누구나 약간은 성차별주의자다.

하물며 우리 중 가장 깬 사람들도 예외는 아니다. 얼마 전 구글에서 데이터과학자로 근무중인 브라이언 웰을 만났다. 호리호리한 체구에 사근사근한 말투, 청바지와 파란 폴로셔츠 차림에 한쪽 어깨에는 배낭을 멘 웰 박사는 대학원생이래도 속아넘어갈 정도로 앳된 모습이었다. 반바지와 플립플롭스를 신은 수십 명의 젊은 남성 엔지니어들이 서성거리는 구글 뉴욕 사무실에 위치한 널따란 무료 카페에서 커피를 마시면서, 웰 박사는 커리어를 쌓아가며 어떻게 편견을 깨부수려 노력했는지 설명했다.

조직 산업 심리학 박사학위를 가진 웰 박사는 구글 데이터 마법사 팀 소속이다. 하지만 이 팀의 업무는 구글의 검색 알고리즘과는 전혀 관련이 없다. 그 대신 이들은 뛰어난 컴퓨터 기술을 내부에, 즉 구글 자체에 적용하여 직원들이 어떤 불만을 가졌는지 파악한다. 구글이 자사 직원을 얼마나 공정하게 대하느냐에 대한 분석이 웰 박사의 주업무인데 이는 직원 관리의 시작점 그러니까 구글은 어떤 인재를 채용하는가, 왜 채용하는가부터 짚는다.

구글은 모든 분야에 데이터를 적용하기로 유명하다. 구글의 철저한 검토를 피할 수 있는 부분은 없다. 회사 내 카페테리아에 엠엔엠스 초콜릿을 배치하는 일부터 벽의 페인트 색깔, 가구 소재(안녕, 콩 소재로 만든 메모리폼 소파), 화장실의 안락함(온열 좌변기와 붙박이로 된 세면용 수건과 핸드 드라이어라니 좋아)에 이르기까지 모든 것을 분석한다. 웹사이트를 디자인할 때는 구글 툴바에서 어떤 색이 가장 클릭률이 높은지 파악하기 위해 마흔한 가지 파란색 색조를 테스트하기도 했다.

구글의 채용 절차 역시 마찬가지다. 초기에 구글은 수십 년간 일한 육십대 경력직 지원자뿐 아니라 모든 입사지원자에게 SAT 점수 제출을 요구했다. 구글의 인력 분석 부서에서 일하는 직원들은 "내 주장을 뒷받침할 차트와 그래프가 있다고. 그러니까 저리 꺼져"라고 쓰인 노트북 스티커를 가지고 있었다. 구글에 입사하려는 지원자들은 최대 스물다섯 번의 면접을 거쳐야 했다(구글은 그후 면접을 네 번으로 제한하기 위해 노력해왔다). 구글의 인사 운영 책임자였던 라즐로 복에 따르면, 연간 채용 인원은 몇천 명뿐인데 무려 삼백만 개의 지원서가 쏟아져 들어온다. 이 말인즉 구글에 지원하여 채용될 확률은 약 0.25퍼센트 정도다.

1차 심사를 통과한 운좋은 지원자들은 그룹 면접 및 여러 사람 앞에서 화이트보드에 적힌 방정식을 푸는 까다로운 문제 해결 시험을 치른다. 〈인턴십〉이라는 코미디 영화에도 나왔듯이 오랫동안 구글은 엉뚱하고 알쏭달쏭한 문제를 출제하여 지원자들을 당황시키기로도 악명이 높았다. 면접관이 "전 세계에 피아노 조율사가 몇 명이나 있을까?"라거나 "747 비행기에는 골프공이 몇 개나 들어갈까?" 같은 질문을 던지는 것이다.

반드시 정답이 존재하는 질문도 아니었다. 어쨌거나 전 세계에 피아노 조율사가 몇 명인지 알려면 피아노가 몇 대인지, 그리고 조율사 한 명이 하루에 피아노를 몇 대나 조율할 수 있는지, 그리고 같은 맥락에서 피아노를 얼마나 자주 조율해야 하는지 알아야 한다. 하지만 핵심은 문제 자체가 아니다. 지원자의 사고방식을 알아보기 위해 이러한 문제를 출제하는 것이다. 창의적이고 두뇌 회전이 빠르며 구글플렉스 본사 캠퍼스에서 자전거를 타고 다니는 명석한 프로그래머 및 엔지니어와 지혜를 겨룰 만한 사람을 채용해야 한다는 게 구글의 논리였다.

구글의 채용 시스템은 적합한 지원자를 꼭 집어내기 위해서만 세심하게 설계된 게 아니다. 부적합한 지원자를 걸러내기 위함이기도 하다. 물론 그런 지원자들 중 상당수는 똑똑한 사람들이다. 하지만 구글은 조직에 적응하지 못하거나 구글의 자유분방한 문화에 좀처럼 녹아들지 않으며, 소위 '구글다움'을 상징하지 못하는 지원자들을 제외하기 위해 노력해왔다.

"구글의 면접과정은 사실상 맞지 않는 사람을 떨어뜨리기 위해 설계했다고 봐야 합니다." 구글의 한 선임 엔지니어는 이렇게 설명했다. "우리는 부적합한 지원자를 배제하기 위해 매우 심혈을 기울였고, 그러기 위해서 좋은 인재 몇 명쯤을 놓칠 위험도 기꺼이 감수했습니다. 일단 회사에 맞지 않는 직원이 들어오면 너무나 타격이 크기 때문에 굳이 위험을 무릅쓸 필요가 없다고 생각했지요."

하지만 이렇게 철저하게 채용 절차를 설계하다보니 흥미로운 부작용이 발생했다. 여성이 좀처럼 합격하지 못한 것이다. 아무리 이력서가 빼어나거나 성적이 우수해도 소용없었다. 공학 석사나 박사 학위를 갖춰도 결과는 달라지지 않았다. 여성 지원자는 심지어 최종 후보군에도 들지 못했다. 이미 직원의 70퍼센트가 남성이며 특히 기술 업무직의 경우 83퍼센트가 남성인 기업에서 이는 심각한 문제였다. 왜 구글의 채용 관문을 통과하는 여성이 그토록 적었을까?

웰 박사는 이 문제로 골치가 아팠다. 도무지 말이 되지 않았다. 구글은 포용적인 문화를 자랑스러워하는 기업이다. 사실 웰 박사도 그래서 구글에 입사한 것이었다. 구글은 "독특함과 개성을 중시하며, 원한다면 곰 인형복을 입고 회의 참석도 가능할뿐더러 실제로 그런 사람을 본 적도 있는" 기업이란다. "구글에서는 많은 것이 용인됩니다. 상당수의 직원이 인생의 어떤 시점에서 아웃사이더 취급을 받았거든요."

구글은 거의 사회 부적응자들을 적극적으로 환영하는 정도다. 전형적으로 컴퓨터밖에 모르는 괴짜들을 두 팔 벌려 맞아들인다.

구글에서 근무했었던 한 엔지니어가 사내에서 자주 듣는 농담을 이야기해주었다.

Q: 외향적인 엔지니어인지 어떻게 구별할 수 있어?
A: 외향적인 사람은 자기 신발이 아니라 상대방의 신발을 봐.

포용과 다양성에 대한 구글의 진정성을 의심하기는 힘들다. 구글은 직원들을 위해 스무 개 이상의 동호회를 운영중이고 이를 자랑스러워하는데 여기에는 여성들을 위한 동호회가 두 개 이상이 있고, 게이와 레즈비언을 위한 동호회('게이글러Gayglers'), 심지어 소위 '특정 연령'을 위한 동호회('그레이글러Greyglers')도 포함된다. 하지만 이 모든 포용 정책에도 불구하고 구글은 여성 직원을 충분히 채용하지 않을 뿐만 아니라 채용한 여성 직원들도 제대로 승진시키지 않는다.

웰 박사는 당황스러웠다. 구글이 출제한 그 모든 알쏭달쏭한 문제들 중에서도 왜 여성들이 구글에서 성공하지 못하는가는 무엇보다 까다로운 수수께끼였다.

형태는 다를지라도 구글의 이러한 딜레마는 전 세계의 수많은 기업, 다양한 국가에서 비슷하게 펼쳐진다. 다양한 증거와 수치로 판단할 때, 남성이 직장에서 뛰어난 실적을 올리고자 한다면 여성을 포용하는 게 최선이다. 하지만 여성의 행적은 여러 가지 측면에서 오히려 거꾸로 간다. 예를 들어 금융 서비스 분야의 모든 직급에서 여성의 채용 및 승진율은 놀라운 속도로 퇴보하고 있으며, 상황이 변하지 않는다면 고위직 중 여성 비율은 현재는 15퍼센트지만 2025년에는 12퍼센트로 떨어질 것이다.

도저히 믿을 수 없는 일이다. 구글 같은 기업에서는 보다 많은 여성의 성공을 바란다고들 이야기한다. 각 국가에서도 여성의 성공을 지원하기 위한 법안을 통과시키고 있다. 여성들 역시 성별 격차를 줄이기 위해 적극적으로 나서 안간힘을 쓰고 있다. 하지만 이 모든 조치는 효과를 거두지 못하고 있다. 도대체 무슨 일이 일어나고 있는 걸까? 어떤 사악한 힘이 다양한 방향에서 진행되는 갖가지 노력을 밀어내는 걸까?

구글에서는 웰 박사가 해답을 찾아내려는 참이었다. 어느 날 웰은 신문을 훑어보다가 예일대 과학자들을 대상으로 진행한 새로운 연구에 대한 기사를 발견했다. 이 과학자들은 괴짜인데다가 깊은 사색가로 구글 직원들과 성향이 매우 비슷했다. 연구자들은 127명의 과학자에게 실험실 조교 지원자들의 이력서를 평가하라고 요청했다. 성별을 제외하면 모든 지원자들의 이력서가 동일했다. 과학자들은 구글 임원들처럼 객관적인 증거를 토대로 의사결정을 내린다고 확신했다. 하지만 이들은 '남성' 지원자들의 능력이 더 뛰어나다고 판단했으며, 여성에게보다 연봉을 평균 4천 달러 많이 제시했다. 과학자들은 본인도 모르는 사이에 여성에게 편견을 가졌던 것이다.

'아하.' 이거야! 구글에서도 똑같은 현상이 일어나고 있었다. 웰박사는 이 연구 자료가 문제 해결의 '출발점'이었다고 말한다. 그는 이 문제가 여성과 전혀 상관없다는 걸 깨달았다. 문제는 남성이었다. 남성들이 부지불식간에 편견을 가지고 있었다. "그래서 우리는 한 발짝 물러서서 상황을 바라보게 되었습니다. 그리고 이렇게 반문했지요. 우리가 아직까지도 이런 세상에서 산단 말이야?"

∾

웰 박사는 우리 시대의 가장 엄청난 문화적 변화 중 하나에 발을 들여놓은 셈이었다. 사회과학자들은 남성과 여성이 서로 어떻게 관계를 맺는가에 대한 기존의 생각을 완전히 뒤엎는다. 직장 내에서 남녀관계를 바라보는 방식도 완전히 새롭게 정의했다.

1980년대와 1990년대에 성인이 된 대다수 남성들은 성 중립적으로 행동해야 한다고 교육받았다. 직장에서 여성을 남성과 다르게 대하면 안 된다는 이야기를 들으며 자랐다. 현실에서 이는 여성을 남성처럼 다루는 것을 의미했다. 사실상 그때나 지금이나 직장문화는 남성을 중심으로 돌아가는데, 수십 년 전인 제2차세계대전 종전 시기에 군대 계급을 모델로 만들어졌기 때문이다. 1973년에 조직심리학자 버지니아 셰인은 심지어 "관리자 하면 남성을 떠올리면 된다"라는 표현을 만들어내기도 했다. 셰인의 관찰에 따르면 성공한 관리자들은 남성의 전형적인 특성을 가지고 있었다.

이는 사실 엄청나게 혁명적인 발견은 아니었다. 그냥 현실이 그랬다. 따라서 직장으로 쏟아져나온 여성들은 기본적으로 남성처럼 행동하면서 적응했다. 1980년대에 월스트리트저널에 갓 입사했을 때 나는 헐렁한 정장 차림에 가늘고 짧은 넥타이를 매고, 다른 여성 동료들처럼 트럭운전사 같은 거친 욕을 달고 살며 남자보다 더 남자처럼 행동했다. 그게 직장에 적응한다는 의미였다. 우리 여성들은 비즈니스 세계를 바꾸려고 하지 않았다. 그 세계의 일부가 되어 남자들의 클럽에 합류했다는 사실에 그저 감격했다.

물론 정장 어깨 패드가 아무리 넓어져도—솔직히 1980년대는 패션계도 특히 암울한 시대였다—여성은 남성이 아니기 때문에 남성을 흉내내는 데도 한계가 있기 마련이다. 당시의 연구자들은 남성처럼 행동하려고 애쓰는 여성들이 남성들만큼 혜택을 얻지 못했으며, 오히려 사회 규범에 반하는 행동을 하는 대가를 치렀다는 사실을 발견했다. 사회학자 메리 글렌 와일리와 알린 에스킬슨은 1985년의 논문에서, 여성은 남성 같은 말투를 구사함으로써 주변 사람들의 미움만 얻을 뿐이라는 결론을 내렸다. "남성들처럼 행동하면(또는 남성처럼 말하면) 성공과 권력은 얻을지 몰라도 틀림없이 부정적인 평가를 받게 된다."

하지만 이렇게 남녀를 구별하지 않는다는 사고방식은 여전히 강력한 영향력을 발휘한다. 일각에서는 성별 간의 차이를 인정하는 일조차 눈살을 찌푸린다. 여성운동가 글로리아 스타이넘이 존 스토셀이라는 기자에게 언급한 것처럼, 성별의 차이에 대한 연구는 "반미국적이며 정신 나간 생각"으로 간주된다.

하지만 안타깝게도 '남녀를 구별하지 않는 사고방식'은 맹목적인 무지에 불과하다. 키 크는 법을 가르칠 수 없듯이, 남녀를 구별하지 않는 사고방식도 가르칠 수 없다. 잘못된 개념을 영구화한다면 상황은 더욱 악화될 뿐이다.

1990년대 후반, 무의식적인 편견에 대해 연구한 하버드대 바나지 박사는 왜 우리가 그토록 잘못된 길을 걷게 되었는지에 대해 설명한 바 있다. 그녀의 주장에 따르면, 우리는 스스로 공정하게 판단한다고 속고 있었다. 우리는 편견을 배제하고 능력에 바탕한 의사결정을 내린다고 진심으로, 열렬히 믿었다. 그리고 의식적으로 자신이 인종차별주의자나 성차별주의자가 아니라고 확신했다. 내가 차별주의자라니 말이 안 되잖아?

하지만 그녀는 우리의 무의식이 항상 동일한 규칙대로 움직이지는 않는다는 데서 문제가 발생한다는 걸 알게 됐다. 우리는 무의식상에서 사뭇 다른 인식을 가지고 있다. 그녀는 우리 자신조차 인지하지 못하는 깊이 자리한 편견을 탐색하고자 인간의 집단적인 정신세계를 철저하게 파고들었다.

바나지가 자주 지적하듯이 이러한 편견들이 반드시 나쁜 것만은 아니다. 수백만 년 전으로 거슬러올라가면 이는 그야말로 생존 메커니즘이었다. 인간에게는 초당 1100만 비트 정도의 어마어마한 정보가 쏟아진다. 하지만 우리가 처리할 수 있는 정보는 초당 40비트에 불과하다. 따라서 우리 두뇌는 지름길을 찾게 된다.

초기 인류에게 이러한 지름길은 말 그대로 생명줄이나 다름없었다. 동굴에 사는 원시인이 동굴 밖으로 나와서 짐승과 맞닥뜨렸다고 해보자. '털이 수북하니 인간이 아니고, 다리가 튼튼하니 빨리 달릴 테고, 날카로운 이빨을 보아하니 육식동물일 테고…… 잠깐, 이건 호랑이가 틀림없어!'처럼 의식적으로 정보를 처리할 시간은 없었다. 의식적으로 이 모든 내용을 파악했을 때 즈음이면 그는 벌써 호랑이 밥이 되었을 것이다. 무의식적인 편견을 지닌 덕분에 원시인은 위험에 빠졌음을 순간적으로 감지한 후 걸음아 나 살려라 하고 즉시 도망칠 수 있었다.

대부분 더이상 길을 가다가 호랑이를 맞닥뜨릴 일이 없다. 하지만 이런 무의식적인 편견은 자신과 비슷하지 않은 사람을 볼 때 여전히 작용한다. 그리고 가장 기본적인 고정관념을 더욱 굳건하게 만든다.

구글의 검색 알고리즘을 통해 우리는 집단적인 편견을 일부나마 파악해볼 수 있다. 얼마 전 정형외과의사들의 모임에서 무의식적인 편견에 대해 강연해달라고 요청해왔다. 프레젠테이션을 돋보이게 할 시각 자료를 찾다가 구글 이미지 검색창에 '의사'를 입력해보았더니 거의 남자인데다 전부 백인의 사진만 결과로 나왔다. 어쩌면 이것이 이례적인 검색 결과일지도 모른다고 생각했다. 그래서 이번에는 '간호사'라고 입력했다. 그러자 거의 모두가 여자인데다 거의 전부 백인 사진이 나왔다.

호기심이 불쾌감으로 변했다. 나와 인터뷰를 했던 의사들 중 상당수가 각 과의 책임자로 일하고 있었다. 그리고 오랫동안 기자로 일해오며 기업 경영자들도 많이 만났다. 그래서 이번에는 'CEO'를 입력해봤다. 결과는 예상대로였다.

구글에 따르면 검색 결과 상단에 사진이 등장할 만한 유일한 여성 CEO이자 세계 여성 CEO의 정점에 선 인물은, 다름아닌 CEO 바비 인형이었다.

한편, 구글 광고에 대한 연구에 따르면 취업 정보를 찾는 여성의 검색 결과에 고액 연봉의 일자리가 뜰 확률이 남성의 검색 결과보다 낮았다. 2015년 카네기멜런 대학의 연구자들은 사용자 프로필을 천 개 생성하여 남녀로 나눈 뒤 각 프로필을 가지고 백 군데의 취업 사이트를 방문하는 실험을 실시했다. 가장 보수가 높은 직업, 즉 연봉 20만 달러를 받는 커리어 코치 자리에 대한 광고는 여성보다 남성 프로필로 검색했을 때 여섯 배나 자주 나타났다.

구글 이미지 검색 결과나 편향된 광고 등 이러한 불쾌한 트렌드는 압도적으로 남성이 대다수인 프로그래머들 내면에 감춰진 선입견 때문일지도 모른다. 결국 검색 결과는 알고리즘에 따라 표시되기 마련이고, 알고리즘은 코드를 작성하는 프로그래머들이 개발하는 것이며, 그들 대부분은 남성이니 말이다. 애나 위너는 2016년 『뉴 리퍼블릭』에 기고한 「남자들의 세계, 해킹 기술」이라는 기사에서 이렇게 언급한 바 있다. "코드는 중립적이지 않다. 그럴 수 없다. 창작물이니까."

하지만 심지어 그렇대도 사용자인 우리 역시 책임에서 자유로울 수는 없다. 구글의 자동 완성 기능은 검색창에 가장 자주 입력되는 검색어를 보여준다. 따라서 이용자들의 여과되지 않은 사고를 상당히 정확히 반영해주는 척도라 할 수 있다. 검열되지 않은 우리의 정신세계를 오싹할 정도로 적나라하게 보여준다. 성평등에 관한 활동을 펼치는 유엔여성기구에서는 구글 자동 완성 기능의 실제 결과를 한눈에 보여주는 광고를 게재한 적이 있다.

여성이 해서는 안 될 일……

권리 갖기
투표하기
일하기
권투

여성이 해야 할 일……
제자리 지키기
자신의 위치를 알기
통제받기
훈육받기

이러한 무의식적인 편견은 삶의 모든 측면, 그리고 모든 직업에 뿌리깊게 자리한다. 연구에 따르면 여성 경제학자들이 남성 경제학자들보다 종신재직권을 거부당할 확률이 두 배나 높다. 무엇보다도 여성과 남성이 논문이나 책을 공동 집필할 경우 남성이 해당 논문을 혼자 쓴 것처럼 인정해 여성이 기여한 바는 거의 인정하지 않기 때문이다.

마찬가지로 여성이 생물학 박사학위 학생 중 절반 이상을 차지하는데도 저명한 남성(여성의 경우는 그렇지 않다) 생물학자들이 남학생을 더 많이 육성하기 때문에 여성 교수진의 비율은 현저히 낮다. 다른 과학자들의 평균과 비교할 때 특출난 남성 생물학자들이 여성 제자를 선발할 확률은 무려 40퍼센트나 낮다.

이러한 편견은 어린 시절부터 시작된다. 엄마가 아들의 기어다니는 능력을 과대평가하고 딸의 기어다니는 능력을 과소평가하는 경우도 부지기수다. 두 살짜리 남자아이를 둔 부모가 인터넷에 "우리 아이가 천재인가요?"라는 글을 올릴 확률은 또래 여자아이를 둔 부모보다 2.5배나 높다.

취학 연령이 되면 선생님들은—심지어 여자 선생님들도—잠재의식적으로 남학생이 여학생보다 수학을 잘한다고 생각한다. 한 연구에서, 어느 선생님 집단에게 이름이 적히지 않은 수학 시험지를 채점하도록 했더니 여학생들의 점수가 남학생들보다 높았다. 그러나 다른 선생님 집단에게 이름이 적힌 동일한 수학 시험지를 채점하게 했더니 반대 결과가 나왔다. 그들은 여학생들보다 남학생들에게 높은 점수를 주었다. 참고로 채점에 참여한 선생님들은 전부 여자였다.

이런 아이들이 중고등학교에 진학하면 편견은 더욱 심화된다. 거의 이만 명의 십대를 대상으로 진행한 조사에 따르면, 학생뿐만 아니라 부모도 십대 소녀들이 리더 역할을 맡는 데 편견을 가졌다. 이 아이들이 대학생이 되면 이러한 사고의 제약을 떨치기가 거의 불가능해진다. 여학생은 남학생보다 학사학위를 받을 가능성이 33퍼센트나 높다. 하지만 교수들은 강의할 때 여학생보다 남학생을 더 많이 지목한다. 게다가 여학생은 남학생보다 발언을 적게 함에도 말을 더 많이 가로막힌다.

워싱턴대에서는 생물학과 학생 천칠백 명을 대상으로 연구를 진행하며 남학생들에게 동기 중에서 전공 지식이 '특출나게' 뛰어난 학생이 누구냐고 물었다. 압도적으로 다수의 남학생들이 다른 남학생을 언급했다. 연구자들은, 여학생이 A학점을 받아야만 간신히 B학점을 받은 남학생과 실력이 동등하게 여겨진다고 결론을 내렸다. 대학을 졸업한 후에도 이러한 상황은 달라지지 않는다. 여성 신입사원은 동일한 말단직이라 하더라도 남성 신입사원보다 보수가 적은데, 남성 입사자의 경우 여성 입사자보다 여덟 배나 많이 초봉을 협상하기 때문이다.

성인이 된 이 아이들이 직장에서 직급 사다리를 한 단계씩 오를 때마다 이러한 경향은 더욱 심화된다. 맥킨지앤드컴퍼니와 린인재단에서 118개 기업의 남녀 직원 삼만 명 이상을 대상으로 실시한 공동조사에 따르면, 모든 직급에서 여성의 승진 확률은 남성보다 15퍼센트 낮다. 남성은 잠재력을 토대로 승진하는 반면 여성은 과거의 실적으로 그 능력을 증명했을 때만 승진이 가능하다는 게 그 이유 중 하나였다.

악순환은 여기서 끝나지 않는다. 여성은 많은 경우 역량을 끊임없이 재증명해야 하는 '다시 증명하기' 패러독스에 빠진다. 여성이 남성과 동일한 역량을 가졌다고 평가받으려면 무려 2.5배나 능력이 뛰어나야 한다고 사회과학자들은 추정했다.

설상가상으로 직장 내에서 여성은 그 능력을 증명하기 전까지는 능력이 없다고 추정되나 남성은 처음부터 능력이 있다고 여겨진다는 연구 결과도 있다. 다른 연구들을 통해 밝혀진 바로는, 여성이 성공할 경우 이들의 성과는 운이나 다른 외부 요인 덕분으로 간주되지만 남성의 성공은 그의 능력 덕분으로 평가된다. 반대로, 여성이 실수를 하면 남성이 비슷한 실수를 했을 때보다 훨씬 더 분명하게 인식되고 오래 기억된다.

만약 여성이 이러한 모든 문제를 극복하는 데 성공했다면 더더욱 조심해야 한다. 남성과 여성 모두 남성 상사를 선호하기 때문이다. 한 연구에 따르면, "남성 상사든 여성 상사든 딱히 어느 쪽을 더 선호하지 않는다"는 문장에 동의한 응답자들은 여성 상사보다 남성 상사 밑에서 일할 때 3400달러 더 낮은 연봉을 받겠다고 대답했다. 여성 상사 밑에서 일하지 않으려고 자발적으로 연봉까지 깎은 셈이다.

많은 사람이 그러하듯이 여러분도 이 모든 내용이 남의 이야기라고 생각할지 모른다. 다른 사람들은 편견을 가졌을지 모르지만 나는 아니라고 말이다. 물론 나도 스스로는 편견이 없다고 믿고 있다. 확실히 알고 싶은가? 정말 용기가 있다면 직접 테스트를 해볼 수 있다. 웹사이트 ProjectImplicit.org에서 제공하는 암묵적 연관 테스트Implicit Association Test를 통해 일하는 여성, 흑인, 노인 외 다양한 집단에 대한 여러분의 무의식적인 편견을 측정할 수 있다.

일하는 여성에 대해 어떻게 생각하는지 측정하는 테스트에서는 모니터에 '수전' '사무실' '아이들' 같은 단어를 표시해 응답자가 얼마나 빨리 그 단어를 남성 또는 여성이나 일 또는 가정 중 하나로 분류하는지 측정한다. 그다음에는 항목을 섞어서 '남성 또는 가족'이나 '여성 또는 일'로 제시하면서 단어들을 얼마나 빨리 분류하는지 측정한다. 바나지 박사와 협력하여 이 프로그램을 개발한 버지니아대 심리학자 브라이언 노섹의 말에 따르면, 항목을 섞어둘 때 거의 모든 응답자가 단어 분류에 시간이 더 걸린다.

직접 테스트를 해보았다. 심지어 나조차도 일하는 여성에 대해 '중간 정도의' 편견을 가졌다는 결과가 나왔다.

이러한 작은 편견들의 영향력은 생각보다 훨씬 크다. 라이스 대학의 과학자들은 아주 사소한 편견이 시간의 흐름에 따라 어떻게 퍼지고 빠르게 불어나는지 보여주었다. 이들은 어떤 가상 기업에 남성과 여성 각각 절반씩으로 구성된 신입사원들이 입사했다는 시나리오로 컴퓨터 시뮬레이션을 작성했다. 각 직원에게는 무작위로 성과 점수를 할당하되, 여성들에게는 1퍼센트의 미미한 편견을 적용하도록 프로그램을 짰다. 어떤 결과가 나왔느냐고? 이 직원들이 기업의 최고경영진 반열에 오를 즈음이 되자, 남성의 비율이 65퍼센트에 달했다.

여러분이 아무리 노력한대도 무의식적인 편견을 완전히 떨칠 수는 없다. 과학자들은 이를 중재하기 위해 온갖 방법을 강구해보았지만 성공하지 못했다. 이 주제를 줄곧 연구해온 노섹 교수는 나에게 이렇게 말했다. "암묵적인 편견에 대해서는 어느 누구보다 잘 안다고 자부하지만, 그래도 저는 여전히 편견을 갖고 있습니다."

편견은 스스로가 인식하든 아니든 간에 우리의 모든 행동에 영향을 미친다. 2014년에 발표되어 논란을 일으킨 한 연구에 따르면, 과학자들은 사람들이 '여성' 허리케인을 덜 심각하게 받아들이기 때문에 남성 이름이 붙은 허리케인보다 여성 이름이 붙은 허리케인일 때 사상자가 더 많이 생긴다고 결론지었다. 우리는 허리케인 알렉산더를 허리케인 알렉산드라보다 더 강력하다고 여기며, 허리케인 빅터는 허리케인 빅토리아보다 파괴력이 셀 것이라고 추정한다. 허리케인의 이름이 여성일 경우 안전한 장소로 대피하는 등 실질적인 조치를 취하는 사람이 훨씬 적었다. 연구자들은 만약 허리케인 찰리의 이름을 엘로이즈로 바꿨다면 사망자 수가 거의 세 배로 불어났으리라 추정한다.

아무리 좋은 의도래도 이렇게 숨겨진 편견은 엄청난 타격을 가져올 수 있다. 최근까지만 해도 '호의적인 성차별주의'라는 표현을 들어본 적이 없었다. 하지만 일단 그 개념을 알게 되면 가는 곳마다 눈에 들어오기 마련이다. 호의적인 성차별주의는 좋은 의도로 하는 발언이나 판단이 결과적으로 여성을 폄하하거나 비하하는 일을 의미한다.

한 가지 예를 들어보자. 나는 CNBC의 비즈니스 관련 프로그램인 〈스쿼크 박스〉에 초대 손님으로 출연했다가 알고 지내던 한 경영인에게 문자를 받았다. 그 문자를 가감 없이 소개한다. "오늘 아침에 TV를 보니 아주 귀여우시더군요."

골치 아픈 일이다. 여성 청중을 앞에 두고 강연할 때면 이 문자에 내가 어떻게 답했어야 했을지 자주 물어본다. 그런 말은 사실 칭찬이 아니라고 지적해야 할까? 아니면 그냥 고맙다고 하고 넘겨버려야 할까?

대다수는 이 두 가지 대응에 대해 의견이 정확히 반으로 갈린다. 실제로는 나는 보다 수동적인 쪽을 택했다. 그냥 고맙다고 답하고는 넘어갔다. 하지만 내가 어느 은행의 여성 직원들 앞에서 이 이야기를 했을 때, 그 자리에 있던 유일한 남성이자 그 은행의 최고경영자가 우리 모두에게 이 문제의 해결책을 제시해주었다. "별로 어렵지 않습니다. 이렇게 답하면 됩니다. '제가 똑똑해 보였다는 의미이신 거죠. 감사합니다.'"

꿈

　그나마 여성에 대한 편견의 함정을 극복할 만한 기업은 구글 정도가 아닐까 싶다. 구글의 기원은 스탠퍼드 대학원 중퇴생 몇 명이 캘리포니아 멘로파크에 위치한 어느 차고에서 컴퓨터 코드를 만지작거리던 20여 년 전인 1998년으로 거슬러올라간다.

　당시 월드와이드웹은 아직 상대적으로 새롭고 미스터리한 개념이었다. 세계 최초의 웹페이지가 탄생한 지 9년밖에 지나지 않은 시기였다. 대다수 사람들에게 인터넷은 아직 알쏭달쏭한 존재였고 AOL과 같은 포털에 다이얼 접속을 해야 연결됐다. 대부분 인터넷으로 이메일을 주고받거나 오락거리로 즐길 뿐이었다. 하지만 두 명의 젊은이는 보다 야심 찬 포부를 가지고 있었다. 코드만 제대로 작성한다면 "전 세계의 정보를 체계화해서 누구든 언제 어디서나 접근하고 활용하도록 할 수 있다"고 확신했다.

　두 사람은 1995년에 스탠퍼드대에서 만난 후 이내 친구이자 토론 상대가 되었다. 어떤 의미에서 볼 때 다소 예상 밖의 조합이었다. 어렸을 때 러시아에서 미국으로 이민을 온 세르게이 브린은 짙고 강렬한 눈빛에 자신감이 넘치며 스키와 스카이다이빙 등의 아드레날린 솟구치는 스포츠를 즐겼다. 미국 땅을 처음 밟았던 여섯 살 때만 해도 영어를 거의 못했지만 스탠퍼드에 입학할 즈음에는 냉철한 지식인으로 성장했고, 주변에서 무서워할 정도로 침착하기도 했다. "세르게이는 자신만만한 젊은이였어요. 정말 영리해서 그냥 똑똑함이 묻어났죠." 스탠퍼드에서 그를 가르쳤던 어느 교수는 이렇게 회상했다. 그와 반대로, 미시간에서 자란 래리 페이지는 책을 좋아하고 색소폰을 연주하며 작곡을 공부해 여름마다 인터로컨에서 열리는 음악 캠프에 참가하던 소년이었다.

하지만 그보다 두 사람의 공통점에 더 주목해야 한다. 가장 놀라운 점을 꼽자면, 두 사람 모두 워킹맘 밑에서 자랐는데 양쪽 다 어머니가 남초업계에서 뛰어난 활약을 펼쳤다. 래리의 어머니는 미시간 주립대에서 컴퓨터 프로그래밍을 가르쳤는데 그의 아버지는 같은 대학의 컴퓨터과학 교수였다. 세르게이의 어머니는 응용수학 학위를 보유한 NASA의 연구 과학자였다.

양쪽 집안 모두 과학 분야에서 일하는 여성을 자연스럽게 받아들였다. 여성이 직장에 다니는 게 예외가 아니라 당연한 일이었다. 두 사람 모두 어머니가 직장에서 긴 시간을 보내는 생활에 익숙했다. '여성의 일'은 집안일이 아니라 과학과 수학을 의미했다. 래리는 컴퓨터와 서적, 여러 가지 장치와 잡지로 가득해 집안이 항상 너저분했다고 기억한다. 래리는 『파퓰러사이언스』 과월호에 푹 빠져 몇 시간씩 읽곤 했으며 집안에 있는 것이라면 뭐든 닥치는 대로 분해하며 놀았다.

대학에 진학한 이 젊은이들은 자기 어머니처럼 똑똑하고 야망을 가진 여성에게 이끌렸다. 1998년 가을, 두 사람이 사업의 출발점으로 삼았던 차고는 하버드에서 역사와 문학을 전공한 여자 친구 수전 보이치키네 차고였다. 같은 해 9월 자신들의 햇병아리 프로젝트를 바탕으로 구글이라는 회사를 설립한 두 사람은 이 때문에 수전을 직원으로 고용했다. 한때 두 사람이 사용하던 건물의 주인이었던 수전은 구글의 열여섯번째 직원이 되었다. 수전은 구글의 인수로 많은 화제를 낳았던 유튜브의 최고경영자가 되었으며 기술계에서 성공한 대표적인 여성으로 꼽힌다. 수전의 감탄스러운 프로필에 그녀가 어린 오 남매의 엄마이기도 하다는 사실이 절대 빠지지 않는다.

구글의 인사 운영 책임자였던 라즐로 복은 『구글의 아침은 자유가 시작된다』에서 이렇게 적었다. "구글은 직원이 서른 명도 되지 않았을 때부터 더 많은 여성을 컴퓨터과학 분야로 끌어들이고자 노력했다." 그게 사실이라 해도 그러한 노력은 오래가지 않았다. 구글이 폭발적으로 성장하는 과정에서 채용한 수천 명의 직원들은 대부분 남성이었다. 회사 설립 초기부터 더 많은 여성을 영입하고자 했던 점은 칭찬할 만하지만, 반려견의 출입을 환영하는 정책은 심지어 그보다 더 이전인, 직원 열 명 시절부터였다는 사실이 많은 점을 시사한다.

어쩌면 구글의 창업자들은 스스로 편견이 없다고 생각했기 때문에 굳이 여성에게 초점을 맞출 필요를 못 느꼈을지도 모른다. 성장 배경과 어머니들의 이력을 생각해보면 이들이 편견을 가졌다고 생각하기도 어렵다. 어쨌든, 구글은 초고속 성장을 거듭했으니 잠시 멈춰 숨을 고르면서 왜 여성 직원이 채용되지 않는지를, 아니 아예 여성 직원이 적다는 사실을 파악할 시간조차 없었던 걸

지도 모른다.

"구글은 오랫동안 이 문제에 주목하지 않았습니다." 구글의 전 엔지니어는 이렇게 말했다. "그러다가 갑자기 현실을 깨닫고 이러한 추세를 되돌리기 위해 공격적으로 조치를 취해야 했지요."

2006년 라즐로 복이 인사 운영 책임자로 취임하여 구글이 어떤 인재들을 채용하고 있는지 자세히 살피자 첫번째 경종이 울렸다. 아니, 그보다 구글이 어떤 인재들을 채용하지 않는지 살폈다고 해야 더욱 정확할 것이다. 당시 구글은 다양성 문제를 전담하는 소규모 팀을 운영중이었다. 맥킨지앤드컴퍼니와 제너럴일렉트릭을 거쳐 구글에 합류한 복은 지체없이 여성뿐만 아니라 여러 소수집단의 지원자들을 적극적으로 채용하라고 인사 부서 전체에 지시했다.

인사팀에서는 말단직에 채용되는 여성과 소수집단 직원의 수가 형편없다는 사실을 토대로 이게 피라미드 구조 밑변부터 시작되는 문제라는 걸 곧바로 인식했다. 따라서 신입직원 채용이라는 파이프라인의 시작점부터 여성의 수를 늘리기 위해 집중적으로 노력했다.

직급 파이프라인에 여성이 거의 없다는 게 구글의 문제니까 말단직에 더 많은 여성을 채용하는 간단한 조치로 모든 문제가 해결되리라 생각한 것이다. 남성이 주도하는 수많은 업계에서는 이게 통념이다. 파이프라인 이론에서는 하위 직급에 근무하는 여성이 충분하지 않거나 여성이 아이가 생겨 회사를 그만둘 경우, 경영진 자리로 향하는 '파이프라인'에 리더십을 발휘할 지위에 오를 만큼 충분히 여성을 채우기가 불가능하다고 여긴다. 이 이론에 따르면, 남성과 여성을 동일한 수로 채용만 하면 결국 여성들이 경영진 자리에까지 올라 불균형 문제가 해결될 거라고 주장한다.

겉보기에는 구글뿐만 아니라 실리콘밸리의 모든 기업에서 파이프라인 문제가 심각하다. 컴퓨터과학 전공자 중 여성은 18퍼센트에 불과하며 다양한 노력에도 불구하고 이 비율은 좀처럼 늘지 않는다. 게다가 소프트웨어 엔지니어링이 비인기 분야였고 지금처럼 화려한 성공과 부로 향하는 지름길로 간주되어 남성이 지배하는 영역이 되기 이전인 30여 년 전과 비교해보면 이 수치는 대략 절반에 불과하다.

대중문화에서 기술계를 묘사하는 양상 역시 여성 채용이라는 목적에 도움이 되지 않는다. 영화 〈기숙사 대소동〉이나 시트콤 〈빅뱅 이론〉, HBO의 드라마 〈실리콘밸리〉에 이르기까지, 〈스타트렉〉 시리즈에 열광하고 사회성 떨어지며 여자와 어떻게 소통해야 하는지 모르는 컴퓨터광이라는 정형화된 이미지는 기술계를 지향하는 여성들이 롤모델 삼을 만한 대상과는 거리가 멀다.

따라서 구글은 기술계의 다른 기업들과 손잡고 업계에서 함께 일할 젊은 여성들을 보다 많이 육성하고자 노력했다. 이들 기업은 다양한 여성 친화적인 활동을 지원했다. 2011년에는 '코딩하는 여성들'과 '흑인 소녀들을 위한 코드 교육'이라는 두 개의 단체가 설립되었다. 그 다음해에는 '코딩하는 소녀들'이 생겼다. 패브펨스(과학, 기술, 공학, 수학을 나타내는 STEM 분야에서 일하는 여성들을 위한 단체), 엔지니어 걸(소녀들을 위한 엔지니어링 교육을 목표로 하는 단체), 브레이니 걸스(STEM 분야의 젊은 여성들을 위한 온라인 잡지), 심지어 베스트셀러인 『수학은 어렵지 않아』(〈케빈은 12살〉에 출연했던 배우이자 수학자 대니카 매켈러가 쓴 책이다)처럼 "여학생들 힘 내자!"라고 격려하는 서적까지 등장했다. 잘나가는 기술 기업은 너 나할 것 없이 기술계에 종사하는 여성들을 위한 연례 그레이스 호 퍼 행사에 최고경영진을 참석시킨다. 제2차세계대전중에 선구적인 활약을 펼친 여성 컴퓨터과학자 그레이스 호퍼의 이름을 딴 상으 로, 진위가 불분명하기는 하지만 그녀는 죽은 나방을 제거하여 고 장난 기계를 고쳤다는 일화로 유명하다. 여기에서 유래된 단어가 '디버깅(단어 그대로 보면 벌레를 없앤다는 뜻으로 프로그램의 오류를 수정하는 작업—옮긴이)'이다.

유감스럽게도 이 파이프라인 이론에는 맹점이 있다. 잘못된 이 론이라는 점이다. 그저 기술계에서만 통하지 않는 이론도 아니다. 모든 업계에서 엉터리임이 밝혀졌다. 만약 이 이론이 맞았다면 지 금쯤 모든 기업의 최고경영자 자리에는 여성이 절반은 앉아 있어 야 한다. 평균적으로 CEO가 55세의 남성이라는 점을 고려해볼 때, 현재 기업의 수장으로 활약하는 사람들은 1980년대 초반, 그러니 까 여성이 대학 졸업생 가운데 절반이었던 시대에 대학을 졸업한 세대다.

법조계도 마찬가지다. 1990년대 초에는 법대생 중 여학생의 비 율이 실제로 50퍼센트를 약간 넘는 수준이었다. 하지만 2013년의 현황을 보면 법률 사무소에서 지분을 가진 파트너 변호사 중 여성 의 비율은 고작 17퍼센트다. 어떤 업계를 살펴보든 수치는 비슷한 궤적을 따른다. 여성이 해당 업계에 다수 입성하더라도 파이프라 인의 중간 지점 어딘가에서 이탈해버린다.

이 문제를 더욱 자세히 분석해보면, 파이프라인 이론의 바탕을 이루는 기본적인 가정, 즉 애당초 우리가 공정하게 의사결정한다고 하는 사고방식이 무엇보다 큰 장애물이라는 사실을 알 수 있다. 파이프라인 이론은 누구나 내면에 품고 있는 숨겨진 편견을 간과한다. 구글 경영진은 진심으로 자신들이 수치화할 수 있는 객관적인 결과를 토대로 직원들을 채용하고 승진시켰다고 믿었다. 인재 관리에 편견은 전혀 개입하지 않았다고 확신했다.

이러한 확신 자체가 문제를 야기한다. 심리학자들의 연구에 따르면, 스스로 공정하다거나, 너그럽다거나, 배려심이 많다고 굳게 믿을수록 실제로 그렇게 행동할 확률이 낮아진다. 자신이 그렇다고 확신하기 때문에 걱정하지 않는 것이다. 당연히 고쳐야 할 부분도 없다. 연구자들에 따르면 과학 분야처럼 철저히 능력중심주의라고 간주되는 업계에서 편견이 가장 빈번하게 관찰된다.

노스웨스턴대 심리학자들은 참가자들에게 자기 자신에 대해 쓰게 하는 실험을 진행했다. 한 집단에게는 '너그럽다'와 '배려심 많다' 같은 표현을 사용하게 했고, 다른 집단에게는 '책'이나 '집'처럼 보다 중립적인 단어를 사용하라고 지시했다. 이렇게 자신에 대해 쓴 후 참가자들은 자선 단체에 기부해달라는 요청을 받았다. 그 결과 스스로를 '너그럽다'고 묘사한 사람들이 가장 적은 금액을 기부했다. 자기 자신을 중립적인 단어로 표현한 사람들이 스스로를 '너그럽다'고 표현한 사람들보다 무려 2.5배나 많이 기부했다. 연구자들은 자신을 너그럽다고 표현한 사람들은 실제로 관대하게 행동함으로 자신의 너그러움을 증명할 필요를 못 느꼈다고 결론지었다.

그들은 스스로를 너그러운 사람이라고 확신했고, 그걸로 충분했다. 자기 자신에게 만족했던 것이다.

자신이 능력중심주의자라고 강력하게 주장하는 사람들에게도 마찬가지 논리가 적용된다. 2010년 코넬대에서 발표한 세 건의 실험을 보면, 연구자들은 445명의 관리자에게 직원들의 프로필을 평가하여 상여금을 주거나 승진 또는 해고를 권고하도록 지시했다. 실력 위주로 평가하는 기업에 근무한다고 생각하는 관리자일수록 동등한 역량을 가진 여성 직원보다 남성 직원을 훨씬 후하게 평가한다는 결과가 거듭 도출되었다. 이 관리자들은 능력 위주로 평가한다고 믿었기 때문에 자기 의사결정이 틀림없이 공정하리라 확신했다. 자기 점검을 해보거나 시간을 들여 혹시 의사결정에 편견이 작용하지 않았는지 분석할 필요를 못 느꼈는데, 연구자들은 이러한 현상을 '능력주의의 역설'이라고 부른다.

이렇게 능력주의에 대한 맹목적인 믿음이 실생활에서 어떻게 작용하는지는 쉽게 짐작할 수 있다. 프로그래머들이 프로젝트를 저장하고 공유하는 인기 사이트 깃허브의 샌프란시스코 본사를 살펴보자. 깃허브는 비위계적 조직으로 2014년까지는 중간관리자도 없었고 최고경영자조차 자신이 명목상 대표일 뿐이라고 표현할 정도로 자유로운 분위기의 기업이다. 미합중국United States of America 이라고 적힌 미국 대통령 직인을 모델로 하여, 본사에서 사용할 양탄자에 '능력주의연합 깃허브United Meritocracy of Github'라고 새기도록 주문하기도 했다.

깃허브 사이트는 오픈소스를 기반으로 하기 때문에 소프트웨어

개발자들이 서로 협력하거나 독자적으로 새로운 코드를 개발할 수 있으며 모든 프로젝트에 대해 개선사항을 제안할 수도 있다. 그러면 프로젝트의 소유자가 제안된 코드를 채택하거나 거부한다. 깃허브의 비즈니스 모델은 성별이나 인종, 민족에 관계없이 가장 뛰어난 코드가 높이 평가받는다는 가정에 기반을 둔다. 좋은 코드는 승인되고 수준이 떨어지는 코드는 기각되는 이상적인 환경을 현실에 구현해놓은 셈이다.

그렇기 때문에 어떤 사람의 코드가 채택되고 어떤 사람의 코드가 기각되는지 몇몇 컴퓨터과학자가 분석한 결과에 그토록 깜짝 놀랐던 것이다. 누구의 코드가 채택되는가로 코드의 우수성을 판단하자 단연 여성이 우세했다. 사실 남자들은 상대도 되지 않았다. 여성이 작성한 코드가 남성이 작성한 코드보다 채택될 확률이 높았다는 사실만 놓고 보면 여성이 더욱 뛰어난 코드 개발자래도 틀린 말이 아니었다. 여성이 남성보다 빼어나게 컴퓨터 코드를 작성하다니 전혀 예상치 못한 결론이 아닌가.

하지만 여기에는 함정이 있다. 여성 코드 개발자들은 아무도 그들이 여성이라는 사실을 모를 때만 이겼다. 코드 작성자의 성별이 확인되자, 여성이 작성한 코드는 갑자기 남성이 작성한 코드보다 훨씬 많이 기각되었다.

어쩌면 이러한 현상은 잠재의식 속의 숨겨진 편견이라기보다는 공공연한 편견을 반영하는지도 모른다. 깃허브 자체도 남학생 사교 클럽에서나 볼 법한 심한 장난이 난무하는, 성차별적 문화를 방조한다고 비판받은 기술 기업 중 하나다. 깃허브의 공동창업자는 홀라후

프를 돌리듯 걷는 두 여성 직원에게 남성 직원들이 치근덕거린 사건을 포함하여 사무실 내의 성차별주의에 대한 여성 퇴사자의 항의를 제대로 처리하지 못했다는 이유로 2014년에 사임했다.

하지만 보다 넓게 보자면 이 사례는 단순한 성차별적 인식이나 남성들의 전형적인 특징, 또는 남성들의 잘못된 행동보다 훨씬 더 심오한 의미를 담고 있다. 이러한 현상은 무조건적인 편견의 궁극적인 발현으로 보아야 할 것이다. 익명일 때는 그들이 개발한 코드를 더 우수하게 평가하지만 성별이 밝혀지는 순간 무시당하는 여성 코드 개발자들의 역경은 전 세계 곳곳에서 펼쳐지는 동일한 패러다임을 반영한다. 앞서 수학 시험지에 이름이 쓰여 있지 않을 때에만 여학생들에게 남학생들보다 높은 점수를 주었던 선생님들에 대한 실험을 기억하는가? 그와 하등 다를 것이 없다. 학교에서의 수학 점수와 마찬가지로, 그리고 더 나아가서 삶 그 자체와 마찬가지로, 여성들이 짠 코드는 단순히 여성이 내놓은 결과물이라는 이유만으로 평가 절하되었다.

～

한편 구글의 라즐로 복 역시 구글의 다양성 문제가 단순히 파이프라인의 공백 때문이라고 간단히 설명할 수 없다는 걸 점점 분명하게 깨달았다. 무언가 조직 전반적인 문제가 여성들을 짓누르고 있었다. 구글은 스스로 능력주의에 기반을 뒀다고 굳게 믿었음에도 불구하고, 구글 내 사각지대에는 분명 여성과 소수집단에 대한 편견이 존재했다. 이에 2012년 복은 웰 박사를 비롯한 몇몇 직원에게 무의식적인 편견에 대처할 방법을 찾아내라고 지시했다.

이로써 라즐로 복과 웰 박사는 성별 격차를 좁히기 위해 애쓰는 여성들과 연대하려는 남성들의 대열에 합류하게 되었다. 예전에는 주로 여성이 주도하는 대의명분이었다면, 이제 점점 더 많은 남성들이 새롭게 참여하여 보다 많은 역할을 담당하고 있다.

이 문제를 해결하기 위해 일부 기술 기업의 경영진이 최전방에서 노력중이라니 상당히 아이러니하지 않을 수 없다. 사실 기술계는 이전부터 여성들을 고약하게 대우하기로 악명 높았다. 2008년 실시된 『하버드비즈니스리뷰』의 연구에 따르면, 여성 과학자, 엔지니어, 기술 분야 전문가 중 63퍼센트가 직장 내 성희롱을 경험했으며 적대적인 근무 환경 때문에 결국 직장을 그만뒀다는 여성도 52퍼센트에 달했다. 기술 기업에서 오래 근무한 여성 이백 명을 대상으로 진행한 조사를 보면, 90퍼센트에 가까운 응답자가 성차별적인 행동을 겪었다고 응답했다.

구글 역시 성차별과 관련하여 가장 문제가 심각한 기업 중 하나로 지목되었다. 2017년 구글의 한 남성 엔지니어가 작성한 반反다양성 '선언문'이 일파만파 퍼졌다. 이 선언문에서 그는 구글의 성별 격차는 성차별주의가 아니라 생물학적 차이에 기인한 것이며, 여성은 남성보다 훨씬 '신경질적'이고, 구글은 다양성을 확보하게끔 소수집단 지원자를 위해서 '채용 기준을 낮췄다'고 주장했다. 구글은 '해로운 성별 고정관념을 전파한다'는 이유로 그 남성 엔지니어를 해고했다. 구글은 또한 조직적으로 여성 직원들에게 낮은 연봉을 지급했다며 그들을 고발한 미국 노동부에 맞서 싸우고 있다. 노동부측 변호사는 이러한 차별이 "기술계 기준으로 보아도 상당히 극단적인 수준"이라고 표현했다. 구글은 혐의를 부인했다.

하지만 상당히 흥미롭게도 기술계의 일부 남성 경영자들이 상당한 영향력과 자원을 동원하여 이러한 분위기를 쇄신하려고 노력중이다. 이들은 냉철한 분석력이라는 잣대를 자신에게 적용하여 왜 자신이 여성에 대한 편견을 가졌는지, 이를 해결하기 위해 어떤 조치를 취할 수 있는지 파악한다. 과연 이들이 성차별주의가 용인될 뿐만 아니라 많은 경우 장려되기까지 하는 기업문화를 혁신할 수 있을까? 이들이 성평등이라는 코드를 해독하여 개선책을 찾아낸다면, 기술계뿐만 아니라 다른 모든 업계에서 골칫거리인 이 문제의 해결에 큰 역할을 할 것이다.

하지만 우선 웰 박사는 구글 직원들이 자기 내면의 가장 깊은 곳에 도사리고 있는 타인에 대한 추하고 당혹스러운 생각에 억지로라도 정면으로 맞서게 할 방법을 찾아내야 했다. 구글 직원들이 불편하고 심지어 경멸스럽기까지 한 자기네에 관한 진실을 직시하도록 이끌어야 했다.

그러기 위해서는 수수께끼를 풀어야 했다. 웰 박사는 두 가지 커다란 과제를 안고 있었다. 일단 모든 사람이 자신조차 깨닫지 못하는 편견을 가졌다면, 이러한 편견에 대처할 올바른 방법, 누구나 쉽게 따라 할 수 있는 지침을 어떻게 만들 수 있을까? 그리고 어떻게 하면 남성들이 이 문제에 관심을 기울이고 이를 자신의 싸움으로 받아들이게 할 수 있을까? 둘 다 골치 아픈 과제이며 이에 대한 해결책은 세속과 격리된 구글이란 벽을 넘어 전 세계로 영향을 미칠 것이다.

4장

다양성
교육이
편견을
낳는다

여러분이 경찰서장을 임명하게 됐다고 가정해보자. 두 명의 지원자가 이력서를 냈다. 한 명은 가방끈이 길지 않지만 강인하고 경험이 많으며 치안이 좋지 않은 지역에서 근무했기에 소위 '세상 물정에 밝은' 사람이다. 다른 지원자는 학벌이 좋고 행정 능력도 뛰어나지만 실무 경험은 많지 않다. 이 지원자는 소위 '책으로 배운 지식이 많은' 사람이다. 여러분이라면 어느 쪽을 경찰서장으로 선택하겠는가?

상당히 흥미로운 문제다. 어느 쪽을 선택해도 충분히 설득력 있는 주장을 펼칠 수 있다. 하지만 한밤중에 잠이 깨서 도둑이 우리 집 거실을 뒤지는 소리를 듣는다면, 어느 쪽을 경찰서장으로 바랄지는 분명하다. 나는 경찰서장이 학교에서 전부 A학점을 받았는지보다는 사격 실력이 뛰어난지, 용의자를 잘 추격하는지를 훨씬 중요시할 것이다. 따라서 나라면 언제든 세상 물정에 밝은 지원자를 택하겠다.

예일대 연구자들 역시 이 문제에 큰 관심을 가졌다. 이들은 사람들이 누구를 채용할지, 그리고 왜 그러는지를 이해하고자 했다. 그래서 2005년 이 문제에 초점을 맞춰 실험과 연구를 실시했다. 실험 참가자들에게 각각 '세상 물정에 밝다' 또는 '책으로 배운 지식이 많다'를 강조하는 이력서들을 나눠준 후, 이를 검토하여 최적의 경찰서장을 선택하도록 했다. 몇몇 이력서에는 상단에 '마이클'이라고 적혀 있었다. 다른 이력서에는 '미셸'이라고 적혀 있었다. 선택을 마친 후 참가자들에게 그 이유를 설명해달라고 부탁했다.

누가 이겼는지 맞혀보자. 세상 물정에 밝은 지원자? 아니면 책으로 배운 지식이 많은 지원자? 여기까지 읽었다면 결과에 놀라지 않을지도 모르겠다. 실제 결과는 어느 쪽도 아니었다. 실험 참가자들은 세상 물정에 밝은 지원자도, 책으로 배운 지식이 많은 지원자도 선호하지 않았다. 남성 지원자를 선호했다. 다른 요소는 중요하지 않았다. 남성 지원자가 어떤 자격을 갖췄든, 참가자들은 그 자격이 경찰서장 업무에 가장 중요하다고 합리화했다.

이 연구를 접한 웰 박사는 정곡을 찔린 듯했다. 이 연구 결과로 웰 박사는 아무리 우리가 스스로를 이성적이라 여겨도 어쩔 수 없이 숨겨진 편견의 노예일 수밖에 없구나 하고 깨달았다. 이러한 편견은 우리의 일거수일투족에 영향을 미친다. 웰 박사는 구글 직원들의 내면 깊숙이 자리한 편견을 뿌리 뽑기 위해 노력해봐야 무의미하다는 걸 깨달았다. 그보다는 직원들의 행동을 바꾸는 데 초점을 맞춰야 했다. 직원들의 마음 깊은 곳의 선입견을 조금씩 와해시켜 본인들이 내심 생각하는 바와는 상반되는 공정한 행동을 하도록 자극해야 했다.

"우리는 모든 의사결정에 여성, 장애인, 흑인에 대한 의도치 않은 편견이 개입되지 않게 하려 했습니다." 웰 박사는 구글 카페에서 커피를 마시며 이렇게 설명했다. "우리는 철저하게 공정한 일터를 지향합니다."

편견을 없애기 위해 애쓴 여러 기업들이 워낙 우여곡절을 많이 겪었기에 웰 박사는 눈앞에 놓인 과제가 더욱 만만치 않게 느껴졌다. '무의식적인 편견'이라는 용어가 탄생하기 수십 년 전에 미국 기업들은 '다양성 교육'을 고안해냈는데, 이는 일반적으로 여성 및 소수집단에 대한 편견을 뿌리 뽑겠다며 한 시간에서 며칠 동안 이뤄지는 교육을 의미했다. 다양성 교육은 대부분 손가락을 가로젓거나 죄책감을 자극하면서 백인 남성들을 사정없이 비난해 그들이 차별을 인정하게 굴복시키는 식으로 오랫동안 이뤄졌다.

최초의 다양성 프로그램은 1950년대에 탄생했는데, 당시 제2차세계대전의 전쟁터에서 갓 귀환한 남성들은 직장에서 여성들이 일하는 모습을 보고 깜짝 놀라거나 당황스러워했다. 지금 보면 웃음이 터지는 1959년의 다양성 교육 영상 〈여성들과의 마찰〉에는 한 남성 직원이 사무실에 출근한 신입 여성 직원을 보고는 상사에게 "농담이 지나치시군요"라고 말하는 장면이 나온다. 상황은 이렇게 이어진다.

"저 여성 직원이 뭐가 문제인데?" 상사가 묻는다.

"여자잖아요. 아닌가요?"

"저만한 자격을 갖춘 남자 지원자가 없어." 상사는 이렇게 응수한다.

하지만 남성 직원은 여성들이 금세 직장을 그만두고 결혼한다고 반박한다.

이 영상에서 깨어 있는 남성 역할을 맡은 상사는 이렇게 대답한다. "알았어, 브래드. 하지만 결혼이야 어차피 한 번씩들 하지 않아? 결혼이나 결근, 성격 문제 같은 건 솔직히 인생에서 닥칠 수 있는 문제잖아?" 상사는 유쾌한 말투로 이렇게 덧붙이며 '결혼'을 정신 질환과 동일 선상에 놓는다.

머리끝까지 화가 치민 남성 직원이 투덜거린다. "우리 부서에 남성 직원밖에 없던 옛날이 정말 좋았어요. 그때는 이런 문제가 없었다고요!"

1964년에 시민권리법이 통과된 후, 다양성 교육은 보다 긴급 안건이 되었으며 성별 및 인종 차별을 금지하는 새로운 법률을 남성들에게 가르치는 데 초점이 맞춰졌다. 유명한 성차별 소송이 몇 건 제기되면서 10년도 지나지 않아 다양성 교육은 법률 소송에 대한 자동 반사적 조치로 변모했다. 이러한 성차별 소송에는 소위 분홍 격리구역에 갇혀 기사는 거의 작성하지 못하고 조사원으로만 일했던 뉴스위크 잡지사 여성 직원들이 제기한 소송도 포함되어 있었다. 마흔여섯 명의 공동 원고 중 린 포비치에 따르면 뉴스위크사에서 상사들은 여성 직원들에게 "여자들은 『뉴스위크』 기사를 쓰지 않네. 글을 쓰고 싶으면 다른 곳으로 가"라고 했단다.

당시 상황을 생생하게 묘사한 『여자들이여, 일어나라』에서 포비치는 뉴욕데일리뉴스가 이 소송을 어떻게 보도했는지 회상했다.

"여기자들이 '평등권'을 위해 뉴스위크를 고소"라는 헤드라인이 붙은 기사는 이렇게 시작했다. "대부분 젊고 예쁜 뉴스위크사의 여성 직원 마흔여섯 명이 오늘 잡지사를 고소한다고 발표했다." 두 차례 법정 소송이 진행되고 뉴스위크의 모회사 워싱턴포스트컴퍼니의 CEO 캐서린 그레이엄까지 개입해 마침내 뉴스위크는 1975년까지 필자와 기자 중 삼분의 일을 여성으로 채우는 데 동의했다.

그로부터 거의 10년이 지나 내가 언론계에 입성했을 때, 『뉴스위크』 소송을 비롯해 다른 언론계 여성들이 『타임』, 연합통신사AP, 뉴욕타임스를 상대로 제기한 비슷한 소송들은 대부분 잊혔다. 다양성 교육 역시 뒷전으로 물러나 있었다. 로널드 레이건 대통령은 보수주의 성향인 클래런스 토머스를 평등고용기회위원회 수장으로 임명했다. 토머스는 이 위원회의 대의명분에 지독히 공감하지 않는 사람이었다. 그의 공보 담당 책임자였던 여성이 법사위원회 조사관에게 증언한 바에 따르면, 어느 날 회의실로 걸어가는 도중 토머스가 태연하게 "가슴 사이즈가 어떻게 돼?"라고 그녀에게 물었다고 한다.

1990년대까지는 '다양성 교육'이라는 표현을 들어보지 못했다. 그때까지만 해도 이 교육은 의식 고양을 위한 수박 겉핥기식 행사로 재편되어 있었다. 백인 남성들은 여성과 소수집단을 포용해야 하며, 그게 올바른 일이라는 이야기를 들었다. '포용'의 중요성만을 강조하는 교육이었다.

하지만 다양성 교육에 대해 알아둘 사실이 하나 있다. 다양성 교육은 먹히지 않는다.

하버드대 조직사회학 교수 프랭크 도빈은 1971년부터 30년 이상 829개 기업의 다양성 프로그램을 조사한 후 "일반적으로 다양성 교육은 어떤 측면에서도 별다른 효과를 거두지 못한다"고 결론 내렸다. 다만 백인 여성과 흑인 여성 및 흑인 남성의 경우는 예외다. 이들 집단의 경우, 다양성 교육이 오히려 상황을 악화시켰다. 한마디로 요약하자면, 다양성 교육을 도입한 기업들이 만약 다양성 교육을 전혀 실시하지 않았다면 아마도 오늘날 더 많은 여성과 흑인 직원들이 실제로 고용됐을 것이다.

그후 도빈 교수를 비롯한 여러 학자들은 다양성 프로그램이 왜 실패로 돌아갔는지 철저히 조사했다. 도빈은 수천 건의 보고서를 샅샅이 훑으면서 공통분모를 찾은 끝에 법률을 준수해야 한다는 뉘앙스를 풍기는 교육은 뭐든 반드시 역효과를 낳는다고 결론지었다. 도빈은 특히 교육을 의무로 강요할 때, 교육에서 법률을 언급할 때, 또는 모든 직원이 아니라 관리자만을 대상으로 할 때 이 세 가지 상황에서 다양성 교육이 실패할 수밖에 없다고 추려냈다. 안타깝게도 다양성 교육 프로그램을 운영하는 기업 중 약 75퍼센트가 이런 조건 가운데 최소 하나 이상에 해당한다.

그러나 다양성 교육이 그 교육 대상인 백인 남성들을 격노케 한다는 점이 더 심각한 문제다. 2008년에 경영 학습&교육 아카데미에서 다양성 교육을 분석한 로히니 아난드와 메리 프랜시스 윈터스는 이렇게 적었다. "많은 백인 남성들이 여성과 소수집단 주변에서는 매사 주의하고 상대가 기분 상하지 않게 단어 선택을 신중히 하라는 걸 이 교육의 핵심으로 받아들인다. 어떤 이들은 이 교육이 백인 남성들을 악당으로 묘사한다고 여기며, 어떤 백인 남성들은 소수집단과 여성들에게 일자리를 뺏길 것이라고 추정한다. 또다른 이들은 한마디로 여성과 소수집단이 너무 과민하다고 결론짓는다."

어설프게 다양성 교육을 실시할 경우, 더없이 화기애애한 동료 관계까지 심각하게 타격을 입기도 한다. 여성과 소수집단에 속하는 사람들은 다양성 교육을 받은 후 상상했던 것보다 동료들이 훨씬 더 편견에 가득차 있는 게 틀림없다고 믿게 되기도 한다.

그러한 생각이 맞을 때도 있다. 1996년에 경영진이 흑인 직원들을 '까만 젤리빈'이라고 지칭한 녹음테이프가 공개된 후 텍사코 사는 차별 소송에 휘말려 1억 7600만 달러를 합의금으로 지불했고, 이중 3500만 달러는 다양성 관련 조치를 위한 예산으로 배정되었다. 역설적이게도 그 경영진은 회사에서 진행된 다양성 교육과정에서 그러한 표현을 접했다.

사실 다양성을 위한 노력들은 언급만 해도 성별 격차를 좁히는 데 도리어 악영향을 미칠 수 있다. 세 명의 연구자가 백인 남성으로만 구성된 참가자들에게 가상의 기술 기업에 지원하도록 요청하는 실험을 진행했다. 각 남성에게 지원할 기업에 대해 설명을 제시했다. 일부 설명에는 기업의 '친다양성 가치'가 짤막하게 언급됐으나 나머지에는 그 부분이 빠져 있다는 사실 말고는 동일했다. 그후 양쪽 집단의 참가자들이 면접을 치르는 동안 바이오피드백 모니터로 지원자들의 스트레스 반응을 측정했다.

두 집단의 남성들이 면접에 어떻게 임하는지 그 차이는 놀라울 정도였다. 기업의 '친다양성 가치'에 대해 읽은 남성들은 면접에서 훨씬 형편없었고 자신이 불공평한 처우를 받으리라 예상했다. 심지어 생물학적 반응도 고조되어 심박동수가 빨라진 점으로 미뤄보아 대조 집단의 남성들보다 스트레스를 심하게 받는다고 추정되었다.

연구자들은 다양성에 대해 짤막하게 언급만 해도 남성들이 역차별을 받는다고 느낀다는 결론을 내렸다. 이들은 '친다양성'이 '안티 백인 남성'을 의미하는 암호라고 확신했다. 그래서 결과적으로 그러한 생각이 "면접에 악영향을 미쳤고, 지원자들의 신체는 협박을 받을 때와 같은 반응을 보였다"고 했다. 즉 이 연구에 참여한 남성들은 디모인행 비행기에서 내 옆자리에 앉았던 남성과 같은 기분을 느낀 셈이다. 이 백인 남성들에게 다양성 교육이란 그들이 나쁜 사람이고 모두 그들의 잘못이라는 암묵적인 비난에 지나지 않았다.

심지어 더욱 난감한 사실은, 사람들에게 타인의 편견에 대해 이야기를 하면 실제로 듣는 사람들의 편견이 더욱 고약해질 수 있다는 점이다. 연구자들이 발견한 바에 따르면, 주변인이 전부 편견을 가졌다고 믿게 되면 자기 역시 편견을 가져도 상관없다고 느끼기 마련이다. 어느 연구를 보면, 한 집단의 관리자들에게는 고정관념이 드물다고 이야기했고, 다른 집단의 관리자들에게는 고정관념이 흔하다고 이야기를 했다. 그런 뒤 두 집단의 관리자들에게 남성과 여성 입사 지원자를 평가하라고 요청했다. 고정관념이 흔하다고 들은 관리자들은 여성 지원자에 대해 훨씬 더 심한 편견을 보였다. 그들은 여성 직원과 함께 일하고 싶어하지 않았으며 그리 호감도 드러내지 않았다.

연구자들은 이 실험 참가자들의 경우, 다른 사람들이 전부 고정 관념을 가졌다고 믿었기 때문에 자신의 편견을 훨씬 부담없이 드러냈다고 결론지었다. "모든 사람이 편견을 가졌다는 이야기를 들으면, 우리는 편견을 고치려 하지 않습니다. 우리는 다른 사람들이 하는 대로 따라 하는 성향이 있거든요" 하고 연구자들 중 하나인 버지니아대의 멜리사 토머스 헌트가 말했다.

다양성 교육이 무용하다는 증거는 이렇게나 명확하다. 하지만 기업들은 여전히 다양성 교육에 엄청난 투자를 하며 연간 8억 달러에 가까운 비용을 쏟아붓는다고 추산된다. 그 결과 『이코노미스트』에서 '다양성 피로감'이라고 부르는 현상이 나타났다. 최근 기사를 보면 『이코노미스트』는 "인사팀에서 다양성 워크숍을 진행하기 위해 왔습니다"가 영어에서 가장 무서운 여섯 마디 말이라고 꼬집었다.

이러한 안타까운 배경 때문에 무의식적 편견 문제를 해결하려는 웰 박사와 그의 팀은 구글에서 더욱 험난한 도전을 맞닥뜨리게 되었다. 이들은 내재된 편견을 해결할 교육 워크숍을 고안하겠다고 의지를 불태우면서 동시에 과거의 실패를 반복하면 안 된다고도 인식하고 있었다.

웰 박사의 팀은 아슬아슬한 외줄타기중이었다. 이들은 편견을 강화시키지 않으면서도 편견에 대해 설명해야 했다. 아무도 소외시키지 않으면서도 직원들이 자기 내면의 가장 흉한 부분을 직시하도록 도와야 했다. 물론 직원들이 실제로 생각하는 방식은 바꿔놓을 수 없었지만 그럼에도 불구하고 직원들이 행동하는 방식을 변화시켜야 했다. 자기 마음속 가장 깊은 곳에 숨어 있는 가장 어두운 편견을 인식하게 하면서 그에 대해 억지로라도 무언가 조치를 취하게 만들어야 했다.

다양한 장애물을 극복해가는 과정에서 웰 박사는 구글뿐만 아니라 숨겨진 편견을 뿌리 뽑으려는 사람이라면 누구에게나 유용할 만한 깨달음을 얻었다. 토머스 헌트의 연구를 통해 모든 사람이 편견을 가졌다고 믿는 경우 우리도 편견을 갖는다는 사실이 증명된 바 있다. 하지만 이 연구를 역으로 해석하면 그 반대 경우도 성립한다. 모든 사람들이 고정관념과 편견에 맞서 싸우기 위해 열심히 노력중이라고 믿으면 우리 역시 그렇게 행동한다. 또래 집단의 압력이라고 불러도 좋고, 동류의식이라고 불러도 좋다. 뭐든 간에 효과적이다. 이로써 우리가 가진 편견이 사라진다.

웰 박사와 그의 팀은 궁극적으로 이러한 조건을 모방하기 위한 워크숍을 개발해냈다. 이 워크숍 모임에서 웰 박사는 우리 모두 편견을 가졌고, 우리 모두 편견에 맞서 싸우기 위해 노력하며, 편견을 갖는 건 우리 잘못이 아니므로 걱정할 필요가 없다고 과학적으로 설명해준다. 그는 편견을 '가로막기' 위해 네 가지 방법에 주목하는데, 이 모든 것이 '의식'이라는 하나의 핵심 단어로 귀결된다.

웰 박사는 성공을 측정할 때는 일관된 기준을 사용하게 하고, 타인을 평가할 때는 직감적인 반응보다는 데이터를 참고하라고 직원들을 독려한다. 그는 미묘한 신호에 스스로 어떻게 반응하는지를 잘 살피라고 촉구한다. 웰 박사는 텍사스 쇼핑몰의 입사 지원자로 분장한 학생들이 '텍사스인과 자부심'이라고 적힌 야구 모자를 썼을 때보다 '게이와 자부심'이라고 적힌 야구 모자를 썼을 때 불합격률이 더 높았다는 연구를 인용하기도 한다. 그리고 마지막으로 누군가 편견을 보인다면 그게 직속 상사라 해도 그의 편견을 지적하라고 격려한다.

다른 기업들도 구글의 세미나를 모델로 삼아 비슷한 워크숍을 도입했다. 지난 몇 년 사이 이러한 유형의 교육이 미국 전역의 기업에서 폭발적으로 증가했다. 칠만오천 명의 구글 직원 가운데 약 75퍼센트가 이 워크숍에 참석했으며 구글은 2014년에 여러 종류의 다양성 프로그램에 1억 1400만 달러를 투자했다.

로슈진단부터 캐나다 왕립은행, 컨설팅 기업인 맥킨지앤드컴퍼니(CEO 도미닉 바턴은 "우리는 이 교육을 대규모로 실시합니다"라고 말한다), 방위 산업체인 BAE시스템스에 이르기까지 현재 미국 기업 가운데 최소 20퍼센트가 무의식적인 편견에 대해 교육하고 있다. 페이스북, 세일즈포스, VM웨어, 고대디 같은 거의 모든 대형 기술 기업에서도 이미 관련 교육을 실시하고 있을 뿐만 아니라 하루가 멀다 하고 참가 기업이 증가하는 추세다. 일각에서는 머지않은 미래에 전체 미국 기업 중 50퍼센트가 무의식적인 편견에 대해 교육할 것이라고 추산한다.

확실히 이러한 프로그램은 의도적으로 비난을 가하지 않기에 그 인기가 급증했다. 몽둥이질하듯 직원들을 비난하거나 그들에게 손가락을 가로젓지 않는다. 이러한 교육은 구식 다양성 교육과는 달리 죄책감을 유발하지 않는다. 모든 사람이 편견을 가지고 있다, 그렇지 않은가? 그리고 우리 모두가 편견을 극복하려고 노력하고 있지, 그렇지 않은가? 따라서 우리는 모두 한배를 탔다. 비난을 한 몸에 받아야 할 사람은 아무도 없다. 더이상 백인 남성들의 잘못이 아니다. 일단 자기 잘못이 아니라고 생각하면, 편견을 가졌다는 사실을 인정하기가 훨씬 쉬워지는 법이다.

❧

직원들은 무의식적인 편견에 대한 워크숍 강의실에 들어가기 앞서 불편한 진실을 마주하게 될 거라는 경고를 받는다. 자신의 마음 가장 깊은 곳에 숨어 있는 악마를 접할 거라는 경고다. 이 경고가 나의 흥미를 끌었다. 이런 경고를 듣자 내 마음 깊숙한 곳에 숨어 있는 어두운 생각이 뭘까 궁금해졌다. 암묵적 연관 테스트를 통해 내가 일하는 여성에 대해 편견을 가졌음을 깨닫기도 했지만 그 외에도 다른 어떤 편견이 내 안에 도사리고 있을지 생각만 해도 두려웠다. 하지만 마음속 악마와 싸우려면 일단 어떤 어두운 생각이 자리잡고 있는지를 알아야 하지 않을까?

크리스마스가 며칠 남지 않은 즈음, 구글 사무실에서 얼마 떨어지지 않은 캘리포니아주 멘로파크 소재의 페이스북 본사로 향했다. 앞으로 벌어질 일을 두려워하며 잔뜩 긴장한 채였다. 페이스북

이 자사 직원들에게 제공하는 무의식적인 편견 워크숍에 함께할 수 있도록 나를 초대해주었던 것이다.

잔뜩 흐린 12월의 어느 날 아침, 페이스북 본사에 도착하자 이미 잔뜩 카페인을 섭취한 듯한 사람들이 활발하게 움직이고 있었다. 리셉션 로비에는 청바지를 입은 힙스터들이 아이패드에 참석 서명을 하는 정장 차림의 방문객들과 이야기를 나누고 있었다. 벽에는 "자부심이 우리를 하나로 만든다" "겸손함을 유지하자" "행운은 용감한 자의 것이다" 같은 영감을 불어넣는 글귀가 적힌 포스터가 붙어 있었다.

여러 건물을 연결하는 타원형 길을 따라 걸어가는 후드티 차림의 젊은 페이스북 직원들로 건물 밖은 북적거렸다. 페이스북사는 기술계에서 구현한 동화의 세계 같았으며, 아이스크림 가게, 세탁소, 카페가 양쪽으로 늘어선 길은 디즈니랜드 중심가의 괴짜 버전 같았다.

눈앞의 문을 열고 컴컴한 실내로 발을 내디뎠다. 눈이 어둠에 적응되자 본격적인 장비로 가득한 오락실에 들어왔다는 사실을 알게 되었다. 어린 시절 쇼핑몰에서 보던 오락실처럼 어두운 조명에 시끄러운 소리가 나며 핀볼 게임에 열중하는 젊은 남성들의 목소리로 소란했다. 입구 근처에는 핸드폰 충전기, 이어폰, 키보드 등의 기술 장비로 가득한 자동판매기가 놓여 있었다. 모두 공짜였다.

다시 밖으로 나가서 워크숍 강의실을 찾아 여러 건물을 누볐다. 발길 닿는 곳 어디에나 영감을 불어넣는 포스터가 붙어 있었다. 기술 기업은 공상적 개혁가들의 열정이 넘쳐나는 장소로 패러디되는 경우가 많은데, 이곳을 돌아다니다보니 그 이유를 쉽게 알 수 있었다. HBO 코미디 〈실리콘밸리〉의 등장인물은 대부분 후드티를 입은 너드로 자신들이 더 나은 세상을 만들고 있다는 맹세를 수없이 반복하면서 웃음을 자아낸다. 한 등장인물은 "나는 다른 사람이 나보다 더 좋은 세상을 만드는 세상에서 살고 싶지 않아"라며 한탄한다. 실제로 실리콘밸리에서 만난 사람들은 〈실리콘밸리〉가 패러디라기보다는 리얼리티쇼에 가깝다고 왕왕 이야기했다. 주위를 둘러보다보면 혹시 TV 카메라가 모든 장면을 영상에 담고 있지 않을까 의심스러울 정도다.

무료로 제공되는 요거트와 약간의 과일을 집어든 후, 세션이 막 시작되려는 워크숍 강의실을 찾아냈다. 페이스북의 무의식적인 편견에 대한 교육은 자발적으로 참석 가능했고 누구에게나 열려 있었는데, 이는 전문가들이 올바른 접근방식이라며 권장하는 대로였다. 페이스북은 자사의 모든 관리자와 직원 중 70퍼센트 이상이 이 교육을 이수했다고 언급했지만, 내가 참석한 세션에는 나, 교육 진행자, 홍보 담당자를 포함해서 참석자가 여덟 명에 불과했다. 그중 남성은 딱 한 명이었다. 대부분은 백인이 아니었다. 페이스북 직원 중 대다수를 차지하는 엔지니어는 한 명도 없었다. 오랜 기간 페이스북에 근무했던 어느 엔지니어의 분석에 따르면 페이스북에서 여성 엔지니어들이 작성한 코드는 남성 엔지니어들이 작성한 코드보다 기각당할 확률이 35퍼센트나 높다. 페이스북이야 이 수치를 반박했지만 이러한 점을 고려할 때 여기에 엔지니어들이 없다는 사실이 특히 신경쓰였다.

페이스북 경영진이자 여성 권리 옹호자인 셰릴 샌드버그의 열정적이고 사실에 기반한 호소가 담긴 동영상으로 교육이 시작되었다. 그뒤 두 시간 동안 관련 연구 결과에 대해서 그리고 여성뿐만 아니라 흑인과 다른 소수집단에 대한 뿌리깊은 편견에 대해서 배웠다.

워크숍을 받으며 '입사 지원자들'이 간단히 자기소개를 하는 짧은 동영상을 감상했다. 그다음 해당 지원자들의 기술과 역량을 신속하게 판단했다. 이는 타인에 대한 의견은 2초 이내에 형성된다는, 말콤 글래드웰이 『블링크』에서 소개한 가정을 우리 나름대로 실험해본 것이었다. 놀랍게도 옆자리 다른 워크숍 참가자와 내가 별로 다를 바 없는 편견을 가지고 있었다. 티셔츠 차림에 캘리포니아 공대 모자를 쓴 남성은 엔지니어이고 얌전하게 정장을 입은 금발 여성은 기업 경영진이라고 성급하게 결론을 내렸다.

그다음 우리는 두 명씩 짝을 지어 역할 연기를 했다. 예를 들어 애그니스가 일을 전부 처리했는데도 에두아르도가 모든 공을 가로채는 팀에 소속되어 있을 경우 어떻게 반응할지 알아보는 훈련이었다. 이번에는 나도 조금 더 자신감을 가졌다. 같은 팀원 중 누구라도 애그니스의 기여에 대해 당당하게 목소리를 높여야 한다는 사실을 잘 알고 있었다. 거의 1년 동안이나 이 책의 집필을 위해 조사해왔기 때문에 여느 페이스북 직원들보다는 이런 문제에 익숙했는지도 몰랐다.

우리는 잠재적인 '편견 타파자'에 대해서도 배웠다. 구글과 마찬가지로 페이스북에서도 어떤 직원이든 편견이 영향을 미치는 상황을 목격하면 이를 지적하게 권한을 줘야 한다고 제안했다. 보다 전략적인 측면에서, 우리는 알게 모르게 여성을 차별하는 구체적인 표현들, 즉 (나를 포함한) 대부분의 여성들이 회사에서 내내 들어왔던 '공격적인, 적극적인, 지나치게 밀어붙이는, 거친 태도' 및 '자기 홍보적인, 정치적인, 단체활동에는 적합하지 않은' 같은 구절에 대해서 들었다. 교육 진행자는 이렇게 은연중에 여성을 차별하는 의미가 담긴 표현과 "그녀의 방식은 통하지 않아" 또는 "그녀는 팀에 잘 맞지 않아"처럼 미묘한 말투를 조심하라고 경고했다.

교육 세션은 흥미진진하고 몰입도가 높았다. 그후 며칠 동안 스스로 몇 가지 중요한 행동의 변화가 생겼음을 깨달았다. 인근 호텔에 체크인을 할 때도 자동적으로 안내데스크에 있는 아시아계 남성 직원 쪽으로 다가가려다가 억눌렀다. 당혹스럽게도, 양옆에 자리한 여성 직원보다 그가 더 똑똑하고 신속하게 서비스를 제공할 것이라고 근거 없이 가정했던 것이다.

하지만 이러한 두 시간짜리 교육의 효과가 오래갈까? 나의 업무 중 행동방식을 바꿔놓을까? 물론 그럴 것이라고 믿고 싶다. 하지만 페이스북의 교육 세션이 거의 마무리되어 교육 참가자들이 직원들로 북적이는 건물 밖으로 흩어지기 전, 이러한 의문에 대한 보다 현실적인 답변을 찾을 수 있었다. 교육 진행자는 세션을 마무리하면서 페이스북 직원들에게 그들이 처음 입사했을 때 무의식적인 편견 교육의 개요를 이수하게끔 되어 있는 터라 이번 세션은 기억을 환기하는 일종의 재교육이라고 언급했다.

바로 그때 내 옆에 앉았던 참석자가 몸을 기울이며 이렇게 속삭였다.

"전 무의식적인 편견에 대한 교육을 받은 기억이 없는데요."

교육 진행자는 그 여성의 말을 듣지 못했다.

그러고는 참석자들을 해산시키면서 이렇게 부르짖었다. "페이스북은 직원들이 진정한 정체성을 마음껏 표현할 수 있도록 지원하는 기업입니다. 이 대의명분에 주인의식을 가집시다."

❧

바로 이게 무의식적인 편견 교육의 핵심이다. 어떻게 교육 내용을 지속시킬 수 있을까? 과연 직원들이 교육을 받았다는 사실을 기억이나 할까? 이 교육이 기업문화를 바꿔놓는 데 도움이 될까? 아무리 내용이 좋더라도 결국 교육은 하나의 도구에 불과할 뿐 그 자체로 조직을 혁신할 수 없다. 페이스북 경영자들은 다양성의 우선순위가 높다는 점을 분명히 했고 내가 페이스북을 방문한 후에도 지속적으로 이 메시지를 강조하는 프로그램을 몇 가지나 추가했는데, 여기에는 소수집단인 동료들과 '한편'이 되는 방법을 가르쳐주는 프로그램도 포함되어 있다. 샌드버그 본인도 미국에서 가장 유명한 여성 권위 옹호자다.

그럼에도 불구하고 페이스북 엔지니어였던 케일라 스미스는 소외감에 1년 후 회사를 떠났다고 털어놓았다. "저는 회의에 초대받지 못했습니다. 프로젝트에 투입되지도 않았어요. 점점 더 풀이 죽었고 아무 역할도 못하고 있다는 생각이 들었습니다." 케일라는

USA투데이의 제시카 귄에게 이렇게 말했다. "회사 차원에서는 다양성 확보를 위해 엄청난 노력과 배려를 해주지만 개인적인 차원에서는 그보다 소집단의 문화가 더 피부에 와닿습니다. 제가 속한 팀에는 다양성 문화가 전파되지 않았어요."

∽

구글의 웰 박사 역시 교육만으로는 충분치 않다고 인식했다. 그래서 2013년 구글은 한발 더 나아가 '편견 참조표'를 개발했다. 이는 관리자들이 직원을 승진시킬지를 평가할 때 사용하는 일종의 체크리스트로 일반적인 편견을 일깨워준다. 그중에서도 특히 '뿔 효과와 후광 효과', 즉 관리자들이 특정 직원의 능력이 형편없다거나 뛰어나다고 섣불리 결정하는 바람에 그 직원의 실제 성과에 대한 판단이 흐려지는 현상을 지적한다.

다른 기업들 역시 편견 참조표를 도입했으며 캐나다 왕립은행은 이 참고 자료를 관리자들에게 배부했다. 여기에는 이런 질문이 담겨 있다. "나는 일반적으로 동일한 유형의 인재, 또는 비슷한 성격인 사람을 채용하는가?" "내가 회의를 이끌거나 회의에서 발언하도록 독려하는 사람은 누구인가?" 이런 질문들뿐만 아니라 "동료의 공헌이 무시되거나 부당하게 가로채이면 서슴없이 발언하라" 같은 조언을 포함하여 내재적인 편견을 찾아내기 위한 요령도 여기에 나열되어 있다.

구글은 채용 관행도 다양하게 변화를 주기 시작했다. 한 번 지원할 때 최대 스물다섯 번까지 치렀던 면접을 딱 네 번으로 축소했다. 라즐로 복은 면접에서 지원자들에게 던지는 수수께끼 같은 질문도 중단시켰다. 아니 최소한 그러려고 노력했다. 이렇게 알쏭달쏭한 문제를 풀어봐야 지원자가 실제 업무에서 어떤 성과를 보일지 예측하는 데 전혀 상관없다는 사실을 발견했기 때문이었다. 이러한 수수께끼에 유일한 가치가 있다면, 면접관이 스스로를 똑똑하게 여긴다는 점뿐이었다. 지원자를 진단하는 도구로서는 '완전히 시간 낭비'라고 그는 단언했다.

하지만 구글은 여전히 말로 콕 집어 표현할 수 없는 '구글다움'에 가치를 둔다. 한 고위 경영진은 구글다움을 "혼란스러운 상황에 능숙하게 대처하며 스스로 동기 부여를 하고 심지어 아무도 안 볼 때도 올바른 일을 하는 사람들"이라고 정의했다. 다른 말로 하면, 지원자들은 구글의 기업문화에 잘 맞아야 했다.

이는 구글뿐만 아니라 다른 일터에서도 중요한 자질이다. 주변 문화에 잘 녹아드는 사람은 더 행복해하고 생산성도 더 높아지며 보다 오래 근속한다. 전 세계적으로 설문조사를 진행한 결과, 80퍼센트 이상의 직원들이 기업문화에 잘 맞는 것을 최우선순위로 여겼다.

다만 무의식적인 편견 교육에서 배운 연구 결과를 보면, 소위 기업문화에 잘 '맞지' 않는 사람들 가운데 여성의 비율이 압도적으로 높다. "대다수 미국 기업에는 아직도 전형적으로 남성적인 사람들이 잘 맞는다. 따라서 잘 적응할 만한 지원자만 고르다보면, 업무 능력은 뛰어나나 전형적으로 여성적인 지원자들은 배제되는 결과를 낳는다." 노스웨스턴대 켈로그 경영대학원의 경영학 교수 로런 A. 리베라는 뉴욕타임스에 이렇게 기고했다. 다른 연구에서도 컴퓨터과학을 전공하는 여성이 그토록 소수인 이유는, 그들이 제대로 적응하지 못할까봐 두려워해서라고 결론지었다.

"까다로운 문제입니다." 웰 박사는 플립플롭스를 신은 젊은 남성 엔지니어들로 가득한 구글 카페에서 함께 커피를 마시면서 이렇게 인정했다. "누구든 자기와 잘 통하는 사람들과 일하고 싶어합니다. 동료에게 호감을 갖고 만족스러운 대화를 나누길 원하죠. 하지만 유대감은 거의 언제나 유사성을 기반으로 하니 다양성이 방해가 됩니다."

구글이 새로운 정책을 도입할 때마다 웰 박사와 동료들은 그 결과를 계속해서 분석했다. 이들이 항상 고무적인 사실만 밝혀낸 건 아니었다. 여성 및 다른 소수집단 직원의 채용 실적이 형편없다고 압박을 받은 주요 기술 기업들은 2014년부터 자사의 다양성 통계를 대중에게 공개했다. 그 결과는 한마디로 처참했다. 거의 모든 기술 기업의 직원은 남성 또는 백인이나 아시아계가 압도적으로 많았다.

그후 채용을 다양화하고 직원들에게 무의식적인 편견에 대한 교육을 실시하려고 대대적으로 노력했음에도 불구하고, 당혹스럽게도 이러한 통계 수치는 거의 변하지 않았다. 2016년을 기준으로 구글의 전 직원 중 여성의 비율은 삼분의 일에도 미치지 못하며 기술 요직을 맡은 여성의 비율은 그보다도 훨씬 낮다. 애플, 마이크로소프트, 시스코, 인텔의 수치도 그리 다를 바 없이 처참한 수준이다. 2017년에는 심지어 페이스북까지 자사의 기술직 중 여성의 비율은 19퍼센트에 불과하며 채용과 교육을 위해 엄청나게 노력함에도 불구하고 고위직 가운데 여성 비율은 28퍼센트에 지나지 않는다고 발표했다. 기술 기업 중에서도 상황이 가장 심각한 곳은 기술직의 여성 비율이 고작 15퍼센트밖에 안 되는 트위터다.

기업들이 최대한 적극적으로 다양성 정책에 맞춰 채용을 한대도 근본적으로 이들의 노력에 한계가 있기 때문에 이러한 문제가 발생한다. 수학적으로 계산을 해보면 승산이 없는 게임이다. 2014년에 구글은 기술직을 신규 채용하면서 21퍼센트를 여성으로 채웠지만, 이를 전체 여성 기술직 증가율로 환산해보면 고작 1퍼센트 증가에 불과해 여성 기술직의 비율은 여전히 18퍼센트 수준에 그칠 뿐이다.

하지만 이보다는 무의식적인 편견 교육이 때때로 백인 남성들을 마구잡이로 비난하는 옛날 방식의 다양성 교육과 별반 다르지 않은 반발을 일으키기도 한다는 게 중요하다. 구글의 다양성 책임자로 일했던 낸시 리는 직원 중 삼분의 일이 다양성 노력을 포용하지만, 훗날 구글의 편견에 대한 교육을 "그저 참석자들을 수치스럽게 할 뿐이다"라고 표현했던 반다양성 '선언문'을 작성한 엔지니어와 같은 '반발자들'도 삼분의 일 정도 존재한다고 추산했다. 칩 제조업체인 엔비디아의 엔지니어 제임스 알타이저는 뉴욕타임스와의 인터뷰에서 이렇게 말했다. "한마디로 마녀사냥입니다⋯⋯ 젠더 문제를 논할 때의 반응을 보면 종교나 다름없지요. 열렬한 종교 신자를 보는 것 같아요."

심지어 이미 구글에서 근무중인 여성들도 자사의 다양성 확보 노력에 몹시 거부감을 보인다. 구글에서 엔지니어들은 스스로를 승진 대상으로 추천할 수 있다. 하지만 여성 직원들은 좀처럼 그러지 않는다. 가뭄에 콩 나듯 자기 추천을 한 여성 직원들은 항상 승진을 한다. 보통 너무나 오랫동안 승진을 기다려온 나머지 "아마도 1년 전부터 승진 자격을 충분히 갖췄기 때문일 것"이라고 복은 월스트리트저널에 이야기하기도 했다.

여성이 자기 홍보를 꺼리는 현실은 안타깝지만 그렇다고 해서 놀랍지는 않다. 연구에 따르면 여학생들은 수학 시간에 정답을 알면서도 남학생들만큼 손을 들지는 않는다. 이들이 성장한 후에도 이러한 패턴은 반복돼 여성의 아이디어가 남성의 아이디어보다 훨씬 가치를 인정받는다는 연구 결과에도 불구하고 성인 여성은 업무 회의과정에서 성인 남성만큼 자신의 아이디어를 자주 개진하지 않는다.

승진 대상으로 좀처럼 자기 추천을 하지 않는 여성 직원들의 성향에 당황한 어느 구글 선임 엔지니어는 임시방편이지만 나름대로 해결책을 고안해냈다. 그는 정기적으로 '등 떠미는' 식의 이메일을 보내 모든 기술직 직원에게 관련 연구 결과를 설명하면서 자기 자신을 승진 후보로 추천하라며 여성 직원들을 독려했단다. 복은 "우리는 이렇게 말했습니다. 제발 승진 후보로 자기 추천을 하라고! 승진 길을 가로막는 건 바로 당신이라니까!"라고 했단다.

이 등 떠미는 듯한 이메일은 놀라울 정도의 효과적이었다. 반년마다 정기적으로 이러한 이메일을 발송하자 자신을 승진 후보로 추천하는 여성의 수가 급격히 늘어났다. 한번은 이 선임 엔지니어가 승진 시기 직전에 깜빡하고 이메일을 보내지 않았는데 그러자 여성들의 자기 추천 수치가 다시 곤두박질쳤다.

구글 경영진은 남녀 직원에게 동등한 환경을 조성하기 위해 지속적으로 노력중이다. 직원들이 부적절한 행동을 막는, 그러니까 특정 직원(일반적으로 여성)의 아이디어가 실수로 다른 직원(일반적으로 남성)의 공으로 넘어가지 않게 지적하는 방법을 연습할 수 있게 '편견 타파' 워크숍도 도입했다. 심지어 구글은 자사를 상징하는 검색 홈페이지까지 수정했다. 2014년에 한 블로거가 구글이 역사적인 사건, 유명한 과학자의 생일, 공휴일 등을 기념하기 위해 하루에 하나씩 그림으로 홈페이지에 게재하는 '두들'의 수를 조사했다. 이 블로그에 따르면 2010년부터 2014년까지 두들 중 83퍼센트가 남성과 관련됐다. 구글은 이 수치에 주목했으며 현재는 남녀 성비를 동등하게 유지하려 노력한다.

2013년에 새로운 사무실을 열었을 때, 직원들은 과학자들의 이름을 딴 예순다섯 개 회의실이 거의 대부분 남자 과학자에게 헌정됐다는 사실을 발견했다. 최고경영자들은 신속하게 회의실 이름을 변경했고, 현재는 회의실 중 절반에 여성 과학자의 이름이 붙어 있다. 물론 이러한 변화는 쉽지 않았다. 우주비행사가 사용하는 장갑의 성능을 개선하는 NASA 대회 우승자의 이름을 따서 피터 K. 호머 회의실이라고 간단하게 불리던 방은 모스크바 고고학협회의 회장이었던 남편이 세상을 떠난 후 그 자리를 물려받은 러시아의 아마추어 고고학자 프라스코비아 우바로바 회의실로 이름이 바뀌었다.

이 모든 노력에도 불구하고, 구글에서 가장 눈에 띄는 변화를 가져온 것은 편견 교육도, 회의실 이름도, 여성에 대한 두둔도 아니었다. 실질적인 변화는 구글이 인센티브 제도를 개편하면서 일어났다. 이로써 사회 공학 이론을 실천하는 모든 기업을 당황스럽게 만드는 딜레마가 잘 드러난다. 기업이 평등과 포용에 대해 아무리 목소리 높인대도 가시적인 효과를 기대하기 힘들다. 기업이 직원들을 위해 마련하는 인센티브 제도가 관건이다. 이러한 인센티브 제도가 CEO의 연설이나 편견 교육 워크숍, 벽에 붙은 포스터보다 훨씬 강력한 힘을 발휘한다.

다른 기업과 마찬가지로 구글에서도 핵심 인센티브는 육아 휴직의 형태로 제공된다. 2011년 구글은 휴가 정책을 매력적으로 개선해 유급 육아 휴직 기간을 3개월에서 5개월로 연장했다. 효과가 즉각적으로 나타났다. 출산한 여성 직원의 퇴사율이 50퍼센트나 줄어들었다.

이로 인해 기업들 사이에는 일종의 인센티브 경쟁이 일어났다. 트위터(20주), 엣시(26주), 페이스북(4개월), Change.org(18주)를 비롯하여 점점 더 많은 기술 기업이 여성 직원뿐만 아니라 남성 직원에게도 유급 육아 휴가를 주기 시작했다. 넷플릭스와 버진 그룹은 유급 육아 휴직 기간을 1년으로 늘렸다. 현재 이러한 관행은 기술계뿐만 아니라 다른 업계로도 퍼져나가고 있다.

이러한 변화의 결과는 여러 가지 형태로 나타난다. 하지만 냉엄한 현실이 드러나기도 한다. 여성뿐만 아니라 남성의 경우도 마찬가지다. 기업이 아무리 진심을 담아 다양성을 포용하려고 노력해도, 자사의 다른 정책이 다양성과 상충되거나 기업 전략 때문에 직장과 가족 사이의 균형을 유지하기가 불가능하다면 아무 소용이 없다. 미국은 이러한 점에서 대다수 산업국가들에 크게 뒤처져 있다. 전 세계 산업국가 중에서 유급 육아 휴가가 의무화되지 않은 나라는 미국이 유일하다. 감비아, 아르메니아, 벨라루스, 아제르바이잔, 토고, 모리셔스를 포함하여 최소 아흔여섯 개 국가에서 엄마의 출산 휴가뿐만 아니라 아빠의 육아 휴가도 의무적으로 규정한다. 모든 업계에서 직위의 고하와 상관없이 부모들이 저렴하게 의료보험과 보육 시설을 이용할 수 있도록 폭넓은 정책 변화가 선행되지 않는 한, 다른 노력은 별 효과를 발휘하지 못한다.

기술 기업에서 아무리 후하게 육아 휴직을 제공한대도 그에 뒤지지 않을 정도로 강력한 영향력을 발휘하는 상충되는 인센티브 제도가 존재한다면 두드러진 효과를 기대하기 어렵다. 약 21만 4천 평에 이르는 방대한 애플의 새 본사 건물에는 무려 약 2800평 넓이의 운동 센터 및 보건 센터가 갖춰져 있지만 어린이집 시설은 찾을 수 없다. 구글에서는 출산 휴가가 연장되었지만, 공짜 식사, 세탁 서비스, 오락실 등 수많은 특전을 제공하여 직원들이 퇴근을 늦추도록 장려하는 업무문화도 여전히 존재한다. 또한 구글은 직원들이 퇴근해서도 계속해서 메일을 확인하며 업무를 처리하리라 기대한다.

구글의 대표이사 회장이었던 에릭 슈밋은 『MIT 기술 리뷰』와의 인터뷰에서 자랑스럽게 이 사실을 인정했다. "성공한 삶은 완벽하게 균형이 갖춰진 삶이 아닙니다"라고 선언한 것이다. 그는 뛰어난 리더란 "몇 시간 정도 열심히 가족을 돌보거나 다른 일을 처리한 후, 밤 열한시부터 다시 일을 시작해 모든 담당 업무를 확실하게 마무리하는 사람"이라고 정의했다.

직원들이 이렇게 혼란스러운 메시지를 어떻게 받아들일지, 그리고 웰 박사를 비롯한 구글 여러 동료들의 노력이 과연 변화를 일구어낼지 궁금했다. 그래서 문제의 핵심을 찔러보기로 결심했다. 구글의 여성 직원 몇 명과 이야기를 나눠보았다.

한 친구가 구글의 뉴욕 첼시 사무실에서 근무하는 몇몇 여성 직원을 소개해주었다. 웰 박사를 만났던 그 구글 카페에서 그 여성 직원들과 자리를 함께했다. 샐러드바 근처에서 두유를 넣은 유기농 커피를 무료로 받을 수 있는 카페였다. 클래식 록음악이 배경음악으로 흘러나왔다. 이 카페에 들어오기 전, 우리 일행은 알록달록한 원색의 레고 블록이 천정까지 쌓여 있는 레고 방을 지나쳤다. 벽을 따라 세워진 선반에는 레고 조립품뿐만 아니라 기술계의 위대한 영웅들을 레고로 표현한 거대한 초상화 몇 점도 전시되어 있었는데, 전부 남성이었다. 비디오 게임이 즐비하게 설치된 오락실도 지나쳤는데 그 한가운데 놓인 탁구대에서 몇몇 젊은 남성 직원들이 치열하게 경기중이었다.

이상할 정도로 익숙한 실내 장식이었다. 일종의 신기한 기시감을 느꼈으며 두뇌 뒤쪽에서 무언가 간질거리는 듯했다. 왜 이렇게 이상한 걸까 깨닫는 데 잠시 시간이 걸렸다. 그러다가 불현듯 우리 아들이 어렸을 때 집을 이렇게 꾸며뒀었다는 데 생각이 미쳤다. 구글의 뉴욕 사무실 분위기는 열 살짜리 남자아이의 침실과 꼭 닮아 있었다.

"오락실에 가기도 하나요?" 이제는 탁구를 치면서 투덜거리며 소리까지 질러대는 남성 직원들을 지나면서 함께 있는 여성 직원들에게 물었다.

그들은 웃음을 터뜨렸다.

"남성 직원들은 하루가 멀다 하고 탁구를 쳐요. 여성 직원들은 그런 여유를 즐기기가 힘들죠." 내 새로운 친구 중 한 명이 말했다.

"여성 직원들은 왜 더 힘든 거죠?"

"제 생각에 여성들은 굉장히 성실하고 업무를 제대로 잘 해내는 데 중점을 둬서 그런 것 같아요."

"잠깐만요, 여기서 일하는 모든 직원들이 업무를 제대로 잘 해내기 위해 노력하지 않나요? 여러분이 그렇게 무시무시한 면접과정을 통과해야 했던 이유도 그래서 아닌가요? 구글의 입사 관문을 뚫은 뛰어난 지원자 0.25퍼센트 중 한 명이 된 것도 업무 능력이 출중해서잖아요?"

내 새 친구는 부아가 난 것 같았지만 최대한 티를 내지 않으려 노력하며 이렇게 말했다.

"여성은 '확실한 존재감'을 보여줘야 하죠. '빈둥거린다'는 분위기를 내서는 안 돼요." 그녀는 자신의 말을 강조하기 위해 공중에서 손으로 인용부호 표시를 했다. "인식의 문제죠."

만약 구글 사무실이 전형적인 어린 소녀의 방처럼 분홍색 벽과 거울, 바비 인형의 집과 반짝이는 글리터 건으로 장식되어 있었다면 탁구를 하거나 레고를 조립하는 남성 직원들의 기분이 어땠을지 상상해봤다. 그들은 어떻게 반응했을까? 그냥 어깨를 으쓱하며 넘겨버리고 평소처럼 업무를 했을까, 여기 여성 직원들처럼?

내가 만난 여성들이 이러한 환경을 편안해한다는 사실로 왜 이들이 여성 직원 비율이 현저하게 낮은 구글에서 일하는지가 설명되는지도 모른다. 온통 남성 취향에 맞춘 환경에 대다수 여성은 스트레스를 많이 받으며, 심지어 컴퓨터과학에 대한 흥미마저도 잃는다는 사실이 연구를 통해 밝혀졌다. 아직 전공 분야를 결정하지 않은 대학생들에게 연구자들이 컴퓨터과학에 관심 있느냐고 질문했을 때, 여학생들의 대답은 어떻게 꾸며진 방에서 질문을 받느냐에 따라 달라졌다. 자연 풍광 포스터와 커피잔 등 중립적인 물건으로 꾸며진 방에서 여학생들은 컴퓨터과학에 열성을 보였다. 그러나 〈스타트렉〉 포스터와 비디오 게임으로 꾸며진 방에서는 관심이 뚝 떨어졌다. 중립적인 장식이든 괴짜 같은 장식이든 남학생들은 컴퓨터과학에 대한 관심에 전혀 영향을 받지 않았다.

구글 기업 웹사이트의 '직장의 편견 없애기'라는 코너에서도 이 연구를 소개하고 있다. 여성 직원들의 스트레스를 증가시킬 수 있는 '사소한 불평등'에 대해 경고하는 것이다. 여기에는 "일터에서 어떻게 특정 집단이 소외될 수 있는지 고려하는 게 중요하다"라고도 게재되어 있다. 하지만 그와 동시에 안심시키듯 "그렇다고 해서 구글이 레고와 〈스타워즈〉 포스터, 장난감 총인 너프건을 당장 내다 버린다는 의미는 아니다"라고 덧붙여져 있다.

커피를 받아들고 카페의 한쪽에 자리를 잡은 후, 화제를 바꾸어 구글에서 대대적으로 이뤄지는 무의식적 편견 교육에 대해 물었다.

"그게 뭐죠?" 한 여성 엔지니어가 물었다. 그녀는 진심으로 어리둥절해 보였다.

"아 맞아요, 그런 교육이 있죠." 다른 여성 직원은 맞장구치면서도 이렇게 덧붙였다. "그런 교육이 있다는 건 알지만 참석한 적은 없어요. 포스터도 있고 관련 기사도 있는데다 회사 전체 회의에서도 다루잖아요. 왜 굳이 교육을 받아야 하죠? 회사측에서는 정말 열심히 노력하죠. 제 생각에는 다소 지나치게 이 문제를 강조하는 것 같아요."

다른 여성 엔지니어 동료는 어깨를 으쓱했다. 그녀는 여전히 무의식적인 편견 워크숍에 대해 들어본 적이 없다고 했다. "이런 종류의 교육이 너무 많이 개설돼서 자꾸 헷갈려요"라고 마침내 입을 열었다. "규정 준수, 윤리 교육…… 대부분은 교육 시간에 처리해야 할 다른 업무가 있어요. 솔직히 그냥 쓱 살펴보고 끝내버리고 싶어요."

"저 같은 경우에는 항상 주변에 남자들이 많았어요"라고 그녀는 덧붙였다. "동네 엄마들 모임보다는 엔지니어 회의가 훨씬 편해요."

결국 이것이 구글에서 성공하는 여성들의 핵심 자질일지도 모른다. 그녀들을 보고 있자니 월스트리트저널에 처음 입사했던 1980년대가 떠올랐다. 당시 어깨 패드가 잔뜩 들어간 정장 차림을 한 우리 여성 기자들은 남성 기자들만큼이나, 아니 오히려 그보다 더 거칠게 굴었다. 기술계에서는 심지어 이런 현상을 '쿨한 여성이라는 함정'이라고까지 지칭한다. 삽화가인 케네디 쿡 가자가 이 표현을 처음 사용했는데, 길리언 플린의 베스트셀러 『나를 찾아줘』에서 그대로 정의를 따온 표현이다.

쿨한 여성이란 미식축구, 포커, 지저분한 농담, 트림하기를 좋아하고, 비디오 게임을 즐기며, 싸구려 맥주를 마시고, 스리섬과 항문 성교에 탐닉하고, 세계 최대의 빨리 먹기 대회를 주최하는 사람처럼 핫도그와 햄버거를 입에 쑤셔넣으면서도 어떻게든 55사이즈의 몸매를 유지하는 섹시하고, 똑똑하고, 재미있는 여성이다…… 쿨한 여성은 절대 화내지 않는다. 다소 유감스럽다는 듯 상냥하게 웃을 뿐 뭐든 남성들이 하고 싶은 대로 하게 내버려둔다.

쿡 가자의 묘사처럼 쿨한 여성이 된다는 것은, 남성들이 편안해하게끔 가능한 모든 것을 해야 한다는 의미다. 학대까지 포함해서 말이다. 쿡 가자는 이렇게 적었다. "쿨한 여성은 저열한 농담을 웃어넘기고, 가끔은 같이 어울려 지저분한 농담을 주고받으며, 무슨 말을 내뱉을지 좀더 신중하게 생각하라고 남성에게 반박하는 일도 절대 없다."

그녀는 한 게임 개발사에서 일하면서 남성 동료들의 유치한 발언이 점점 더 고약한 '농담'으로 변질되는 과정을 고스란히 감내해야 했다. 그들은 그녀가 얼마나 살이 찔지, 아이는 몇 명이나 낳을지, 그리고 창녀가 되면 돈을 얼마나 벌지 예상하며 킬킬댔다. 마침내 참다못한 그녀는 사무실 내에서의 성차별주의를 절대로 용납하지 않겠다는 상사에게 이 문제를 상의했지만 동료들은 그녀를 냉대했다. 결국 그녀는 해고당했다.

쿡 가자는 "특정한 성별이 주도하는 업계에서 성차별주의, 인종차별주의를 비롯한 여러 가지 '주의'가 그토록 만연한 이유 중 하나는 바로 이 '쿨한 여성이라는 함정' 때문이라는 걸" 발견했다.

하지만 이러한 구식 사고방식의 변화 조짐은 여기저기서 관찰되며, 브라이언 웰 박사와 그 동료들 같은 남성들의 노력도 결실을 맺고 있다. 오스틴에서 열린 SXSW 콘퍼런스의 한 패널 토론에서 세 명의 저명한 인물이 다양성의 중요성을 두고 활발히 토론했다. 그중 두 명의 남성, 즉 구글의 전 회장 에릭 슈밋과 스티브 잡스의 전기를 쓴 월터 아이작슨은 패널 중 유일한 여성이자 당시 백악관 최고기술책임자였던 메건 스미스의 말을 수차례 가로막았다. 토론이 끝난 후 이어진 질의응답 시간에 우연히 청중으로 그 자리에 참석했던 구글의 다양성 관리자가 손을 들었다.

"무의식적인 편견 연구에 따르면 여성은 남성보다 훨씬 빈번하게 발언을 방해받는다고 합니다. 본인들이 메건의 말을 수차례 가로막았다는 사실을 인식하고 계신지 궁금합니다."

청중들은 이 말에 환호했다.

웰 박사는 이러한 변화를 자랑스러워하면서도 앞으로 갈 길이 멀다는 사실도 충분히 인지하고 있다. 그는 이러한 무의식적인 편견 교육이 얼마나 오랫동안 직원들에게 영향을 미칠까 우려한다.

"직원들이 교육 내용을 오랫동안 기억할까요? 그게 가장 두렵습니다." 나와 함께 커피잔을 챙겨서 레고 방과 지하철역 이름이 붉은 회의실들을 지나 밖으로 나가면서 웰 박사는 이렇게 말했다.
"어떻게 하면 이러한 교육 내용이 기업문화에 정착될 수 있을까 고
민되네요."

5장

**존중받지
못하는
여자들**

　　　　　　　　　　　여성 외과 레지던트인 앤드리아 메릴
이 작별인사를 하러 갔을 때, 그 할아버지 환자는 식도암 수술 후
회복차 이미 한 달 정도 입원중인 상황이었다. 메릴은 수술 후 쭉
그 환자를 담당해왔으며 하루에 두 번씩 회진을 돌며 그의 상태를
살피고 폐 상태를 확인하는가 하면 일상적인 치료를 도맡아왔다.

　작별인사를 건네자 환자는 병상에서 메릴을 올려다보았다. 그녀
는 그 환자 곁에서 무수한 시간을 보내며 자신의 의료 지식을 총동
원하여 환자를 치료하기 위해 노력했다.

　그 환자는 그녀에게 이렇게 물었다.

　"선생은 간호사가 되려고 공부중인가?"

　메릴 박사는 숨을 깊이 들이마셨다. 좌절감을 숨기는 방법도 이
미 익힌 터였다. 거의 매일같이 최소 한 명의 환자가 그녀를 간호
사로 착각했다. 간호사들의 일을 더없이 존경하지만, 환자들이 왜
그런 실수를 하는지 너무나 분명했다. 그들은 눈앞의 젊은 여성이

외과의사일 수도 있다고는 생각도 못했던 것이다.

이 이야기에 수십 년 전 처음 들었을 때는 정답을 못 맞혔던 수수께끼가 떠올랐다. 어떤 남성과 그 아들이 자동차 사고를 당했다. 남성은 그 자리에서 사망했고 아들은 중상을 입었다. 아들은 응급 수술을 위해 인근 병원으로 이송되었다. 그 병원의 유명한 외과의가 환자를 보더니 이렇게 말했다. "이 환자를 수술할 수 없습니다! 제 아들인걸요!"

수수께끼는 어떻게 그게 가능하느냐고 묻는다.

심지어 오늘날에도 40~75퍼센트의 사람들은 정답을 말하지 못한다. 외과의사는 그 환자의 어머니였다.

메릴 박사에게 이 낡은 농담은 재미있지 않다. 너무나 뼈아픈 현실이기 때문이다. "내가 '의사'라고 소개를 하면 면전에서 말 그대로 웃는 환자들도 있다"라고 그녀는 허프포스트에 기고했다. "환자가 기다리는 방에 들어갔을 때 통화중이던 환자가 '잠깐만 여보, 이제 끊어야 해. 간호사가 왔어'라고 말하는 일이 얼마나 많았는지 셀 수도 없을 정도다."

허프포스트 기사를 보고 현재 보스턴에서 외과 레지던트로 근무중인 메릴 박사와 처음 이야기를 나누게 되었다. 그녀는 의대생들이 절대 불평하거나 변명해서는 안 된다는 교육을 수없이 받기는 하나 여자 의사들에 대한 존중 부족이 간과할 수 없는 수준에 도달해 이 주제에 대해 쓰기로 마음먹었다고 했다. 이 문제를 공개적인 장으로 끌어내야 했다. 그녀는 여자 선배 외과의사와 함께 환자의 상태를 확인하러 갔다가 환자가 함께 온 '진짜' 의사하고만 이야기하겠다고 버티는 경우도 숱하게 겪었다고 했다. 그 진짜 의사라는 게 그들의 진료 모습을 견학하던 남자 의대생이었음에도 말이다.

　여성을 아랫사람으로 가정하는 일은 별 악의 없이, 무의식적으로 하는 실수인 경우가 많다. 하지만 메릴 박사와 다른 여성 의사들은 이 때문에 안 그래도 힘든 일이 훨씬 고되진다. "환자가 저를 신뢰하고 제대로 된 의사로 보이게끔 훨씬 노력해야 합니다." 이는 남자 의사들은 거의 겪지 않는 추가적인 부담감이다. 그녀가 다른 몇몇 젊은 외과의에게 이 문제를 거론하자 그들이 깜짝 놀랐단다. "남자 동료들은 이런 일들이 벌어진다는 걸 전혀 모르더라고요."

　"은근히 신경을 건드는 일이지요." 메릴이 덧붙인다. "저는 필요한 모든 교육을 받았습니다." 그럼에도 그녀는 자신도 남자 동료들이 당연하게 누리는 존중을 똑같이 받을 가치가 있음을 증명하기 위해 끊임없이 노력한다.

　이는 우리 일상생활의 저변에서 1년 365일, 쉴새없이 흐르는 암류다. 연구자들에 따르면 여자 의사를 소개할 때는 성이 아니라 이름을 부르는 경우가 흔하지만(샐리, 화니타), 남자 의사를 소개할 때는 '박사'라는 경칭을 붙이는 경우가 많다고 한다. 메릴 박사도 이렇게 털어놓는다. "누가 저를 '앤드리아'라고 소개하면 항상 권위가 약해지는 기분이 듭니다."

ə

일반 기업뿐만 아니라 의료계에서도 대다수 남성들은 당연하게 존중을 받는다. 그러나 여성은 그와 반대되는 경험을 한다. 즉, 자기 능력을 증명하기 전까지는 자기가 무슨 말을 하는지도 모르는 사람 취급을 받는다. 미국 전역의 전문직 여성들과 대화를 나누다 보면 무엇보다도 심각하고 그들을 자주 좌절시키는 문제로 존중이 언급되는 경우가 많았다.

2014년에 출간된 『나는 오늘부터 나를 믿기로 했다』에서, 공동 저자인 언론인 케티 케이와 클레어 시프먼은 당시 BAE시스템스의 최고경영자였던 린다 허드슨 외 여러 여성 리더들과의 인터뷰를 소개했다. 허드슨은 "심지어 지금 제 위치에도 불구하고 저를 처음 만나는 사람들은 제가 이 일을 할 자질이 충분치 않다고 생각합니다…… 반면 남성이 방에 걸어들어오면 능력이 없다는 사실이 증명되기 전까지는 역량이 뛰어난 사람이라고 가정하지요"라고 말했다. 여성의 경우 대부분 그 반대다.

남자들만 이렇게 어림짐작하는 게 아니다. 여성도 남성만큼이나 다른 여성을 존중하지 않는다. 예를 들어 노르웨이에서 삼천오백 명 이상의 의사들을 대상으로 진행한 조사에 따르면 여성 간호사들은 남자 의사보다 여자 의사를 덜 존중하며 여자 의사를 덜 돕는다고 한다. 간호사들이 여자 의사의 지시를 무시하는 사례도 빈번했다. 여자 의사에게 직접 처리하라고 응수하기도 했다. 연구자들은 간호사들이 '여자 의사의 콧대를 꺾어놓고' 싶어한다는 사실을 발견했다. 『나는 오늘부터 나를 믿기로 했다』의 저자들은 "여자 의사는 그들의 남자 동료들만큼 존중과 신뢰를 얻지 못하며 주변의 도움을 받는 데도 어려움을 겪는다"고 결론을 내렸다.

직업과 관련 없이 다른 연구에서는 동일한 현상이 관찰됐다. 퍼듀 대학의 여성 연구자 샤오웨이 시는 자신과 여자 동료 연구원들이 여자 교수보다는 남자 교수에게 더욱 공손하게 말한다는 사실을 깨달았다. 이러한 가설을 검증하기 위해, 그녀는 회계사부터 소프트웨어 엔지니어에 이르기까지 전문직 종사자 212명을 모집하여 다양한 업무상의 시나리오를 제시했다. 제품 성능을 개선하기 위한 아이디어가 있을 때 상사를 어떻게 설득할지 각 참가자들에게 묻는 식이었다. 실험 참가자의 절반에게는 상사의 이름을 '밥'이라고 전달했고, 나머지 절반에게는 '바브'라고 말해주었다. 참가자들은 어떤 시나리오에서든 가상의 상사 밥을 더욱 예의바르고 공손하게 대했다. 상사가 바브인 경우 무시할 확률이 높았다.

예를 들어, 실험 참가자들은 밥에게 이야기한다고 생각했을 때에는 다소 아부하는 듯 겸손하게 말을 했으며, 조직 서열에서 밥이 자신보다 위에 있다고 순순히 인정했다. 한 참가자는 "만약 채택하지 않으신대도 이해합니다"라고 말했다. 다른 참가자는 "드릴 말씀이 있습니다만……" 하며 말문을 열었다. 하지만 상사가 바브인 경우에는 단순히 존중을 덜 할 뿐만 아니라 오히려 그녀에게 지시까지 내렸다. 한 참가자는 아이디어를 소개하는 메모의 첫마디로 "관심이 있으실 만한 아이디어를 몇 개 가져왔습니다……"라고 적었다.

존중 부족은 직장과 삶의 저변에 폭넓게 자리잡았는데 대부분 비교적 미묘한 방식으로 나타난다. 이 책을 집필하기 위해 조사를 시작한 이후, 나도 그렇게 행동한다는 걸 발견하게 되었다. 얼마 전

업무 관련 회의차 두 명의 기업 임원을 처음 만났다. 한 명은 남성이고 한 명은 여성이었다. 둘 중 누가 상사이고 누가 부하인지 몰랐지만 본능적으로 악수를 하기 위해 남성에게 먼저 다가갔다. 악수하기 직전에야 둘 중 남성이 책임자일 것이라고 전혀 근거 없는 가정을 했다는 걸 깨달았다. 그가 남성이라는 사실 외에는 아무런 판단 근거가 없었음에도 반사적으로 그를 더 공손하게 대했다.

나처럼 부지불식간에 이렇게 반응하는 일은 흔하게 일어난다. 퓨리서치센터에서 2015년 조사한 바에 따르면, 대다수 미국인은 나처럼 정치나 비즈니스 리더로서 여성이 남성만큼이나 능력을 갖췄다고 믿는다. 사실 퓨리서치센터의 조사에 응한 사람들은 정직함, 공정함, 동정심 같은 리더십 자질의 경우 여성이 남성보다 우월하다고 대답했다.

하지만 동일한 설문조사를 통해 여전히 남성이 더 뛰어난 자격을 갖췄다고 가정한다는 사실도 드러났다. 우리는 무의식적으로 남성을 더 존경한다. 설문조사에 참여한 사람 중 약 40퍼센트가 "정계 또는 재계에서 최정점에 오르려는 여성의 경우…… 자신의 능력을 증명하기 위해 남성 동료보다 더 많은 노력과 성과를 보여주어야 한다"고 생각했다.

성별에 따른 존중의 차이는 심지어 특정한 직책을 바라보는 시선에도 영향을 미친다. 학교 교장처럼 권위 있는 직책을 떠올려보자. 그리고 그 자리에 여성이 앉아 있다고 상상해보자. 교장이 여성이라는 생각만 해도 대다수가 교장이라는 직책에 대한 존경심이 낮아진다. 실제로 여러 차례의 연구를 통해 밝혀진 바에 따르면, 남성 경영자는 똑같은 직책인 여성 경영자보다 훨씬 권력을 많이 쥐며, 이러한 역학은 직업에 관계없이 어디서나 관찰된다.

예일대의 앤드리아 바이알이 연구한 바에 따르면, 여성들은 존중받을 자격이 없을 뿐만 아니라 '부당한 권위'를 가졌다고 비치기도 해 여성들의 판단에 의문이 제기된다. 캐나다에서 직장인을 대상으로 진행한 대규모 설문조사 결과를 바탕으로 한 연구를 통해 상사가 되었을 때 자율권이나 영향력 측면에서 남성이 여성보다 훨씬 많은 혜택을 누린다는 사실이 밝혀지기도 했다. 남성과 직위가 동일한 여성에 대한 존중 부족은 낮은 연봉과도 직결된다.

상당히 설득력 있는 연구들이다. 하지만 솔직히 말해서 현실에서 매일같이 직접 목격하는 일을 증명하기 위해 학계의 연구까지 동원할 필요는 없다. 여성이 남성보다 존중받지 못하는 현상은 너무나 만연해서 이에 대해서는 논쟁의 여지조차 없다. '맨터럽트manterrupting(남성이 과도하게 여성의 발언을 중단하거나 끼어드는 행동—옮긴이)' '브로프로프리에팅Bropropriating(여성이 낸 아이디어를 남성이 무단 도용하는 행동—옮긴이)' '맨스플레인mansplaining' 같은 용어가 통용된 데 그만한 이유가 있으며, 특히 이중 맨스플레인은 2014년 정식으로 옥스퍼드 사전에 등재되기도 했다. 맨스플레인은 공식적으로 남성이 "누군가에게, 일반적으로 여성에게, 거들먹거리거나 잘난 척하는 태도로 무언가를 설명하는 행동"이라 정의된다.

❧

보스턴의 외과 레지던트인 메릴 박사는 자신이 존중 문제를 겪게 될 것이라고 꿈에도 생각 못했다. 서부 매사추세츠에서 자란 그녀는 어린 시절에 처음으로 수술에 관심을 가졌다. 학창 시절 운동에 열중했던 메릴은 축구, 체조, 라크로스, 야구 등등 온갖 스포츠를 하면서 자랐다. 고등학교와 터프츠대에서는 육상선수로 활약했다. 남학생들과도 편하게 어울렸다. 사실 대다수 남학생들보다 달리기가 더 빨랐다. 남동생네 축구팀에 선수가 부족해지자 그 자리에 들어가서 함께 뛰어다니기도 했다. 운동신경이 빼어나 그야말로 동등한 경쟁의 장에 설 수 있었다.

운동에 몰두하는 많은 사람들이 그렇듯이 그녀 역시 이런저런 부상을 겪었다. 한번은 부상으로 고생하던 차에 체육 교육 석사학위를 보유한 아버지가 집에 놓아둔 스포츠 부상 관련 서적을 들춰보게 되었다. 그녀는 그 책에 푹 빠졌다. 부상의 해부학적 개념과 그 치료과정에 한없이 매료됐다. 인터넷에서 몇 시간씩 정형외과 수술에 대해 검색하며 시간을 보내기도 했다. 마침내 그녀는 의사, 그것도 직접 부상을 치료할 수 있는 정형외과의사가 되기로 결심했다.

정형외과 수술의는 세계에서 가장 남성중심적인 직업군이다(정형외과의사 중 여성은 5퍼센트에 불과하다). 상당수가 운동선수 출신이며 오늘날에도 여전히 남성이 압도적으로 많다. 정형외과의사는 뼈를 맞추고 수술용 톱으로 뼈를 절단하며 고정용 나사를 박아넣어야 하니 물리적 힘이 세야 한다는 게 통념이다. 지력보다는 우악스러운 힘이 필요한 일이라고 조롱해 정형외과 수술을 목공일에 비유하는 경우도 흔하다. 의학 분야를 아울러 가장 남성적인 영역이래도 과언이 아니다.

하지만 메릴 박사는 이러한 통념이 자신에게 적용되리라고는 예상치 못했다. 그녀는 운동선수에 둘러싸여 자랐으며 평생 경쟁에서 우세했기 때문이었다.

의대에 입학하고 얼마 되지 않은 어느 날, 여자 선배 외과의가 그녀를 불러냈다. 그 선배는 그녀에게 정형외과를 전공하면 안 된다고 단호하게 말했다. 심장 수술이나 정형외과 수술처럼 모두가 선망하고 돈도 많이 버는 전문 분야인 '남자 의사들의 수술'과 주로 유방 관련 수술을 지칭하는 '여자 의사들의 수술'에 대해 일장 연설을 늘어놓았다. "큰 수술은 남자 의사들이 하는 거야." 그 여자 선배의 설명이었다.

메릴 박사는 어안이 벙벙했다. 도대체 지금이 어떤 시대인데 아직까지 '남자' 직업과 '여자' 직업이라는 소리를 들어야 하는 거지? 물론 164센티미터로 체구가 자그마해서 그녀가 선택한 전공에 대해 어느 정도 의구심 어린 시선을 받긴 했다. "넌 정형외과 수술을 집도하기에 힘이 부족해"라며 회의적으로 말하는 사람도 있었다. 하지만 이런 부정적인 의견을 접할 때면 "정형외과에 필요한 건 힘보다는 물리학이죠"라고 쏘아붙이며 대수롭지 않게 넘겼다. 메릴과 다른 여성 외과의들의 설명대로, 정형외과의사 일의 핵심은 순수한 근력이 아니라 뼈를 맞출 때 사용하는 지렛대 원리에 대한 이해도다.

메릴 박사는 정형외과의사에게 필요한 정도의 신체적 힘은 충분히 갖췄다. 그렇다면 도대체 왜 선배 여의사가, 그것도 소위 멘토라는 사람이 정형외과 선택을 말린 걸까? 왜 여자는 정형외과 수술을 하면 안 되는가? 정형외과의사가 대부분 남성이래도 그게 뭐 어떻다는 말인가?

선배는 그녀를 자리에 앉히고는 눈을 똑바로 쳐다보며 입을 열었다.

"너는 절대 제대로 환자를 못 받을 거야." 선배의 설명은 이어졌다. "아무도 너한테 환자를 보내지 않을 거라고. 환자에게 여자 정형외과의사를 추천하는 사람은 없어."

그녀는 이 대화를 떠올릴 때마다 여전히 화가 치민다고 했다. "그 이야기에 그야말로 정이 떨어지더라고요. 우러러보고 존경하던 선배가 그런 말을 하다니 정말 깜짝 놀랐지요."

❧

성별에 따라 존중이 어떻게 차이 나는지 이해하는 가장 좋은 방법은 양쪽 다 경험해본 사람들의 이야기를 듣는 것일지도 모른다. 스탠퍼드 대학의 생물학자 벤 바레스는 이 문제에 대해 가장 거침없이 발언해온 사람으로 꼽힌다. 명문 스탠퍼드대에서 신경생물학 학과장을 역임했던 벤은 그 분야에서 권위를 인정받는 학자다. MIT, 다트머스, 하버드에서 학위를 받았으며 교세포glia라고 불리는 신경세포의 세계적인 권위자다.

그는 트랜스젠더이기도 하다. 바레스 박사는 바버라로 살다가

한창 학계에서 활약을 하던 마흔두 살에 성전환을 했다.

여성에서 남성으로 성전환을 한 뒤 그는 무엇보다 주변에서 받는 존중의 수준이 달라졌다고 했다. 고등학생 때 수학에 뛰어난 자질을 보였지만, 진로 상담 교사는 바버라가 가고 싶어했던 매사추세츠 공과대학보다 지역 대학을 권유했다. 바버라는 그러거나 말거나 MIT에 진학했다.

하지만 대학에서 수백 명의 학생들 중 혼자 어려운 문제를 풀어내자 부정행위를 한 것이 아니냐며 담당 교수에게 추궁당했단다. "남자 친구가 대신 문제를 풀어준 게 틀림없다더군요." 나중에 하버드에서 박사과정을 밟을 때에는 무려 여섯 편의 논문을 발표했음에도 선망하던 연구직 선발과정에서 고배를 마셨다. 바버라 대신 그 자리를 꿰찬 남학생보다 논문을 다섯 편이나 더 발표했는데 말이다.

하지만 바레스 박사로 성전환을 하자 이 모든 상황이 바뀌었다. 성전환을 하고 얼마 지나지 않아 그는 매사추세츠 케임브리지에 위치한 화이트헤드 생의학 연구소에서 유명한 과학자들을 앞에 두고 논문을 발표했다. 논문 발표가 거의 끝나갈 즈음, 그의 성전환 사실을 몰랐던 청중석의 한 과학자가 동료에게 이렇게 속삭였다. "벤 바레스의 연구가 여동생 바버라 바레스보다 훨씬 낫네."

훗날 바레스 박사는 『네이처』에 자신의 경험에 대해 기고했다. "뭐니 뭐니 해도 성전환에 대해 모르는 사람들이 나를 훨씬 더 존중해준다는 점이 무엇보다 큰 차이였다." 사람들은 여자였을 때만큼 그의 권위에 자주 의문을 품지 않았고 대화를 할 때에도 귀를 기울여주었다. "심지어 한 문장을 마칠 때까지 다른 남성이 중간에 가로막지도 않았다."

"이래서 다수의 여성들이 학계의 여러 직책에 진출하지 못하는 것이다." 바레스 박사의 주장은 이어진다. "육아 때문이 아니다. 집안일 때문도 아니다. 이 문제에 대해 백만 번쯤 생각해보았다. 남성이 되자 주변에서 나를 더욱 진지하게 대한다."

바레스 박사만 예외적인 일을 겪은 게 아니다. 『쿼츠』의 편집자이자 작가이며 서른 살 때 남성으로 성전환을 한 트랜스젠더 토머스 페이지 맥비는 이야기를 할 때 주변 사람들의 반응에 대해 이렇게 말한다. "이제는 사람들이 그냥 귀를 기울이는 게 아니라 제 쪽으로 몸을 기울입니다…… 성전환을 한 후에는 주변 사람들이 저에 대해 뭐든 최선인 쪽으로 믿고 싶어한다고 느꼈습니다." 토머스는 연봉 인상을 요청할 만한 자격이 충분하다고 판단했고, 협상을 하러 가기 앞서 성전환하기 전에 들었던 여러 가지 조언을 떠올렸다. 감정을 앞세우지 말고 사실과 성과에만 집중하며 연봉 인상 요청에 죄책감을 갖지 마라. 토머스는 깊이 숨을 들이마시고 껄끄러울 수밖에 없는 연봉 협상을 하러 회의실로 향했다. 당시 상황을 토머스는 이렇게 회상한다. "그렇게 오만 가지 생각을 하다가 강경한 태도를 취하자고 마음먹고 회의실로 들어갔더니 상사가 먼저 연봉 인상을 제의하더군요."

한편 여성으로 성전환한 트랜스젠더는 이와 반대된 경험을 한다. 생물학자인 조녀선 러프가든은 경력을 쌓아가며 30년 동안 존중 문제를 걱정할 필요가 없었다. 넘칠 정도로 충분한 존중을 누렸다. 그는 생태계가 어떻게 움직이는지를 수학적으로 설명하는 모델을 만든 저명한 생태계 이론학자였다. 집단유전학과 진화생태학 교과서를 집필하기도 했다. 관련 분야에서는 세계 최고의 권위를 자랑했다.

하지만 오십대가 되어 조나선은 성전환을 하여 조앤이 되었다. 그리고 즉시 세상이 자신을 다르게 대한다는 사실을 깨닫게 되었다. 조앤이 수학적 개념에 대해 질문을 던지면 성전환 사실을 모르는 새로운 동료들은 그녀가 수학을 제대로 이해하지 못해서 그런다고 생각했다. 이러한 변화에 놀라지 않을 수 없었다. "남성들은 무능하다고 증명될 때까지 실력이 있다고 간주됩니다." 조앤은 『그냥 남자라고? 트랜스젠더 남성들과 지속적인 성 불평등』의 저자 크리스틴 실트에게 이렇게 말했다. "반면 여성은 능력을 증명할 때까지 무능하다고 간주되죠."

훨씬 더 유명한 사례를 들어보자. 브루스 제너가 케이틀린 제너로 성전환을 한 후, 그에 대한 평가는 완전히 바뀌었다. 브루스는 올림픽 금메달리스트이자 카다시안 집안의 가장이며 명민한 사업가였다. 그러나 케이틀린으로 성전환을 하자 갑자기 '깊숙한 가슴골'과 풍성한 머리카락, 그리고 어떤 헤드라인에 따르면 전처인 크리스보다 더 날씬한 몸매를 지닌 사랑스러운 여인이 되었다!

"모든 사람이 케이틀린 제너를 여성으로 받아들일 뿐만 아니라 지체 없이 다른 여자들처럼 대하는 광경이 얼마나 훈훈하던지요." 코미디언 존 스튜어트는 진지한 표정으로 이렇게 농담을 던졌다. 한편 『마더 존스』는 이러한 헤드라인을 단 기사도 게재했다. "미국

미디어는 성차별주의가 만연한 난장판. 환영합니다, 케이틀린 제너."

2013년에 가장 많은 연봉을 받은 여성 경영자가 3800만 달러를 번 마틴 로스블랫이라는 사실은 아마 그리 놀랍지 않을 것이다. 그녀는 시리우스XM의 모회사 창업자이자 생명공학 기업인 유나이티드테라퓨틱스의 창업자다. 마틴은 이미 남성 경영자로 성공한 1994년에 성전환을 했다. 그는 『포천』과의 인터뷰에서 "저는 고작 인생의 절반을 여자로 살았을 뿐이고, 남자로 사는 동안 엄청난 특혜를 받았다는 데에는 의심의 여지가 없습니다"라고 밝혔다.

"여성이 된 후 그동안 남성으로서 누린 그 모든 특권이 얼마나 고마웠는지 절실히 깨닫게 되었습니다. 장남이었던 저는 훌륭한 일을 하라는 가족들의 기대를 한몸에 받았지요…… 대부분의 가정에서는 장녀가 아니라 장남에게 기대가 집중됩니다." 그녀는 성별 격차와 급여 격차를 좁히기 위한 노력은 가정에서부터 시작된다고 믿는다. "자라나는 세대와 사회 전체의 교육부터 시작해야 합니다. 어떤 사람의 능력과 그 사람이 성취할 수 있는 것을 그가 남자라서 혹은 여자라서 그렇다는 식으로 다르게 평가해서는 안 된다고 말이죠."

현재 미국에만 트랜스젠더라고 자칭하는 사람이 약 백사십만 명에 달한다. 이런 이들이 늘어나면서, 성별에 따른 존중의 차이를 누구보다 잘 이해하는 일부 트랜스젠더 커뮤니티에서 이런 격차를 좁히기 위해 노력중이다. 전문직에 종사하는 트랜스젠더들은 간극을 메우기 위해 리더십 자리, 그리고 특히 신규 채용을 담당하는 자리에 성별, 인종, 민족을 보다 다양하게 구성하기 같은 여러 가지 방법을 제안해왔다.

바레스 박사가 언급했듯이 한쪽으로 성별이 편중되는 현상의 위험성은 미국국립보건원NIH의 혁신과학자상 같은 사례로 잘 드러난다. 2014년 NIH가 명망 높은 이 상의 수상자를 발표했을 때 예순네 명의 심사위원 중 예순 명 그리고 수상자 아홉 명 전부가 남성이었다. NIH는 그후 수상자 선정과정을 개편했다.

이러한 노력은 삶의 다른 영역에도 적용되어야 한다. 바레스 박사는 '차별을 접했을 때 더 목소리를 높일 것'을 촉구한다. 성별에 관계없이 누구든 그런 현장을 보면 지적할 수 있어야 한다. 바레스 박사는 수십 년 전 의대 해부학 강의 시간에 반쯤 장난으로 여성의 나체 사진이 담긴 슬라이드를 슬쩍 끼워넣은 교수에게 항의했던 남자 동기에게 지금까지도 감사하고 있다.

다른 남성들도 이러한 대의명분을 지지하기 시작했다. 헤지펀드 트레이더로 일하던 샘 포크는 "목소리를 높여라"라는 바레스 박사의 조언을 마음속 깊이 새겼다. 그는 살아오면서 "남성들이 여성을 신체 부위별로 평가하는 걸 수없이 들었습니다. 저 역시 어렸을 때는 그랬지요"라고 회상했다. 하지만 "그건 월스트리트에서 목격한 광경에 비하면 아무것도 아니었습니다"라고 했다. 2016년에 그는 월스트리트의 암묵적인 침묵 규율을 깨기로 결심했고, 금융계에서 성공하고자 하는 여성들을 좌절시키는 존중 부족에 대한 글을 뉴욕타임스에 기고했다.

기술계와 마찬가지로 월스트리트 역시 오랫동안 절대적으로 남성 중심으로 돌아갔다. 뮤추얼펀드의 여성 운용 비율은 3퍼센트에 미치지 못하며 헤지펀드 매니저 중 여성은 2퍼센트도 채 되지 않는다. 세계경제포럼의 보고서에 따르면 "여성 헤지펀드 매니저 한 명당 존, 제임스, 윌리엄, 로버트라는 이름의 남성 헤지펀드 매니저가 열한 명씩이나 있다".

여성이 최고경영자인 유명 투자 은행은 한 군데도 없다. 최대한 많은 여성을 신입직원으로 채용하려고 애쓰지만 최고경영직에 앉은 사람은 거의 전부가 남성이다. 여성 사업자들에게 사업 자금을 지원하는 '만 명의 여성들' 프로그램을 수시로 자랑스럽게 홍보하는 골드만삭스의 경우 고위 경영진 중 거의 80퍼센트가 남성이다.

하지만 여성이 재무적 성과가 뛰어나다는 증거는 손쉽게 찾을 수 있다. 여성이 운용하는 펀드는 남성이 운용하는 펀드의 실적을 크게 상회한다. 여성 CEO나 임원을 둔 은행도 마찬가지다. 한 연구에 따르면 금융 위기가 왔을 때 남성이 이끄는 은행은 여성이 이끄는 은행보다 파산할 가능성이 예닐곱 배나 높다.

뿐만 아니라 남성 투자자는 지나치게 자신감 넘쳐 곤란한 경우가 있으며, 거래를 더 빈번하게 진행하면서도 여성 투자자보다 낮은 실적을 올린다. 어떤 유명 헤지펀드 사에서 자사 트레이더가 위험한 투자를 자제하게 그에게 여성 호르몬인 에스트로겐을 투여했다는 의혹이 법정에서 제기된 적도 있다. 해당 헤지펀드 사는 이

의혹을 부인했다.

포크는 젊은 시절 크레디트스위스퍼스트보스턴에서 인턴으로 일할 때 놀라울 정도로 구시대적인 월스트리트 문화를 처음 접했단다. 미드타운 맨해튼에 위치한 사무실에서 그와 이야기 나누던 회사 임원이 한 여성에게 "당신 젖꼭지를 꼭 한 번 내 눈으로 봐야겠어"라며 거의 희롱에 가깝게 추파를 던졌다.

훗날 포크는 뱅크오브아메리카의 채권 트레이더가 되었는데 업무상 고객을 접대할 일도 많은 분야였다. 어느 날 저녁식사 도중 고객이 웨이트리스를 보고 이렇게 말했다. "테이블에 눕혀놓고 저 여자한테 고기맛 좀 보여주고 싶네." 포크는 역겨웠지만 아무 말도 하지 않았노라고 회상한다.

포크는 상사와의 잠자리를 거부한 후 훨씬 적은 성과급을 받았다는 채권 트레이더를 비롯하여 월스트리트에서 근무하는 몇몇 여성 동료들에게 흉흉한 이야기를 듣기도 했다. 하지만 단순히 행실 나쁜 몇몇 남성들의 역겨운 행동이 월스트리트의 근본적인 문제는 아니다 싶었다. 그보다는 일상적으로 여성을 업신여기는 태도, 그 자리에 없는 여성에 대한 대화가 문제였다. 포크가 보기에 월스트리트의 문제는 한 가지 핵심 요소로 귀결되었다. 여성에 대한 존중 부족이었다.

"'남자들의 잡담'은 여성에게 무례한 태도를 취하고 여성을 소외시키는 분위기를 조성해 그 결과 여성들이 월스트리트에서 출세 사다리를 오르기가 극도로 어려워진다." 포크는 「월스트리트에서 일하는 남성들의 잡담이 어떻게 여성을 억압하는가」라는 헤드라인을 단 뉴욕타임스 기고문에서 이렇게 주장했다.

여성을 은근히 비하하는 태도, 여성은 바로 옆자리에서 똑같은 일을 하는 남성과 동등한 존중을 받을 자격이 없다는 사고방식으로 대표되는 여성에 대한 존중 부족은 음험한 방식으로 보다 폭넓은 영역에 서서히 확산된다. 대뜸 튀어나오는 발언이나 여성의 성과에 대한 일상적인 비하로 이를 체감할 수 있다. JP모건체이스의 CEO 제이미 다이먼은 "글로벌 금융 시스템을 제대로 이해하고 있는지 모르겠다"며 하버드 법대 교수이자 금융평론가 출신의 상원의원 엘리자베스 워런을 무시했다. 전 CIA 국장 마이클 헤이든은 육천삼백 장에 달하는 CIA의 고문 실태를 다룬 상원 정보위원회의 보고서에 대해, 위원회 의장인 다이앤 파인스타인 상원위원이 지나치게 '감정적이라서' 조사가 공정하게 이뤄지지 못했다고 주장했다. 마찬가지로 2014년에 미시간주에서 소수자 우대정책을 폐지하기로 결정하자 이에 반대 견해를 표명한 대법원 판사 소니아 소토마요르를 두고 평론가들은 "감정에 좌우되었다"며 그 주장을 일축해버렸다.

내가 아는 거의 모든 여성이 일상적인 조롱을 당하고 주변에서 자신을 진지하게 대하지 않는다는 사실을 뼈저리게 느끼게 해주는 경솔한 발언을 들은 바 있다. 내가 몸담은 언론계에서도 여성 기자들이 텀블러에 #여성언론인이들은말saidtoladyjournos이라는 해시태그를 달고 "우리가 답신 전화를 한 유일한 이유는 당신이 예뻐서다" "당신 엉덩이가 아주 화끈하니까 이야기를 들어주는 것뿐이다" 같은 말이나 워싱턴의 정치 전문 기자가 들었다는 "그래서 당신은 어떤 의원이랑 자고 있어?" 같은 주옥 같은 사례들을 공유한다.

여성 기업인들도 대동소이한 고충을 겪고 있다. 「못난 남자들이 여성 창업자들에게 하는 말」이라는 기사에 따르면, 여성 기업인들은 "당신 진짜 직업이 뭐야?"라는 질문을 받는가 하면 기업이 빠르게 성장중인데도 "프로젝트 잘 해봐"라는 이야기를 들었단다. 흑인 전문직 여성들은 #일하는흑인여성BlackWomenAtWork라는 해시태그를 달고서 자격을 무시당하거나 심지어 청소부로 오해받은 이야기를 공유하고 있다.

여성에 대한 존중 부족은 이렇듯 업계, 그리고 국가를 막론하고 모든 영역에 만연해 있다. 영국 금융계에서는 이게 너무나 고질적인 문제라 특정 은행이 상위 직급에 실제로 채용하는 여성의 수에 맞춰 해당 은행 직원들의 연봉을 결정해야 한다고 제안하기도 했다. 이러한 제안은 특히 '남성 위주'의 금융계 문화를 척결하기 위함이었다.

미국에서는 대형 금융사들이 차별 관련 소송에 휘말려 수억 달러의 합의금을 지불하기도 하지만, 여성에 대한 존중 부족이 만연한 기업문화가 유의미하게 변화한다는 증거는 찾기 힘들다. 메릴린치만 해도 지난 15년간 여러 건의 소송에 휘말려 거의 5억 달러의 합의금을 지불했다. 게다가 금융계 전반에서 여성을 보다 환영하는 분위기가 조성되지도 않았다. 시중 은행 관리직 중 백인 여성 비율은 2003년부터 2014년 사이에 오히려 감소했다. 투자 은행 관리직 중 여성 비율은 심지어는 더 낮으며 거의 20년 동안 그 비율이 정체되어 있다.

기술 스타트업 기업에 투자하는 벤처캐피털업계의 경우 상황이 더욱 심각하다. 벤처 기업의 투자 파트너 가운데 94퍼센트가 남성이며, 이들이 투자하는 기업 중 98퍼센트가 남성이 운영하는 벤처 기업이다. 수치로 보면 여성이 경영하는 스타트업 기업들이 남성 경영자의 벤처 기업들과 비슷하거나 더 나은 실적을 보이는데도 말이다. 대학의 남학생 사교클럽을 연상시키는 벤처캐피털업계의 '남성 중심 문화' 때문에 비슷한 성향을 가진 사람들이 이 업계로 모여든다. 성추행과 차별 혐의가 제기된 후 사임한 우버의 트래비스 캘러닉부터 개인 링크드인 페이지에 "이 사람은 개자식이다…… 하지만 웃기기는 하다"라고 소개된 기술 플랫폼 쿼키의 창업자 벤 코프먼 같은 사람들 말이다.

벤처캐피털업계의 남성 중심 문화를 뚫어보려고 노력했던 여성이라면 누구든 기가 막힌 이야기를 들려줄 가능성이 높다. 여성 기업인 수전 우는 "제 허벅지(또는 등이나 어깨나 머리카락이나 팔)에 올라와 있는 남성의 손을 몇 번이나 치웠는지 셀 수도 없어요"라고 회상하며, 연약한 자존심에 상처 주지 않으면서 접근해오는 남성을 거절하는 요령은 "우리 업계에서 크게 성공한 여성들이라면 틀림없이 갖추고 있을 매우 중요한 기술이죠"라고 언급했다.

"기술계 남성들이 그저 저속한 멍청이들이라면 별문제가 없었을 것이다. 이들이 저속한 멍청이일 뿐만 아니라 기업을 제대로 경영할 줄 모른다는 게 더 문제다"라고 저술가 댄 라이언스는 주장한다. "유해한 직장문화와 형편없는 기업 실적은 떼려야 뗄 수 없죠."

샘 포크는 결국 월스트리트를 떠났다. 하지만 몇 년이 지난 지금까지도 자신이 침묵했었다는 사실을 부끄러워한다. "남성들은 무언가 행동을 취하거나 목소리를 높이는 경우가 지극히 드물다. 왜 그럴까? 무리에 있으면 아주 든든하기 때문이다." 포크는 "난처하기도 하고 남자 동료들을 배신하는 기분이 들어서" 이 문제에 대해 한 번도 발언하지 않았노라고 인정했다. "그리고 그렇게 했다면 아마도 내 커리어에 좋지 않은 영향을 미쳤을 것이다."

현재 두 아이의 아버지로, 저술 작업을 하면서 에브리테이블의 공동 창업자이자 CEO로 일하는 샘 포크는 이 문제에 대해 더 적극적으로 발언하자고 남성들에게 호소한다. 다양성 교육이나 여성들을 위한 콘퍼런스보다는 "더욱 단순한 뭔가가 필요하다. 각 개인이 목소리를 높이는 것이다"라고 역설했다. "관리자, 코치, 정치인, 유명인 등 다양한 분야에서 어느 정도 지위에 오른 남성들"에게 "여성과 이야기를 나눌 때 상대방을 존중해야 할 뿐만 아니라 여성에 대해 이야기할 때도 존중해야 한다"고 촉구했다.

ॐ

포크의 주장은 그의 생각보다 훨씬 정곡을 찌르고 있는지도 모른다. 남성들은 성별에 따른 존중의 격차를 좁히는 데 매우 중요한 역할을 한다. 성별 격차를 좁히는 것이 비즈니스 측면에서 꼭 필요할뿐더러 여성들의 힘만으로는 그럴 수 없기 때문이다. 여성들이 직접 그러려고 할 경우 도리어 역효과를 낳기 십상이다.

스스로 권위를 주장하는 여성은 거의 불가피하게 그 대가를 치른다. 여러 차례 진행된 연구에 따르면 여성이 일반적으로 '남성적'으로 간주되는 행동, 그러니까 적극적으로 주장을 내세우거나(여성의 경우에는 이를 '으스댄다'고 표현한다) 자기 홍보를 하는 듯하게 행동할 경우 불이익을 받는다. 적극적인 행동에 대해 진행된 일흔한 건의 연구를 분석해보면, 연봉 인상을 위해 협상하거나 이웃에게 음악 소리를 좀 줄여달라고 부탁하는 등의 지극히 상식적인 행동을 해도 여성에게는 비난이 쏟아지나 남성은 전혀 비난받지 않았다. (남성이 일반적으로 '여성적'으로 간주되는 행동을 할 경우, 주변 사람에게 존중받지 못한다는 사실도 주목할 만하다.)

한편 럿거스 대학의 한 연구자는 "누군가의 성과를 자랑스럽게 지적하거나 누군가의 장점과 재능을 직접적으로 말하기"처럼 단순히 성공을 언급만 해도 여성은 불이익을 받을 수 있다고 밝혔다. 심지어 그러한 언급이 남성을 도와줄 때에도 마찬가지다. 사회심리학자 로리 루드먼은 여성이 성공에 대해 이야기하면 성별에 따른 기대치와 상충되기 때문에 "오히려 역효과를 가져올 수 있다"고 주장했다.

자기 홍보를 하는 여성은 그러지 않은 여성보다 능력이 뛰어나다고 간주되지만, 그렇게 인정받기 위해서 주변 사람들의 미움이라는 가혹한 대가를 치러야 한다. 자기 홍보를 하는 남성에게는 이러한 핸디캡이 따르지 않는다.

뿐만 아니라 여성이 성공을 쌓아가고 계속 위로 올라갈수록 주변의 반감은 점점 커져 결국 그녀는 직장에서 소외되고 만다. 34만 5천 명을 대상으로 진행한 보스턴컨설팅그룹의 조사에 따르면, 여성 고위 관리자는 남성 관리자보다 인정을 못 받는다고 느끼며 자신의 의견도 덜 주목받는다고 생각했다. 반면 남성 고위 관리자는 동료들이 더욱 든든하게 지지해준다고 느낀다. "기업 내에서 직원들 사이의 관계 형성이 제대로 되지 않으면 직급이 높은 여성들이 압도적으로 그 피해를 당한다." 보스턴컨설팅그룹의 보고서는 이렇게 적었다.

만약 당신이 남성이라면 이러한 사실을 아마 전혀 눈치 못 챘을 것이다. 평상시 이런 일을 겪지 않기 때문이다. 하지만 상사로 일해본 여성이라면 누구든 이러한 함정에 빠지지 않기 위해 세심히 노력해야 한다는 사실을 잘 알고 있다.

"회의실에 앉아서 다시 한번 자기 점검을 합니다. 빙 둘러 앉아 있는 남자들에게 제가 관심을 독차지한다는 인상을 줘서는 곤란하거든요"라고 소니픽처스엔터테인먼트의 전 회장 에이미 파스칼은 말했다. "주장을 펼칠 때도 최대한 에둘러서 말합니다. 심지어 남자들이 틀렸을 때도 심기를 거스르지 않으면서 기분좋게 지적하는 법을 찾아내야 하죠."

이와 같은 상황을 바꿔놓을 이상적인 위치에 있는 사람들은 바로 이러한 역학을 인지한 남성들이다. TV제작자 글렌 마자라는 남성 직원 중에서 직속 여자 상사를 무시하며 그녀를 거치지 않고 마자라에게 직접 "제 상사는 자기가 뭘 하는지 모르는 사람입니다"라며 개인적인 불만을 털어놓는 사람이 있었다고 했다. 이에 마자라는 이렇게 응수했다. "내가 보기에 그녀는 잘하고 있어. 그 말을 듣게. 뭔가 문제가 있다 싶으면 내가 직접 자네 상사와 이야기해보겠지만 일단 지금은 그녀에게 먼저 이야기하게." 마자라는 나에게 이렇게 설명했다. "저는 직급체계를 우회하는 경우를 용인하지 않았습니다."

또하나, 직장에서 화를 내는 여성에게 심심한 애도의 뜻을 표한다. 개별적으로 진행된 세 건의 연구에 따르면, 전문직 남성은 직장에서 업무와 관련해 화를 내면 주변 사람들이 그를 더 존경하게 된다. 하지만 여성이 그러면 그들은 덜 존경받는다.

이 연구에 따르면 여성이 인턴이든 CEO든 상관없었다. 여성이 화를 내면 동료들 사이에서 그녀의 위상은 추락한다. 남성이 분노하면 이는 외부 요인에 기인한 것이며 그가 화를 내는 데 그만한 이유가 있다고 가정하기 때문이라고 연구자들은 밝혔다. 반면 여성의 분노는 성격 결함에 기인한 행동으로 간주되며, 그녀는 '화를 잘 내는 사람' 또는 '통제력 없는 사람'으로 여겨진다.

2016년 미국 대선과정에서 이 문제가 핵심 요소로 작용했다. 당시 대선 후보였던 도널드 트럼프는 화가 났다고 인정했으며 그 덕분에 충분히 보상을 받았다. 그는 선거 유세에서 "맞습니다, 저는 화가 났어요"라고 밝혔다. 공화당 예비선거 토론회에서도 "이 나라가 너무 엉망진창이라서 화가 납니다"라고 발언했다. 공화당 예비선거 기간 동안 실시된 CNN 설문조사에 따르면 연방 정부에 "화가 난다"고 대답한 유권자들이 경쟁 후보보다 트럼프를 압도적으로 지지했다.

트럼프의 분노는 그의 명함이나 다름없었고 이 작전은 주효했다. 지지자들은 그의 분노를 존중과 동급으로 여겼다. 사실 그들도 상당수가 화가 나 있었으니 말이다. 매사추세츠 대학의 사회학자 폴 홀랜더의 분석에 따르면, 트럼프 지지자들은 그의 선거 구호인 "미국을 다시 위대하게"를 들으며 "존중받는 것 같아 기분이 좋아졌다. 존중에 대한 열망은 그 지지자들의 공통분모다"라고 했단다. 트럼프는 분노와 존중과 밀접하고 긍정적으로 연계되어 있었다.

한편, 민주당 후보 힐러리 클린턴은 '화가 난 여성'으로 보이지 않기 위해 한 마디 한 마디를 세심하게 주의해야 했다. 힐러리가 분노할 때면 그때까지 쌓은 존중이 무너지고 권위가 깎아내려지며 훌륭한 리더 재목이 아니라는 인상을 남겼다. 힐러리가 선거 유세를 하던 중 시위하던 사람과 충돌했는데 이 일에 대해 어느 블로그에서는 "힐러리는 그린피스 시위자에게 소리를 지르고 잔소리하는 유모처럼 구부러진 손가락을 가로저었으며…… 듣도 보도 못한 새된 목소리를 냈다"라고 적었다. 폴리티코에서는 대선후보 토론회에서 힐러리가 보인 모습을 두고 "그녀는 분노를 겉으로 드러냈으며 마음 상한 듯 허스키한 목소리로 발언하는 듯했다"고 비평했다.

여러 건의 학계 연구가 보여주듯이 분노는 힐러리의 위신을 떨어뜨렸다. 화가 난 말투로 발언을 한다며 맹렬하게 힐러리를 비난한 사람 중에는 아이러니하게도 도널드 트럼프도 있었다. 트럼프는 그녀를 "심술궂은 여자"라고 부르며 지나치게 시끄럽게 이야기한다며 조롱했다. 한번은 힐러리의 '고함소리' 때문에 "아직도 귀가 먹먹하다"고 하기도 했다. "힐러리가 말하는 모습만 봐도 알 수 있습니다. 대통령감은 아니라는 사실을"이라고도 했다.

여성의 분노와 존중 하락 사이의 관계는 선거뿐만 아니라 배심원단의 평결을 비롯한 모든 종류의 집단 의사결정에도 영향을 미친다. 2015년 대학생들에게 컴퓨터를 이용해 중재하는 식의 모의 배심원 토론에 참여하도록 요청하는 연구가 진행됐다. 참가자들은 다른 다섯 명의 참가자와 의견을 나누며 실제로 발생한 살인 사건에 대해 평결을 내린다고 믿었다. 이들은 이 다른 '배심원'들이 전부 컴퓨터로 만들어낸 가상 인물이라는 사실을 몰랐다. 배심원 중 네 명은 참가자와 의견을 같이하고, 나머지 한 명은 화를 내며 합의를 거부하는 남성 또는 여성으로 프로그램이 짜여 있었다.

실험을 실시하자 의심의 여지가 없는 결과가 나왔다. 화를 내는 남성들은 남성이라는 이유만으로 더 존중받은 반면, 화를 내는 여성들은 오히려 존중을 덜 받았다. 화를 내며 이의를 제기하는 사람이 남성일 경우, 실험 참가자들은 남녀 불문하고 자기 판단에 확신을 잃고 화를 내는 남성의 의견에 휘둘릴 가능성이 높았다.

그러나 화를 내며 반대하는 사람이 여성일 경우 결과는 반대였다. 참가자들은 물러서지 않았고 자기 의견에 더욱 힘을 실으며 여성의 의견을 무시했다. 화를 내고 감정적으로 행동하는 여성의 의견은 전혀 존중할 가치가 없다는 식이었다. 연구자들은 "남성의 경우 분노를 드러내면 영향력이 증가하지만 여성은 오히려 영향력을 잃는다"고 결론지었다.

❧

여성이 남성만큼 존중은 못 받을지 모르지만 남성보다 더 많이 받는 것도 있다. 문제가 생겼을 때 쏟아지는 비난이다. 여성 경영자는 기업의 실적이 나쁠 경우 책임을 떠안고 해임될 확률이 높으며 그 기업을 떠난 후 다른 직장에서 비슷한 직위의 일자리를 찾을 가능성도 낮다.

뉴욕연방준비은행에서 연구한 결과, 성과가 저조할 경우 남성 경영자보다는 여성 경영자에게 책임을 더 많이 묻지만, 성과가 좋을 경우 남성 경영자에게 더 많은 공을 돌린다. 이 연구에 따르면 기업 가치가 1퍼센트 하락할 때마다 여성 최고경영자들의 연봉은 63퍼센트 낮아졌는데, 이는 남성 최고경영자들의 연봉 하락 폭에 비하면 거의 두 배에 달하는 수치였다. 하지만 기업 가치가 1퍼센트 상승할 경우 남성 최고경영자들이 더 많은 공을 인정받았으며 연봉 인상 폭도 여성 최고경영자의 세 배에 달했다.

언론 역시 이러한 고정관념을 굳히는 데 일조한다. 록펠러 재단에서 의뢰한 연구에 따르면, 기업이 위기에 빠졌을 경우 언론 보도 중 80퍼센트가 여성 CEO를 비난하는 내용이다. 하지만 같은 상황에서 남성 CEO를 비난하는 기사는 삼분의 일도 되지 않는다.

뿐만 아니라 『포천』은 경영직에서 물러난 뒤 자사에서 선정하는 '가장 영향력 있는 여성' 순위에서 탈락한 여성 경영자들의 행보를 추적 조사했는데, 눈부신 경력과 실적, 다시 일선에서 활약하고자 하는 의지에도 불구하고 최고경영자로 다른 기업에 복귀한 여성은 고작 13퍼센트에 불과했다. 이에 대해 『포천』은 이렇게 논평했다. "커리어의 정점에 선 그토록 많은 뛰어난 여성 경영자들이 수십 년 동안 최고경영자로서 경험을 쌓았음에도 불구하고 그에 걸맞은 일자리를 찾지 못하는 현상황은 틀림없이 뭔가 잘못됐다."

근본적으로 실적이 부진할 때 여성에게 최고경영자 자리를 맡길 가능성이 높기에 이런 문제가 발생한다. 오십 명의 여성 CEO를 대상으로 진행한 유타주립대의 연구에 따르면, 여성 CEO 중 42퍼센트가 위기 상황에서 최고경영자로 선임되었는데 남성 CEO의 경우 그 비율은 22퍼센트였다. 이 여성들은 두렵기 짝이 없는 소위 '유리 절벽'으로 끌려간 것이다. '유리 절벽'이란, 위태로운 상황에 놓여 파산할 가능성이 높은 기업에 유독 여성 최고경영자의 비율이 높은 현상을 보고 엑서터대 연구원 미셸 K. 라이언과 S. 알렉산더 해슬람이 만든 표현이다.

또한 남성 투자자들이 여성 경영자를 자리에서 끌어내리려고 시도할 가능성도 높다. 2015년 뉴욕타임스는 당시 대기업의 여성 CEO 스물세 명 중 거의 사분의 일이 남성 행동주의 투자자(특정 기업의 지분을 매입한 후 경영권에 적극 개입하여 주주 이익을 극대화하는 투자자—옮긴이)의 목표물이 되었음을 발견했다. 이러한 침략주의자 중 하나인 넬슨 펠츠가 펩시, 듀폰, 몬델리즈의 세 여성 CEO를 연달아 위협하자 『포천』의 퍼트리샤 셀러는 "넬슨 펠츠는 여성들에게 뭔가 악감정이 있는가?"라고 의문을 던졌다. 연구에 따르면 그 대답은 '압도적으로 그렇다'이며, 넬슨 펠츠뿐만 아니라 다른 행동주의 투자자들도 마찬가지다. 2013년에는 한 설문조사를 통해 여성 경영자가 남성 경영자보다 강제로 경영권을 뺏길 확률이 훨씬 높다는 사실도 밝혀졌다.

유타대와 워싱턴대에서 실시한 흥미로운 연구로 왜 이러한 현상이 일어나는지 알 수 있다. 경영대학원 학생들을 두 집단으로 나눈 다음, 동일한 신규 상장 기업의 투자 설명서를 보여주었다. 둘의 유일한 차이점이라면 한쪽 집단의 투자 설명서에는 CEO가 여성으로, 다른 쪽에는 남성으로 기재되어 있었다. 하지만 학생들은 두 기업의 리더십과 전망이 현격히 차이 난다고 확신했다. 여성 CEO는 남성 CEO보다 '역량이 떨어진다고 간주'되었으며 여성 CEO가 이끄는 신규 상장은 남성 CEO가 이끄는 상장보다 '덜 매력적인 투자'라고 평가했다.

실제로 남성과 여성이 완전히 똑같은 대본대로 행동하더라도 남성이 더 존경을 받는다. 학생들을 여러 집단으로 나눈 뒤 우주비행사가 달에 불시착할 때 꼭 필요한 품목이 뭔지 구급키트나 지도 등의 순위를 매기게 했다. 각 집단에는 지휘관 역할을 하도록 훈련받은 남성이나 여성이 포함되어 있었지만 집단 내 다른 학생들은 이를 알지 못했다.

순위 매기는 작업이 끝난 후 학생들에게 지휘관 역할을 맡은 남성 또는 여성을 평가하도록 요청했다. 지휘관 역할을 맡은 남성은 능력과 지성, 기술을 갖춘 뛰어난 사람으로 평가받았다. 반대로 똑같은 역할을 맡은 여성은 '감정적이고, 우두머리 행세를 하며, 위압적인 사람'으로 평가되었다.

이런 헛소리는 180명(그중 남성은 105명이었다)의 인사고과에 대한 『포천』의 분석과도 일맥상통한다. 여성의 인사고과에는 유난히 '공격적이다' '까칠하다' '비판적이다' '비논리적이다' 등 성격적인 결함을 지적하는 말이 많았다. 『포천』에 따르면 인사고과에서 성격을 비판받은 남성은 105명 중 단 두 명뿐이었다. 여성은 무려 75명 중 71명이나 그랬는데 '까칠하다'고 평가받은 여성은 13명이나 되었다.

심지어 남성이 옳을 때만 여성보다 존경받는 것도 아니다. 의도치 않게 재미있는 결과가 나온 한 연구에 따르면, TV에 출연하여 탁자를 두드리며 자기 견해를 역설하는 전문가들의 경제 및 정치 전망은 무작위로 예측할 때보다도 그 정확도가 떨어진다고 한다. 말 그대로 세 가지 예측을 종이에 적어서 고양이에게 그중 하나를 고르게 하면, 그 복슬이가 TV에 나오는 '전문가들'보다 잘 맞힌다는 의미다.

이 연구에서는 남성과 여성 전문가를 구별하지 않았지만 통계적으로 볼 때 TV에 등장하거나 뉴스에서 자주 인용하는 예측가 또는 기타 '전문가들'은 압도적으로 남성이 많다. 각 방송국의 일요일 아침 뉴스쇼에 출연하는 전문가 중 74퍼센트가 남성이라는 분석도 있다.

◦

성별이나 인종에 관계없이 누구나 동등한 발언권을 갖는 디지털 세상에서는 이러한 차이가 사라져야 마땅하다. 남성이든, 여성이든, 소수집단이든 모두 동일한 플랫폼을 이용하며 최소한 이론적으로는 자기 의견을 표현할 동등한 기회를 갖는다. 인터넷 등장 초기에 나를 비롯한 언론계 동료들은 이러한 변화를 환영했으며,

더욱 많은 사람들의 의견이 수용되어 발언의 다양성이 확보되고 누구나 동등한 위치에서 경쟁하는 미래를 꿈꾸었다.

물론 그런 일은 일어나지 않았다. 그 대신 우리는 모두 자신만의 필터 버블(사용자의 정보에 기반하여 웹사이트 알고리즘이 선별적으로 정보를 제공해 사용자가 자기만의 문화적, 이념적 거품에 갇히는 현상—옮긴이)을 만들어내고 그 안에서 자신과 관점이 비슷한 사람들의 견해만 듣게 되었는데 이러한 현상은 소셜미디어의 등장으로 더욱 심화되었다.

그러는 동안 디지털 세상의 익명성 때문에 혐오문화가 거세게 확산되었고, 네티즌들은 떼지어 다니며 특정 종교, 민족, 인종, 그리고 여성을 공격하게 되었다. 그 결과 최근 들어 성별 간의 존중 격차가 더욱 벌어졌다. 미국 내 여성 존중 수준을 측정하여 그래프로 만들면 아마도 1990년대 대부분과 2000년대 초반에 꾸준히 증가 곡선을 그리다가 지난 10여 년간 롤러코스터를 탄 듯 가파르게 곤두박질칠 것이다. 이러한 하락세는 특히 최근 몇 년간 두드러져 점점 더 많은 여성이 사이버 폭력에 시달리고 있다.

이러한 실태는 영국 언론 가디언이 2016년 실시한 분석에서 너무나 분명히 드러난다. 가디언은 자사 웹사이트의 댓글난에 남겨진 칠천만 건의 댓글을 분석했다. 분석 결과 웹사이트에 자주 댓글을 남기는 사람들은 대부분 백인 남성이었지만, 가디언 필자 중에서 가장 심한 악플을 받은 사람들은 예외 없이 모두 여성 또는 소수집단 출신이었다. 게다가 가장 집중적으로 악플에 시달린 열 명의 필자 중 여덟 명이 여성이었다. 나머지 두 명은 흑인 남성이었다. 한편 악플이 가장 적게 달린 필자 열 명은 모두 남성이었다.

가디언의 분석 결과를 접한 언론계 여자 동료들은 "그래서 어쨌다고?"라며 어깨를 으쓱할 뿐이었다. 우리 중 그걸 경험해보지 않은 사람이 있을까? 대학생인 우리 딸은 온라인상에서 여성에게 쏟아지는 무례하고 경멸 어린 발언이라는 주제로 기말 리포트를 쓴 적이 있었다. 나중에 내게도 그걸 보여주었는데, 그녀가 예로 든 게 하나도 빼놓지 않고 모두 내 글에 달린 악플이라는 사실에 경악했다. 가슴이 내려앉았다. 우리 아이들이 인터넷에서 이런 걸 읽었단 말인가? 부모로서 타인을 존중하고 열린 마음으로 다양한 의견을 수용하도록 아이들을 가르치고자 최대한 노력했다. 생판 모르는 사람들이 엄마를 향해 써댄 모욕적인 댓글을 본다면 아이들은 도대체 어떻게 생각할까?

복스vox에 실린 「가디언 연구에 숨겨진 교훈: 악플러는 언론에서 백인 남성의 우세를 부추긴다」라는 기고문을 보면, 어맨다 타우브는 온라인에서 여성에게 지나친 욕설이 쏟아지기 때문에 여성 필자들이 더 소극적인 자세로 중요한 문제에 대해 논평을 피할 수도 있다고 경고했다. 타우브 본인도 페미니즘이나 이스라엘-팔레스타인 분쟁처럼 뜨거운 논쟁을 불러일으키는 주제에 대해 글을 쓰면서 수없이 공격 대상이 되었다. 그녀는 온라인상에서 자신을 공격했던 악플러들에 대해 이렇게 적었다.

내가 쓴 글이 왜 그렇게 잘못되었는지 '한 수 가르쳐주기' 위해 그들은 나를 강간하거나, 불구로 만들거나, 살해하는 방법을 아주 구체적으로 상상한다. 악플러들은 나에게 항문에 총이 박히거나, 천 명의 남자에게 집단 강간을 당하거나, 테러리스트에게 붙잡혀 강간당한 후 살해당하거나, ISIS에 납치되어 카메라 앞에서 살해되는 또다른 기자가 되는 게 어떻겠느냐고 권했다. 그리고 이게 다가 아니라 지금 기억나는 극히 일부의 댓글일 뿐이다.

타우브는 이렇게 심한 악플 때문에 여성 필자들이 "모욕을 견뎌야 하는지, 악플을 피하기 위해 자기 행동을 바꿔야 하는지 기로에 놓인다"고 언급했다.

인터넷 악플러들은 여성 필자들만 집중적으로 공격하는 게 아니라 나이와 직업에 관계없이 모든 여성을 공격한다. 2014년 퓨리서치센터에 따르면 남성의 경우 인터넷에서 적을 만들면 갖가지 욕설을 듣는다. 하지만 여성은 신체적인 위협뿐만 아니라 "유독 스토킹과 성희롱을 경험할 가능성이 높다".

여성들이 겪는 사이버 폭력은 작금의 현실이 디지털 세상에 투영된 것이나 다름없다. 성희롱 사건은 추적하기 어렵기로 악명 높다. 여성들은 보복당할까봐, 또는 오명을 뒤집어쓸까봐 두려운 나머지 신고를 꺼린다. 연구자들은 핫라인 같은 기업 고충 처리 절차가 오히려 역효과를 내기도 한다고 말하는데 무엇보다도 피해자들이 처벌을 두려워하기 때문이다. 성희롱 피해 여성 중 71퍼센트 정도가 신고하지 않는다는 2015년 설문조사 결과도 있다.

이들의 두려움은 대부분 그만한 근거가 있다. 뉴욕타임스와 『뉴요커』가 30년에 걸쳐 이뤄진 성희롱 및 성폭행 의혹을 폭로하고서야 영화제작자 하비 와인스타인은 비로소 회사에서 쫓겨났다. 최종적으로 밝혀진 바에 따르면, 그에게 성희롱을 당했다고 털어놓은 여성들의 명단에는 귀네스 팰트로나 앤젤리나 졸리 같은 톱스타들도 포함되어 있었다. 피해자들은 합의금을 받고 입을 다물거나 한순간에 커리어를 끝장낼 수도 있는 그의 권력에 위협을 느껴 침묵을 지켰다.

마찬가지로 폭스뉴스에서도 사내 성희롱 혐의로 최고경영자가 해고되기까지 여러 해가 걸렸다. 그전까지 회사측은 성희롱을 고발한 여성 직원들을 괴롭혔으며 심지어 사설탐정까지 고용하여 그들의 뒷조사를 했다.

전 폭스 앵커인 그레천 칼슨이 당시 회장이었던 로저 에일스에게 성희롱을 당했다고 고발하자 폭스사는 공개적으로 그녀를 비난했다. 칼슨 외에도 무려 스물다섯 명의 여성이 나선 뒤에야 비로소 에일스는 사임했다. 그로부터 수개월 후 다수의 여성이 유명 앵커빌 오라일리의 성희롱을 고발하자 폭스사는 이번에도 피해자들을 비난하면서 그들이 사내 고충 신고 전화를 이용하지 않았기 때문에 혐의에 근거가 없다며 일축했다. 오라일리 역시 결국에는 해고되었지만, 오라일리와 폭스사가 성희롱 소송에 합의하기 위해 이미 다섯 명의 여성에게 1300만 달러를 지불했다는 사실이 뉴욕타임스를 통해 폭로된 이후였다. 궁극적으로 폭스사는 성희롱 소송 때문에 4500만 달러를 지불해야 했다.

그레천 칼슨의 상황으로 알 수 있듯이 여성은 높은 자리로 올라갈수록 모욕과 성희롱을 더 많이 당한다. 브리시티컬럼비아 대학의 연구에 따르면 "'남성의 일'로 간주되는 업무를 하거나 '남성적인 성격'을 가진 것처럼 전통적인 성 역할에서 벗어난" 여성은 특히 공격 대상이 되기 쉽다.

～

공공연한 희롱을 경험한 적 없는 여성이래도 일상생활에서 미묘한 비꼬기와 존중 부족은 익숙하게 접한다. 이러한 일들은 감정을 소모하고 좀처럼 싸우기 힘들지만 계속 겪다보면 고통스럽기 짝이 없는 유형이다.

다시 보스턴으로 돌아가보면, 메릴 박사 역시 이러한 경험을 하고 있었다. 그녀는 정형외과가 아니라 일반외과를 전공하기로 결심했다. 정형외과가 '남자 의사의 전문 분야'라서가 아니라 정형외과는 부러진 뼈에 철심을 박는 등의 기계적인 문제에 집중하나 그녀는 전신을 의학적으로 접근하는 걸 선호했기 때문이다. 그러나 여성 일반외과 전문의 역시 드문 편이라 곧 익숙한 장벽을 맞닥뜨리게 되었다.

주변에서 아무렇지도 않게 깔보듯 던지는 말에 그녀는 짜증이 났다. 한 의료 기기 담당자는 가슴 수술을 통해 여성이 '가족을 꾸리고 아이들을 기를 수 있게 되기' 때문에 그녀에게 가슴 수술을 전공하라고 끈기 있게 설명했다. 그녀는 기가 막혀서 이렇게 답했다. "맞아요, 가슴 수술은 좋은 전공이죠. 남녀를 막론하고 의사가 실제로 암을 치료할 수 있잖아요."

경력을 쌓아갈수록 메릴은 여자 의사의 경우 지나치게 자기주장이 강하고 까다로워서 다들 두려워하는 '못된 년' 혹은 지나치게 '온순한 순둥이' 딱 두 가지 부류로 나뉜다는 사실을 깨달았다. "도대체 왜 직장에서 나에게는 이 두 가지 선택지만 주어질까?" 메릴은 의아했다. "왜 강하고 자기주장이 뚜렷한 여성은 똑같은 성향을 가진 남성처럼 옹호받지 못하는 걸까?"

메릴은 외과 레지던트로서 어느 정도 연차가 쌓인 지금까지도 여전히 말투를 적절히 조절하고 좁은 길을 아슬아슬하게 걸으며 끊임없이 주의를 기울인다. "제가 누군가에게 무슨 일을 지시할 때는 남자 의사가 그럴 때와는 반대로 아주 못되게 들리는 것 같아요. 그래서 그걸 상쇄하고자 극도로 상냥하게 행동하려고 애쓰죠."

이러한 모욕과 무시가 계속 쌓여가자 마침내 그녀는 이러한 사례를 비롯한 여러 문제에 대해 블로그에 올리기로 결심했다. "아직도 수술 또는 의학 분야의 성별 불균형이 심각하다"라는 주장을 펼치며 의대 전임 교수 중 여성의 비율은 21퍼센트, 학과장 중 여성의 비율은 15퍼센트에 불과하고, 특히 정형외과 분야는 여성의 비율이 0퍼센트에 수렴한다는 암울한 통계를 인용했다.

이 글을 작성한 후 메릴 박사는 잠시 망설였다. 원래는 구독자가 많은 의학 전문 블로그 케빈MD에 게재하려고 했다. 하지만 정작 글을 올리려고 하자 혹시 실수하는 게 아닐까, 남자 의사들뿐만 아니라 여자 의사들까지 반발하지는 않을까 두려워졌다.

"여자 동료들이 이러한 경험에 동조해줄까? 우리가 일상적으로 접하는 편견을 지적해줬다고 고마워할까, 아니면 괜히 '분란'을 일으키지 않고 하던 대로 일하고 싶어할까? 괜한 불만을 제기한다거나 피해자 행세를 한다며 남자 동료들이 나를 비난하지 않을까?"

그녀는 깊게 숨을 들이마시고 '등록' 버튼을 눌렀다. 그러고는 두려움에 떨면서 의자에 앉아 반응을 기다렸다.

그와 거의 비슷한 시간에 『사이언스』 최신호가 가판대에 깔렸다. 이 잡지에는 독자들의 질문에 대한 대답이 정기적으로 실리는 직장생활 조언 칼럼이 있었는데 이번 호에는 "도와주세요! 지도 교수가 계속 제 치마 속을 힐끔거려요!"라는 눈길을 사로잡는 헤드라인이 달려 있었다. 젊은 여성 연구원이 보낸 사연이었다. 그녀는 자기 가슴을 뚫어지게 쳐다보는 남자 상사를 어떻게 상대해야 하는지 고민했다.

조언을 담당한 칼럼니스트이자 캘리포니아 공대의 앨리스 황은 이런 대답을 내놓았다.

당신이 언급한 유형처럼 행동하는 사람은 직장에 매우 흔합니다······ 가능하다면 농담으로 넘기며 참아내세요······ 가슴을 쳐다보는 일은 분명 달갑지 않겠지만, 연구를 계속하려면 교수의 관심과 유익한 조언이 필요하니까요.

이 칼럼을 읽고 메릴 박사는 어이가 없었다. 방금 블로그에 올린 내용과 비슷한 문제를 여기 또다른 여성이 제기했다. 하지만 그녀는 무려 다른 여성 과학자에게 입다물고 모욕을 감내하라는 조언을 들었다. '존중받지 못한다고? 별문제 없어'라고 칼럼니스트는 조언했다. 그냥 흘려버리고, 계속 경력을 쌓아갈 수 있음을 다행으로 생각해라.

메릴 박사는 성별에 따른 존중의 격차가 줄어들지만 않는 게 아니라 오히려 점차 벌어지는 게 아닐까 두려웠다. "뉴스를 켤 때마다 남성과 여성 사이의 차이에 대해, 또는 여성이 더 뛰어난 경우에도 여성은 남성만큼 똑똑하다고 인정받지 못한다는 새로운 연구 결과가 소개되더군요. 그럴 때면 '와, 어디나 마찬가지구나' 싶죠."

⟶

같은 보스턴에 위치한 하버드 의대에서는 또다른 의사가 성별 간의 존중 격차에 대한 기사를 주시하고 있었다. 정형외과 교수이자 해당 분야의 권위자 오거스터스 A. 화이트 3세였다. 현재 여든을 넘긴 화이트 박사는 외과의사로서 전설적인 커리어를 보유한 인물로 그가 쓴 척추 생체역학 교과서들은 미 전역의 의대에서 교재로 사용된다.

하지만 화이트 박사에게 연락한 것은 완전히 다른 분야 그러니까 차별에 대한 그의 전문 지식 때문이었다. 나는 의사들이 흑인, 아시아인, 비만인, 노인 등을 비롯한 열세 개의 집단을 어떻게 차별하는지를 다룬 그의 신랄한 저서 『환자 진료하기: 의료계의 무의식적인 편견』을 읽고 깊은 인상을 받았다.

화이트 박사는 품위 있고 온화했으며, 일단 대화해보면 세상에서 나 혼자만 그의 관심을 독차지하고 있다고 느끼게 해주는 사람이었다. 그의 이야기만 들어도 혈압이 낮아지고 공황발작이 잠잠해질 것 같았다. 일단 그의 인생에 대해 들으면 이러한 침착함이 훨씬 더 놀랍게 다가온다.

화이트 박사는 편견 문제에 개인적으로 매우 깊게 공감한다고 이야기했다. 그의 조부모는 노예로 태어났다. 본인도 흑인 차별이 극심했던 남부 한가운데의 테네시주에서 태어나고 자랐다. 그의 부모님은 두 분 모두 대학을 졸업했는데 당시 미국 흑인 사회에서는 상당히 드문 사례였다. 하지만 의사였던 아버지가 일찍이 세상을 떠났기 때문에 아들을 키우기 위해 어머니가 학교에서 잡무를 처리하는 직원으로 일을 시작했고, 마침내 교사 자리까지 올랐다.

젊은 시절 화이트 박사는 장학금을 받아 노던 사립 고등학교에 입학해 브라운대에 진학했고 거기서 미식축구팀과 라크로스팀에서 뛰었다. 대학 전체를 통틀어 흑인 학생은 그까지 다섯 명뿐이었다. 그후 그는 스탠퍼드대 의대를 졸업한 최초의 흑인으로 기록되었다.

1957년에 대학을 졸업한 후, 고향 멤피스로 돌아온 화이트 박사는 여름 동안 어느 병원에서 일하게 되었다. 외과의들은 전부 백인이었고 환자들은 대부분 흑인이었다. 그러던 어느 날, 어린 시절 친구의 어머니가 자궁암 수술 때문에 입원했다. 담당 외과의사는 수술실에서 환자에게 "재닛, 얼른 수술대에 누워. 빨리빨리 좀 움직여. 시간이 없다니까!"라고 짖어대더니 절개를 제대로 못해 그녀가 출혈을 하는데도 메스를 멈추지 않았다. 젊은 그가 경악하여 지켜보는 가운데 그녀는 결국 과다 출혈로 세상을 떠나고 말았다.

"그 백인 외과의는 아무런 존중 없이 흑인 환자를 다뤘습니다."
화이트 박사는 당시를 회상했다. 이를 계기로 "우리는 절대 이런 취급을 당해서는 안 되며, 이러한 상황은 그냥 용납할 수 없다는 확신"이 마음속에 자리잡게 되었다.

그의 뇌리에 깊게 새겨진 이 장면은 의사로 수련을 하고 전공 분야에서 정점까지 오르는 동안에도 남아 있었다. 물론 세월이 흐르면서 그가 목격했던 것 같은 노골적인 인종차별은 사라졌다. 하지만 노인 환자, 비만 환자, 여성 환자, 흑인 환자 등 비주류 집단의 환자들에 대해서 보다 미묘한 존중 부족이 만연하는 모습이 그에게 강한 인상을 남겼다.

화이트 박사는 편견에 대해 공개적으로 발언했고 최근에는 편견을 뿌리 뽑으려는 움직임에서 선도적인 역할을 담당하고 있다. 의료계에서는 말 그대로 삶과 죽음을 갈라놓는 문제다. 화이트 박사가 발견한 바에 따르면, 흑인 당뇨병 환자는 다른 집단의 환자보다 절단 수술을 받을 확률이 높다. 뼈가 부러진 흑인과 히스패닉 환자는 진통제를 충분히 투여받지 못할 공산이 크다. 일부 외과의는 비만 환자들의 수술을 꺼린다.

또한 여성 환자도 여러 가지 불공평한 일을 겪는다. 여성이 심장마비를 일으킬 경우 구급요원들이 병원까지 이송하는 데 시간이 더 걸린다. 여성이 혈관 폐색으로 인한 심장마비를 일으켰다면 동일한 증상의 남성 환자보다 이로써 사망할 확률이 거의 두 배나 높다. 여성은 무릎 관절 교체 수술을 권유받을 확률이 남성의 절반에 불과하다. 뿐만 아니라 신장 이식을 받을 확률도 남성 환자보다 낮다.

화이트 박사는 이렇게 불평등한 처우가 이루어지는 현상을 '문화적 문맹' 상태라고 정의한다. 우리 중 누구나 이 영향을 받을 수 있다. "훌륭한 고등 교육을 받은 사람들도 어처구니가 없을 정도로 문화적 문맹 상태일 수 있습니다." 화이트 박사는 "여성은 남성에 비해 과학 분야에서 선천적으로 재능을 타고나지 못했다"고 발언해 총장직에서 물러난 하버드대 전 총장인 래리 서머스의 사례를 인용한다.

이야기를 나누는 동안에도 그는 그 문제를 강조하기보다 해결책을 제시하는 데 집중했다. 그는 문제를 제대로 인식하는 게 이러한 상황을 타개하기 위한 핵심이라고 했다. "저는 젊은 의사들뿐만 아니라 전 의료진에게 모든 환자를 가족이나 친구처럼 존중하도록 촉구합니다. 환자들에게 관심을 기울이고 그들을 인간답게 대해야 합니다." 그는 진솔한 의사소통 역시 강조했으며, "존중과 친밀한 관계가 필요합니다. 의사가 환자에게 불쾌감이나 반감을 가지면 의학적 사고나 결론에 부정적인 영향을 미칠 수 있고 실제로도 그런 경우가 상당히 많아요"라고 재차 이야기했다.

화이트 박사의 유용한 조언은 의사뿐만 아니라 우리 모두에게 적용된다. 하지 말아야 할 행동에 대한 충고도 마찬가지다. 일장연설을 하지 말아야 한다. 남성이나 여성에게 무조건 잘못되었다고 이야기하는 것은 해결책이 아니다.

"훈계를 듣거나 비난받고픈 사람은 없습니다." 그의 이야기는 성별 격차를 좁히는 데 어느 정도 성공한 다른 사람들에게 들은 말과 일맥상통했다. 맥킨지앤드컴퍼니의 CEO 도미닉 바턴에게 어떻게 하면 남성들이 이 문제에 관심을 기울이겠느냐고 묻자 그는 잠시 생각에 잠겼다가 이렇게 답했다. "일단 장광설을 늘어놔봐야 소용없을 겁니다." 우버의 프랜시스 프레이도 '야단을 치거나' 남성들이 실수하는 '결정적' 순간을 잡아내는 태도는 좋지 않다고 경고했다.

그 대신 화이트 박사는 조용하지만 권위 있는 말투로 의학계, 더 나아가서 전 세계 사람들을 향해 자신의 사각지대를 인식하자고 촉구한다. 청중 앞에서 이 문제에 대해 강연을 할 때 "청중들의 전문성을 인정하는 게 가장 효과적입니다"라고 설명했다. "일단 청중이 숨겨진 편견의 존재를 이해하면, 이에 정면으로 맞설 수 있게 됩니다."

∾

화이트 박사나 벤 바레스, 월스트리트를 떠난 포크를 비롯한 여러 남성들의 노력이 성별 간의 존중 격차를 좁히는 데 효과를 발휘한다는 징조도 있다. 여자 의사들에 대한 불평등한 처우를 고발한 블로그 글을 올린 후 메릴 박사도 그 조짐을 감지했다.

비난을 각오했던 메릴은 남녀를 막론하고 많은 사람들이 지지 내용이 담긴 어마어마한 양의 이메일, 트위터 멘션, 댓글을 보내와 깜짝 놀랐다.

동시에 여성 연구원에게 성희롱을 "참아내라"라고 충고했던 『사이언스』의 조언 칼럼을 향해 남녀 모두 공개적으로 분노하는 모습도 지켜보았다. 엄청난 반발이 일어나면서 트위터에서는 #최악의 과학커리어조언worstsciencecareeradvice 및 #앨리스에게묻지마Don'tAskAlice라는 해시태그가 생겨났으며, 결국 『사이언스』는 해당 칼럼을 철회했다.

자신이 쓴 블로그 글과 주변 의료계에서 일어나는 일들에 대한 반응에 메릴 박사는 큰 힘을 얻었다. 자신이 혼자가 아니며 다른 여성뿐만 아니라 남성들도 성별 간의 존중 격차를 좁히기 위해 싸우고 있다는 걸 이제 깨닫게 되었다. 처음에는 이 문제의 공론화를 너무도 두려워했지만 이제는 꼭 필요한 일이었다고 믿는다. "이 모든 것의 출발점은 투명성입니다. 공개적인 문제 제기가 해결책을 모색하기 위한 첫걸음이지요."

블로그 글의 '등록' 버튼을 눌렀을 때로 돌아가면 그녀는 끔찍한 실수를 한 게 아닐까 걱정에 휩싸였다. 자신의 생각과 경험을 공개적으로 표현하기가 사뭇 두려웠다.

하지만 "결국 불안감도 사라졌고 사방에서 지지 의견이 쏟아져 다행스럽고 고마웠습니다"라고 메릴은 회상했다. "이제 우리 사회는 직장 내 성차별주의를 서서히 인식하게 됐고 많은 사람들이 목소리를 높이고 있어요." 여성뿐 아니라 남성들도 차별 문제를 인지하고 이를 해결하기 위해 성별을 초월한 협력 방안을 모색하고 있다.

주변의 변화를 지켜보며 메릴은 이런 생각을 품었다. '아직은 희망이 있을지도 몰라.'

6장

여성은 왜
연봉 인상을
요구하지
않을까?

　　　　　　　나는 관리직에 오른 후 너무나 많은 남성 부하직원들이 연봉 인상, 승진, 또는 더 넓은 사무실을 요청한 다는 사실에 크게 놀랐다. 그런 요구를 해본 적이 없어서인지 일종의 문화 충격을 받았다. 나뿐 아니라 내 밑에서 일했던 여성 직원들 역시 아무것도 요구하지 않았다.

　이 생경한 새로운 세상을 처음 맞본 것은 사무실에서 그때까지 쓰던 칸막이 책상을 비우던 바로 그날이었다. 회사생활을 하는 동안 줄곧 커다란 보도국의 탁 트인 공간에서 일해왔다. 나는 보도국에 흘러넘치는 열정과 흥분, 그리고 공동의 목표의식을 사랑했다. 아이디어, 영감, 그리고 음담패설이 자유롭게 책상 사이의 칸막이를 오갔다. 경쟁사에게 졌을 때는 함께 위로했고 서로의 쾌거를 축하해주었으며 위기가 닥쳤을 때는 힘을 합쳤다. 업계 최고의 기자들이 전화로 정보원에게 어떻게 효과적으로 정보를 끌어내는지 엿들으며 어깨너머로 일을 배웠다.

하지만 편집자라는 새로운 직책을 맡으면서 연봉이나 인사고과 같은 기밀 정보를 다루게 됐다. 어느 정도 개인 공간이 필요해진 것이다. 새로 옮긴 방에서 한창 짐을 풀고 있는데 남자 동료가 내 사무실에 들렀다. 그는 한마디도 하지 않고는 성큼성큼 걸음을 옮기며 가장자리의 길이를 재기 시작했다.

"지금 뭐하는 거야?" 나는 물었다.

"다른 편집자들은 전부 여기보다 60센티미터 더 큰 방을 쓰고 있어. 항의하는 게 좋겠어."

나는 웃음을 터뜨렸다. 누가 사무실 크기를 신경쓴단 말인가? 내 방은 책상을 놓기 충분할 정도로 넉넉했고 문도 달려 있었다. 심지어 창문도 있었다. 그 이상 넓은 공간은 필요 없었다. 그를 내보낸 후 다시 일을 시작했다.

그때만 해도 그의 말이 무언가 중요한 사실을 시사한다는 걸 깨닫지 못했다. 내 사무실의 크기, 아니 보다 정확히 말하면 거기에 내가 전혀 관심이 없다는 사실이 더 큰 문제를 나타내는 징후였다. 나와 직책이 같은 다른 사람들은 남자였다. 그리고 그들은 자기 권리를 소리 높여 주장할 확률이 훨씬 높은데, 단순히 사무실 크기처럼 내가 사소하게 여기는 문제뿐만 아니라 연봉이나 기타 수당처럼 누구에게나 중요한 인센티브에 대해서도 마찬가지였다. 사무실 크기에 대해 항의해야겠다고 생각지 못했던 것처럼 나는 연봉 협상을 해야겠다고도 전혀 생각을 못했다. 나중에 같은 직급의 남성들, 즉 나보다 큰 방을 쓰는 남성들이 나보다 연봉 역시 훨씬 많이 받는다는 사실을 알게 된 것도 어찌보면 당연하다.

연구자들이 내린 결론도 내가 목도한 것과 다르지 않았다. 카네기멜런대의 경제학 교수이자 『여성을 위한 협상록』의 공동 저자 린다 배브콕에 따르면, 남성은 여성보다 연봉 인상을 네 배나 많이 요구한다. 여성은 연봉 인상을 요청한다 해도 일반적으로 남성보다 30퍼센트 적은 인상폭을 제시해 그 결과 여성은 커리어를 쌓는 동안 150만 달러 정도 손해본다고 배브콕은 추산한다.

이전 세대보다 연봉 인상을 요구할 확률이 높으며 상당수가 가족의 생계를 책임지고 있는 젊은 여성들 사이에서는 그나마 이 격차가 다소 줄어들지만, 여전히 여성들은 연봉 협상시 상당한 불평등을 경험한다. 오스트레일리아에서 직장인 사천육백 명을 대상으로 실시한 연구를 보면, 여성이 남성과 마찬가지로 연봉 인상을 요구하더라도 실제로 연봉이 인상될 가능성은 25퍼센트 정도 낮았다.

자기계발서를 비롯한 다양한 책에서는 여성들에게 자기 가치만큼 연봉 인상을 요구하라고 조언한다. 문제는 여성들이 이를 실천하지 않는다는 점이다. 그렇기에 성별에 따른 연봉 격차가 끈질기게 사라지지 않는다. 존 F. 케네디 대통령이 1963년 동일임금법에 서명하고 반세기 이상 지났지만, 이를 줄이려는 온갖 노력에도 불구하고 남녀의 수입은 여전히 현격한 차이가 있다. 이는 통계상의 오류로 치부할 수 없으며 여성이 급여를 적게 주는 업계에서 일하기를 선호해서라거나 육아 때문에 근무 시간을 줄여서라고도 설명되지 않는다.

미국 여성들은 거의 모든 직업군에서 남성보다 돈을 적게 번다. 한 조사에서 446개의 직업을 분석한 결과, 439개의 직업에서 여성의 수입이 남성보다 낮았다.

이 수치를 상세히 분석한 하버드대의 노동경제학자 클라우디아 골딘에 따르면, 여성 의사와 수술의의 수입은 남성 동료의 71퍼센트 수준에 불과하며, 여성 금융전문가는 동일한 업무를 하는 남성과 비교할 때 수입이 66퍼센트 수준에 지나지 않는다. 실리콘밸리에서 여성들은 남성 동료들보다 40~73퍼센트 정도 적은 연봉을 받는다.

직업 및 업무 시간을 보정하고 계산하면 대학 졸업 후 1년 동안 사회생활을 한 여성은 남성보다 연봉을 6.6퍼센트 적게 받으며 여성 경영대학원 졸업생은 첫 직장에서 남성 동기보다 평균 4600달러 연봉을 적게 받는다는 결론이 나온다. 보다 폭넓은 조사를 소개한 『연봉 격차 이면의 진실』에 따르면, 성별 간의 직업 선택 및 업무 시간의 차이를 고려하더라도 대학 졸업 후 1년이 지났을 때 여성과 남성 사이에 '설명할 수 없는' 7퍼센트의 임금 격차가 존재하며 10년 내에 이는 12퍼센트로 벌어진다. 이들이 동일한 수입을 올리려면 평균 12년을 더 일해야 한다고 추산하는 학자도 있다.

또한 아이가 생겨 여성이 일선에서 물러난다는 걸로 이러한 임금 격차가 전부 설명되지는 않는다. 결혼을 하지 않거나 아이를 낳지 않은 여성도 간단히 극복 불가한 커리어상의 격차를 경험한다는 게 여러 건의 연구를 통해 밝혀진 바 있다. 예를 들어 미국, 캐나다, 유럽, 아시아의 야심 찬 경영대학원 졸업생들을 추적한 카탈리스트의 조사에 따르면, 출산 휴가를 쓴 적 없는 여성도 남성과 동등한 기회를 받지 못했다.

그리고 가족을 돌보기 위해 직장을 떠난 여성들, 그녀들에게 심심한 애도를 표한다. 이들은 압도적으로 심한 불이익을 받는다. 예를 들어 여성 경영학 석사가 18개월 동안 자리를 비웠다가 복귀할 경우 남성 동료보다 평균 41퍼센트 적은 급여를 받는다.

해결책은 지극히 간단해 보인다. 만약 여성이 좀처럼 연봉 협상을 하지 않아서 남녀 간의 임금 격차가 생겨난다면 여성들이 당장 소극적인 자세를 버리고 자기 가치에 맞게 임금을 올려달라고 요구하면 된다. MSNBC의 방송진행자 미카 브레진스키가 쓴 『당신의 가치를 파악하라』부터 로이스 P. 프란켈의 『착한 여자는 부자가 될 수 없다』, 게일 에번스의 『남자처럼 경쟁하고, 여자처럼 이겨라』에 이르기까지, 여성 독자를 겨냥하여 하나의 장르를 이룰 정도로 쏟아져나온 수많은 책에서 그러라고 종용한다.

그렇다면 왜 그러지 않는 걸까? 여성들이 자신의 가치를 잘 모르기 때문이다. 생물학적 특징과 문화 때문에 여성은 자신을 과소평가한다. 뿐만 아니라 자기 가치를 깨닫고 그에 걸맞은 처우를 요청한대도 그로 인해 발생하는 다른 문제 때문에 고통받는 경우가 많다. 주변 사람들이 여성을 두고 으스댄다거나, 타협할 줄 모른다거나, 상대하기 까다롭다고 여기게 된다. 한마디로 그들은 여성과 함께 일하고 싶어하지 않는다.

이런 측면에서 단순히 여성과 남성이 다르다고 주장하는 것은 다소 위험하다. 거기에서 조금만 더 나가면 한쪽이 '우월하고' 다른 한쪽이 '열등하다'고 이야기하는 셈이기 때문이다. 그러나 성별 격차를 없애기 위해서는 아무리 거북해도 남성과 여성이 선천적으로 다르다는 사실을 인정해야 한다. 그리고 어떤 이유에서인지 여성은 태어날 때부터 자신의 개인적 기여도를 낮게 평가하는 성향을 가졌다.

1장에서 소개한 대로 언어학자 데버라 태넌은 남자아이들의 경우 서로 경쟁하면서 노는 법을 배우고 항상 다른 아이보다 '한 걸음 앞서려고' 노력한다는 사실을 발견했다. 남자아이들은 이기기 위해 놀이한다. 반면 여자아이들은 서로 힘을 합쳐야 하는 놀이에 훨씬 흥미를 보인다. 아이들이 노는 모습을 지켜보다가 태넌은 공공연하게 남을 올라서려는 여자아이들은 집단에서 불이익을 받거나 배척당한다는 사실을 알게 되었다. 이런 여자아이들은 '착하지 않다'는 말을 듣는다. 가혹한 사회적 대가를 치르는 셈이다. 따라서 여자아이들은 호감을 얻고 싶다면 주변 사람들과 잘 어울려야 하며, 집단 내의 다른 구성원보다 자기가 더 뛰어나다거나 '더 가치 있다'고 주장해서는 안 된다는 교훈을 일찍부터 깨닫게 된다.

그 결과, 여자아이들 그리고 여자들은 남자아이들보다 자신의 개인적인 공헌도를 낮게 평가한다. 아이들을 모아놓고 허시 키세스 초콜릿을 '화폐'처럼 사용하여 진행한 실험 결과는 그야말로 깜짝 놀랄 만했다. 연구자들은 우선 초등학교 1학년 아이들에게 간단한 일을 시키고, 그 일을 마무리한 보상으로 초콜릿을 몇 개 받아야 할지 물었다. 남자아이들은 여자아이들보다 자신에게 훨씬 더 넉넉한 '보수'를 주었다. 초등학교 4학년, 중학교 1학년, 고등학교 1학년 학생을 대상으로 이번에는 현금을 사용하여 동일한 실험을 반복하자 똑같은 결과가 나왔다. 학년에 관계없이 여학생들은 스스로에게 보수를 적게 주었고 최대 78퍼센트까지 차이가 벌어졌다.

성인이 되어서도 마찬가지다. 여성 경영인은 자기 연봉을 정할 수 있는 힘을 가졌음에도 불구하고 남성 경영인보다 적은 보수를 받는다. 어떤 업무를 살펴보더라도 여성들은 자기가 한 일의 가치를 남성들보다 낮게 평가한다. 사회심리학자 브렌다 메이저, 딘 맥팔린, 다이애나 가뇽은 남성과 여성에게 대학 신입생들의 입학 지원서를 평가하게 한 후 그 업무에 대한 보수를 직접 정하게끔 했다. 남성과 여성 모두 자기 업무 성과에 대해서는 똑같이 평가했다. 하지만 남성은 자신의 보수를 여성에 비해 63퍼센트나 높게 설정했다.

남녀를 불문하고 우리 모두 고정관념에 좌우되기 쉽다. 사회학 용어로 말하자면 여성은 '내집단'인 남성보다 권력이 적은 '외집단'으로 간주된다. 보다 쉽게 말하면, 소수자들은 백인 남성에 비해 통계적으로 수입이 적은데, 여성은 이러한 다른 소수자들, 즉 '외집단들'과 마찬가지로 사회에서 낮은 위상을 차지하는 셈이다. 현실적으로 말하면 남성뿐 아니라 여성조차도 남성보다 여성의 가치가 낮다는 사실을 내면화했다는 뜻이다.

린다 배브콕과 동료 연구원들은 보글이라는 게임으로 진행한 유명한 실험에서 이러한 모순을 명쾌하게 보여주었다. 연구원들은 실험 참가자들에게 단어 게임을 네 번 하면 3달러에서 10달러 사이의 돈을 주겠다고 말했다. 게임이 끝난 후 참가자들은 최소 금액인 3달러를 받았다. "3달러 드리면 될까요?"라는 연구원의 질문에 아니라고 돈을 더 달라고 요청한 남성은 여성의 여덟 배나 되었다.

그다음 실험에서는 연구원들이 의견을 묻지 않고 무조건 3달러씩 건네주었다. 이때도 남성 참가자 중 13퍼센트가 더 많은 돈을 요구했다.

여성 참가자 중 몇 명이 돈을 더 많이 달라고 요청했는지 짐작될 것이다. 아무도 없었다.

나 역시 직장에서 똑같은 일을 겪고 있었다. 남자 기자들은 거침없이 승진 후보자로 자기 추천을 하거나 연봉 인상을 요구했다. 원하는 것을 손에 넣지 못해도 그냥 어깨를 으쓱하며 넘겼고, 보글 실험에 참여했던 남성들처럼 다음번에도 더 많은 혜택을 요구했다.

그러나 여성들은 사실상 아무도 그런 요청을 하지 않았다. 주변에서 업무 능력이 뛰어나다고 인정해줄 때까지 기다렸다. 교육 및 컨설팅 기업 '니고싱에이팅 위민 주식회사'의 캐럴 프롤링어와 데버러 콜브는 이것을 '왕관' 징후군이라고 불렀다. 여성의 경우 자신이 뛰어난 실적으로 인정받으면 그에 합당한 보상이 자연스럽게 따라올 것이라고 기대한다.

사회생활을 오래해오며 나 역시 다른 여성들처럼 왕관을 기다렸다. 상사들은 내가 열심히 일한다는 걸 알았으며 나에게 항상 고마움을 표현했고 정기적으로 연봉을 인상해주었다. 적극적으로 나서서 요구하는 다른 동료들이 더 많은 보상을 받을지도 모른다고는 생각조차 못했다. 나는 이미 가진 것에 감사했다.

몇 번 정도는 용기를 내어 강하게 요청해봤지만 대개 관철되지 않았다. 직장생활을 시작한 지 얼마 지나지 않았을 때 어떤 상사는 나에게 연봉을 더 올려줬다가는 '상한선에 도달해서' 나중에 연봉을 못 올려주기 때문에 그해에는 더이상 안 된다고 말했다. 그가 전달하려는 메시지가 뭐였든, 내가 받은 메시지는 분명했다. 나는 지나치게 요구가 많고 고마워할 줄 모르는 사람이었다.

연구자들은 나를 직접 만나지 않고도 아마 이 모든 일을 예측할 것이다. 기업 경영 및 조직학 교수인 리사 배런은 경영대학원 학생들에게 모의 면접에서 입사 지원자 역할을 맡기고 연봉 협상에 대해 연구했다. 배런은 '구직자'가 크게 두 집단으로 나뉜다는 사실을 발견했다. 한 집단은 자기 가치는 직접 결정해야 한다고 믿었고, 다른 한 집단은 회사가 그가 받을 연봉을 결정해야 한다고 믿었다.

배런은 성별에 따라서 응답이 어느 정도 차이 나리라 예상했지만, 그럼에도 결과에 크게 놀랐다. 첫번째 집단, 즉 자신의 가치를 스스로 결정하겠노라고 한 사람은 압도적으로 남성이 많아 무려 85퍼센트였다. 그와 거의 동일한 83퍼센트의 여성이 자신의 급여는 회사의 결정에 따른다고 생각하는 두번째 집단이었다.

즉 남성과 여성은 자신의 가치를 정반대로 평가했다. 남성들은 자기 가치를 잘 안다고 믿으며 그 가치에 부합하는 보상을 얻어낼 힘이 있다고 여겼다. 자기 운명을 좌우할 칼자루를 쥔 셈이다. 반대로 여성들은 자기 가치를 잘 모를 뿐만 아니라 자신의 기여에 금전적 가치를 매기는 걸 불편해했다. 어디까지나 다른 사람들이 결정할 일이라고 믿었다.

관리자로서의 연차가 쌓이면서 이러한 차이를 직접 체감하게 되었다. 그렇다고 해서 내가 행동방식을 바꿀 만큼 똑똑하거나 요령이 좋은 건 아니었다. 도저히 '남자처럼 행동할' 수 없었다. 오랫동안 남자 동료들이 다른 회사에서 일자리를 알아본 후 그걸 구실로 연봉 인상 요구를 관철하는 광경을 목격해왔다. 한마디로 그들은 회사를 그만두지 않는 대가로 보상을 받아냈다. 남자 동료들의 그러한 전략이 보기 좋게 성공하는 모습을 보았음에도 직접 시도할 생각은 해보지 않았다.

다른 보도 기관에서 일할 생각이 있는지 헤드헌터가 전화로 물어와 이를 거절한 적이 있었다. 전화를 끊고서 업무로 되돌아갔고, 다른 사람들에게는 그 일을 언급하지 않았다. 그 헤드헌터가 뒤이어 내 자리에서 얼마 떨어지지 않은 곳에 앉아 있는 남자 동료에게 전화를 걸었다. 그는 전화를 받은 즉시 상사의 사무실로 가서는 자기가 끝내주는 이직 제안을 받았다고 보고했다. 그런 뒤 의기양양하게 나와서 덕분에 연봉을 엄청 올렸다며 자랑을 늘어놓았다.

이런 전략을 시도하지 않은 게 내 잘못이라고만은 할 수 없다. 연봉 인상을 요구하는 여성들은 그 대가를 치를 가능성이 높다. 남녀 관계없이 여성이 금전적 보상을 더 많이 요구하면 남성이 동일한 요구를 할 때보다 더 부정적으로 본다. 배브콕은 해나 라일리 볼스 및 레이 라이와 공동 진행한 수차례의 실험과정에서 참가자들에게 연봉 인상을 협상하는 입사 지원자들을 평가하라고 지시했다. 협상 내용을 읽은 실험 참가자들은 남자든 여자든 예외 없이 남성 지원자보다 여성 지원자를 더 가혹하게 평가했다. 참가자들에게 남성과 여성이 연봉을 더 달라고 협상하는 모습이 담긴 비디오테이프를 보여준 실험도 있었다. 여기서 여성 참가자들은 남녀 모두를 부정적으로 평가한 반면, 남성 참가자들은 여성을 더욱 부정적으로 평가했다.

연구자들은 "때로는 요청을 해서 불이익을 받을 수도 있다"고 결론지었다.

실제로 여성이 연봉 협상을 시도한대도 그 인상 폭은 남성보다 적다. 졸업을 앞둔 205명의 경영대학원생을 대상으로 진행한 연구에서 여학생들은 남학생들만큼이나 적극적으로 초봉 협상에 임했다. 하지만 여학생들이 협상을 통해 얻어낸 인상액은 남학생들보다 평균 59퍼센트나 낮았다.

의식적으로는 깨닫지 못할지라도 남자든 여자든 고용주들은 여성 직원이 남성 직원보다 더 낮은 임금에 만족할 거라고 여긴다. 그 결과, 여성은 경력을 쌓아가는 내내 임금 면에서 남성에 뒤처지게 되고 이러한 격차는 시간이 지나며 기하급수적으로 벌어진다. 여성의 초봉 자체가 낮기 때문에 남성과 동일한 퍼센트로 연봉이 인상된대도 경력을 쌓아가며 여성의 연봉은 절대 남성의 연봉을 따라잡을 수 없다.

이렇게 격차가 계속 벌어지면 여성의 임금은 남성보다 점점 큰 차이로 뒤처지기 마련이다. 한 연구에 따르면, 서른두 살 무렵에 남녀 격차가 확연하게 벌어지는데, 이 시기에 여성과 견줄 때 훨씬 많은 수의 남성이 관리직으로 승진한다. 미국여성법센터가 인구조사국 자료를 바탕으로 조사한 바에 따르면, 48년간 직장생활을 하는 동안 여성은 남성보다 평균 41만 8800달러를 덜 번다. 흑인 여성의 경우 이 차이는 100만 달러로 벌어지며 라틴계 여성이라면 격차는 더욱 커진다. 이러한 임금 격차는 줄어들 기미도 없을뿐더러 2015년에는 오히려 더 벌어지기까지 했다. 현재 같은 추세라면 여성이 남성과 임금이 같아지려면 무려 117년이 필요하다.

임금 격차는 다른 유형의 편견과 마찬가지로 눈에 잘 띄지 않는다. 남성 직원이 더 나이가 많으니까, 아니면 연봉이 더 높은 다른 회사에서 왔으니까, 더 잠재력이 높으니까 등등 다른 요인 탓으로 돌리기 때문이다. 남성뿐만 아니라 일부 여성도 남녀 사이의 임금 격차가 아예 존재하지 않는다고 주장한다. 그러나 이 격차가 보이지 않는다면 이를 좁힐 수 있다는 희망조차 가질 수 없다. 눈에 보이지를 않는데 도대체 어떻게 문제를 해결한단 말인가.

글래스도어가 7개국에 걸쳐 8254명의 성인을 대상으로 설문조사를 실시한 결과, 다수의 여성과 절대다수의 남성이 자기네 회사에 임금 격차가 없다고 대답했다. 스위스, 캐나다, 프랑스, 영국에서는 남성 열 명 중 한 명 정도가 여성이 남성과 동등한 임금을 받을 자격이 없다고 답했다. 그리고 미국에서는 여성의 임금이 남성보다 적다는 사실을 알더라도 일자리에 지원하겠다고 대답한 여성이 15퍼센트에 달했다. 여성들은 남성들보다 낮게 평가받으리라 예상하고 있었던 것이다.

이러한 수치는 카탈리스트가 야심 차고 의욕 넘치는 경영대학원 여성 졸업생들을 대상으로 연구한 결과와도 일맥상통한다. 남성들과 다를 바 없는 커리어 전략을 채택한 이 여성들은 상사에게 다소 부담스러운 업무도 맡을 준비가 되어 있다고 알렸다. 자신의 포부에 대해서도 분명히 밝혔다. 또한 직속 상사뿐만 아니라 상사의 상사와도 좋은 관계를 유지했다. 그러나 그 어떤 노력도 효과를 발휘하지 못했다. 경영대학원 여성 졸업생들의 임금은 여전히 적었다.

카탈리스트의 회장이자 CEO인 일레인 랭은 이렇게 말했다. "이 연구는 의문을 불러일으킵니다. '여성이 요구를 하지 않는 게 진짜 문제인가, 아니면 남성이 요구를 할 필요가 없다는 게 진짜 문제인가?'"

임금에 대해 침묵하는 문화가 형성되었기 때문에 이 문제는 더욱 복잡해진다. 연봉에 대한 이야기는 터부시되므로 내가 얼마를 벌고 네가 얼마를 버는지 솔직하고 공개적으로 대화하기 힘들다. 협상을 해보려는 여성은 이 때문에 불리해진다. 여성들은 남성 동료들이 얼마를 버는지 알지 못한다. 게다가 돈을 밝힌다거나 탐욕스럽다고 인식될지도 모른다고 생각해 남성들에게 직접 물어볼 용기도 내지 못한다.

일부 고위직 여성들은 이 문제에 대해 팔을 걷어붙이고 나서서 자기 연봉 정보를 젊은 직원들과 공유한다. 여성이 이직을 할 때 더 적은 연봉을 받게 되는 악순환을 끊기 위해 기업이 입사 지원자에게 이전 직장에서 얼마를 받았는지 묻지 못하도록 하는 전략도 주목받고 있다. 매사추세츠, 뉴욕, 필라델피아는 모두 이와 관련된 법안을 통과시켰다. 이러한 조치가 얼마나 효과적일지 판단하기란 아직 시기상조다. 이전 직장의 연봉을 밝히지 않은 여성이 더 낮은 연봉을 제안받는 불이익을 당한 반면, 그러지 않은 남성은 연봉이 인상됐다는 연구 결과도 있으니 말이다.

다행스럽게도 여성뿐만 아니라 남성들도 문제를 제기하며 침묵을 깨고 있다. 연봉 데이터베이스를 공개하는 페이스케일, 샐러리닷컴, 글래스도어 등의 기업은 비슷한 일자리에서 근무하는 다른 사람들의 연봉 정보를 제공해줘 여성들이 공정한 보수를 요구하는 데 든든한 지원군이 되어준다. 제니퍼 로런스, 로빈 라이트, 퍼트리샤 아켓, 스칼릿 조핸슨 등 할리우드 여배우를 비롯한 여성 유명인들도 이 문제를 공개적으로 제기하여 다른 여성들에게 힘을 실어주고 있다.

로런스는 2014년 소니픽처스의 해킹 사건으로 자신이 영화 〈아메리칸 허슬〉에 함께 출연한 남자 배우보다 출연료를 더 적게 받았다는 사실을 알게 되자 이를 공개적으로 비판한 것으로 유명하다. 다른 많은 여성들처럼 그녀는 처음에는 스스로를 탓했단다. 레니레터닷컴에 기고한 글에서 로런스는 이렇게 적었다. "내가 거시기를 달고 태어난 행운아들보다 얼마나 적게 받았는지 알게 됐을 때 소니한테는 화가 나지 않았다. 나에게 화가 났다. 너무 일찌감치 포기해버렸기 때문에 협상을 제대로 못했다…… '까다롭다'거나 '제멋대로'인 사람처럼 보이고 싶지 않았다. 당시에는 그게 맞는 생각 같았지만, 인터넷에 공개된 출연료를 보면서 같이 출연한 모든 남자 배우들은 절대로 '까다롭다'거나 '제멋대로'라는 인상을 줄까봐 걱정할 필요가 없었다는 사실을 깨달았다." 로런스의 비판 이후 다른 여배우들뿐만 아니라 미국 국가대표 여자축구 우승팀 선수들

같은 다른 유명 여성들도 남자 동료들과의 임금 격차에 대해 공개적으로 발언하게 되었다.

할리우드 여배우들이 목소리를 높이는 일은 분명 대의명분에는 도움이 되나 사실 이들의 출연료는 너무나 어마어마한 액수라 대다수에게는 먼 나라 이야기다. 하지만 이들이 취하는 행동의 배경에 자리한 사고방식은 다른 여성에게도 적용된다. 이들은 모두 자신의 주장을 뒷받침하기 위해 관련 데이터를 인용했다. 이와 같은 전략은 직업의 종류나 직급의 고하와 관계없이 어떤 여성이든 활용할 수 있다. 다수의 여성들이 연봉 협상을 시도한다면 더이상 '요구하기 곤란하다'고 생각지 않을 것이다.

최근 언론계 여성들을 위한 조찬 모임에 패널로 참가하여 급여와 승진을 둘러싼 문제 및 관련 연구에 대해 토론했다. 청중석에 앉아 있던 한 젊은 여성이 다음날 연락해왔다. 행사에 참석한 후 직장으로 돌아간 그녀는 연례 인사고과 결과를 받았다. 업무 능력을 극찬하는 말과 함께 너무나 보잘것없는 인상액이 적혀 있었다.

줄곧 그랬듯이 실망감을 삼키고 단념하는 대신 그녀는 항의를 했다. 자신이 기여하는 바에 비해 적절하지 못한 연봉을 받고 있다며 패널 토론을 보고 알게 된 사실과 자기보다 높은 연봉을 받는 남성 동료들에 대한 정보를 모아서 제시했다. 그녀의 상사들은 지체 없이 더 넉넉한 급여를 제시했다.

스물여섯 살의 광고사 직원 클레어 클레머는 연봉 협상에서 이와 비슷한 전략을 사용하여 거의 2만 달러를 더 받아냈다. 새로운 회사에서 입사 면접을 보다가 기대 연봉이 얼마냐는 질문을 받았을 때, 본능적으로는 "주시는 대로요"라는 답이 떠올랐다. 하지만 그렇게 말하고 싶은 마음을 꾹 누르고 현재 연봉보다 약 1만 달러 더 높은 7만 5천 달러를 불렀다. 2차 면접을 보면서 그 회사가 꼭 자신을 채용하고 싶어한다는 사실을 눈치채고 연봉을 더 올려 8만 달러에서 8만 5천 달러 사이를 제시했다. 클레머는 훗날 이렇게 설명했다. "제가 전달하고자 했던 바는 이랬습니다. 8만 달러 정도면 제안을 받아들이겠지만, 얼마나 저를 채용하고 싶은지 확실히 보여주고 싶다면 약간 더 얹어주세요." 8만 달러를 제안받자 그녀는 심호흡을 크게 하고는 한 번 더 밀어붙였다. "8만 2천 달러로 해주시면 당장 달려가서 곧바로 일을 시작하지요." 클레머는 너무 강경하게 나간 게 아닐까 걱정했다. 하지만 10분 후 한마디가 쓰인 답장을 받았다. "좋습니다."

다만 이 전략은 클레머 본인의 생각이 아니었다. 그녀는 구직과정 전반에 걸쳐 전문가의 조언을 받았다. 바로 클레머의 남자 친구였다. 그는 그저 클레머에게 자기라면 당연하게 사용했을 협상 요령을 알려줬을 뿐이었다. 남자 친구가 조언을 해주고 더 많이 요구하라고 떠밀지 않았다면 절대 혼자서 그러한 결과를 얻지 못했을 것이라고 그녀는 인정했다.

이 사례로 왜 남성을 여성의 조력자로 삼는 게 그토록 중요한지 알 수 있다. 남녀가 서로 척을 지는 대신 손잡고 협력하면 성별에 따른 격차는 사라질 수 있다. 클라우드 컴퓨팅 기업인 세일즈포스는 이를 실현했다. 세일즈포스의 최고경영자 마크 베니오프는 두 여성 직원이 직접 찾아와서 현실을 이야기해주기 전까지만 해도 여성 직원들에게 공평하게 급여가 지급되고 있다고 생각했다. 그들의 문제 제기에 세일즈포스는 남녀 임금 격차에 대한 전면적인 감사를 실시했다. 그 결과, 2016년에 임금 격차를 바로잡기 위해 300만 달러에 달하는 추가 급여를 직원들에게 지급했으며, 1년 뒤 추가로 300만 달러를 더 지급했다.

베니오프는 자사의 남녀 임금 격차를 외부에 공개했다. "시간을 되돌려서 회사를 설립할 때부터 성평등 문제를 기업문화에 정착시켰더라면 얼마나 좋았을까요." 베니오프는 CNN과의 인터뷰에서 포피 할로에게 유감스럽다는 듯이 말했다. "모든 CEO는 남성과 여성 직원에게 동등한 연봉이 지급되는지 살펴보아야 합니다. 모든 CEO가 오늘 당장이라도 시작할 수 있는 일이죠."

결국 이것이 가장 효과적인 접근방식일지 모른다. 사실 정말 진지하게 남녀 간의 임금 격차를 좁히려고 한다면 취할 만한 조치는 분명히 있다. 각 기업의 직원 연봉 공개를 의무화하면 된다. 침묵에 가려진 성별에 따른 임금 격차 문제를 양지로 끌어내서 꼭 필요한 관심을 받게 하는 일이야말로, 남녀를 불문하고 모든 사람을 위한 변화를 지금 당장 일으킬 수 있는 길이다.

미국 내 거의 절반 정도의 주에서 이런 맥락의 법안을 도입했다. 그중 하나인 캘리포니아주에서는 '대체적으로 비슷한' 업무를 하는 남성과 여성에게 동일한 급여의 지급을 의무화하는 공정임금법을 통과시켰다. 인텔, 애플, 세일즈포스, 스페이스X 등의 기술 기업은 물론, 갭 주식회사 같은 소매 기업도 임금 격차에 대한 감사를 진행하여 그 결과를 공개했다.

오바마 대통령도 유사한 연방 법안을 도입했지만, 기업 경영자들이 데이터 수집에 비용이 너무 많이 든다고 불평하자 트럼프 정부에서는 이 법안 외 다른 성평등 조치들을 모두 철폐하여 원상 복귀시켰다.

트럼프 정부의 최고위 참모 중 사분의 삼이 남성이며, 트럼프 대통령 취임 후 1년 동안 백악관 남녀 직원의 임금 격차 중앙값은 세 배 이상 증가하여 37퍼센트에 달하게 되었다는 사실도 주목할 만하다.

다른 나라에서도 임금 격차 감사는 매우 효과적인 것으로 드러났다. 캐나다 퀘벡주에서 공정임금법안이 도입된 후, 퀘벡주 몬트리올에 위치한 맥길 대학에서 이천백 명의 전현직 직원들이 지나치게 낮은 임금을 받았다는 사실을 알게 돼 이 격차를 메우기 위해 최소 1900만 달러 이상을 지급했다. 오스트리아, 벨기에, 영국도 유사한 법안을 통과시켰다. 2015년 이 법안이 통과되자 당시 영국 총리였던 데이비드 캐머런은 임금 격차 공개가 "변화를 위해 꼭 필요한 압력으로 작용하여 여성의 임금을 상승시키는 효과를 가져올 것이다"라고 언급하기도 했다.

실제로 2017년에 BBC가 연봉 데이터를 공개하자 가장 출연료를 많이 받는 사람들이 대부분 백인 남성이라는 사실이 밝혀져 격렬한 항의가 일어났고, 테리사 메이 총리에게도 동일임금에 대한 요구가 빗발쳤다. 컨설팅 기업인 PwC 영국 지사에서 다양성 및 포용 부서 책임자로 일하는 세라 처치먼의 말에 따르면, 그보다 몇 년 전인 2014년에 PwC가 자발적으로 영국 지사의 성별 임금 격차

데이터를 발표하자 그 숫자를 대대적으로 공개만 했을 뿐인데도 격차를 줄이기 위한 "엄청난 내부적인 움직임이 일어났다"고 한다. 당혹스러운 수치를 공개하여 모두가 볼 수 있게 하는 것은 분명 효과적이며, 이 문제를 해결하는 데 강력한 동기부여 요인이 된다.

PwC의 분석에 따르면 15.1퍼센트에 달하는 사내 남녀 임금 불균형은 대부분 상위 직급에 여성의 수가 부족해서다(영국 전역에서의 남녀 임금 격차는 19퍼센트 이상이다). 그후 PwC는 파트너 직급으로 승진하는 여성의 비율을 두 배로 늘렸다.

PwC 경영진은 성과급체계 역시 남성에게 유리하다는 사실에 깜짝 놀랐다. 분석 결과, PwC는 파트너 직급으로 승진하지 못한 남성 직원들이 회사를 그만두지 않도록 정례적으로 근속 보너스를 제공했다. 여성들은 이런 보너스를 받지 못했다. 남성은 승진에서 미끄러질 경우 회사를 그만두겠다고 위협하는 경우가 많은 반면, 여성은 대개 머리를 낮추고 더 열심히 일하기 때문에 이런 차이가 발생했다고 처치먼은 믿는다. 남녀의 이러한 행동 차이는 상당히 익숙한 현상이다. 퇴짜를 맞으면 남성은 보통 자기가 옳고 누가 자신을 거절했든 간에 그가 틀렸다고 생각한다. 그와 반대로 여성은 거절당할 경우 자신에게 심각한 문제가 있다고 여기며, 이를 극복하기 위해 더욱 노력해야 한다고 생각한다.

여성뿐만 아니라 어느 정도는 이와 비슷한 장벽을 맞닥뜨리는 내성적인 남성, 소수자, 그리고 그 외 소외받는 계층을 위해서도 투명성이 확보되어야 한다는 주장은 충분히 설득력 있다. 예를 들어 흑인 남성은 백인 남성보다 임금을 적게 받는다. 그러나 『하버드비즈니스리뷰』의 분석을 통해, 교육 수준이 맞춰지면 흑인 남성도 백인 여성 및 흑인 여성보다 더 많은 임금을 받는다는 사실이 밝혀지기도 했다.

남녀 임금 격차를 줄이는 데에는 물론 많은 비용이 든다. 하지만 충분히 그만한 투자를 할 가치가 있다는 증거도 있다. 우선 오늘날 대기업 중 약 20퍼센트가 무의식적인 편견을 인식시키기 위해 직원들에게 교육을 제공하며, 의도치 않은 차별을 뿌리 뽑기 위해 수십억 달러의 돈을 지출하고 있다. 임금 분석 비용을 지불하는 게 훨씬 저렴할 뿐만 아니라 효과도 확실하다. 또한 급여를 보다 공개적으로 논의할 경우 직원들의 애사심이 커지고 이직률이 낮아진다는 연구 결과도 있다.

뿐만 아니라 남녀 격차를 줄이면 장기적으로 여러 가지 재정적인 이익이 뒤따른다. 타파웨어부터 킴벌리클라크까지 다양한 기업의 사례에서 살펴보았듯이, 업무팀에 여성 직원을 투입하면 좀더 현명한 의사결정을 내릴 수 있으며 재무 성과도 개선된다. 팔백 개 기업을 대상으로 분석한 결과, 상대적으로 여성 직원이 많은 소매업체들은 경쟁사에 비해 46퍼센트 정도의 매출 상승을 기록했으며 여성 직원이 많은 서비스업체는 여성 직원이 적은 서비스업체보다 58퍼센트나 높은 순이익을 기록했다. 경제학자들은 단순히 여성에게 동일임금을 지불하는 것만으로도 미국 경제에 4조 3천억 원의 경기 부양 효과가 있으리라 추산한다.

❦

내가 몸담은 언론계는 너무나도 느리게 남녀 임금 격차가 줄어들고 있다. 월스트리트저널의 말단 기자이던 1991년에 기자와 편집자들을 대표하는 사내 노조의 분석 결과에 따르면, 당시 여성 직원들의 급여는 남성 동료들의 76퍼센트 수준에 불과했다. 그로부터 정확히 25년이 지난 2016년에 비슷한 분석을 실시한 결과, 여성 직원은 여전히 남성 직원이 1달러를 벌 때 85센트도 못 버는 것으로 드러났다.

다른 뉴스 보도 기관에서도 비슷하게 냉혹한 결과가 나왔다. 예를 들어 워싱턴포스트사의 2016년 연봉 분석 결과를 살펴보면 남성 직원이 1달러를 벌 때마다 여성 직원은 83센트밖에 벌지 못했다.

아이러니하게도 여성들은 남성들만큼, 아니 일부의 경우 그보다 더 직장에서 성공했음에도 불구하고 자신보다 타인을 옹호할 때 무척 적극적으로 나선다. 아마도 이러한 행동이 여성에게 기대하는 '바람직한' 행동 양식과 일치하기 때문인 듯하다. 이타심과 타인을 보살피는 마음가짐이 이런 식으로 나타나는 것이다.

내 경험에 비추어보아도, 나 역시 다른 사람들을 위해 나서고 동료들의 연봉 인상이나 승진을 위해 싸우는 걸 언제나 자랑스러워했다. 나 자신을 위해 그러는 건 매우 꺼렸음에도 말이다. 타인을 위한 일에는 전사가 되지만 자신을 옹호할 때에는 겁쟁이가 되는 사람은 나밖에 없다고 항상 생각해왔다. 알고 보니 그런 사람은 너무나 많았다. 전부 여자였지만 말이다.

한 연구에서는 남성과 여성에게 일자리 제안에 대한 조건을 협상하도록 했다. 참가자들 중 절반은 스스로를 위해 협상했고 나머지지 절반은 친구를 위해 협상했다. 여기서 드러난 남녀 간의 차이는 너무나 놀라웠다. 남성의 경우 누구를 위해서 협상하느냐는 문제되지 않았다. 대상에 관계없이 이들은 평균 초봉을 4만 9천 달러로 협상했다. 여성의 경우, 친구를 위해서 협상할 때는 남성과 마찬가지로 4만 9천 달러의 초봉을 요구했다. 그러나 자기 자신을 위해 협상을 할 때에는 꿰다놓은 보릿자루가 따로 없었다. 여성들은 고작 평균 4만 2천 달러, 즉 남성보다 거의 17퍼센트 낮은 초봉을 요구했다. 경력이 풍부한 남성 및 여성 경영자들을 대상으로 이뤄진 비슷한 연구에서도 결과는 마찬가지였다.

몇 건의 다른 연구에서는 여성이 다른 사람을 위해 협상에 임할경우 남성보다 오히려 협상 결과가 좋다는 결론이 나왔다. 그중 한연구에서는 학생들에게 특정 업무에 대한 대가로 자신이 돈을 얼마나 받아야 하는지, 또는 동일한 업무에 대한 대가로 다른 사람은얼마나 받아야 하는지 물었다. 여학생들은 타인에게 자신보다 무려48퍼센트나 높은 보수를 지불했다. 반면 남성들은 자신보다 타인에게 20퍼센트 낮은 보수를 지불했다.

나는 여성들에게 승진이나 연봉 인상을 요구할 때에는 자기 자신이 아니라 다른 사람을 위해 행동한다고 상상하라고 조언하곤한다. 자기 일이 아니라 제삼자의 일이라고 생각하라고 말이다. 그사람의 자격 요건은 어떤가? 그 사람은 연봉을 인상해줄 만한가?어떤 식으로 설득력 있게 주장하겠는가? 대다수 여성은 이러한 모든 질문에 대해 쉽게 대답을 내놓는다.

이 영리한 전략을 내가 고안했다고 여겼다. 하지만 알고 보니 이미 존재하던 방법을 재발견한 것이었다. 과학자들은 예전부터 이러한 접근방식을 기록해뒀다. 어떤 연구를 보니 학생들에게 자기가 받을 돈을 요청하는 편지 또는 다른 사람을 대신하여 돈을 요청하는 편지를 쓰도록 했다. 여학생들은 자기 자신을 위해 요구할 때는 남성보다 적은 금액을 적었지만, 타인을 대변할 때에는 남성보다 더 많은 금액을 요구했다.

무척이나 당혹스러운 결과지만 해결책에 대한 실마리를 던져주기도 한다. 이로써 남녀 임금 격차를 해결하기 위한 핵심 열쇠가 분명하게 드러난 셈이다. 여성들에게 주변 여성들을 위해 목소리를 높이고, 친구와 동료에게 자신을 대변하여 보다 적극적으로 나서자고 촉구해야 한다. 많은 남성들이 이미 이러한 노력에 동참하고 있다. 이베이의 글로벌 고객서비스팀을 이끌었던 스티브 뷤은 여성 팀원들이 다른 자리로 옮길 때 연봉 인상을 위해 적극적으로 협상하도록 독려했다.

"그렇다고 해서 항상 요구하는 바를 얻어낼 수 있는 건 아닙니다." 뷤은 그러면서도 연봉 협상을 할 때 "일방적인 통보는 삼가려고 노력한다"고 했다.

〰

승진의 경우에도 상황은 놀라울 정도로 대동소이하다. 남성들은 준비가 되어 있건 아니건 간에 중요한 자리에 여성보다 훨씬 많이 지원한다. 한 고위 경영자가 말하기를 특정 직급의 자격 요건이 다섯 가지라고 하면 여성은 그중 네 가지를 충족해도 좀처럼 지원하지 않으나 "남성은 다섯 가지 중 하나만 충족하더라도 '제가 해보겠습니다!' 하고 손을 번쩍 든다"고 한다.

심지어 가장 야심 찬 여성이래도 마찬가지다. IBM의 CEO 버지니아 로메티는 직장생활 초반에 승진을 제안받았지만 "글쎄요, 저는 아직 그 일을 맡을 준비가 안 된 것 같아요"라고 대답했단다. 그녀는 그날 밤 집에 가서야 이 문제를 재고해보았고, 남편에게 남자라면 절대 그런 식으로 생각하지 않을 것이라는 조언을 들었다.

수년간 나 역시 이러한 현상을 접했다. 관리자로서 누군가가 승진을 고사하면 정말이지 당황스럽다. 경험상 그 누군가는 백이면 백 여성이다. 누구나 탐내는 자리에 결원이 생기면 많은 남성이 지원을 한다. 개중에는 터무니없이 자격이 부족한 남성들도 있다. 하지만 이런 남성들조차 충분한 자격과 능력을 갖춘 여성들보다 훨씬 빠르게 출세한다.

여기서 의문이 발생한다. 여성들은 왜 그렇게 손을 들고 앞에 나서기를 주저하는 걸까? 심지어 여성이 사회에 첫발을 내디뎠을 때는 오히려 남성보다 더욱 야심만만하다는 여러 건의 연구 결과도 있는데 말이다. 베인앤드컴퍼니의 조사에 따르면 직장생활 초기에 최고경영자를 목표로 삼는 여성의 비율은 43퍼센트에 달하는데 남성의 경우에는 이 비율이 34퍼센트에 불과하다. 그러나 2년 내에 여성의 비율은 16퍼센트로 급감하는 반면 남성의 비율은 변하지 않는다.

보통은 여성들이 직장보다 가족에 초점을 맞춰서라거나 자신감이 부족해서라고 해석한다. 그러나 조사에 응답한 여성들은 그보다 더욱 골치 아픈 요인을 꼽았다. 적절한 롤모델이 없고, 조직에 좀처럼 적응하지 못하며, 대다수가 남성인 상사들에게 제대로 지원받지 못한다고 했다. 이 세번째 요인이 아마도 가장 중요한 요인일 듯하다. 상사의 지원처럼 누군가가 든든하게 뒤를 지켜준다고 믿는 일은 대단히 중요하다. 그게 없다면 여성은 손을 들고 나설 가능성이 적어질 뿐만 아니라 승진 대상으로 고려될 가능성도 낮아진다.

남녀를 막론하고 상사라면 누구나 여성 직원들을 처음부터 적극적으로 대화에 참여시켜야 한다. 여성들이 얼마나 자주 중요한 논의에서 배제되는지 알면 아마 깜짝 놀랄 것이다. 무슨 사악한 성차별주의 음모론이 존재해서가 아니라 상사들이 남성 직원을 대할 때와 달리 여성 직원에 대해 제멋대로 넘겨짚기 때문이다.

가끔씩 아주 좋은 기회가 찾아왔을 때 어떤 상사가 능력 있는 여성 후보자를 추천하면 다른 상사들이 머리를 좌우로 가로저으며 "그녀는 절대 하고 싶지 않다고 할 겁니다"라고 말한다. 그러면서 그녀는 얼마 전에 아이를 낳았으니까, 그녀는 이사하지 않을 테니까, 그녀는 출장을 싫어하니까라며 온갖 이유를 대는 모습을 오랫동안 지켜봤다.

추천에 대한 올바른 반응은 이렇다. "우선 그녀에게 물어봅시다. 본인이 직접 결정하게 하죠." 그 여성 직원은 자신이 이러한 대화에서 화제에 올랐으며, 좋은 기회를 잡을 만한 후보로 고려된다는 걸 알아야 한다. 설령 기회를 잡지 않더라도 말이다. 킴벌리클라크는 보다 많은 여성을 고위 임원으로 채용한 이후 이 정책을 도입했다. 절대 새로운 기회를 잡기 위해 다른 지역으로 이사하지 않을 것이라고 섣불리 가정했던 직원 중 절반 이상이 기꺼이 제안을 수락했다.

그러나 현실에서는 이러한 정보가 본인에게 전달되지 않는 경우가 비일비재하다. 여성은 간과되고 냉대받는다고 느낀다. 맥킨지와 린인 재단이 삼만 명의 남녀 직장인을 대상으로 실시한 조사를 보면 과반수 이상이 자기네 회사가 능력주의를 바탕으로 움직인다고 생각하지 않았으며 여성 중 25퍼센트가 성별이 발목을 잡는다고 믿었다. 또한 이 조사를 통해 조직 내 모든 직급에서 여성의 승진 확률이 남성보다 15퍼센트 낮다는 사실도 밝혀졌다.

촉망받는 여성들에게 힘이 되어줄 멘토가 부족하다는 사실도 중요한 문제다. 여성들은 조언을 해줄 수 있는 멘토가 성공에 얼마나 중요한지 귀에 못이 박이게 듣는다. 그 결과 멘토가 성공을 위한 일종의 공식처럼 여겨진다. 사실상 오랜 기간 멘토에 대해 너무 자주 듣다보니 멘토 찾기가 직업상의 의지처럼 작용하기도 한다. 셰릴 샌드버그의 말처럼 "멘토를 찾아 헤매는 일은 직장생활을 하며 백마 탄 왕자님을 기다리는 것이나 다름없다".

안타깝게도 백마 탄 왕자님이 실제로 나타나는 경우는 극히 드물다. 남자 상사들은 여자 부하 직원들과 지나치게 가까워지는 일을 극도로 꺼리며 그 반대도 마찬가지다. 남성 임원과 전도유망한 여성 부하 직원 사이의 관계는 직장 내 인간관계 중에서도 가장 까다로운 축에 속한다. 사실 직급이 높은 남성 임원이 촉망받는 남성 부하 직원과 친밀한 관계를 맺고 멘토 역할을 해주는 사례는 무척 흔하다. 남자 둘이라면 퇴근 후에 맥주도 한잔할 수 있다. 출장을 함께 간대도 아무도 의심하지 않는다. 그러나 젊은 여성 직원에게 멘토 역할을 해주는 남성 상사는 일거수일투족을 조심해야 한다. 이를 석연치 않게 바라보기 때문이다. 데이트처럼 보이거나, 설상가상으로 남성이 기혼자라면 더 고약해진다.

한 연구에 따르면, 남성 고위 임원 중 64퍼센트가 '직급이 낮은 여성 직원과 단둘이 회의하기를 꺼리며' 여성 부하 직원의 절반가량도 비슷한 생각을 가지고 있다. 여성 직원들도 '상사와의 그러한 접촉을 피하고자 한다'. 오천 명 이상의 성인을 대상으로 한 조사에서는 여성의 과반수와 남성의 절반 가까이가 배우자 외의 이성과 저녁식사를 하거나 술을 마시는 것이 '부적절한 행동'이라고 응답했다. 세 군데의 유명 경영대학원에서 진행한 또다른 조사를 보면 교수들이 여학생이나 소수집단 학생보다는 백인 남학생의 멘토가 될 확률이 훨씬 높은 것으로 드러났다.

또한 유잉 매리언 카우프만 재단의 연구원들이 삼백오십 명의 여성 기업가들을 인터뷰했을 때 '손쉽게 조언을 구할 사람의 부재'를 커리어 발전의 가장 큰 걸림돌로 꼽은 응답자가 과반수였다. 그러니 여성들이 멘토에게 좀처럼 다가가지 못하는 듯한 것도 어쩌면 당연한 일이다. 삼천 명 이상의 직장인 및 대학생 연령 여성을 대상으로 설문조사를 실시한 KPMG에 따르면, 절대다수의 여성이 멘토를 찾아가거나 상급 관리자에게 상담을 요청할 자신이 없다고 답했다.

반면 남성에게는 이러한 장벽이 없다. TV제작자인 글렌 마자라의 말대로, 전도유망한 남성 직원들의 경우 "'남자들끼리의 유대감'을 이용하여 (상급직) 남성과 어울리고 눈도장을 찍으며 직장 내에서 자신의 위상을 높인다". 마자라에 따르면 남자 상사들이 "이를 눈치 못 챌 리 없고, 따라서 상사는 남성 직원의 그러한 접근을 아예 막거나 여성 직원도 그렇게 다가오게끔 허용해야 한다".

심지어 여성이 멘토를 잡는다 해도 이들은 남성에게 훨씬 실질적인 도움을 준다.

일반적으로 여성의 멘토는 조언을 해주는 데서 그치지만, 남성의 멘토는 승진하게끔 끌어주거나 새로운 직책을 마련해주는 등 후원자 역할을 한다. 멘토냐 후원자냐는 엄청난 차이다. 그리고 이는 남성에게 절대적으로 유리하게 작용한다.

이러한 멘토의 함정을 극복할 만한 방법이 있긴 하다. 하버드대의 프랭크 도빈 교수는 30년에 걸쳐 829개 기업의 다양성 프로그램을 조사한 후, 다양성 교육은 "처참하게 실패했다"고 결론 내렸다. 그는 "강제로 다양성 프로그램에 참여시키고, 참여하지 않는 경우 벌을 내리는 방식으로는 제대로 동기부여를 하기가 불가능하다"라고 주장했다.

도빈 교수는 이렇게 문제점을 지적하면서 기업들이 편견을 타파하고 여성과 소수집단을 성공으로 이끄는 세 가지 방법을 구체적으로 제시했다. 특히 공식적인 멘토링 프로그램은 눈에 띄는 차이를 만들어낸다. 개별 조직 차원에서 공식적인 멘토링 프로그램을 도입 및 운영할 경우, 남성과 여성이 부담감이나 어색함 없이 서로 도움을 주고받을 수 있다. 뿐만 아니라 공식 멘토링 프로그램은 멘토와 멘티 모두에게 성취해야 할 공통 목표를 제시하며, 이 목표는 조직 내 다른 직원들에게도 명확하게 공유된다. 멘토 제도가 ID 카드나 구내 식당의 특식 메뉴처럼 시스템화되어 있으면 뒤에서 쑥덕거리거나 좋지 않은 소문을 퍼뜨리기가 훨씬 어려워진다.

도이치은행은 왜 많은 여성 임원들이 경쟁사로 빠져나가는지 자세히 분석한 후 이러한 멘토링 프로그램을 도입했다. 그녀들은 현재 자리에서 막다른 골목에 부딪혔다고 느껴 떠난 것이었기 때문이다. 도이치은행은 새로운 프로그램을 도입하여 각 여성에게 멘토 역할을 해줄 간부급 임원을 지정해준 후 이들에게 분명한 과제를 부여했다. 그 결과, 프로그램 참가자 가운데 삼분의 일이 1년 내에 승진을 했다.

썬마이크로시스템스는 유사한 프로그램을 도입하는 과정에서 이러한 프로그램이 멘티만큼이나 멘토에게도 유익하다는 사실을 발견했다. 7년간 프로그램을 시행하며 멘토와 멘티의 이직률이 모두 크게 낮아져 회사 입장에서는 대체 인력의 채용과 교육에 투자해야 하는 비용 670만 달러를 절약할 수 있었다. 다른 기업들도 썬이나 도이치은행과 마찬가지 성과를 얻었다. 카탈리스트의 분석에 따르면 공식 멘토링 프로그램을 통해 멘토를 찾은 여성들은 스스로 멘토를 찾은 여성들보다 승진률이 50퍼센트나 더 높았다.

심지어 공식 프로그램이 없더라도 유망한 젊은 직원들을 멘토링하는 여러 가지 방법이 있다. 전원 남성이었던 나의 멘토들이 썼던 방법을 소개해보겠다. 멘토와 멘티의 관계는 사회적 교류를 통해 한 단계 발전하는 경우가 상당히 많다. 나의 멘토들은 아주 현명하게 이 문제를 우회하는 방법을 찾아냈다. 저녁에 따로 만나거나 함께 골프를 치러 가는 대신(분명히 밝혀두는데 미니 골프가 아니고서야 내 골프 실력은 코스 근처에도 못 갈 만큼 형편없다!), 나의 멘토들은 부부 동반 저녁식사나 비즈니스 오찬, 그리고 내가 출산한 후에는 가족 단위 나들이를 제안했다. 이러한 방식으로 주변의 의아한 시선이나 수군거림을 받지 않으면서 멘토들과 개인적인 교류를 이어갈 수 있었다.

여성 직원의 이야기를 경청하고 대화에 적극 참여시키는 것도 좋은 출발점이다. 밥 모리츠는 PwC의 뉴욕 지사장으로 부임하면서 '의견 수렴 투어'라 하여 여성의 관점과 남성의 관점 사이의 '미묘한 차이'를 이해하기 위해 여성 파트너들과 저녁식사 자리를 갖기 시작했다. 그는 남성과 여성 모두 야심이 있지만, 특히 여성의 경우 더 높은 자리로 올라가기 위해 다양한 경로와 더 융통성 있는 직장생활, 그리고 골프 모임 말고도 고객과 소통하는 방법을 열망한다는 사실을 발견했다. (무슨 수를 쓰더라도 골프장을 피하고 싶다는 게 나만의 생각은 아닌 게 틀림없다.)

하버드대의 도빈 교수는 공식적인 멘토링 프로그램 외에도 여성들에게 괄목할 만한 차이를 가져올 수 있는 두 가지 해결책을 제안했다. 바로 다양성 관리자와 다양성 전담팀이다. 사내에 이러한 팀이나 담당자를 둘 만큼 이 문제를 신경쓰는 기업이라면 틀림없이 다양성을 높은 우선순위로 다룰 테니 둘 다 의외의 해결책은 아니다. 하지만 이러한 팀은 특별히 투명하게 운영되어야 한다. 직원들이 기업의 목표를 분명히 파악하게 할 뿐만 아니라 실질적인 결과도 볼 수 있게 해야 한다.

대형 회계 및 컨설팅 기업 딜로이트는 유망한 젊은 여성 전문 인력들의 이직률이 걱정스러울 정도로 높아지자 1992년에 처음으로 이러한 전략을 시도했다. 딜로이트의 신입사원 중 절반은 여성이지만 대부분 파트너 직급에 오르기 전 회사를 떠났다. 그래서 딜로이트는 내부 전담팀을 신설하여 모든 부서에서 여성 직원 채용 및 근속 현황과 개선 여부를 모니터링하도록 의무화했다. 그 결과 2015년이 되자 여성 파트너의 비율이 5퍼센트에서 21퍼센트로 증가했다.

바로 그해에 캐시 엥겔베르트는 딜로이트의 첫 여성 CEO로 임명되었다. 엥겔베르트가 도입한 제도 가운데 가장 돋보이는 것은, 출산한 여성 직원의 경우 최대 반년, 그 외 직원의 경우 최대 16주간 쓸 수 있는 유급 육아 휴가 제도였다. 그녀는 딸의 농구 경기에서 감독을 맡아 조퇴하면서 이를 모든 직원에게 당당히 밝힌다.

엥겔베르트는 인터뷰에서 이렇게 말했다. "제게는 여성 롤모델이 아무도 없었습니다." 유명 글로벌 기업의 주목받는 CEO 자리에 오르고서야 그녀는 자신이 다른 여성들의 롤모델이 될 수 있다는 사실을 깨달았다. "롤모델이 존재한다는 게 다른 여성들에게 얼마나 중요한 의미인지 알게 되었을 때 정말 놀라웠어요. 그야말로 큰 깨달음을 얻은 순간이었지요."

엥겔베르트의 사례를 통해 고위 경영진이 그저 말만 번지르르하게 앞세우는 것보다 진심으로 직장 내 성평등의 모든 가치를 믿는 일이 얼마나 더 중요한지 잘 알 수 있다. 경영자들은 다양성 목표, 그리고 여성에 대한 헌신을 기회가 될 때마다 큰 목소리로 피력해야 한다. 그다음에는 그걸 실천해야 한다. 맥킨지와 린인 재단이 백 개 이상의 기업을 조사했을 때 절대다수가 성별 다양성은 CEO의 최우선 과제라고 응답했다. 하지만 실제로 그에 동의하는 직원들은 절반도 되지 않았다.

관리자들이 활용할 만한 너무나 간단하면서도 효과적인 전략이 또하나 있다. 결원이 생길 때마다 다양한 배경의 후보자를 고려하는 것이다. 미국 프로미식축구리그NFL에서 흑인 감독은 덜 채용되면서 더 많이 해고된다는 충격적인 보고서가 2002년 공개된 후, NFL은 당시 NFL다양성위원회의 의장이었던 전 피츠버그 스틸러스의 구단주 댄 루니의 이름을 따서 루니 규정을 도입했다. 이 규정을 보면 NFL에서 감독 또는 다른 주요직에 자리가 났을 때 반드시 소수집단 출신 지원자들의 면접을 실시하도록 명기하고 있다.

그렇다면 일반 기업에서도 여성과 소수집단 출신 지원자들에게 루니 규정을 적용하면 어떨까? 기술 기업 임원인 스티브 뵘은 이베이에서 근무할 때 실제로 이러한 전략을 도입했다. 이베이는 직원 중 거의 절반이 여성이지만 고위 임원들 가운데 여성의 비율은 삼분의 일도 되지 않는다. 그래서 공석이 생겼을 때 뵘은 기업 채용 담당자들에게 여성 후보자를 추천하도록 의무화했다.

언뜻 너무나 당연한 일처럼 여길지 모른다. 하지만 현실은 그렇지 않다. "채용 담당자에게 다양한 배경을 가진 후보자를 추천해달라고 특별히 요청하지 않으면 채용 담당자들은 자기네가 익히 보아온 유형의 사람들, 즉 면접관과 아주 비슷한 사람들을 데려옵니다." 뵘은 말을 이었다. "상급 임원 자리에 공석이 났는데 몇 달이 지나도록 마땅한 여성 후보자를 단 한 명도 추천하지 않더군요. 우리는 말 그대로 채용 절차를 전면 중단하고 채용 담당자에게 이를 알려야 했습니다."

이 모든 해결책은 남성과 여성이 서로 힘을 합쳐 동일한 목표를 향해 나아가기 위함이다. 남성 대 여성의 대결 구도가 아니다. 남성들 역시 나설 필요가 없는 싸움에 억지로 끌려들어간다는 생각을 버려야 한다. 그리고 앞서 소개한 모든 전략을 추진할 때, 경영진은 이러한 노력을 충분히 인지하는 한편 모두가 다양성 목표를 이해하게끔 이를 강조해야 한다. 또한 다양성이 인센티브 제도에 체계적으로 자리잡는다면 훨씬 더 효과적이다. 잘했다며 어깨만 툭툭 두드리기보다는 수치화가 가능하고 성공할 경우 금전적 보상으로 이어지는 구체적인 목표로 정착시키는 것이다.

이 모든 방법과 전략은 하나의 화두로 귀결된다. 다름아닌 신뢰다. 특히 여성들은 신뢰 부족을 나타내는 행동을 자주 접하며 남성들보다 덜 존중받는 환경에 익숙하다. 그렇기에 여성은 연봉 인상이나 승진을 위해 적극적으로 나서지 않는다. 여성은 윗사람들에게 지원과 신뢰를 받는다고 느끼지 않는다.

상사가 여성 직원들의 판단을 신뢰하고 그들의 기여도를 높게 평가한다는 사실을 주변 사람들에게 확실히 보여주는 한편, 그들이 업무를 제대로 수행하게 자율성을 보장해주는 일이 얼마나 중요한지는 아무리 강조해도 부족하다. 물론 여성 직원들은 전혀 다른 방식으로 업무를 처리하거나 실수를 할 수도 있다. 하지만 그들이 좋은 성과를 올리고 더욱 발전하며 실수에서 교훈을 얻기 위해서는 상사가 자신을 믿는다고 느껴야 한다. 사실 우리 모두가 그렇듯이 말이다.

부하 직원들을 신뢰하며 분명한 비전을 제시하고 이를 거듭해서 강조하는 상사 밑에서는 모든 사람이 같은 배를 타고 같은 방향으로 노를 젓는 환경이 조성된다. 이러한 환경에서는 남성뿐만 아니라 여성들도 승진 후보로 나서기를 주저하지 않으며, 조직이 밝은 미래를 향해 가는 데 보다 적극적으로 힘을 보태게 된다.

༄

여성은 성별에 관계없이 동일임금과 승진이라는 대의명분을 위해 많은 노력을 해왔지만 남성들이 그 짐을 나눠 지지 않는다면 결코 완전한 평등을 이룰 수 없다. 이 대의명분을 위해 직접 발 벗고 나선 남성들은 다양한 동기부여 요소를 언급했다. 각자 자신만의 독특한 계기로 현재의 자리에 다다랐다고 말이다.

자신도 모르는 사이에 유명한 성평등 조치에 박차를 가한, 로리 어빙이라는 여성이 있다. 사회심리학자이자 워싱턴 주립대 교수였던 어빙은 자존감 연구 분야의 개척자로 평가받았다. 어린 시절 거식증을 경험했던 어빙은 어린 소녀 및 여성들이 접하는 가장 골치 아픈 문제 중 하나, 그러니까 미디어에서 묘사하는 여성상과 식이 장애의 복잡한 관계 그리고 이것이 소녀들의 자아 존중감에 미치는 영향이라는 문제와 관련하여 미국에서 가장 저명한 전문가 반열에 올랐다.

안타깝게도 어빙은 2001년에 미확진 심장질환으로 갑작스럽게 세상을 떠났다. 당시 임신 9개월이었으나 뱃속의 딸도 목숨을 건지지 못했다. 그녀의 죽음은 해당 분야의 급작스럽고도 안타까운 손실이었으며 가족이 받은 충격은 말할 것도 없었다. 특히 그녀의 오빠 블레이크 어빙은 깊은 실의에 빠졌다. 미대 출신으로 타이포그래피를 전공한 블레이크는 샌프란시스코로 향했고, 야후와 마이크로소프트에서 근무하게 되었다.

"여동생은 아주 열정적인 교수였고 성격도 시원시원했지요. 사람을 배꼽 빠지게 만들었어요. 그녀만 있으면 주변 분위기가 확 밝아졌습니다…… 가는 곳마다 시선을 모으는 사람이었달까요" 하고 회상했다. 그녀가 세상을 떠났을 때 그는 "동생이 자기 분야에서 노력했듯이, 저는 제 분야에서 여성의 권한 강화를 위해 최대한 힘을 보태겠다고 동생에게 맹세"했다고 한다.

그녀가 세상을 떠난 후 10여 년이 흐른 2013년, 블레이크는 웹도메인 등록 회사인 고대디의 최고경영자라는 새로운 모습으로 등장했다. 이런 모순이 또 없었다. 고대디는 대다수 미국인들에게 역사상 가장 고약한 성차별주의적 광고를 하는 기업으로 익숙하다. 고대디는 거의 10년 가까이 매년 미식축구 슈퍼볼 경기가 벌어질 때마다 최소한의 옷만 걸친 여성 그리고 대부분의 경우 주변에서 그녀를 얼빠진 표정으로 바라보는 남성들이 등장하는 광고를 방송해왔다. 싸구려와 저질스러움 사이에 경계가 있다면 고대디는 가볍게 그 경계를 뛰어넘은 셈이다.

2011년에는 여성 카레이서 대니카 패트릭이 아무것도 걸치지 않은 듯한 모습으로 나온 광고를 방송했는데 데일리비스트에서는 이를 '가장 성차별적인 슈퍼볼 광고 5'로 꼽았다. 2013년 광고에서는 슈퍼모델 바 레파엘리가 '월터'라는 이름의 너드와 요란하게 소리를 내며 질펀하고 노골적으로 길게 키스하는 장면을 민망하기 짝이 없게 클로즈업해서 보여주었다. 그나마 이 광고도 방송국 심의에서 부적절하다고 두 차례나 반려된 후 겨우 통과한 것이었다. 고대디 광고에 엄청난 반발이 일어나 고대디를 보이콧하는 '고대디와의 결별 닷컴'이라는 사이트까지 생겨났다.

그러나 여동생에게 다짐한 바를 잊지 않은 블레이크 어빙은 고대디의 기업문화를 바꿔나갔다. 우선 논란의 광고 캠페인을 폐기했다. 그다음 최대한 신속하게 여성 직원들을 채용했다. 고대디는 인턴 프로그램을 통해 기술직 여성의 비율을 14퍼센트에서 40퍼센트로 늘렸지만 회사 전체적으로 보면 여전히 압도적으로 남성 직원이 많았다. 블레이크 어빙은 기술계에 종사하는 여성들의 애환을 다룬 다큐멘터리 영화 〈성평등을 코딩하라!〉의 제작도 지원했다. 고대디는 여성 이익 단체를 설립하기도 했는데 여기 모여든 수백 명의 회원들 중 거의 절반이 남성이었다.

"내가 페미니스트가 될 수 있을까? 왜 안 되겠어?" 블레이크는 이렇게 되뇌었다.

그후 블레이크 어빙은 여성을 옹호하고, 특히 동일임금을 가장 소리 높이 외치는 남성 경영자가 되었다. 고대디는 남녀 임금 격차에 대한 감사 제도를 도입했을 뿐만 아니라 현재 새로 입사하는 직원들의 연봉을 분석하여 다른 회사에서 이직하는 여성들이 계속해서 낮은 급여를 받지 않게끔 조치하고 있다.

"우리는 이를 '낮은 연봉의 악순환'이라고 부릅니다." 블레이크 어빙은 이전 직장에서 적은 급여를 받던 여성이 다른 회사로 옮길 때 과거의 낮은 기본급을 고스란히 이어가는 현상을 이렇게 일컬었다. "이 문제는 바로잡아야 합니다…… 지금 바로 변화를 일으키고 긍정적인 효과를 이끌어낼 수 있습니다."

고대디의 성차별적인 과거는 좀처럼 떨치기 어려웠다. 2017년 말 은퇴를 계획하던 블레이크 어빙은 계속해서 회의적인 시선을 접했다. 그는 기술계 여성을 위한 대규모 콘퍼런스에서 연설을 한 후 소셜미디어에서 신랄하게 비판을 받았다. 그의 노력을 두고 어떤 이들은 시류에 영합하는 가식적인 행동이라고 치부했다. 그럼에도 불구하고 그는 계속 밀어붙였다.

"남성들의 지지를 확보하고 인식을 고취하지 않는 한 이 문제는 절대 사라지지 않을 겁니다. 한편으로는 여성들이 이 문제를 [스스로] 해결하고 싶어할 것이라 생각합니다. 하지만 여성들을 돕기 위해 노력하는 남성 지지자들을 확보하는 일 역시 매우 중요하지요."

어빙은 천천히, 그러나 착실하게 성별 사이의 간극을 좁힐 수 있다는 걸 보여주는 증거다. 얼마 전 고대디와의 결별 닷컴 웹사이트를 검색해보았다. 이미 사라지고 없었다.

7장

블라인드
오디션:

**편견이
완전히 사라진
세상을
상상하다**

어린 시절부터 절친한 내 친구 멜러니 쿠프친스키는 뛰어난 재능을 지닌 음악가다. 음악 선생님인 멜러니의 아버지는 네 살 때 그녀에게 손바닥만한 아동용 바이올린을 처음 쥐어주었다. 초등학생이 될 즈음, 그녀는 이미 동부 해안 지역을 여기저기 돌아다니며 독주회를 하는 수준에 도달했다.

나도 열 살 때부터 멜러니의 아버지에게 비올라를 배우기 시작했다. 멜러니만큼 재능이 있을 리 없었던 나 때문에 불쌍한 우리 부모님, 형제들, 반려견 스키퍼는 찢어지는 듯한 비올라 소리를 들어야 했다! 하지만 나는 열심히 노력했고, 뛰어난 선생님이었던 멜러니의 아버지 덕분에 멜러니와 그녀의 여동생이자 마찬가지로 바이올린 재능이 뛰어났던 스테퍼니와 함께 현악 4중주단을 꾸릴 정도로 실력이 늘었다.

어린 시절 내내 우리 현악 4중주단은 발길 닿는 대로 돌아다니며 연주를 했다. 박물관, 대학교, 음악 대회장, 병원 등에서 연주를 했다. 어느 날은 전국교사대회에서 유명 작곡가가 우리를 위해 작곡한 사중주곡을 처음으로 선보였고, 다음날은 식민지 시대 의상을 입고 거리 축제의 시끄러운 호객꾼들 사이에서 최대한 악기 소리를 크게 내려고 분투하기도 했다. 주말에는 지역 양로원에서 연주 실력을 연마했는데, 양로원에 사는 어르신들은 우리 머리를 쓰다듬거나 뽀뽀를 해주며 손자 생각이 난다고들 하셨다.

대학에 진학해서도 공부와 대학 오케스트라 활동을 병행했다. 하지만 졸업 후 악기를 내려놓을 수밖에 없었다. 뉴욕에서 기자로 일하다보니 좀처럼 연습할 짬을 내기 어려웠다. 몇 년 뒤 결혼을 하고 아이를 몇 명 낳을 즈음이 되자 내 비올라는 까맣게 잊혀 옷장 깊숙한 곳에서 잠자고 있었다.

한편 멜러니는 프로 음악인이 될 운명이었다. 음대를 졸업한 지 얼마 되지 않았던 1989년에 멜러니는 시카고 심포니 오케스트라의 오디션 기회를 잡았다. 시카고 심포니는 세계적으로 손꼽히는 오케스트라로, 첼리스트 요요마부터 바이올리니스트 이츠하크 펄먼, 〈스타워즈〉의 작곡가 존 윌리엄스까지 세계적으로 이름난 쟁쟁한 음악가들과 협연한 바 있는 곳이다. 현재까지 그래미상을 예순두 차례나 수상했으며 앞으로도 영광은 이어질 것이다.

그 정도의 위상을 가진 다른 교향악단들처럼, 시카고 심포니 역시 과거에는 거의 모든 단원이 남성이었다. 오케스트라가 처음 창설된 1891년부터 지금까지 대부분의 기간 동안 지휘자들은 아는 음악가를 단원으로 선발했다. 마에스트로의 호텔방에서 가볍게 칵테일 한잔 마시는 일을 오디션이라 부르는 경우도 왕왕 있었다.

그러나 1980년대가 되자 시카고 심포니를 비롯한 대다수 유명 오케스트라들의 선발과정은 성차별주의적이라고 비난받았다. 이에 고육지책으로 음악가들이 커튼 뒤에서 연주를 하는 '블라인드' 오디션이 도입되었다. 오디션 무대로 향하기 전, 멜러니는 매우 구체적인 지시사항을 전달받았다. 심사위원들이 그녀를 보지 못하도록 오케스트라홀의 지하실 입구로 입장하라고 했다. 심사위원들이 지원자의 이름을 알지 못하도록 각 지원자에게는 번호를 부여했다. 멜러니는 250명 중 23번이었는데 딱 한 자리 공석을 놓고 250명의 바이올리니스트들이 모여든 것이다! 무대에 설 차례가 되자 멜러니는 커튼 뒤에서 연주를 했을 뿐만 아니라 관객석에서 심사중인 지휘자 게오르그 솔티와 다른 오케스트라 단원들이 하이힐 소리를 듣지 못하게끔 카펫 위를 걸어가야 했다.

뛰어난 연주 실력을 유감없이 발휘한 멜러니는 결국 누구나 선망하는 그 자리를 꿰찼다. 다른 여성 음악가들 역시 오디션에서 합격했다는 소식이 들려왔다. 편견을 없애기 위해 시카고 심포니가 사용한 방법의 효과가 어찌나 놀라웠던지, 경제학자들은 고용 차별 문제를 해결하는 방법을 보다 잘 이해하기 위해 시카고 심포니와 그 비슷하게 블라인드 오디션을 도입한 미국 내 유명 교향악단 네 곳을 집중 분석했다. 1970년대에는 이 다섯 군데 교향악단에서 여성 연주자의 비율이 5퍼센트에도 못 미쳤지만 연구가 진행되었던 1997년에는 25퍼센트로 증가해 있었다. 오늘날에는 이곳의 여성 단원 비율이 50퍼센트에 가깝다.

멜러니는 편견을 없애기 위한 실험을 실제로 경험한 행운아다.

그후 수많은 기업과 경영자들이 시카고 심포니처럼 이상적인 조건을 재현하기 위한 방법을 찾으려 애썼다. 이들은 컴퓨터 연구소나 신경과학 실험실, 틴더와 같은 데이트앱, 코미디쇼 작가들의 작업실, 심지어 악명 높은 엔론사의 금융 스캔들 등을 적절한 도구로 삼아 채용 관련 의사결정을 지극히 합리적으로 도출해낼 올바른 전략을 모색했다.

일부 기업은 시카고 심포니에서 쓴 방법을 사실상 그대로 도입하기도 했다. 블룸버그, 돌비연구소, BBC디지털 등의 기업에서는 지원자들이 입사 시험을 치른 후 성별, 나이, 학력, 이름 등 그 지원자의 신상에 대해서는 전혀 모르는 채용 책임자가 시험 결과를 평가하는 '블라인드 오디션'으로 기술직 직원을 채용하기도 했다.

이러한 기업들이 사용한 오디션 절차는 소프트웨어 사업가인 케다르 아이어가 직접 경험해 고안한 아이디어를 바탕으로 한다. 인도의 한 대학에서 전기공학을 전공한 그는 취업하고 싶은 기술 기업에서 면접 기회를 잡을 수가 없었다. 그들이 지원 요건으로 컴퓨터과학 전공을 내걸었기 때문이다. 그는 자기 코딩 실력이 컴퓨터과학을 전공한 동기들 못지않다고 생각했지만 그가 실력을 증명하게끔 기회를 주는 이는 아무도 없었다. 좌절한 나머지 그는 결국 컴퓨터과학을 전공했다고 거짓말하기에 이르렀다. 그 방법은 효과적이었다. 아이어는 다들 선망하는 직장에서 면접을 보게 되었고 코딩 테스트까지 순조롭게 통과했다. 하지만 안타깝게도 전공을 속였다는 사실이 대학의 진로상담자에게 들통나는 바람에 학교에서 쫓겨날 뻔했다.

아이어의 거짓말은 이렇게 역풍을 맞았지만 한 가지 긍정적인 결과를 낳았다. 이 일을 계기로 그는 소프트웨어로 디지털 및 기술직을 위한 블라인드 오디션을 수행하는 갭점퍼스라는 회사를 2012년 공동으로 설립한다. 지원자들은 온라인으로 입사 시험을 치르며 이때 성별, 나이, 학벌은 공개되지 않는다. 예를 들어 소셜미디어 담당자 자리에 지원하는 사람에게 특정 브랜드의 전몰장병기념일 관련 인스타그램 게시물을 작성하는 과제를 제시하는 식으로 시험이 진행된다. 지원자들의 작업물은 그 작업자를 알 만한 정보가 전혀 첨부되지 않은 채 블라인드 채용을 의뢰한 기업의 채용 책임자에게 전달된다. 그러면 채용 담당자들이 어떤 지원자를 면접에 부를지 결정한다.

이 절차는 여성, 장애인, 소수집단 등 전통적으로 기술 분야에서 좀처럼 찾기 힘든 배경을 가진 지원자들에게 매우 유리하게 작용했다. 아이어의 계산에 따르면 이렇게 블라인드 오디션을 실시할 경우 일반적인 서류 전형에 비해 적절한 자격을 갖춘 지원자들이 면접 기회를 얻을 확률이 네 배나 높았다. 그리고 이렇게 채용된 사람 중 다수가 여성이었다. "우리는 실제 업무 능력보다는 지원자의 배경이나 이력서에 기재된 그럴듯한 간판만 중시하는 비효율적 채용 절차를 개선하고자 했습니다"라고 아이어는 밝혔다.

상당히 고무적인 결과지만 갭점퍼스는 지금까지 타인과의 상호작용이 덜 중요한 기술직에만 초점을 맞춰왔다. 이 분야에 조금씩 발을 들여놓은 다른 기업들 역시 기술직에 주력하기는 마찬가지다.

하지만 대부분의 사람들은 직장에서 어느 정도 타인과 상호작용을 해야 한다. 그리고 한 사람이 조직문화에 얼마나 잘 녹아드는지를 보여주는 '상성'은 비슷한 능력의 지원자들 중에서 딱 한 명을 선택할 때 반드시 고려해야 하는 중요한 요소다. 이에 궁극적인 의문이 생긴다. 블라인드 오디션이 기술직 외에도 효과적일까?

❦

이러한 의문에 대한 대답을 찾으려면 심포니홀이나 실리콘밸리에서 멀리 떨어진 뉴욕으로 날아가 TV 코미디쇼를 집필하는 작가들의 작업실을 들여다보아야 한다.

〈풀 프런틸 위드 서맨사 비〉는 2016년 시작한 풍자 뉴스 프로그램이다. 이 프로그램의 진행자 서맨사는 스탠드업 코미디로 카메라 앞에 서는 게 아니다. 변호사라는 설정으로 뉴스를 진행한다. 토론토에서 태어나고 자란 그녀는 자서전 『나는 그런 사람이야. 하지만 넌 뭐니?』에서 회상하듯이 '유별나게 조용한' 아이로 전형적인 '집순이'래도 과언이 아니었다.

그녀는 이혼한 부모의 집을 왔다갔다하며 어린 시절을 보냈고 거의 할머니 손에 자라났다. 공부는 곧잘 하는 편이었지만 자동차도벽이 있던 고등학교 시절에 남자 친구를 따라 잠시 방황하며 십대 시절에 속을 썩이기는 했다. 그래도 성적은 유지하려고 신경을 썼다. 남자 친구와 함께 수업을 너무 많이 빠지자 서맨사는 기말고사를 면제받아 학점을 평균 수준으로 유지하기 위해 남자 친구에게 자기 손을 돌로 내려쳐달라고 부탁하기도 했다.

"아직도 가톨릭 학교 여학생 같은 마음이 남아 있어요. 우등상을 소중하게 여기지요." 그녀는 『롤링스톤』과의 인터뷰에서 이렇게 말했다.

그러나 방황하며 들락거리던 법원의 매력은 무대의 매력과 비교가 되지 않았다. 그녀는 유랑 아동 극단에서 배역을 따냈고(〈세일러 문〉의 주연으로 출연하면서 가슴골이 보이는 섹시한 의상을 입었던 게 가장 인기였단다), 발기 부전 클리닉의 기술자나 불법 카지노의 블랙잭 딜러 같은 다소 독특한 직업을 전전하며 생계를 유지하다가 다른 세 여성과 의기투합하여 코미디 극단 아토믹 파이어볼을 세웠다.

2003년에 존 스튜어트의 〈데일리쇼〉에 공석이 생기자 친구들은 오디션을 보라며 서맨사를 등 떠밀었다. 하지만 그녀는 오디션을 볼 준비가 되었다고 확신하지 못했다. 다른 수많은 여성들과 마찬가지로 그녀도 좀처럼 자신감을 갖지 못했다. 연구에 따르면 여성들은 100퍼센트 자격을 갖추었다고 생각하기 전에는 절대 앞으로 나서지 않으나 남성들은 채용 자격 요건의 60퍼센트만 충족해도 앞다투어 손을 든다. 뿐만 아니라 『하버드비즈니스리뷰』에 소개된 연구 결과를 보면 '미끄러질 가능성이 높은 기회에 굳이 나서기'가 두려워서 일자리에 지원하지 않는 여성의 비율은 22퍼센트나 되는데 이는 남성의 거의 두 배나 된다.

서맨사 역시 그랬다. "그만한 실력이 아니라고 생각했기 때문에 주변에서 협박하다시피 떠밀지 않았다면 절대 지원하지 않았을 겁니다." 하지만 서맨사는 오디션을 멋지게 통과하여 〈데일리쇼〉의 유일한 여성 특파원 역할을 따냈다.

심야 코미디쇼는 압도적으로 남성이 우세한 분야로 진정한 테스토스테론의 온상으로 악명이 높다. 그렇기 때문에 대다수 심야 코미디쇼에서 이름 대신 번호로 지원자를 구별하는 블라인드 오디션을 진행해 작가를 채용한다는 사실에 깜짝 놀랐다. 차이콥스키와 브람스를 연주하는 대신, 유머와 개그가 담긴 대본을 써서 제출한다는 사실만 다를 뿐, 내 바이올리니스트 친구 멜러니가 시카고 심포니에서 경험했던 것과 유사한 채용 절차다.

하지만 일반적으로 채용과정의 첫 단계만 블라인드로 이루어진다. 그후에는 코미디쇼의 제작자들이 지원자를 직접 만난다. 그리고 여성들은 이 단계를 거의 통과하지 못한다. 심지어 〈데일리쇼〉의 두 명의 제작 총책임자가 여성임에도 불구하고 오랫동안 프로그램을 진행해온 존 스튜어트에게 뉴스를 전달하는 여성 특파원이 한 명뿐이던 시기도 있었다. 그게 서맨사였다. 〈데일리쇼〉와 경쟁하는 다른 심야 코미디쇼들도 남성 중심적이기는 마찬가지라 홍일점 작가가 십여 명의 남성 작가와 함께 작업하는 경우도 빈번하다.

이렇게 여성 제작진의 수가 절대적으로 부족한 현상을 2010년에 언론에서 수차례 신랄하게 비판하자 심야 코미디쇼에서는 앞다투어 더 많은 여성을 채용하려 했지만 여성 지원자들이 너무 적다고 볼멘소리를 했다. 이러한 상황은 쉽게 바뀌지 않았다. HBO의 〈라스트 위크 투나잇〉을 진행하는 존 올리버는 제작진과 힘을 합쳐 여자 작가들을 투입하기 위해 노력을 기울였으며 여성 지원자의 합격률을 높이기 위해 한 번이 아니라 두 번의 블라인드 오디션을 실시하기도 했다. 그러나 이 책을 집필하는 지금까지도 〈라스트 위크 투나잇〉의 제작진 열 명 가운데 고작 두 명만 여성이다.

작가들이 본인 친구에게 지원하라고 권하는 경우도 많고, 『하버드 램푼』(하버드 대학생들이 만든 유머 잡지—옮긴이)에서 실력을 키운 유머 감각이 엇비슷한 남자 작가들의 인재풀이 형성되어 대다수 작가실을 그들이 장악하고 있어 이러한 문제가 발생한다. 실제로 채용 담당자들이 자신과 유사한 지원자를 채용하는 경향이 있음이 연구를 통해 드러나기도 했다. 채용과정에서 자신과 외모나 말투가 비슷한 지원자에게 마음이 기우는 것이다. 노스웨스턴 대학 켈로그 경영대학원의 로런 리베라 교수는 법률 사무소, 은행, 컨설팅 기업을 비롯한 수많은 고용주들과 백이십 차례에 걸쳐 인터뷰를 진행했다. 그 결과 채용 담당 임원이 '자신과 여가 시간을 보내는 방법, 경험, 자기표현 스타일이 문화적으로 유사한' 지원자를 선택하는 경우가 압도적으로 많았다.

어쩌면 절대다수가 남성인 전문 코미디 작가들이 거의 정례화된 융통성 없는 포맷대로 어떻게 세련된 오디션 제출용 대본을 완성하는지 그 요령을 꿰뚫고 있다는 게 코미디계의 더 심각한 문제일지도 모른다.

"아주 기본적인 내용이지만 이 업계에서는 대본을 작성하는 포맷이 너무나 구체화되어 있어요. 만약 포맷을 완벽하게 구현하지 못하면, 그 대본은 완전히 찬밥이 되죠. 포맷을 익히지 못했다는 말인즉 분명 코미디계에서 일한 적이 없다는 뜻이고 아무도 그런 대본은 읽고 싶어하지 않으니까요. 논문을 손글씨로 써서 제출하는 셈인 거죠."

그래서 서맨사가 〈풀 프런털 위드 서맨사 비〉의 호스트로 결정되었을 때, 그녀와 제작 책임자 조 밀러는 성별에 관계없이 평등한 경쟁 환경을 조성하기 위해 진정한 의미의 블라인드 오디션을 실시하기로 굳게 마음먹었다. 이들은 작가실에 똑같은 목소리를 내는 고만고만한 사람들만 우글거리는 광경이 달갑지 않았다. 또한 두 사람이 커리어를 쌓으며 초기에 견뎌야 했던 바로 그 장벽에 다른 여성들이 부딪히는 모습을 보고 싶지도 않았다.

그래서 밀러는 지원자들이 참고할 수 있도록 오디션 안내문을 상세히 작성했다. 대본을 제출하기 위한 단계별 지시사항뿐만 아니라 대본 포맷까지도 여기에 포함됐다. 밀러의 책상에 쌓인 지원서들은 전부 완전히 동일해 보였다. 남자가 썼는지 여자가 썼는지만이 아니라 전문 작가와 아마추어 작가를 구분하기도 불가능했다.

결과는 놀라웠다. 2016년 2월에 〈풀 프런털 위드 서맨사 비〉가 첫선을 보였을 때 작가진의 남녀 비율은 정확히 반반이었으며 작가 중 약 25퍼센트가 소수집단 출신이었다. 일부는 이미 꽤 경험을 쌓은 전문 작가였지만 전혀 다른 업계 종사자들도 있었고 그중 한 명은 메릴랜드주 자동차관리국에서 근무하던 사람이었다.

"제 사무실은 말 그대로 사회생활 내내 과소평가받던 사람들로 넘쳐났습니다." 서맨사의 말이다. "개개인으로 보면 거의 모두가 그 범주에 해당했습니다. 주변에서 아무도 그들이 적극적으로 기회를 잡고 전력을 다해 뛰어들 거라 생각지 못했는데 그런 사람들을 한자리에 모아놓으니 정말 짜릿했어요."

이 쇼는 '이 쇼를 안 보는 사람은 성차별주의자'라는 슬로건과 함께 출발했다. 하지만 서맨사는 스스로 아직 다양성 문제를 해결하지 못했다고 누구보다 먼저 인정한다. 코미디 감각이 뛰어난 여성 및 다른 소수자들은 헤아릴 수 없다며 앞으로도 계속 이런 재능 있는 사람을 발굴하고 싶어한다.

"우리가 다양성 문제를 전부 해결한 것은 아닙니다. 우리 프로그램에서는 한쪽으로 기울어진 추를 가운데로 움직이기 위해 끊임없이 노력하려 해요."

기술 분야 및 TV 극본 집필뿐만 아니라 다른 업계에서도 블라인드 채용의 요소를 도입하기 시작했다. 심지어 이를 위한 앱도 있다. 블렌도어Blendoor는 구직자들을 위한 일종의 틴더 같은 앱으로 여기서 채용 공고를 검색한 후 나이나 성별, 인종 같은 세세한 개인 정보를 입력하지 않고 지원까지 할 수 있다.

블렌도어를 창업한 스테퍼니 램프킨은 스탠퍼드에서 공학을 전공하고 MIT 경영대학원에서 석사학위를 받은 흑인 여성으로, 유명 기술 기업에 지원하여 여덟 차례에 걸쳐 면접을 본 끝에 결국 공학 전공만으로는 "기술적 역량이 부족하다"며 탈락하자 그 좌절감에 이 앱을 만들었다. 그녀는 파이프라인에 인재가 없어 여성 및 소수 집단 직원 수가 지극히 적은 거라고 기술 기업들이 탓할 때마다 발끈한다.

"제 경험에 비추어보면 그건 사실이 아니예요. 저는 데이터를 통해 이것이 단순히 파이프라인 문제가 아니라는 점을 보여주는 플랫폼을 만들고 싶었습니다."

램프킨은 이 앱을 기술 분야뿐만 아니라 의료 및 공유경제 기업 등 다른 산업에까지 확대하고자 한다. 다른 여러 업계에서도 비슷한 노력이 진행중이다. 언바이어스Unbias라는 이름의 크롬 확장 프로그램을 이용하면 링크드인 프로필에서 이름과 사진이 제거돼 성별에 대한 선입견 없이 채용할 수 있다. Interviewing.io라는 웹페이지에서는 면접과정에서 성별을 분간할 수 없도록 지원자의 목소리를 변조하며, 채용 담당자들을 위한 도구인 탤런트 소나Talent Sonar는 지원자의 성별을 노출하지 않으며 업무 기능에 초점을 맞춘 면접 질문을 제안한다.

모든 분야의 기업들이 앞다투어 이러한 '선입견 없애기' 소프트웨어를 사용중이다. 일부는 실무 테스트를 진행하기도 한다. 연구자들은 실무 테스트와 구체적인 역량에 대한 질문을 중심으로 면접을 체계적으로 진행하는 게 면접관의 직관보다 더욱 효과적이라고 한다.

물론 이러한 테스트를 공정하게 시행하고 일관되게 적용하는 게 핵심이다. 노스웨스턴대의 리베라 교수는 한 기업의 채용과정을 관찰하던 중 남성 지원자가 수학 시험을 통과하지 못했을 경우 채용팀이 이를 대수롭지 않게 여기지만 여성이나 소수집단 지원자가 그럴 경우 시험 결과를 지원자에게 불리한 방향으로 적용한다는 사실을 발견했다.

그러나 편견만 극복한다면 이러한 방법이 효과적이라는 사실은 결과로 증명된다. 하버드 경영대학원의 연구에 따르면 고용주들이 테스트를 통해 지원자의 능력을 가늠하고 직감보다는 테스트 결과를 충실하게 따라 채용을 결정하는 경우, 직원들이 더욱 뛰어난 성과를 올렸고 근속 연수도 길었다.

유니레버와 머서도 입사 지원자들을 테스트하기 위해 성중립적인 방식을 도입했다. 모건스탠리는 여성 직원들에게 고객 계좌를 적게 할당하는 편파 관행을 피하기 위해 현재 성별을 가린 시스템을 사용하여 계좌를 배분중이라고 공개했다. IBM 산하의 소프트웨어 기업 컴포즈는 입사 지원자들의 1차 심사과정에서 개인정보를 모두 배제한다. 이러한 소위 다양성 기술은 성별이나 인종에 관계없이 객관적으로 입사 지원자들을 가려내고자 하는 기업 인사 부서에서 유용한 도구로 떠오르고 있다.

이러한 관행은 전 세계로 퍼져나가는 추세다. 스웨덴, 프랑스, 네덜란드, 독일을 비롯한 유럽 국가에서 고용주들은 블라인드 이력서를 통해 지원자들을 가려내는 방법을 시도한 결과 더욱 평등하게 직원을 채용하게 되었음을 깨달았다. 예를 들어 프랑스는 정부 주도로 천 개의 기업에서 실험을 진행했는데 일반적인 이력서보다 블라인드 이력서를 제출했을 때 여성 지원자가 서류 전형 합격 통지를 더 많이 받았다. 오스트레일리아도 스물아홉 개 기업과 기관을 대상으로 유사한 시범 프로그램을 출범시켰다. 영국에서는 HSBC, 버진머니, KPMG 같은 주요 기업들이 유사한 절차를 채택하여 이력서에서 이름뿐만 아니라 때로는 학력까지 삭제하고 있다.

그러나 아무리 최적의 환경이 갖추어졌다 해도 이 가운데 실천하기 쉬운 방법은 하나도 없다. 리베라 교수가 관찰한 바대로 대다수 사람들은 자기와 비슷한 사람을 친근해한다. 같은 대학 출신이거나, 응원하는 스포츠팀이 같거나, 음악 취향이 비슷한 사람에게 자연스럽게 이끌린다. 자기 같은 사람을 만나면 자기 자신과 상대방에 대해 기분이 좋아진다.

이는 동서고금을 막론하고 변하지 않는 진실이다. 1952년 나온 고전 뮤지컬 〈성공시대〉를 보면 젊고 야심 찬 J. 피에르폰트 핀치가 출세의 사다리를 오르면서 최고경영자와 같은 대학을 졸업한 것처럼 행동하는 장면이 나온다. 이 뮤지컬의 원작인 동명의 책이 오늘날까지 잘나가는 것은 결코 우연이 아니다. (그렇긴 해도 〈비서는 장난감이 아냐〉라는 노래만큼은 제외해야 하지만 말이다.) 그러나 이러한 감정적 친밀감을 바탕으로 선발할 경우 최적의 지원자가 뽑힐 가능성은 지극히 낮다.

행동경제학자 아이리스 보넷의 주장대로 사람이 자기 판단을 포기하기란 결코 쉽지 않다. 감정이 이성을 눌러버린다. 채용 책임자들은 "자신의 전문성과 경험에 대해 지나치게 자신하면서 사람이 해야 할 판단을 기계에게 맡기는 것 같다며 보다 체계적인 접근방식에 거부감을 보인다".

심지어 기계의 판단이 맞을 때조차도 말이다. 보다 평등한 일터를 만들기 위해 누구보다 앞장서온 컨설팅 기업 맥킨지앤드컴퍼니는 여성들에게 멘토를 제공하고 출산한 직원들에게 탄력 근무제를 제안하며 여성 직원을 채용하기 위한 여러 가지 프로그램을 운영한다. 그럼에도 불구하고 이력서 이천오백 건을 컴퓨터 프로그램과 채용 담당자가 검토한 후 그 결과를 비교해보자 컴퓨터가 사람보다 여성 지원자를 더 많이 선별했다.

"기계가 여성에 대해 10퍼센트 정도 편견을 적게 가졌다는 걸 깨달았습니다." 맥킨지의 CEO인 도미닉 바턴은 이렇게 말했다. 심지어 채용 담당자들은 대부분 여성이었는데도 말이다. "어쩌면 우리는 꼭 필요한 지원자들을 불합격시키고 있을지도 모릅니다."

❧

물론 블라인드 채용은 우리 중 극소수에게만 적용되는 방식이다. 그렇기에 여성들은 직접 소매를 걷어붙이고 편견을 피할 갖가지 창의적인 방법을 고안해왔다. 일부는 성별을 숨기기 위해 가면까지 썼다. 15세기 잔 다르크부터 19세기에 남성 필명으로 책을 출판했던 샬럿 브론테에 이르기까지 여성이 남성처럼 행동한 역사는 유구하다. 현대에서 비슷한 사례를 찾아보자면, 1990년대 중반 대학을 갓 졸업한 후 원하는 기술 기업에서 전혀 기회를 얻지 못하자 이력서에 '맥'이라고 이름을 바꿔 쓴 뒤 서류 전형 합격률이 70퍼센트를 기록했다는 에린 맥켈비가 떠오른다. 그녀는 그후 몇 주 지나지 않아 취직에 성공했다.

보다 최근 사례를 살펴보자. 두 여성이 창립한 예술품 전자상거래 스타트업 윗시는 가상의 남성 공동 창업자를 만들어내 그에게 '키스 만'이라는 이름을 붙였다. 그녀들은 웹개발자나 다른 외부 관계자들에게 무시를 당하는 경우가 많았지만 키스는 달랐다. "그야 말로 하늘과 땅 차이였어요." 공동 창업자 중 케이트 드와이어의 말이다. "제가 문의를 하면 며칠이나 걸려 답장이 왔지요. 하지만 키스 이름으로 문의를 했더니 현황을 업데이트해주는 답장이 곧바로 날아왔을 뿐만 아니라 뭐 다른 것은 필요하지 않은지, 따로 도와줄 일은 없는지 묻더군요."

사업가 존 그레이트하우스는 월스트리트저널을 통해 여성들에게 성별이 한눈에 드러나지 않도록 이니셜을 사용하라고 권장하기도 했다. 그는 여성들에게 "온라인상에서의 첫인상을 제대로 준비하고 있는가?"라는 화두를 던진 후 "만약 여러분이 여성이고 자본을 조달중이라면 팀 단체 사진은 첨부하지 않는 편이 현명할지 모른다"고 유용한 조언을 덧붙였다. 정말 독설로 가득한 기고문이라 엄청난 반발이 일자 그는 후에 트위터를 통해 "여성들에게 성 편견 문제 해결을 위해 나서기보다는 그냥 참아내라고 조언한 형편없는 글이었다"며 사과의 뜻을 표했다.

그가 마지막으로 지적한 부분, 즉 문제가 해결되지 않는다는 말은 일리가 있다. 이는 매우 중요한 경고다. 블라인드 채용 자체는 만병통치약이 아니다. 성 편견 문제를 해결하기는커녕 안 보이게 감추는 꼴이 될 수도 있다. 채용과정이 아무리 평등하대도 직장 내 차별이 존재한다면 시스템은 계속해서 제구실을 못한다.

예를 들어보자. 우버에서 엔지니어로 근무했던 수전 파울러가 블로그 게시물을 통해 성희롱과 보복문화에 대해 상세히 폭로한 후, 전 법무장관 에릭 홀더의 지휘하에 수사가 진행되었고 그 결과

블라인드 이력서 도입을 비롯한 권고가 내려졌다. 그러나 이러한 권고만으로는 '남성 중심 문화'를 변화시킬 수 없다. 남성 중심 문화가 뿌리깊게 정착된 우버에서는 파울러가 아무리 성희롱에 대해 인사부에 건의해도 남성 직원들을 옹호하고 그녀를 따돌릴 뿐이었다. 당시 CEO였던 트래비스 캘러닉이 여자들을 꼬시는 데 도움이 된다며 우버의 이름을 농담삼아 "부버(Boob-er, 붉은 가슴이라는 의미다―옮긴이)"로 바꿔 부른 것도 이러한 기업문화에 기반한다.

슬레이트에서는 "이 세상의 모든 인사 권고안도 우버의 사고방식을 바꿀 수 없다"는 헤드라인을 달고 관련 기사를 싣기도 했다.

결국 캘러닉은 우버 CEO 자리에서 물러났다. 우버는 새로운 CEO를 고용했으며 리더십 및 기업 전략 감독관 자리를 새로 만들어 하버드 경영대학원에서 성평등을 위해 꾸준히 노력해온 프랜시스 프레이 교수를 임명했다. 프레이는 우버에 합류한 직후 나에게 이렇게 말했다. "우리는 이미 다른 조직으로 탈바꿈했습니다. 반년 전만 해도 우버는 일하기 좋은 곳이 아니었지만 지금은 죽여주게 좋은 직장이 되었지요." 일단 이 글을 쓰는 시점까지는 이렇게 변신하고자 하는 우버의 노력이 장기적으로 성공할지 아직 미지수다.

～

물론 여성들이 지원조차 하지 않는다면 아무리 노력해도 성별 격차 문제를 해소하고 평등한 채용 절차를 확립하기 어렵다. 그리고 놀랍게도 여전히 이러한 현상은 빈번하다. 채용 공고가 첫번째 장벽이 되기도 한다. 채용 공고가 '구인: 남성' 및 '구인: 여성'으로 분류되던 시절을 생각하면 많은 발전이 있었지만 사실 이러한 성별 광고도 1973년에야 대법원에서 위법 판결을 받았다.

아직도 직무기술서에서 눈에 자주 띄는 특정 단어들은 개를 부르는 호각 소리처럼 남성들을 끌어들이면서 동시에 여성들에게 미묘한 기피 반응을 불러일으킨다. 특정 단어나 구절이 우리 마음속의 감정 버튼을 눌러 그에 따라 반응하는 것이다.

스타벅스와 마이크로소프트 등이 고객인 기술 스타트업 텍스티오Textio는 채용 공고에 '증명된 경력' '추진력이 뛰어난' '자신만만하고 주변에서 인정받는' 심지어 '극도로'라는 단어를 사용할 경우 남성 지원자를 끌어들일 가능성이 높다는 사실을 발견했다. 반대로 여성 지원자는 '열심히 배우는'이라는 구절에 끌리는 경우가 많았다. 텍스티오의 소프트웨어는 특정 성별에게 불쾌감을 줄 만한 문구를 일일이 제외하고 성중립적인 대안을 제시해준다.

『포천』이 텍스티오를 사용하여 월마트의 채용 공고 수천 건을 분석한 결과, 절반 이상이 남성 지원자에게 편향되어 있었다. '매우 여성스러움'에서 '매우 남성스러움'까지 일곱 단계로 구성된 척도를 기준으로 할 때, 관리자 직급 채용 공고 중 26퍼센트가 테스토스테론 넘치는 마초를 의미하는 '매우 남성스러움' 범주에 해당했다.

한 여성 프로그래머는 채용 공고를 민주화하기 위해 젠더디코더라는 앱을 개발했다. 이 앱은 '도전'이나 '분석'처럼 남성의 구미를 당기는 단어 혹은 '지원'이나 '공감력'처럼 그 일자리가 여성에 적합하다고 미묘한 뉘앙스를 풍기는 단어를 지적해준다. 나름대로 꽤 많은 직원을 채용해본 사람으로서 내가 쓴 채용 공고가 과연 어떻게 평가받을지 궁금했다. 이미 여러 가지 계기를 통해 내가 일하는 여성에 대한 무의식적인 편견을 가졌다는 사실도 알게 됐는데 이러한 편견이 구인과정에도 작용될까?

그래서 젠더디코더 앱으로 내가 작성한 채용 공고를 분석해보았다. 한 가지 특이할 점은, 나는 이 공고를 특정 여성을 마음에 두고 작성했다. 나는 그녀가 상급 관리자 자리를 채울 이상적인 후보자라고 생각했다. 과연 채용 공고가 여성 쪽으로 편향되었을까? 최소한 채용 공고만큼은 성중립적으로 작성했을까?

결과는 예상과 전혀 달랐다. 앱은 내 채용 공고에 '남성적인 코드'가 담겼으며 "이 광고를 보면 여성들은 지원을 꺼릴 위험이 있지만 남성들은 적극적으로 지원할 것이다"라고 분석했다. 앱에 따르면 내가 '협력심' 및 '이해력' 같은 '여성적인 코드'보다는 리더십을 지나치게 강조한 것이 실수였다.

그러는 와중 어쨌든 해당 직급에 여성 직원을 채용했다. 이런 점이 곧 소프트웨어 솔루션의 단점이다. '특정한 성별을 암시하는' 단어를 제거한다는 것은 분명 흥미로운 아이디어이지만, 그럼으로써 의도와는 달리 가장 고약한 고정관념을 없애기는커녕 도리어 악화시킬 수도 있기 때문이다. 내가 채용한 여성 직원은 채용 공고에서 리더십을 강조했기 때문에 지원을 꺼린 것이 아니라 오히려 그래서 지원을 결심했다고 분명하게 밝혔다.

✎

블라인드 채용 관행과 '성중립적인' 채용 공고가 완벽한 해결책은 아닐지 몰라도 최소한 좋은 출발점은 되어준다. 블라인드 오디션과 마찬가지로 이러한 방법들도 제대로 실행만 하면 좋은 결과를 얻을 수 있다. 효과적으로 적용한다면 채용시 편견뿐만 아니라 감정까지 배제해주기 때문이다.

감정의 역할은 절대 과소평가할 수 없다. 감정은 채용과정에서 엄청난 영향력을 발휘할 뿐만 아니라, 심지어 제대로 채용하더라도 그후 실제로 함께 일하는 과정에서 실수를 유발하는 요소다. 제대로 파악하지 못한 신호, 반사적인 반응, 상호작용에 악영향을 미칠 수 있는 남녀 간 오해의 핵심에는 바로 감정이 자리잡고 있다. 실제로 이 책을 쓰기 위해 조사하는 과정에서, 남녀가 동등하게 대우받는 채용 절차 및 직장 환경을 확보하고 일상생활 속에서 서로 원활하게 소통하기 위한 노력을 끊임없이 좌절시키는 가장 골치 아픈 장애물로 감정이 지목되었다.

그 이유를 이해하기 위해 우선 과학적 근거를 살펴보았다. 과연 남성과 여성 사이에 타고난 신체적 차이가 있는 걸까? 지난 10여 년 동안 성별과 관련된 생물학 및 생리학적 이해도는 여성이 처음 대규모로 직장에 몰려들던 1970년대에는 상상조차 못했던 방향으로 발전해왔다.

오늘날 과학자들은 성별 간의 오해를 불러일으키는 남성과 여성의 두뇌 차이를 정확히 지적할 수 있다. 컴퓨터과학자들은 이메일을 분석하여 이러한 차이가 어떻게 현대의 다양한 소통 양식으로 발현되는지 연구하기도 한다. 쥐를 사용한 실험에서 계속해서 모순된 결과가 나오자 이를 의아하게 생각한 어떤 연구자가 왜 그런지 분석했다. 그 결과 실험실 쥐가 남성 실험실 직원을, 심지어는 그의 티셔츠만 봐도 두려워하며 그로 인해 쥐의 몸에서 화학적 변화가 일어나 불안해진다는 사실을 발견했다. 인간을 대상으로 이와 비슷한 실험이 시도된 바 없으나 결과가 동일할지 궁금해지는 것은 어쩔 수 없다.

이러한 과학적 발견을 통해 우리 자신에게 뭔가 문제가 있다기보다 남성과 여성 사이에 실재하는 생물학적 차이 때문에 의사소통에 문제가 생긴다는 사실을 알 수 있다. 이러한 차이가 지성에는 영향을 미치지 않지만 남성과 여성이 어떻게 서로의 행동을 해석하는지 또는 해석하지 않는지에는 상당한 영향을 미친다.

여성의 눈물을 생각해보자. 미국 전역에서 남성 경영진을 만난 자리에서 언제 여성 동료 때문에 가장 당황했느냐고 묻자 거의 모두가 눈물을 언급했다. 남성들은 여성의 눈물을 극도로 두려워한다.

예를 들어 카디널헬스의 폴 고티는 전통적으로 남성의 분야로 간주되던 의료계에 보다 많은 여성을 채용하기 위해 누구보다 앞장서왔다. 그럼에도 불구하고, 그는 직원들을 평가할 때 자신이 남성과 여성을 사뭇 다르게 대한다는 사실을 깨달았다. 남성 직원에게는 솔직하고 직설적으로 개선해야 할 점을 조언하면서도 크게 부담스럽지 않았다. 그러나 여성 직원을 대할 때는 다소 거북했다. 솔직하게 평가하기 조심스러웠고 부족한 점을 비판하기도 껄끄러웠다. 놀랍게도 고티는 지금까지 업무 평가를 불공평하게 해왔다는 사실을 깨닫게 되었다. 여성 직원들을 더 살살 다루었던 것이다.

그는 여성 직원에게 더 낮은 기준을 적용해서 그런 게 아니었다고 설명했다. 이유는 전혀 다른 데 있었다. "여성 직원을 울려서 불편해지고 싶지 않았습니다."

고티에게 이 이야기를 듣고는 어리둥절했다. 여성 직원들이 우는 게 두려웠다고? 솔직히 시인하건대 나 역시 감성을 자극하는 홀마크 광고만 봐도 슬퍼지고 영화 〈두 여인〉의 마지막 장면을 보는 모습은 누구에게 들키고 싶지 않을 정도로 눈물이 많은 사람이다. 한번은 딸과 함께 유명한 최루성 드라마의 재방송을 눈물 콧물 다 흘리며 보다가 서로 부둥켜안고 우는 바람에 지금까지 남편이 그 얘기를 하면서 놀릴 지경이다. 하지만 사무실에서만큼은 거의 울지 않는다. 나뿐 아니라 직장에서 우는 다른 여성들도 별로 보지 못했다.

고티와 이야기를 나누고 얼마 되지 않았던 어느 날, 20여 년간 기자들을 관리해온 편집자 친구 조너선에게 고티와 나눴던 어리둥절한 대화를 언급했다.

"내 말이 그 말이야!" 조너선 역시 고티와 동일한 두려움을 품고 있었다. 심지어 그는 여성 부하 직원과 껄끄러운 대화를 나누어야 할 때 새로운 원칙을 적용하기 시작했단다. 이제 그는 회의실에 해당 여성 직원 외에 또다른 여성 직원을 반드시 동석시켜 두 사람 모두에게 자신의 행동이 적절한지 판단을 맡길 뿐만 아니라 동석한 여성 직원이 해당 여성 직원을 정신적으로 지지해주게끔 한다고 했다.

"한두 번이 아니라고! 여성 직원이 울면 정말 어찌해야 할지 모르겠다니까." 조너선은 말을 이었다. "항상 달래주려고 노력하지만 긁어 부스럼만 되더라고."

우연이기는 하지만 이렇게 해서 직장 내 남녀관계와 관련된 매우 민감한 주제를 건들게 되었다. 한 블로그에 따르면 눈물은 '여성이 남성을 완전히 겁먹게 내모는 열 가지 행동' 중 하나이며, 생리에 대한 언급과 어깨를 나란히 할 정도란다. 또다른 이는 이렇게 충고했다. "우는 여성은 모든 남성의 크립토나이트(가상의 원소로 슈퍼맨의 유일한 치명적 약점이다—옮긴이)이다." 레딧Reddit의 '남자들에게 물어보세요' 섹션에 있는 한 스레드에는 이러한 설문조사가 게시되어 있다. "레딧의 남성 여러분: 여자가 당신 때문에 울면 무서운가, 짜증이 나는가, 아니면 슬픈가?"('무섭다'와 '짜증난다'가 상당히 많은 표를 얻었다.)

여성의 눈물은 대중문화에도 뿌리깊게 박혀 있다. 1992년 영화 〈그들만의 리그〉에서 전원 여성으로 구성된 야구팀의 감독 지미 두건으로 분한 톰 행크스가 울음을 터뜨리는 선수를 호되게 꾸짖는 대사가 너무나 유명해진 것도 이 때문이다. "너 울어? 우느냐고? 야구에 눈물이 어디 있어!"

남성들을 위한 책과 조언 칼럼에도 우는 여성에 대한 불안감이 넘쳐난다. 『직장에서 만난 화성남자 금성여자』의 공동 저자 바버라 애니스와 존 그레이는 감정을 드러내는 모습을 남성이 겪는 가장 중요한 문제 중 하나로 꼽았다. 여성이 집에서 혹은 데이트를 하다가 우는 것만으로도 곤혹스러운데, 직장에서 그런다면 더더욱 몸서리쳐지게 당혹스럽다. 여성이 사무실에서 흐느끼면 남성은 당장 그 자리를 피하고 싶어진다. 줄행랑치고 싶어진다.

그러나 이러한 남성들의 두려움은 생물학적으로 그만한 이유가 있었다. 과학자들의 연구 결과를 보면, 여성은 선천적으로 남성보다 더 자주 눈물을 흘리게 되어 있다. 『사소한 감정이 나를 미치게 할 때』를 집필하기 위해 직장에서 어떤 감정을 느끼는지 설문조사를 실시한 앤 크리머에 따르면, 젊은 여성의 경우 마흔다섯 살 이상의 남성보다 직장에서 울 확률이 열 배나 높다고 한다.

하지만 그와 동시에 크리머는 고티나 내 친구 조너선의 짐작과는 달리, 여성이 직장에서 우는 이유가 상처받아서가 아님을 발견했다. 여성은 열받아서 눈물을 흘린다. 좌절감 혹은 치밀어 오르는 분노 때문에 눈물을 흘린다.

남자들은 이를 잘 이해하지 못한다. "여자들이 뭐가 곤란한지 말해보지요." 노벨의학상을 수상한 저명한 과학자 팀 헌트는 과학 기자들이 가득한 방에서 이렇게 설명했다. "여자가 실험실에 있으면 세 가지 일이 일어납니다. 남자가 그녀를 좋아하게 되고, 그녀가 남자를 좋아하게 되며, 비판이라도 하면 여자가 울음을 터뜨립니다."

그의 발언은 불같은 반발을 불러일으켰으며 #치명적인섹시 distractinglysexy라는 새로운 해시태그를 달고 여성 과학자들이 실험실 가운을 입고 고글을 쓴, 완전히 무장한 모습의 사진을 앞다투어 트위터에 올렸다. 논란이 얼마나 심각했던지 헌트는 압력에 떠밀려 유니버시티 칼리지 런던의 명예교수직을 사임할 수밖에 없었다.

비록 무시하듯 표현하기는 했지만 헌트 같은 감정은 생각보다 더 보편적이다. 컨설팅 기업인 플린히스홀트의 질 플린에 따르면, 남자가 우는 여자에게 어떻게 반응해야 할지 모르는 것만 문제가 아니다. 남성들은 여성에게 모질게 말할 경우 '다양성을 따지는 사람들 때문에' 난감해지지 않을까, 혹은 여성에게 '지나치게 신경을 써야 하거나 수백만 개의 질문 공세를 받지 않을까' 두려워한다. 그 결과 "남성은 여성에게 피드백 제공하기를 죽도록 두려워한다······ 제대로 피드백을 제시하지 않아 여성들이 갈피를 못 잡고 잘못된 길을 가다가 결국 해고될 때까지 내버려둔다".

여성의 눈물에 대한 남성의 두려움도 문제다. 남성이 여성 부하 직원에게 너무 관대하면 여성 부하 직원은 필요한 피드백을 못 받게 된다. 뿐만 아니라 이들 남성이 계속해서 단조롭게 긍정적인 발언만 하면 주변에서 그러한 발언을 진정성 있게 받아들이지 않는다. 또한 앞에서 살펴본 대로, 설령 여성이 피드백을 받는다 해도 업무 성과를 개선할 만한 건설적인 비판보다는 '까칠하다' 또는 '감정적이다' 같은 성격 비판이 상당 부분을 차지한다. 따라서 여성은 커리어 발전을 위해 꼭 필요한 지침을 접하지 못하며 성공적인 결과를 내더라도 공로를 인정받지 못한다.

예를 들어 어떤 연구에서는 에너지업계에 있는 여성이 남성보다 훨씬 적게 비판받는다는 사실이 밝혀지기도 했다. 영국의 국민건강보험에서 근무하는 여성들도 마찬가지다. 그중에서도 특히 많은 것을 시사하는 한 연구를 보면, 학자들이 월스트리트 법률 사무소의 직원 평가 결과를 분석했는데 직원 평가에서 여성이 남성보다 긍정적인 평가('뛰어난 인재!' '근사한 성과!')를 더 많이 받는다.

하지만 이러한 극찬에도 불구하고 파트너로 승진할 잠재력을 가졌다고 언급되는 여성은 고작 6퍼센트뿐이다. 반면 남성은 15퍼센트나 된다. 이것만 보아도 우는 여성들은 충분히 화낼 만하다!

그 결과 여성의 커리어가 거대한 장벽에 부딪힌다. 직원 평가 면담을 분석한 오스트레일리아의 어느 컨설팅 기업이 발견한 바에 따르면, 상사와 부하가 모두 남성일 경우 면담이 편안한 분위기에서 진행되며 동료애가 넘치고 '우리'라는 대명사를 빈번히 사용할 뿐만 아니라 부하의 전망에 대해 활발히 논의한다. 그러나 상사가 남성이고 부하가 여성이라면 긴장된 상태로 면담이 진행되며 상사는 부하의 커리어 발전이 아니라 업무 성과에 초점을 맞추며 '자네'라는 대명사를 보다 빈번히 사용한다.

경영 교육 전문가이자 『우리 뇌는 왜 늘 삐딱할까?』의 저자 하워드 로스는 남성 클라이언트의 경우 인사고과에서 스스로를 과대평가하지만 여성 클라이언트는 오히려 과소평가하는 성향이 있음을 발견했는데, 이것이 문제를 더욱 복잡하게 만든다. 또한 여성은 팀에 공을 돌리는 경향이 있지만 남성은 팀 전체가 한 일도 개인적인 공으로 돌린다.

이러한 요소들을 전부 종합하면 업무 성과가 남성과 동일하더라도 여성이 불리한 위치에 설 수밖에 없다. 유용한 피드백을 제대로 받을 수 없고 상사의 지원도 부족하며, 바로 옆자리의 남성 직원처럼 상사와 돈독한 관계도 쌓기 어렵다.

특히 역설적인 부분은 여성의 경우 감정을 드러냈다는 이유만으로 불이익을 받지만 남성은 오히려 그럴 때 점수를 딴다는 점이다. 할리우드에서 일하는 여성들을 심도 있게 다룬 뉴욕타임스 기사에 따르면, 남성 영화제작사 임원들은 〈트와일라잇〉 등의 영화를 만든 캐서린 하드윅 감독을 '지나치게 감정적'이라고 비난했다.

그러나 그 기사에서 하드윅이 말했듯이 그녀는 이전에 스무 명의 감독과 함께 작업을 한 바 있으며 대부분이 남성이었다. "저는 촬영장에서 해고하기, 고함지르기, 감독과 배우 사이의 싸움, 매춘부, 모욕적인 언행, 예산 초과, 준비 부족 등을 비롯하여 다양하고도 때로는 극악무도한 감정 표출을 제 눈으로 똑똑히 목격했고, 그 증거도 수없이 남아 있습니다. 남성이 눈물을 흘리면 감수성이 뛰어나다며 기립박수를 받지만 여성은 창피를 당하죠."

과학자들은 이렇게 당혹스러운 행동적 역설과 관련하여 생물학적 관점에서 몇 가지 해석을 내놓았다. 예를 들어 여성이 울면 실제로 남성의 신체에 화학 변화가 일어난다는 사실이 실험을 통해 확인되기도 했다. 이스라엘의 바이츠만 과학연구소의 최근 연구에 따르면 남성은 눈물의 낌새만 채도 테스토스테론 수치가 떨어진다고 한다. 직장에서 최대한 활약해야 하는 남성들에게 상당히 두려운 일이다.

정신과의사이자 『감정의 자유』의 저자 주디스 올로프는 테스토스테론을 "기업 경영자들을 전투 모드로 만드는 핵심적인 권력 호르몬"이라 지칭했다. 테스토스테론이 없다면 남성들은 경쟁 우위를 잃는다. 올로프에 따르면 여성이 울 경우 "남성 호르몬이 위협받게 된다. 남성의 낮은 테스토스테론 수치는 패배감과 연관된다는 연구 결과도 있다".

여성이 눈물을 보이면 남성의 호르몬이 요동칠 뿐만 아니라 두 뇌도 영향을 받는다. 한 흥미로운 연구에 따르면, 남성은 얼굴만 보고도 다른 남성들의 감정을 '읽어낼 수 있다'고 한다. 그러나 남성들은 여성의 얼굴에 나타난 감정을 쉽게 해독하지 못했다. 남성에게 여성은 한마디로 수수께끼 같은 존재였다.

이 실험을 위해 독일의 과학자들은 남성 참가자들에게 남성과 여성의 눈 사진을 보여준 다음, 그 눈에 담긴 감정을 '의심에 가득 찬' 또는 '공포에 질린' 등으로 설명해보게 했다. 남성들은 다른 남성의 눈을 보았을 때 금세 정답을 정확하게 짚어냈지만 여성의 눈 사진을 보고는 고전하는 경우가 많았다. 과학자들은 이러한 남녀 간의 단절이 선사시대로 거슬러올라간다는 이론을 제시했다. 동굴에 살던 원시인들은 다른 남성이 친구인지 적인지를 순간적으로 판단해야 했다. 그러나 여성의 표정을 해석하는 일은 생사를 좌우하는 긴박한 상황과는 거리가 멀었다.

이 실험으로 너무나 많은 수수께끼가 풀린다. 남성이 여성에게 '잘못된' 말을 할까봐 왜 그렇게나 두려워하는지도 이해가 간다. 남성들은 뭐라 해야 할지 확신하지 못할뿐더러 여성의 반응을 어떻게 받아들여야 할지도 모른다. 남성은 여성의 머릿속에서 도대체 무슨 일이 일어나고 있는지 전혀 감을 못 잡는다. 그야말로 미스터리한 존재다. 여성이 내뱉는 말은 뭐든 함정일 가능성이 있다. 생물학적 관점에서 보면, 남성의 이러한 두려움은 충분히 이해할 만하다.

따라서 폴 고티나 내 친한 친구 조너선 같은 남성들이 우는 여성을 마주하게 되면 20만 년 동안 전해져온 본능이 발동해 '투쟁 또는 도피' 반응이 일어난다. 어서 빨리 그 자리를 피하고 싶어진다.

다행스럽게도 일단 남성들이 이러한 메커니즘을 이해하고 나면 반응을 억누를 수 있다. 예를 들어 고티의 경우 여성의 눈물에 대한 두려움을 깨닫게 되자 여성 직원에게도 남성 직원에게만큼이나 진솔하게 직무 평가를 하는지 더욱 철저하게 자기 점검을 하게 되었다. 그는 여성 직원들도 '더욱 성장하려면' 제대로 피드백을 받아야 한다고 믿는다.

༺

이러한 역설에 대한 가장 흥미진진한 연구가 지금 이 순간에도 펜실베이니아 대학에서 진행되고 있다. 지난 수십 년간 펜실베이니아 대학의 학자들은 정교한 최신 이미지 기술을 활용하여 약 수천 명의 남녀 뇌를 살펴보았다. 처음 프로젝트를 시작했을 때만 해도 성별 간의 차이를 연구하려던 게 아니었다. 그들은 젊은이들의 뇌를 분석하여 정신질환의 초기 표시자가 있는지 확인하고자 했다. 그러나 그 과정에서 학자들은 놀랍게도 정상인 남성과 여성의 두뇌가 사실상 정반대의 방식으로 작동한다는 사실을 발견했다.

"정말이지 놀라웠습니다." 연구에 참여한 루벤 거는 병원 내 연구실에서 이렇게 설명해주었다. "처음에는 무언가 프로그램 코드가 잘못되었다고 생각했지요. 성별 차이는 대부분 이보다 훨씬 미미하게 나타나거든요."

루벤 거 박사의 안내로 병원의 지하 2층 깊숙한 장소로 향했다.

한 젊은 남성이 확산텐서영상DTI이라는 정교한 기술로 자기 뇌를 스캔하는 동안 강력한 MRI 기계 안에서 조용히 위를 보고 누워 있었다. 관찰실에 놓인 십여 개의 컴퓨터 모니터 중 하나에서는 이미지가 깜빡이며 형체를 갖춰갔고, 그 남성의 뇌에 대한 구글 맵을 작성하듯이 두개골 내의 복잡한 연결 구조가 완성되고 있었다.

내 눈에는 그 이미지가 판독할 수 없는 구불구불한 선 같았다. 그러나 거 박사의 동료이자 컴퓨터 과학을 전공한 컴퓨터 신경 해부학자 라지니 베르마는 그 선들을 소설처럼 읽어낸다. 컴퓨터 도사이자 수학 천재로 모국인 인도에서 대학원 학위를 세 개나 취득한 베르마 박사는 영화계에서 안면 인식 및 표정 분석을 위한 코드를 작성하며 커리어를 쌓기 시작했다. 현재는 이러한 기술을 활용하여 구불구불한 선들을 뇌의 3D 렌더링 이미지로 구현해낸다. "성별에 따른 차이는 정말 매력적인 연구 주제입니다." 베르마 박사의 말이다. "여자 친구들과 일요일 아침에 미모사 칵테일을 마시면서 그에 대해 이야기를 나누지요."

베르마 박사는 자기 연구실에서 이러한 스캔 결과를 사용하여 뇌의 다양한 영역을 서로 연결하는 경로를 보여주는 3D 이미지를 구축했다. 이 3D 이미지가 처음으로 완성되었을 때 베르마 박사의 눈앞에는 다음과 같은 결과가 펼쳐졌다.

평균적인 여성의 뇌(그림 오른쪽)는 각각 논리와 직관을 관장하는 좌반구와 우반구 사이에 여러 개의 연결이 존재한다. 여성의 뇌를 지도로 만들어보면 아이들이 즐겨 하는 실뜨기 놀이의 아주 복잡한 버전처럼 보인다. 이렇게 양쪽 뇌가 긴밀하게 연결되어 있다

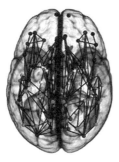
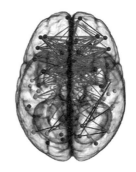

평균적인 남성의 뇌   평균적인 여성의 뇌

는 것은 여성이 두뇌의 다양한 부분을 동시에 사용하고 서로 연동
시킬 수 있음을 시사한다.

그러나 평균적인 남성의 뇌(그림 왼쪽)는 완전히 다른 방식으로
연결된다. 두뇌의 앞쪽과 뒤쪽은 촘촘하게 연결된 반면, 좌뇌와 우뇌
사이에는 거의 연결이 없다시피 하다. 이로써 일반적인 남성의 경우
한 번에 하나의 일에만 집중한다는 것을 알 수 있다.*

베르마의 발견은 왜 그토록 많은 연구에서 여성이 남성보다 멀
티태스킹에 뛰어나다고 했는지를 놀라울 정도로 명확하게 보여주
었다. "이는 곧 우리가 대화를 나누는 동안 제가 컴퓨터 작업을 하
고, 프로젝트를 끝내고, 저녁때 어떤 구두를 살지 머릿속으로 생각
할 수 있다는 의미입니다"라고 베르마는 설명했다.

• https://www.pnas.org/content/111/2/823.abstract에서 관련된 연구(Sex
differences in the structural connectome of the human brain)를 더 살펴볼 수 있다.

이러한 두 가지 유형의 두뇌는 "상호 보완적입니다. 양쪽(남성과 여성)이 서로 힘을 합치고 각자의 능력을 보완할 때 최고의 결과를 얻을 수 있지요"란다.

그와 동시에 남녀의 두뇌 연결방식이 이 정도로 다르다는 말인 즉 "남성과 여성이 상대방을 전혀 다르게 인식한다는 의미입니다. 환경을 인지하는 양상도 다르지요. 모든 일이 남성과 여성에게 각기 다른 영향을 미칩니다. 여성인 제가 어떤 일에 반응하는 방식과 남성이 반응하는 방식은 다르기 마련입니다. 남녀 사이에 차이가 있다는 점을 모두가 받아들여야 합니다"라는 것이다.

오늘날과 같은 디지털 시대라면 서로에 대한 해석 차이는 그만큼 더 위험해진다. 오해가 발생하거나 의사소통이 엇갈릴 가능성이 전보다 더 많아졌기 때문이다. 이 문제를 가장 명확하게 보여주는 연구는 아이러니하게도 엔론사 덕분에 진행됐다.

2001년 말, 한때 거대 에너지 기업이던 엔론이 전 세계를 충격에 빠트리며 파산하는 과정에서 사상 최대의 금융 스캔들이 터졌다. 미국 휴스턴에 본사를 둔 엔론은 원유 거래에서 뛰어난 실적을 올려 찬사를 받았고, 엔론의 최고경영진은 광택이 도는 잡지 지면에서 스포트라이트를 받으며 거액의 배당금을 챙겼다.

호사스러움과 화려함, 그리고 과도한 지출이 엔론의 기업 신조였다. 엔론의 최고경영자 케네스 레이는 집을 일곱 채나 구입했는데 그중 고급 스키 리조트 타운인 애스펀에 위치한 네 채의 집 가운데 하나는 무려 1천만 달러를 호가하는 호화 별장이었다. 엔론은 연말 직원 파티를 위해 150만 달러의 예산을 할당했을 뿐만 아니라 내부 회의에 한 번도 아니고 두 번씩이나 살아 있는 코끼리를 빌려왔다. 이렇게 방만한 지출에 한계는 없어 보였다. 내부 고발자가 엄청난 회계부정을 폭로하기 전까지는 말이다.

고발 이후 정부 조사관들이 엔론을 덮쳤다. 조사관들은 다른 여러 가지 증거와 함께 사내에서 주고받은 육십만 건의 내부 이메일을 취합했다. 언론 입장에서 이 사건은 화수분과도 같았다. 기자들은 콧노래를 부르며 끝도 없이 쏟아지는 흥미진진한 뉴스거리를 찾아다녔는데, 그중에는 엔론이 근사한 조각으로 만든 전등 스위치에 현금 59만 달러를 지불했다는 일화도 있었다.

한편 휴스턴에서 약 2400킬로미터 이상 떨어진 곳에서 앤드루 맥캘럼은 전혀 다른 이유로 축배를 들고 있었다. 매사추세츠 대학 애머스트 캠퍼스에서 소셜 네트워크를 연구하는 컴퓨터과학자인 그는 여러 사람들이 이메일로 어떻게 의사소통을 하는지 연구하고자 했다. 그러나 안타깝게도 자기 개인 이메일 계정에 접근하는 걸 누구도 달가워하지 않았다. 그랬기에 어마어마한 양의 엔론사 이메일 자료에 대한 뉴스를 우연히 접하고는 연구의 수호신에게 선물이라도 받은 듯 기뻐했다.

"그 기사를 읽었을 때 '세상에, 개인적인 이메일을 주고받은 죄 없는 엔론 직원들이 불쌍하군' 하는 생각이 맨 먼저 떠올랐습니다." 맥캘럼은 이렇게 회상한다. "하지만 그 직후에 '전 세계의 이메일 연구자들이 환호성을 지르겠네!' 싶더군요." 그는 즉시 연방정부에 1만 달러를 지불하고 전체 이메일 데이터베이스를 받았다.

그후 여러 컴퓨터과학자들이 엔론의 내부 이메일 데이터를 이리 쪼개고 저리 쪼개며 활발히 연구를 진행해왔다. 비가 내리는 여름날, 그중 한 명인 컬럼비아대의 대학원생 비노드쿠마르 프라바카란을 만났다. 비노드로 불리는 그는 컴퓨터 사회언어학 연구 분야의 전문가다. 뭔가 이름이 거창하지만 간단히 말하면 컴퓨터가 스스로 데이터를 학습하는 기술인 딥러닝을 언어 및 사회 트렌드를 이해하는 데 응용하는 분야다. 비노드는 엔론 이메일과 관련하여 매우 구체적인 영역에 관심이 있었다. 남성과 여성이 디지털적으로 어떻게 의사소통하는지 탐구해보고자 했다.

비노드의 연구는 디지털 시대의 핵심적인 화두 중 하나와 연관된다. 남녀가 문자와 이메일을 주고받는 방식의 차이 때문에 남녀관계는 더더욱 복잡해졌다. 학자들은 그에 따른 후폭풍을 이제야 이해하기 시작한 참이다. 예를 들어 남성들은 직설적이고 짧게 이메일을 쓴다. 그러나 나 같은 여성들은 짤막하고 무덤덤한 메일을 받으면 좋게 해석하면 쌀쌀맞다고, 나쁘게 해석하면 적대적이라고 느낀다. 그런 이메일을 보고 온갖 종류의 의도를 읽어내려 한다. "그가 나한테 화가 났나? 내가 너무 강요한다고 생각하는 걸까? 억울해하는 건가?"

남성에게서 받은 이메일을 남편에게 보여주고 그의 의견을 물은 적도 몇 번이나 있다. 그때마다 남편은 "이 사람은 아무렇지도 않아. 화가 나지 않았다고"라고 대답했다. 지금까지는 십중팔구 남편의 말이 맞았다.

여성이 작성하는 이메일은 보다 길고 친근하며, 귀찮게 해서 미안하다거나 상대방이 어차피 해야 할 일을 부탁하면서도 고맙다고 몇 번이나 말하는 경향이 있다. 이메일을 쓸 때마다 전송 버튼을 누르기 전에 지나치게 굽히지는 않았는지 재차 확인한다. 그 과정에서 하다못해 쓸데없는 느낌표 한두 개쯤이라도 억지로 지우는 경우가 태반이다.

여성이 남성에게 어떤 내용의 메일을 보내든 간에 미안하다는 어투로 빙빙 돌려 말할 경우 그녀가 애원하고 있다는 중요한 메시지가 전달되기 마련이다. 칼자루는 남성이 쥐게 된다. 반면 여자들끼리 주고받는 것처럼 지나치게 친근한 말투로 남성에게 이메일을 보내면, 그 여성이 다른 의도를 가진 양 해석된다. 예를 들어 나는 '사랑을 담아서'라는 말로 끝맺은 업무용 이메일과 문자를 다른 여성 동료들에게 종종 받는 편이기 때문이다.

한편 남성이 단정적인 어투로 이메일을 보낼 경우 그게 여성 상사라고 해도 메일과 함께 또다른 메시지가 전달된다. 메일을 보낸 남성은 그녀를 달가워하지 않는다. 혹은 그녀의 권위에 도전하고 있다. 그것도 아니면 그녀를 존중하지 않는다. 물론 메일을 작성한 남녀 모두 이러한 신호를 보내려던 건 아니었을지 모른다. 하지만 메일을 받은 상대방은 어쨌든 그런 식으로 해석한다.

비노드는 이메일을 연구하다가 남성과 여성이 의사소통하는 방식에서 이보다 더욱 당황스러운 불협화음을 찾아냈다. 그는 노트북을 열어 남성이 사용하는 언어와 여성이 사용하는 언어를 비교하는 알고리즘을 어떻게 만들었는지 보여주었다. 그는 알고리즘을 통해 '공공연한 힘의 과시'라고 부르는 언어들, 즉 미안하다는 말을 앞세우거나 에둘러서 부드럽게 표현하지 않는 직설적인 명령의 사례들을 찾아내고자 했다.

알고리즘을 완성한 비노드는 엔론의 이메일 데이터를 입력했다. 남성이 여성보다 강한 어조의 언어를 훨씬 더 빈번히 사용했다는 것은 그리 놀랍지 않을 듯하다. 그러나 비노드는 그 외에도 매우 특징적인 요소를 발견했다. 여성 임원은 습관적으로 자신의 권력을 낮추며 직접적으로 명령하기를 꺼린다. 남성은 "지금 당장 내 사무실로 오게"라고 말하는 반면, 여성은 "괜찮다면 잠깐 내 사무실에 들러주겠나?"라고 말한다.

더욱 흥미롭게도 여성의 경우 직급이 높아질수록 점점 더 강압적인 언어를 사용하지 않게 된다. 실제로 최대한 자기 권위를 낮추고 명령보다는 부탁하는 사람의 입장에 서며, 주변 사람들이 자신의 권력을 상기하지 않도록 특별히 주의를 기울인다. 현실세계에서 강한 권력을 쥔 여성들이 덜 위협적으로 보이기 위해 금발로 염색하는 것처럼, 디지털 세상에서도 권력을 가진 여성들은 자신의 위상을 낮추려고 노력한다.

이 여성들은 자신이 왜 그렇게 행동하는지 깨닫지 못할지도 모르지만, 어쨌든 스스로를 낮추고 주변에 위협이 되지 않도록 신경을 쓴다. 출세의 사다리를 오르며 점점 더 권위를 갖게 되더라도 그걸 과시하지 않기 위해 여성들은 피나는 노력을 기울인다. 비노드는 여성이 높은 자리에 올라 힘을 가지면 주변에서 미워하기 때문에 이렇게 행동한다고 이론을 제시했다. "여성들은 강압적이라는 인상을 주지 않기 위해 자제하는 경향이 있습니다. 우두머리처럼 군다는 말은 듣고 싶어하지 않으니까요."

실제로 자신이 대표인 경우에도 말이다.

과학 이론과 연구를 통해 성별 격차의 실체가 조금씩 명확해지고 있으며 궁극적으로 이로 인해 성별 격차를 줄여갈 수 있을 것이다. 새로운 사실이 하나씩 발견될 때마다 남성과 여성 모두 서로를 보다 잘 이해하는 방법을 배우며 애매하고 혼란스러운 신호를 없애는 요령을 익힌다. '블라인드 오디션'처럼 채용과 관련된 의사결정을 할 때 감정이라는 요소를 완전히 배제하고 성별의 차이를 두려워하기보다는 이해하며 함께 일할 수 있는 이상적인 환경에 아주 조금이나마 가까이 다가가고 있다.

하지만 블라인드 오디션이라는 개념이 30년도 전에 생겼음에도 여전히 그 완벽한 목표를 달성하기 위해 안간힘을 다하고 있으니 그 진전 속도가 고통스러울 정도로 느리다고 할 수밖에 없다. 내 친구 멜러니는 1989년에 시카고 심포니 오케스트라의 바이올리니스트가 되기 위해 오디션에 참가했을 때 자신이 얼마나 시대를 앞서 있었는지 깨닫지 못했다.

연말 휴가철이 다가와 시카고에 있는 멜러니를 만나러 갔다. 콘서트를 앞둔 어느 날 밤, 그녀는 시카고의 명물 심포니 센터의 지하 깊은 곳에 자리한 여성 연주자용 탈의실을 구경시켜주었다. 의자와 사물함이 나란히 놓인 탈의실은 대학 축구팀이나 프로 여자 농구팀이 사용한대도 위화감이 없어 보였다. 탈의실에 음악이 울려퍼지고 각 사물함에 무대용 정장과 값을 매길 수 없을 만큼 소중한 악기가 들어 있다는 점만 다를 뿐이었다.

멜러니에게 이곳은 집처럼 편안했다. 시카고 심포니 오케스트라에서 연주해온 지도 거의 30년을 바라보고 있었다. 쌍둥이를 포함한 세 아이가 연달아 태어났을 때는 콘서트용 검은 정장을 입고 머리에 아기 토사물을 묻힌 채 무대에 오르기도 했다. 오케스트라 단원들은 그녀가 사랑하는 아버지와 여동생을 잃었을 때를 비롯하여 기쁠 때나 슬플 때나 변함없이 든든한 힘이 되어준 제2의 가족이다.

매년 시카고 심포니는 해외 투어를 떠난다. 멜러니는 동료들과 함께 중국과 러시아, 일본 및 유럽 여러 나라의 수도에서 연주를 했다. 투어중에는 체류하는 도시의 오케스트라 연주회를 관람하러 가곤 한다. 사물함에 가지런히 걸린 여러 벌의 검은 정장 중 한 벌을 꺼내면서 멜러니는 빈 필하모닉의 연주회에 처음 갔던 때가 가장 기억에 남는다고 꼽았다.

빈 필하모닉도 시카고 심포니처럼 역사를 자랑하는 오케스트라다. 1842년에 창립된 빈 필하모닉은 하이든, 모차르트, 베토벤을 비롯한 궁정 작곡가들의 곡을 연주하는 왕실 앙상블로 출발하여 점차 규모를 키워갔다. 19세기에는 브람스와 브루크너의 클래식 작품을 최초로 선보이기도 했다. 이제는 전설이 된 차이콥스키 바이

올린 협주곡의 잊을 수 없는 아름다운 선율이 처음 울려퍼진 것도 바로 빈 필하모닉 연주회였다.

그러나 연주회가 시작되자마자 멜러니는 무대를 보면서 무언가 이상하다 싶었다. 빈 필하모닉의 무대는 턱시도를 차려입은 남성들의 바다였다. 멜러니는 눈을 크게 뜨고 살펴보았다. 백이십 명 이상의 오케스트라 단원 중 여성은 한 명도 없었다. 단 한 명도. 자신과 같은 여성 연주자는 눈을 씻고 찾아봐도 없었다. 멜러니는 그렇게 기이한 광경을 보게 되리라고는 상상조차 못했다.

빈 필하모닉 단원이 모두 남성인 데에는 그만한 이유가 있다. 빈 필하모닉은 세계 유수의 오케스트라 중에서 아마 유일하게 블라인드 오디션을 채택하지 않는 곳일 것이다. 신입 단원은 기존 단원들의 의견에 따라 선발되는데, 이 기존 단원은 거의 전부 남성이다. 여성 단원은 1997년에야 처음으로 입단했다.

2011년 오스트리아 정부가 이에 대한 항의의 표시로 정부 지원금을 삭감했으나 빈 필하모닉은 계속해서 버텼다. 성차별적인 단원 선발방식에 간섭한 정부에 앙심이라도 품은 듯이, 2012년 1월에 열린 새해 첫 콘서트에서 수많은 남성 단원들과 함께 무대에 오른 여성 음악가는 두 명뿐이었다. 그후 연례적으로 열리는 신년 콘서트에 정기적으로 참석하는 관객들은 무대에 오른 여성 단원의 수가 얼마나 적은지 세어보는 것이 하나의 재미처럼 되어버렸다.

그날 오케스트라의 연주를 지켜보면서 멜러니는 자기 경험을 되돌아볼 수밖에 없었다. 그녀를 비롯한 여성 단원들은 시카고 심포니 오케스트라를 세계 최고의 교향악단으로 만드는 데 기여를 했다.

실제로 우리가 이야기를 나누는 동안 콘서트홀 지하에 위치한 여성용 탈의실은 공연 의상으로 갈아입고, 가방에서 악기를 꺼내고, 아이패드를 확인하고, 집에 있는 보모에게 마지막으로 지시사항을 전달하는 수많은 여성 음악가들로 활기가 넘쳤다. 어떤 이는 휴대전화를 꺼내서 자기 딸 사진을 보여줬고 어떤 이는 아들이 학교에서 참여하는 과학 프로젝트에 대해 들려줬다. 하나같이 뛰어난 연주자인 우리 주변의 여성들은 집에서 타파웨어 용기에 담아온 샐러드로 공연 전에 간단하게 요기를 하며 짬짬이 값비싼 악기의 음을 조율했다.

이 여성들은 매일 드나드는 직장에서 젠더 문제로 고민하지 않았다. 그럴 필요가 없었다. 조금 있으면 남자 동료들과 함께 무대에 올라 존 윌리엄스가 작곡한 곡을 비롯해 여러 곡을 윌리엄스의 지휘에 따라 연주하게 된다. 수십 년 전 경제학자들이 연구 대상으로 삼았던 블라인드 오디션의 성과가 만개해 있었다. 블라인드 오디션은 효과적이었다. 그 결과가 내 눈앞에 너무나 명백하게 펼쳐져 있었다.

하지만 그와 동시에 대서양을 건너면 시카고 심포니나 다른 오케스트라가 수십 년 전에 블라인드 오디션을 도입하지 않았더라면 지금쯤 어땠을지 적나라하게 보여주는 사례가 존재한다. 그랬다면 여기 이 여성 음악가들은 없을 것이다. 여성용 탈의실도 존재하지 않았을지 모른다. 뛰어난 재능을 가진 여성들이 자기집 거실에서 어린 학생들에게 음악을 가르쳤을 수도 있다. 정말 운좋은 경우라

해도 기껏해야 오늘밤 콘서트홀 객석에 앉아 있는 정도일 것이다.

이러한 대조적인 현실을 더욱 극명하게 보여주듯, 지구 반 바퀴 저편에 위치한 오스트리아에서 빈 필하모닉이 연례 신년 음악회를 위한 리허설을 하고 있었다. 이 신년 음악회는 무려 90여 개국 이상에서 오천만 명의 시청자가 지켜보는 화려한 행사다. 새해의 시작을 알리는 이 유명한 행사가 얼마 남지 않았다. 그리고 새해 첫날, 무대를 가렸던 커튼이 올라가자 관객들이 재빨리 무대 위 음악가들을 샅샅이 훑은 후 믿을 수 없다는 듯 고개를 가로저었다.

무대에는 유럽 전역에서 재능이 특출나다는 음악가 125명이 앉아 있었다. 그야말로 최고 중의 최고만 모아둔 셈이었다.

그러나 관객들은 오케스트라 전체에서 고작 다섯 명의 여성을 찾아낼 수 있었다.

8장

투명인간이
되어버린
여자들:

세계 최대의
미활용 자원

캐럴 오키프는 내 지인 중에서도 특히 머리가 좋기로 손꼽힌다. 대학 1학년 때 룸메이트로 처음 만난 우리는 대학 시절 내내 서로의 충실한 '단짝'으로 지냈다.

우리가 쓴 대학 지원서를 읽어보았다면 누구라도 둘 사이에는 공통점이 전혀 없다고 결론 내렸을 것이다. 나는 고등학교 때 학교 신문기자로 활동했으며 비올라를 연주하던 뉴저지 출신의 공붓벌레로 테니스공을 라켓에 맞추지도 못하는 몸치였다. 메릴랜드 시골 지역에서 자란 캐럴은 만능 스포츠선수로 키는 160센티미터 정도밖에 안 되지만 고등학교에서 농구를 비롯하여 거의 모든 여자 운동부 주장을 맡았다.

우리 둘은 대학 학장의 짓궂은 장난 때문에 같은 방에 배정된 거라고 확신했다. 하지만 그 장난은 우리에게 통하지 않았다. 우리는 금세 가까워졌고 지금까지도 돈독하게 지내고 있다.

몇 년 동안 캐럴과 나는 으스스할 정도로 평행선을 그리며 살았다. 대학을 졸업한 직후, 캐럴은 대학 시절 남자 친구인 레지스와 결혼했다. 나는 두 사람의 결혼식에 들러리로 참석했으며 신랑 신부는 피로연에서 영화 〈머펫 무비〉에 나온 사랑 노래 〈레인보우 커넥션〉에 맞춰 춤을 추었다. 결혼 후 의대에 재학중이던 레지스와 로스쿨에 진학한 캐럴은 보스턴으로 떠났다.

둘 다 집안이 넉넉지 않았기 때문에 이 젊은 부부는 그야말로 근근이 살아갔다. 보스턴에 갈 때면 바닥이 기울어진 손바닥만한 그들의 아파트에서 소스도 없이 스파게티 면만 삶아서 저녁으로 나눠 먹었다. 그런 뒤 캐럴을 도와 땅콩버터 샌드위치를 몇 개 만들어 갈색 종이봉투에 담아 병원에서 회진중인 레지스에 갖다주었다. 레지스는 병원 식당에서 밥을 사 먹을 형편도 되지 않았다.

한편 나는 뉴욕시에서 월스트리트저널의 신참 기자로 일하고 있었다. 나 역시 쥐꼬리만한 월급으로 근근이 살아가면서 당시 룸메이트와 함께 살던 조그마한 아파트 거실에서 잠을 잤다. 내 룸메이트는 투자 은행 연수생인데도 나보다 돈을 잘 벌어서 그녀가 침실을 차지했다. 몇 년 후, 나 역시 대학에서 만난 지금의 남편 톰과 결혼했다. 내가 들러리들을 위해 고른 흉측한 분홍색 폴리에스테르 레이스 드레스를 흔쾌히 걸치고 캐럴은 신부 들러리로 참석했다.

결혼 후 우리 부부의 생활이 안정되어가듯이 캐럴과 레지스도 점차 자리를 잡았다. 레지스가 레지던트 과정을 마치기 위해 두 사람은 뉴욕주 로체스터로 이사했다. 캐럴은 법률 사무소에서 밤낮을 가리지 않고 일했으며 새벽 여섯시에 출근하는 일도 비일비재했다. 나 역시 처음에는 기자로, 그리고 나중에는 월스트리트저널의 일일 광고 칼럼니스트로 사무실에 오래 머물렀다.

이십대 후반이 되어 캐럴과 내가 같은 시기에 임신을 하며 우리 두 사람의 인생 궤적은 계속해서 평행선을 그려갔다. 둘 다 아홉 달의 임신 기간 내내 악착같이 출근을 했으며 출산이 임박한 마지막 순간까지 사무실 책상을 비우지 않았다. 피땀 흘려가며 쌓아올린 직장 내 위상을 지켜야 한다고 의지를 불태웠고 일과 가정을 모두 잘 돌볼 수 있음을 증명하고자 했다.

그러나 캐럴의 아들 패트릭과 내 딸 리베카가 태어난 후 우리의 삶의 궤적은 갈라졌다. 그리고 그후 수십 년 동안 우리가 걸어온 길을 통해, 워킹맘들이 어쩔 수 없이 커리어를 포기하는 일을 막으려면 각 기업이 무엇을 할 수 있고, 무엇을 해야 하며, 무엇을 해서는 안 되는지 일종의 로드맵을 그릴 수 있다.

우리가 걸어온 길은 미국 기업들이 직면하고 있는 심각하고도 가장 알려지지 않은 문제 중 하나를 분명하게 보여준다. 지극히 상식적으로 다루기만 하면 경제에 엄청난 활력을 불어넣고 여성들의 삶을 가늠할 수 없을 정도로 개선하는 문제다. 단순한 진리이지만 너무나 많은 워킹맘들이 잊고 지낼 뿐만 아니라 대다수 기업도 전혀 인지하지 못하는 사실이다. 바로 아이들은 언젠가 자란다는 사실이다.

보다 핵심을 파고들어보자. 아이들이 어느 정도 성장하고 나면 출산 전과 마찬가지로 야심만만하고 똑똑하며 열정적인 수백만 명의 중년 여성들이 덩그러니 남는다. 하지만 고용주들에게는 끝끝

내 이들이 보이지 않는다. 이들은 오늘날 비즈니스 세계에서 가장 거대한 미활용 자원이래도 과언이 아니다.

워킹맘에 대한 담론은 주로 갓난쟁이나 어린아이를 둔 엄마에게 초점을 맞춘다. 엄마의 출산 휴가, 아빠의 육아 휴가, 그리고 어린아이를 키우는 일에 주안점을 둔다. 물론 이는 모두 매우 중요한 문제들이다. 그러나 육아를 어느 정도 마친 여성, 즉 성장한 아이를 둔 엄마에게는 그만큼 관심을 기울이지 않는다. 그중 일부는 이미 일터를 떠난 지 수년, 심지어 수십 년이나 되었으며 필사적으로 일선에 복귀하고 싶어한다. 계속 일은 해왔지만 아이들이 아직 어린 동안에는 근무 시간을 줄이고 '엄마들을 위한 일자리'로 불리는 단순직에 만족했던 여성들 역시 다시 한번 도약할 만반의 준비를 갖추고 있다.

이제부터 바로 이러한 경력 단절 여성에게 더 많은 관심을 기울여야 한다는 주장은 충분히 설득력 있다. 이들은 다시 경제활동을 시작하거나 정체된 커리어에 새로운 활력을 불어넣고 싶어한다. 출산 휴가를 마치고 갓 복귀한 젊은 엄마들뿐만 아니라 몇 년 동안 일을 쉬었지만 다양한 재능과 지혜, 다시 일선에 뛰어들고자 하는 야심을 갖춘 나이 지긋하고 경험 많은 여성들도 있다.

이런 여성에게 다시 일할 기회를 주면 본인에게만 도움이 되는 것이 아니라 우리 모두가 그 혜택을 입는다. 더 많은 여성을 노동인구에 편입시키기는 미국 경제의 가장 확실한 부양책 중 하나다. 맥킨지 글로벌 연구소의 추정에 따르면, 보다 많은 여성이 경제활동을 할 경우 향후 20여 년간 미국의 국내총생산GDP이 무려 2조 1천억 달러나 늘어난다고 한다. 맥킨지 보고서에서는 미국 내 오십 개 주 가운데 절반이 10퍼센트 이상의 GDP 상승 효과를 누릴 것으로 내다보았다.

비단 미국에만 국한된 이야기가 아니다. 2013년 일본의 아베 신조 총리는 더 많은 여성들의 경제활동을 독려하여 침체된 국내 경기를 부양하고자 '위미노믹스'라는 프로그램을 출범시켰다. 맥킨지 보고서에 따르면, 전 세계에서 여성이 남성만큼 전면적으로 노동 시장에서 활약할 경우 세계 경제에 28조 달러라는 어마어마한 경기 부양 효과가 나타날 것으로 추산된다.

이렇게 경제 성장을 하려면 젊은 엄마뿐만 아니라 자녀를 다 키워놓고서 누가 채용만 해준다면 다시 인력 시장에 뛰어들려 하는 중년 여성도 두 팔 벌려 환영하는 업무 환경의 조성이 필수다.

창피하지만 나도 이 사실을 깨닫는 데 너무 오래 걸렸다. 그리고 이를 깨달았을 때 나아갈 길을 제시해준 사람은 남성들, 다름아닌 나의 남자 상사들이었다.

물론 누구나 아이가 자라서 결국 어른이 된다는 당연한 사실을 머리로는 이해한다. 그러나 우는 아기 때문에 한밤중에 마흔일곱 번이나 잠을 깨는 상황이라면 도대체 누가 그런 생각을 하겠는가? 신생아를 키울 때에는 아무리 치워도 끝없이 나오는 더러운 기저귀와 소아과 방문이란 쳇바퀴에 갇혀버린 것만 같다. 아이들이 커가면 선생님 면담, 또래와의 놀이, 숙제, 축구 경기 등으로 머리가 터질 지경이 된다. 이 모든 육아와 회사일을 균형 있게 해내기란 불가능하다. 전도유망한 여성들조차 빠른 출세가도에서 비켜서는 경우가 부지기수다. 그 자리로 돌아가고 싶어할 때가 오리라고는 상상조차 못한 채.

내 친구 캐럴도 이런 경우였다. 패트릭이 태어났을 때 그녀는 갓 난아기와 최대한 많은 시간을 보내고 싶었다. 게다가 캐럴과 레지스는 다자녀 가정을 꾸리고 싶어했다. 그래서 그녀는 다니던 법률 사무소와 협상해 반일만 근무하는 대신 월급도 절반만 받기로 했다. 언뜻 이상적인 근무 형태처럼 보였다. 그 법률 사무소는 시간제 근무를 허용하지 않았지만 그녀는 똑똑하고 실력이 뛰어난 변호사였다. 회사 입장에서도 소중한 인재였다. 이 협상은 모두에게 완벽한 해결책 같았다.

나는 정반대의 길을 선택했다. 일이 너무나 소중했고, 첫딸 리베카가 태어난 다음에는 혹시 주변에서 나를 얕잡아볼까봐 두려웠다. 그래서 몇 달간의 출산 휴가에서 복귀한 직후부터 다시 눈코 뜰 새 없이 바쁜 일정을 소화했다. 저녁 여덟시 전에 퇴근하는 날은 손에 꼽을 정도였고 가끔은 그보다 훨씬 더 늦어지기도 했다. 당시 신참 변호사였던 톰은 심지어 나보다 더 바쁘게 지냈다.

우리가 어릴 때처럼 가족이 함께 모여 식사를 하는 환경에서 리베카를 키우고 싶었던 톰과 나는 묘안을 짜냈다. 몇시든지 엄마와 아빠가 집에 오는 시간을 '저녁 시간'으로 삼았다. 그 덕분에 온 가족이 한밤중에 포장해온 프라이드치킨을 뜯는 일도 드물지 않았다.

기막힌 저글링을 하는 기분이었다. 아이 생일 파티나 '부모 참관' 수업에 참여하려면 몇 주 전부터 계획을 세워야 했다. 시간을 못 낼 경우에는 보통 베이비시터가 '엄마' 역할을 했다.

밤낮 없이 죄책감에 시달렸다. 직장에서도 죄책감이 나를 짓눌렀고 집에서도 미안하기는 마찬가지였다. 어디에 있든, 내 삶의 다른 한쪽 영역에서 충분히 의무를 다하지 못하고 있었다. 직장에서는 끊임없이 마감에 시달렸다. 집에서는 아이가 처음으로 걸음을 떼고, 처음으로 말을 하며, 처음으로 친구를 사귀었을 때 곁에 있어주지 못했다.

워킹맘으로서의 죄책감은 아이를 둔 부모라면 누구나 익숙할 것이다. 물론 나는 대다수 부모들보다 운이 좋은 편이라는 사실도 충분히 인지했다. 아이를 맡길 곳이 마땅찮은 부모들이 수도 없는데 그나마 우리 부부는 시설 좋은 탁아소를 이용할 수 있었다. 나는 가끔씩 사무실을 살짝 빠져나가서 아이를 소아과에 데려가기도 했고, 아이가 좀더 큰 다음에는 발레 발표회와 신학기 학부모 설명회에 참석할 짬을 낼 수 있었다. 시간제 근무를 하거나 탄력 근무를 할 수 없는 부모에게는 그조차 사치였고, 실제로 아이가 다니던 초등학교의 많은 학부모들의 상황도 그랬다. 상당수의 부모가 아이의 핼러윈 의상 퍼레이드 참석은 고사하고 아이의 담임 선생님 얼굴조차 몰랐다.

하지만 가장 상황이 나은 부모래도 죄책감은 뿌리깊이 자리잡는다. 언론계의 전설인 바버라 월터스와의 오찬 모임에 초대받아 그 자리에서 그녀의 회고록 『내 인생의 오디션』을 아주 재미있게 읽었노라고 말했다. 나 역시 일하는 엄마로서, 딸을 키우면서 그렇게나 눈부신 이력을 쌓아간 부분에 특히 감명받았다고 전달했다.

이에 그녀는 "그 책의 모든 장에는 죄책감이 담겨 있어요"라고 답했다.

심지어 오늘날까지도 죄책감은 강력하게 엄마들의 어깨를 짓누른다. 자녀를 둔 미국 여성들이 대부분 집밖에서 일을 하는데도, 엄마들 본인을 포함한 모두가 워킹맘에 대해 끈질긴 편견을 떨치지 못하기 때문이다. 퓨리서치센터의 조사에 따르면, 미국 성인 중 41퍼센트가 워킹맘의 증가는 바람직하지 않은 현상이라고 대답했는데, 바람직한 현상이라고 응답한 사람들에 비하면 거의 두 배에 달했다.

동일한 조사에서, 일하는 엄마들은 스스로의 육아 기술에 형편없는 점수를 주었다. 하지만 연구를 통해 이들의 자기 평가는 사실과 다르다는 사실이 밝혀졌다. 실제로 워킹맘 밑에서 자란 딸들은 어른이 되었을 때 더 높은 수입을 올렸고, 워킹맘이 키운 아들은 어른이 된 후 육아와 가사일에 보다 많은 시간을 할애한다. 그리고 하버드 경영대학원의 캐슬린 맥긴 교수에 따르면, 워킹맘 밑에서 자란 남성들은 '젠더 문제에 대해 보다 평등한 태도'를 보인다.

❧

미국문화는 다양한 장점을 가졌음에도 불구하고, 시스템 자체가 직접적으로 워킹맘의 죄책감을 부추긴다는 맹점을 갖는다. 구조적 문제가 깊숙이 자리하기 때문에 직장생활과 육아의 균형을 유지하기가 여간 어렵지 않다. 이는 심지어 오늘날까지도, 그리고 막강한 경제력과 자원을 갖춘 부모라도 마찬가지다. 미국의 정책과 정치인들은 워킹맘의 부담을 경감시키기 위한 조치를 사실상 아무것도 취하지 않고 있다.

미국은 유급 육아 휴가를 제공하지 않는 세계 유일의 산업국가다. 생각해보면 정말 경악스럽다. 특히 대통령의 딸 이방카 트럼프를 필두로 소속 정당에 관계없이 미국 정치인 중 다수가 이러한 정책을 지지한다는 사실을 고려하면 말이다. 이보다 더욱 믿기 힘든 사실도 있다. 제3세계 국가 및 개발도상국까지 포함하더라도 지구상에서 유급 출산 휴가를 제공하지 않는 국가는 딱 두 곳뿐이다. 미국, 그리고 파푸아뉴기니.

물론 여기에는 경제적인 문제가 얽혀 있다. 기업과 정치인들은 유급 휴가에 따른 비용을 걱정한다. 하지만 유급 휴가를 의무화하는 몇몇 주 가운데 하나인 캘리포니아주에서는 90퍼센트 이상의 기업이 유급 출산 휴가가 기업의 수익에 긍정적인 영향을 미치거나 아무 영향도 미치지 않는다고 보고했다. 또한 별도로 진행된 설문조사에 따르면 미국 근로자 중 절반이 연봉 인상보다는 더 많은 휴가를 선호한다고 대답했다.

이보다 더 까다로운 문제는 아마도 문화적 부분일 것이다. 우리는 미국의 가치와 가족을 중시하는 사회적 분위기를 입에 자주 담으며 정치인들은 가족의 중요성에 대해 온갖 진부한 발언을 늘어놓는다. 하지만 이들의 행동, 아니 행동의 부재로 현실은 그와 정반대임을 알 수 있다.

또한 미국의 엄마들이 처한 상황은 개선되기는커녕 오히려 악화되는 조짐도 보인다. 유럽 및 다른 대륙의 국가들은 육아 보조금을 지급하며 지난 수십 년 동안 육아 휴가 제도를 포함하여 다양한 가족 친화 정책을 보강했다. 그러나 미국은 사정이 다르다. 1990년대 초반 이후 미국에서 육아비가 168퍼센트 이상이나 치솟았는데도 대부분의 육아비는 고스란히 부모 몫이다.

한편 월급쟁이 직장인의 경우 평균 근무 시간이 주당 사십 시간에서 오십 시간 이상으로 늘어나면서 가족과 함께할 시간은 더더욱 줄어들었다. 특히 가장이 최저임금을 받는 가정의 경우에는 육아비가 전체 가구 소득의 최대 30퍼센트를 차지해 더욱 부담스러워졌다. 미국 정부의 자체 기준을 적용하더라도 전체 오십 개 주 가운데 마흔아홉 개 주에서 육아비는 감당할 수 없는 수준이다. 또한 절반 이상의 주에서는 1년 치 탁아소 비용이 주립대 등록금보다 더 비싸다.

육아비만 급등하는 것이 아니라 자녀를 둔 여성의 소득까지 타격을 입는다. 엄마가 되면 소위 몸값이 떨어진다. 아빠가 된 남성은 직장에서 더 좋은 평가를 받지만 엄마가 된 여성은 그 반대라는 모순적인 현상을 보여주는 연구 결과도 있다.

학계에서의 남녀 차이도 여기에서 원인을 찾을 수 있을지 모른다. 예를 들어 어린아이를 둔 아빠 학자는 엄마 학자보다 종신재직권을 얻을 만한 자리에 오를 가능성이 35퍼센트나 높으며, 실제로 종신재직권을 손에 넣을 확률도 20퍼센트 높다.

미국 전체를 놓고 볼 때 여성은 아이를 한 명 낳을 때마다 7퍼센트의 경제적 타격을 입는다는 사회학자들의 연구 결과도 있었다. 업무 경력 같은 요소를 보정한 후에도 남녀의 소득은 여전히 자녀당 5퍼센트 정도 차이가 났다. 이러한 격차는 미국 내 모든 주에서 교육 수준에 관계없이 관찰되어, 전문직 여성뿐만 아니라 고등학교를 졸업한 후 육아 도우미나 웨이트리스, 출납원, 청소원 등의 직종에 종사하는 엄마도 동일한 일을 하는 아빠보다 수입이 적었다. 이러한 모순을 '엄마 벌금'과 '아빠 보너스'라고도 지칭한다.

이러한 격차는 엄마가 아빠보다 직장에 덜 헌신한다는 인식 때문이기도 하다. 하버드 경영대학원의 로빈 일리는 18개월에 걸쳐 대형 글로벌 컨설팅 기업에 대한 연구를 진두지휘했다. 로빈과 동료들은 이 기업에서 근무중인 남성과 여성 모두 직장생활과 사생활의 균형은커녕 완전히 진이 빠져버릴 정도로 살인적인 근무 시간을 견뎌낸다는 사실을 발견했다.

"한마디로 남녀 불문하고 모든 직원이 직장과 가족이라는 상반된 의무 때문에 힘겨워하고 있었다"라고 연구원들은 결론 내렸다.

하지만 이러한 상황에서 적당한 균형점을 찾으려고 노력하는 여성은 불이익을 받는 반면 남성은 그렇지 않다. 예를 들어 여성이 조퇴를 하면 동료들은 가족 일 때문이라고 짐작한다. 그러나 남성이 일찍 사무실을 비우면 동료들은 업무와 관련된 저녁식사나 회의 때문에 그럴 거라고 생각한다. 뿐만 아니라 남성과 여성 모두 파트너 직급에 오른 여성들은 엄마 노릇을 제대로 못하고 있다고 의견을 내놓았다. 파트너 직급의 남성들을 나쁜 아빠라고 생각하는 사람은 없었는데 말이다.

　이러한 사실을 종합해보면 경악스러운 현실이 명확해진다. 사실상 미국에서는 일하는 여성이 출산을 주저하게 만드는 환경이 조성되어 있다. 더 많은 아이를 낳을수록 나에 대한 고용주의 평가는 점점 더 하락한다. 이는 아이슬란드에 가서 자녀를 셋, 넷, 심지어 다섯 명씩 둔 맞벌이 부부들에게 들은 현상과는 완전히 상반됐다. 아이슬란드의 부모들은 "안 낳을 이유가 있나요?"라고 반문했다. 나라에서 양쪽 부모를 합쳐 9개월 동안 유급 육아 휴가를 보장해줄 뿐만 아니라 육아 보조금도 넉넉하게 지급하니까 말이다.

　한편 육아 휴가가 없으며 저렴한 육아 서비스를 기대할 수 없는 미국에서는 부모에게 가중되는 경제 부담이 극심해지며, 상대적으로 형편이 넉넉한 부모래도 마찬가지로 양육비를 부담스러워한다. 리베카가 태어났을 때 나는 회사에서 4주간 유급 출산 휴가를 받았다. 물론 그런 안정적인 소득을 확보하다니 운이 좋은 편이었다는 건 안다. 하지만 당시 남편의 로스쿨 학자금 대출이 아직 남아 있는 상황이었다. 리베카가 뱃속에 거꾸로 있어서 제왕절개를 해야 한다는 이야기에 나는 물색없이 좋아했다. 큰 수술로 분류되는 제왕절개 수술을 받으면 일시적 장애 급료를 2주 동안 추가로 받을 수 있었기 때문이다. 2년 후 둘째 앤드루가 태어날 때도 제왕절개를 선택했는데, 어느 정도는 이 2주간의 추가 급료 때문이었다.

　돌이켜보면 고작 몇 주의 유급 휴가를 더 받아내서 아기를 돌보겠다고 일부러 큰 수술을 선택한다는 상황 자체가 끔찍하다. 우리 아이들만큼은 절대 그런 선택을 할 필요가 없기를 바란다. 그러나 정부의 육아 지원 정책 부재와 천정부지로 치솟는 육아비 때문에 현재 많은 여성이 거의 해결 불가능한 문제를 안고 살아간다. 전업주부 엄마들을 대상으로 진행한 어느 조사를 보면 아이를 보육 시설에 맡기는 비용이 너무 비싸서 일을 그만두었다고 대답한 사람이 15퍼센트에 달했다.

엄마들이 극도로 스트레스를 받는 것도 당연하다. 엄마가 되었다는 사실만으로도 수입이 줄어들고, 그러고 나면 서민 가족을 짓밟을 정도로 엄청난 육아비를 직면하고, 결국 이 때문에 많은 여성이 아예 직장을 등진다. 뿐만 아니라 이 여성들이 자녀를 어느 정도 키워놓은 후 일선으로 복귀하려고 노력할 즈음에 직장 문은 굳게 닫혀버린다.

☙

한편 계속 버티며 직장에 남아 있는 여성은 육아와 직장생활의 양립이 불가능하다고 느끼기 마련이다. 캐럴과 나는 첫아이와 2년 터울로 둘째를 낳았다. 나는 출산하고 몇 개월 만에 다시 정규직으로 돌아갔고 캐럴은 계속해서 시간제로 근무했다. 솔직히 털어놓자면 나는 캐럴이 부러웠다. 캐럴은 모든 문제를 해결한 것 같았다. 반일 근무를 하고 나머지 시간은 아들과 갓난아기에게 할애했다. 한편 나는 끊임없이 죄책감과 더러운 기저귀와 잠 못 이루는 밤에 시달리고 있었다. 아이와 직장 외에 다른 일을 생각할 여유가 전혀 없었다. 아침에 소중한 몇 초라도 절약해보겠다며 귀걸이와 시계를 착용한 채 잠들었다.

아이들의 삶에서 중요한 순간에도 함께하지 못했다. 앤드루를 낳기 직전, 두 살이 되는 리베카의 생일 파티를 열어주었다. 생일 파티를 준비하는 과정에서 나는 완전히 꿔다놓은 보릿자루였다. 베이비시터가 파티를 계획했으며 손님 명단도 작성했다. 그녀가 케이크도 구웠다. 그녀는 현관에서 내 옆에 딱 붙어 서서 딸의 친구들이 도착할 때마다 한 명씩 소개해주었다. 딸의 친구라지만 한 번도 만난 적 없는 아이들이었다.

엄마가 되어서 딸이 낮에 무엇을 하고 노는지, 제일 친한 친구가 누군지, 친구들과 무엇을 하는지 전혀 모른다는 데 생각이 미쳤다. 소리 지르며 신나게 노는 두 살짜리 아이들의 파티에서 혼자 세상에서 가장 우울한 엄마가 된 기분이었다.

몇 주 후, 둘째 앤드루를 낳고 아직 마취가 덜 풀려서 정신을 못 차리고 있을 때 편집자가 회복실로 전화를 걸어왔다. 바로 그때 무언가 조치를 취해야겠다 싶었다. 퇴원해서 집으로 돌아와 남편에게 직장을 그만두고 싶다고 이야기했다. 하지만 그럴 여유는 없었다. 아직도 남편의 학자금 대출을 갚아가는 상황이었다. 게다가 대다수의 부모에 비해 우리는 그나마 형편이 나은 축에 속했다. 수많은 여성들이 희망사항으로라도 직장을 그만둔다는 생각은 하지도 못한다. 심지어 오늘날에는 이런 현실이 더욱 심화되고 있다. 미국인들은 1조 4천억 달러의 학자금 대출을 안고 있으며 2016년 대학 졸업자들은 1인당 평균 3만 7172달러의 빚을 지고 있는데, 이는 전년 대비 6퍼센트나 증가한 수치다.

나 자신이 너무나 안쓰러웠다. 그러던 어느 날, 캐럴과 잠시 짬을 내서 전화로 수다를 떨었다. 그리고 캐럴은 자기의 진짜 삶에 대해 털어놓았다. 물론 그녀는 반일 치 급여를 받고 있었다. 하지만 업무량은 종일 근무를 할 때와 거의 비슷한 수준이었다. 지난해 같은 법률 사무소의 정규직 변호사와 견줄 때 85퍼센트에 해당하는 시간을 근무했지만 월급은 절반밖에 받지 못했단다.

특별히 캐럴만 그런 게 아니다. 사실 오늘날에도 이러한 광경은 흔하다. 2015년 출간된 『성공하는 여자는 시계를 보지 않는다』의 저자 로라 밴더캠은 시간제 근무를 하는 워킹맘들에게 어떻게 시간을 보내고 있는지 일기를 써보라고 권했다. 대부분 주당 35시간 이상을 직장에서 보냈다. '시간제 근무'를 한다는 컨설턴트가 주당 50시간 이상 근무하기도 했다.

밴더캠은 『하버드비즈니스리뷰』 기고문에서 이렇게 적었다. "공식적으로는 시간제 근무중이라는 여성의 상당수가 정해진 것보다 훨씬 많은 시간을 일하고 있다."

❧

캐럴도 나도 일과 가정을 양립하는 방법을 좀처럼 찾지 못했다. 그러나 머지않아 직장생활을 통틀어 가장 소중한 교훈을 배우게 되었다. 나의 남성 상사들에게서 말이다. 월스트리트저널의 유명한 편집자 폴 스타이거가 나를 페이지원 섹션에서 편집 업무를 보라고 발령했다. 처음에는 머리끝까지 화가 났다. 기자 일을 그만둘 생각이 아직 없었던 것이다! 하지만 스타이거는 끝까지 굽히지 않았다. 그리고 결국 그의 판단이 옳았음을 깨달았다. 페이지원에 실리는 기사는 대체로 긴 호흡으로 진행되는 프로젝트였기 때문에 조금이나마 융통성 있게 일정을 조절할 수 있었다. 뉴스 속보 마감에 쫓겨 전전긍긍하는 일도 훨씬 적었다.

뿐만 아니라 놀랍게도 기사 작성보다 편집 업무가 내 적성에 더 맞았다. 페이지원에서는 매일 신문 1면에 실리는 세 가지 주요 기사를 편집했다. 당시 우리 팀에는 하루종일 이 주요 기삿거리를 다듬고 또 다듬어서 끝내주는 기사로 뽑아내는 일만 진행하는 편집자가 약 십여 명 정도 있었다. 기자들이 몇 주, 심지어 몇 달에 걸쳐 조사해 작성한 기사들이었다. 신문사의 자부심이었다. 1면에 실리는 이런 뛰어난 심층 취재 기획 기사들 때문에 월스트리트저널은 "바깥쪽은 잡지, 안쪽은 신문"이라고 불렀다. 오랫동안 기자 일을 하면서 항상 아이디어는 넘쳐났지만 그걸 구체화할 시간이 부족했다. 이제는 편집자로서 이러한 아이디어를 마음껏 펼칠 수 있었다. 기자들과의 협업은 무척 즐거웠으며 텅 빈 원고지를 채우는 것보다는 편집 일이 훨씬 쉽고 재미있었다.

하지만 일 자체만이 아니라 편집 업무를 맡으면서 상대적으로 융통성을 확보하게 돼 무척이나 고마웠다. 페이지원의 담당 상사는 가끔씩 재택근무를 허락해주었는데, 사무디지털화 초기 단계였던 당시로서는 상당히 드문 혜택이었다. 그 덕에 아이들과 일상을 함께할 수 있었다.

아이의 친한 친구가 누구인지 알고, 무릎이 까졌을 때 달래주며,

유치원에 아이를 데리러 갈 수 있는 호사가 얼마나 엄마를 심리적으로 안심시켜주는지는 아무리 강조해도 지나치지 않다. 매일 오전 열한시면 아이들과 함께 베이글로 '점심'을 먹고서 "엄마는 이제 일하러 가야 해. 하지만 저녁 먹기 전까지는 돌아올게"라고 설명한 후 집을 나섰다. 아직 아이들에게 시간 개념이 없던 시기였기도 하고, '저녁'이 아홉 시간 뒤를 의미하기도 했기 때문이다.

학자들은 일과 삶의 균형이 여성의 직업 만족도를 판가름하는 가장 정확한 척도임을 발견했다. 한 조사에 따르면 일과 삶이 균형을 이루지 못한다는 여성 중 93퍼센트가 직장생활에 매우 불만족한다고 응답했다. 반대로 그럭저럭 일과 삶이 균형을 이룬다고 생각하는 여성의 경우 압도적으로 많은 이가 현재 일에 매우 만족한다고 답했다.

이러한 척도를 기준으로 할 때 캐럴과 나는 각각 이 스펙트럼의 양극단에 속했다. 연구에서 드러난 대로, 일과 가정을 양립하려 필사적으로 노력한 덕분에 위태롭기는 해도 나는 직장에서나 집에서나 어느 정도 통제력을 발휘할 수 있었다. 집에서 만족했기 때문에 회사에서도 대체로 만족했다. 하지만 캐럴은 그렇지 않았다. 그녀는 거의 정규직 직원만큼이나 근무 시간이 길었지만 월급을 절반밖에 받지 못했기 때문에 베이비시터에게 줄 돈조차 충분치 않았다. 어느 날 밤, 두 명의 나이 많은 남성 파트너 변호사들과 함께 여느 때처럼 야근을 하다가 그녀는 마침내 한계에 도달했다.

"더이상 못하겠습니다. 집에 가서 저녁을 해야 해요."

파트너 변호사 중 한 명이 의아하다는 듯 캐럴을 쳐다보며 말했다. "집에 가는 길에 뭘 사가면 되잖아."

"그럴 돈이 없다고요!" 캐럴은 불쑥 이렇게 내뱉었다.

고맙게도 함께 있던 손위의 남자 변호사가 캐럴의 상황을 법률 사무소의 대표 변호사들에게 설명해주었다. 결국 법률 사무소에서는 지금까지의 추가 근무 시간만큼 급여를 소급하여 지급했다. 하지만 캐럴은 더이상 버틸 수가 없었다. 사건을 더이상 담당하지 않고 조사 업무를 하거나 법률 사무소에서 진행하는 단체 소송을 지원했다. 자조적으로 말했듯 그녀가 '조사 로봇'으로 일하는 사이 자녀가 점점 늘어나 결국 네 아이를 두게 되었다.

법률 사무소에서는 캐럴에게 일선 업무로 복귀해도 좋다고 분명히 밝혔으며, 그녀도 호의에 감사했다. 그러나 파트너 변호사가 되기 위한 험난한 출셋길로 돌아가려면 무자비하고 살인적인 스케줄을 소화해내야 했다. 그래서 해가 지날수록 그녀는 젊었을 때 꿈꾸었던 막강한 능력을 자랑하는 변호사들의 세계에서 점점 더 멀어졌다.

새로 들어온 젊은 변호사들이 그녀를 빠르게 추월하고는 결국 파트너 변호사 자리에 올랐다. 한편 캐럴은 아이들이 뛰는 스포츠 팀을 따라 여기저기 돌아다니거나 카풀을 하고 숙제를 도우며 점점 더 많은 시간을 뺏겼다. 법조계에서 눈부신 커리어를 쌓겠다는 꿈, 전도유망했던 전문직 여성으로서의 미래는 이제 먼 옛날의 추억이 되었다. 그래도 캐럴은 법률 전문가로서 경력을 쌓겠다는 희망을 품고 18년 동안 시간제로 근무했다. 마침내 네 아이 모두 십대가 되자 캐럴은 아예 회사를 그만두고 말았다.

한편 나는 경력을 잠시 포기하고 싶어했지만 상사가 그렇게 내버려두지 않았다. 일이 좋았지만 두 아이를 키우다보니 일에 대한 야심도 예전 같지 않았다. 이제는 출세의 사다리를 한 단계씩 오르기보다는 제시간에 퇴근해 아이들과 함께 저녁 시간을 보내는 목표를 좇게 되었다. 되돌아보면 나 역시 무심결에 마미 트랙(전망은 없지만 비교적 부담이 덜한 업무만 맡는 일―옮긴이)을 달렸던 모양이다. 하지만 상사들은 그렇게 생각하지 않았다.

　페이지원 편집실에서 약 1년 정도 근무했을 무렵, 상사들이 보도국장 자리를 제안했다. 나는 거절했다. 미미하게나마 지금 누리는 소중한 융통성을 잃고 싶지 않았다. 1년 뒤 상사들은 런던 지사의 관리직으로 갈 기회를 제시했다. 이번에도 싫다고 말했다. 나중에는 신문의 한 섹션을 책임지는 자리를 제안했다. 계속해서 긍정적인 대답을 내놓지 않았다. 거의 5년 동안이나 상사들은 내가 발전할 수 있는 기회를 제안했다. 그때마다 나는 거절했다.

　당시에는 고마워하지 못했지만, 상사들이 계속해서 제안해준 것은 정말이지 보기 드문 일이었다.

　여성들은 처음에 기회를 거절하면 대부분 다음번에는 제외된다. 하물며 두 번이나 그랬다면 예외 없이 거론조차 되지 않는다. 그러나 상사들은 나에게 인생에서 가장 소중한 교훈을 가르쳐주었고 나 역시 관리자로서 이를 실천하기 위해 노력중이다. 상사들은 내가 어린 자녀들과 많은 시간을 보내고 싶어한다는 것을 알았다. 하지만 절대 나를 대신하여 결정을 내리려고 하지 않았고 끝까지 내 의견을 존중했다. 그들은 내가 마미 트랙에 만족하며 안주할 사람이라고 여기지 않았다. 그 결과 나 역시 그쪽으로 향하지 않은 셈이었다.

5년이 지나고 두 아이 모두 입학했을 즈음, 폴 스타이거가 다시 한 번 나에게 월스트리트저널에서 새로운 지면을 만드는 일에 관심이 있느냐고 물었다. 이번에는 힘차게 그렇다고 답했다. 이 섹션은 궁극적으로 현재 주말에 발행되는 위크엔드저널이 되었다.

상사들은 당시 내가 미처 생각하지 못했던 점을 깨달을 정도로 현명했다. 아이들이 자란다는 사실 말이다.

그후 다양한 기업에서 여러 차례 회의를 하면서 누구나 선망하는 직책을 맡을 사람으로 누군가 여성 직원을 추천하면 상급 관리자가 "그 친구 능력은 좋지, 하지만 절대 이사 가지는 않을 거야"라거나 "그녀라면 안성맞춤이기는 하지만 애들이 어리잖아. 출장 다니기 힘들 거야"라고 평하는 걸 들었다.

여러분이 남성이든 여성이든, 이 책에서 딱 한 가지 교훈만 얻을 수 있다면 바로 이것이다. 다른 여성을 위해 결정하지 마라. 그녀 스스로 결정하게 해줘라. 내 상사들은 무척이나 고맙게도 나에 대해 섣불리 추정하지 않았다. 그 대신 이렇게 말했다. "이러이러한 기회가 있네. 기회를 잡을지는 직접 결정하게." 앞을 내다보는 그들의 혜안이 없었다면 나는 직장생활을 계속하고 훗날 적절한 시기가 왔을 때 다시 눈코 뜰 새 없이 바쁜 업무로 돌아갈 기회를 절대 못 잡았을 것이다.

뿐만 아니라 아이를 키우는 모든 여성이 치열한 일선에서 한 발짝 물러나고 싶어한다고 가정해서도 안 된다. 고작 몇 년 전까지만 해도 컨설팅 기업인 베인앤드컴퍼니에서는 여성 채용 후보자들과의 대화 중 70퍼센트를 유연한 근무 환경과 워킹맘들을 위한 지원에 대한 설명에 할애했다. 여성들은 이에 반발했다.

베인의 파트너 줄리 코프먼은 "베인에 입사하는 여성들은 남성들만큼이나 빼어나고 똑똑한 인재들입니다"라고 말했다. 베인은 여전히 워킹맘들을 위한 혜택을 강조하지만 예전만큼은 아니다. 이제는 남성 채용 후보자에게 하듯이 커리어 발전 기회에 초점을 맞춰 대화를 진행한다.

◌

아이들이 어릴 때는 보채는 아기를 달래고 귓병 때문에 전전긍긍하며 한숨도 못 자는 날들이 평생 이어질 것 같다. 하루가 무한대로 길게 느껴지기도 한다. 하지만 어느 날 잠에서 깨면 갓난아기들이 십대가 되었다는 사실을 깨닫게 된다. 언제 이렇게 세월이 빨리 지나갔을까 의아해한다.

캐럴과 나도 마찬가지였다. 여전히 기숙사에서 캐럴을 처음 만났던 대학 신입생 시절이 바로 어제 같다. 하지만 눈 깜짝할 새에 수십 년이 흘러 우리 아이들도 하나둘 대학에 진학했다. 그리고 캐럴도 직장에 복귀할 준비가 되었다.

하지만 도대체 어떻게 복귀할 것인가? 캐럴은 이미 몇 년이나 법률 업무에서 손을 떼고 있었다. 하지만 뭐든지 빨리 배우는 편이었기 때문에 친구의 도움으로 지역 로스쿨에서 시간제로 강의하게 되었다. 보람된 일이었지만 그것도 오래가지 않았다. 몇 년 뒤 남편이 워싱턴대의 정형외과 과장으로 가면서 세인트루이스로 함께 이사를 가는 바람에 일을 그만두어야 했다.

반에서 가장 똑똑한 학생이었고 누구보다 직업의식이 철저했으며 예일대와 하버드대를 우수한 성적으로 졸업하고 한때 전도유망한 변호사로서 탄탄대로를 걷던 캐럴은 알아주는 사람 하나 없는 낯선 도시에서 고용주들에게 찬밥 신세가 되었다는 사실을 깨달았다. 그녀는 온라인으로 대여섯 개의 다양한 일자리에 지원했다.

연락이 온 곳은 하나도 없었다. "한마디도 없더라고. 한마디도."

❧

너무나 많은 여성이 이러한 일을 겪는다. 아이를 키우기 위해 직장을 떠났던 물리학자 세어네이드 리는 모델 뷰 컬처라는 온라인 기술 잡지에 실린 통렬한 내용의 에세이를 통해 고작 마흔 세 살의 나이에 '투명인간' 취급을 받는다며 한탄했다.

일을 쉬거나 시간제 일자리로 옮기면 실패로 여겨지며, 제대로 업무를 처리할 능력이 충분치 않다는 증거로 인식된다. 직장에 남은 동료들만 그렇게 생각하는 게 아니라 떠나는 본인도 그렇게 믿는다…… 일을 쉬거나, 직장을 떠나거나, 다른 직종으로 전환한 우리는 원래 자리로 복귀하기가 불가능하다고 여긴다.

리는 커리어 전문가의 조언대로 여성을 위한 기술 능력 향상 프로그램을 수료하는 등 구체적으로 취업 준비를 했다. 하지만 그걸로는 충분치 않았다.

"나는 나이 때문에 힘들 것 같다는 이야기를 수차례 들었다." 리의 기고문은 계속된다. "도대체 왜? 스물일곱 살 때보다 오히려 지금의 개발 실력이 훨씬 낫다. 판단력도 좋아졌고 업무에 적용할 만한 경험도 풍부히 쌓았다. 다양한 업무의 우선순위를 정하고 여러 가지 과제를 동시에 해결하며, 합리적인 추정을 하고 마감도 지킬 수 있다. 하지만 주변에서는 내 나이나 단절된 경력을 내 장점이나 창의력, 유연성을 보여주는 징조로 보기보다는 애당초 가망 없다는 증거로 받아들인다."

헤아릴 수 없이 많은 여성들이 이런 일을 겪는다. 자녀가 어느 정도 크거나 대학에 진학하여 집을 떠난 후 너무나 많은 여성들이 다시 일터로 복귀하고 싶다는 열정과 포부를 불태운다. "워킹맘들이 귀에 못이 박이도록 듣는 말이 있다. 아이들이 어릴 때에는 무척 힘들 것이라는 말이다. 끝없이 수면 부족에 시달리는 와중에 직장에서 자리를 잡는 한편 아이들까지 야무지게 키워내기란 여간 힘든 일이 아니다." 월스트리트에서 잔뼈가 굵은 샐리 크로첵은 『포천』에 이렇게 기고했다.

"자, 아무도 가르쳐주지 않는 워킹맘의 비밀이 있다. 집이 빈 둥지가 되는 이 순간이 바로 여성의 커리어를 다시 부흥시킬 기회다."

안타깝게도 이 잠재적인 '커리어 부흥'을 인식하는 기업이나 최고경영자는 극소수다. 실제로 2005년 연구에 따르면 육아를 어느 정도 마무리하고 다시 정규직으로 돌아가려는 여성 가운데 고작 40퍼센트만 성공한다고 한다. 대부분은 일자리뿐만 아니라 직장인으로서의 위상, 직장에서 쌓은 관계까지 모조리 사라졌다는 사실을 깨닫는다. 뿐만 아니라 미국 실업자 현황에 따르면 2012년부터 2013년 사이의 장기 실업자 그러니까 반년 이상 실직 상태인 인구 중 절반이 쉰 살 이상의 여성이었다.

이 여성들은 사회에 기여하고 싶어한다. 그럴 만한 기술도 갖췄다. 이들은 경력을 한 단계 발전시키고 대학을 갓 졸업했을 때와 다름없는 열정으로 다시 사회에 뛰어들 준비가 되어 있으며 동시에 경험에서 우러나오는 성숙함과 판단력까지 겸비했으나 그럼에도 뒤에 남겨진다. 무시당한다. 잊힌다. 고용주의 눈에 보이지 않는 투명인간인 셈이다.

❧

이러한 현실을 변화시키고 우리 주변에서 흔히 볼 수 있는 미활용 자원을 최대한 활용하려면 남성과 여성이 손을 잡고 협력해야 한다. 어떻게든 경력을 이어가거나 경력 단절 이후 재취업을 노리며 악전고투하는 수백만 명의 여성을 위해서 말이다.

관리자로서 이 점을 항상 의식하고 실천하기 위해 노력중이다. 어린 자녀들 때문에 새로운 기회가 왔을 때 좀처럼 자발적으로 나서지 못하는 부모들이나 육아를 위해 직장에서 다소 한직으로 물러났지만 이제 다시 제대로 도전할 준비를 갖춘 사람들에게 계속해서 기회를 주려고 최선을 다한다. 나의 남자 상사들에게서 배운 교훈을 기억하고 있기 때문이다. 계속해서 제안하고 기회를 제시해라. 그녀를 대신해 결정하지 마라.

나야말로 상사의 이러한 태도가 얼마나 큰 차이를 만들어내는지를 보여주는 산증인이다.

현재 남편과 나는 소위 빈 둥지 상태다. 우리 부부는 어느 때보다도 열심히 일하고 있으며 어쩌면 살면서 가장 일에 몰두하고 있을지도 모른다. 하지만 이제는 죄책감을 느끼지 않는다. 한껏 일에 몰입하면서 보람도 느낀다. 아이들과 보내는 시간도 무척이나 즐겁다. 언젠가 이런 날이 오리라는 사실을 20년도 전에 나보다 훨씬 잘 이해했던 남자 상사들에게 그 어느 때보다 감사하고 있다.

한편 캐럴은 계속해서 일자리를 찾았다. 온라인 강의를 통해 코딩 기술도 배웠다. 여기저기 이력서를 보냈다. 한때 네 아이를 키우는 데 집중했던 에너지를 전부 쏟아부었다. 경험도 풍부하고 이런저런 일을 겪으면서 지혜도 얻었다.

"무슨 일이든 다른 사람보다 훨씬 더 빨리, 훨씬 더 잘 해낼 수 있을 거야. 나라면 즉시 채용할 텐데 말이야." 몇 달 동안 일자리를 찾던 캐럴은 나에게 이렇게 말했다. "무슨 일을 하든 끝내주게 잘 할 수 있어. 어떤 일이든 상관없어."

하지만 고용주들은 여전히 입질을 하지 않았다. 캐럴은 한숨을 쉬며 말했다. "나 자신이 초라해지는 기분이야."

몇 가지 긍정적인 변화 조짐은 있다. 최근 수십여 개 기업에서 직장을 떠나 있던 남성과 여성 모두에게 '리턴십Returnship'을 제공하고 있다. 리턴십은 인턴십과 유사한 제도로, 필요한 교육을 제공하고 참가자들이 보다 쉽게 직장으로 복귀할 수 있도록 지원해준다.

골드만삭스는 2008년 처음 이 아이디어를 도입했다. 2년 이상 직장을 떠나 있던 사람들에게 유급으로 10주간 프로그램을 제공했다. 그후 모건스탠리나 크레디트스위스를 비롯한 다른 금융 기업도 자체 프로그램을 마련했다.

그에 따라 이러한 리턴십 프로그램을 지원하는 소규모 산업도 생겨났다. 제너럴모터스, IBM, 존슨콘트롤스, 캐터필러, 포드, 존슨앤드존슨을 비롯한 여러 기업과 손잡고 리턴십 프로그램을 기획하는 아이리런치도 그중 하나다. 2016년 출범한 비영리 단체 패스포워드는 재취업 희망자들을 고대다나 온라인 교육 플랫폼인 코세라 등의 기술 기업에 파견하여 일정 기간 일할 수 있도록 한다.

이러한 개념의 프로그램은 전 세계로 확산되고 있다. 영국에서는 스물세 개 정도의 기업이 유사한 프로그램을 제공하는데 이에 등록하는 사람 중 약 90퍼센트가 여성이다. 한편 리부트 커리어 엑셀러레이터 같은 단체는 재취업을 원하는 여성들에게 워크숍과 세미나를 제공한다.

이러한 프로그램은 아직 초기 단계이며 지금까지의 결과도 긍정적이라고만은 볼 수 없다. 경제 전문 채널 CNBC에 소개된 보고서에서는 이를 "신중하게 추진해야 한다"고 경고했다. 참가자를 가장 엄격하게 선별하는 프로그램조차 항상 성공적인 취업으로 이어지는 것은 아니다. 골드만삭스는 2013년 천 명의 지원자 중 열아홉 명을 선발했지만 결국 회사로부터 일자리를 제의받은 사람은 그중 절반에 불과했다. 하지만 이러한 프로그램이 최소한 출발점이 되어준다는 사실은 부인할 수 없다.

자체 취업 센터를 통해 일자리를 잃었거나 오랫동안 경력이 단절된 남녀 졸업생을 지원하는 대학도 점차 늘어가는 추세다. 이들 대학의 상당수가 2008년 금융 위기 이후 하루아침에 일자리를 잃은 졸업생들을 돕기 위해 취업 관련 활동을 전면 재정비한 바 있다. 2009년 시카고 대학 로스쿨에서 커리어 상담을 해주는 일일 행사를 마련하자 이십사 시간도 되지 않아 참여 신청이 마감되었다. 현재 미시간 대학은 연령에 관계없이 모든 졸업생에게 취업 상담을 제공하고 심지어 여성 교육 센터를 통해 여성에게 특화된 취업 서비스와 워크숍도 제공하고 있다.

그러나 진정으로 이 문제를 해결하고자 한다면 커리어 상담만으로는 충분치 않다. 성공으로 향하는 다양한 경로가 마련되도록 직장문화가 우선 전반적으로 변화하고 개편되어야 한다.

컨설턴트 출신의 폴레트 라이트는 한 가지 실용적인 해결책을 제시했다. 와튼 경영대학원 석사 출신일 뿐만 아니라 컬럼비아대와 하버드대에서도 학위를 취득한 그녀는 성취욕이 강한 전형적인 엘리트로 네 자녀 중 첫아이를 낳기 전까지는 주당 백 시간씩 일하고 쉴새없이 출장을 다니면서 살았다. 하지만 아이가 태어나자 직장과 가정을 양립하기가 불가능하다는 사실을 깨닫고 회사를 그만두었다. 출산 후 직장을 떠나는 43퍼센트에 달하는 다른 엘리트 여성처럼 말이다.

"일을 그만두는 것은 결코 쉬운 결정이 아니었다." 라이트는 훗날 『디애틀랜틱』에 기고한 글에서 이렇게 밝혔다. "화장실에서 눈물을 흘린 날도 셀 수 없었다…… 놓쳐버린 커리어, 그리고 사람들이 내 말에 귀기울이고 문제에 대한 해결책을 찾아내는 자리가 너무나 그리웠다."

라이트는 자원봉사에 적극적으로 참여했으며 유치원을 시작하거나 유대교 회당을 공동 설립하기도 했다. 그러나 항상 직장으로 돌아가고 싶다는 강한 열망을 품었기 때문에 막내가 유치원에 들어가자마자 재취업을 시도했다. 그러나 이내 장애물에 맞닥뜨렸다. 취업할 만한 기업을 모색하던 중 라이트는 상당수의 기업이 수유실, 입양 지원을 비롯하여 젊은 엄마들을 위한 다양한 혜택을 제공한다는 사실을 알게 되었다. 하지만 이러한 기업들 중 조금 더 성장한 자녀를 둔 엄마들에게 꼭 필요한 융통성을 허용하는 곳은 없었다. 갓 부모가 된 직원들에게만 초점을 맞춰 그에 따른 설비와 제도만을 갖춘 근시안적 대처뿐이었다. 결국 라이트는 재취업을 포기하고 베이비시터와 여름 캠프 등의 서비스 제공 업체에 대해 엄마들이 의견을 교환하는 플랫폼인 맘스탬프를 공동 설립하게 되었다.

하지만 자기 회사를 차리고 운영해가면서도, 라이트는 자기 같은 여성이나 일시적으로 정규직 자리에서 벗어나 있는 모든 사람들에게 유용한 해결책이 있다고 생각한다. 바로 결과물과 마감 기한이 분명한 프로젝트 단위의 업무다.

"능력이 뛰어난 엘리트 엄마들을 다시 일터로 끌어들이려면 사무실에 책상을 내주고 일주일 내내 얼굴을 내밀게 하지 말고 그냥 일거리를 던져주고 언제까지 끝내야 한다고 이야기만 해주면 된다." 라이트의 기고문은 계속 이어진다. "수년간 회사 밖에서 우리가 습득했던 관리, 협상, 예산 책정 기술과 몸에 배어 잊어버리지 않은 업무 기술을 생각해보라." 다시 일선으로 돌아가려는 부모들에게 그녀는 다양한 프로젝트 중에서도 "전략적 분석, 재무 모델 구축, 법률 브리핑이나 홍보 문건 작성, 블로그 포스트 발행이나 기업 콘퍼런스 기획" 같은 업무를 권장한다.

라이트는 미국 경제계에 호소한다. "출산으로 인해 직장을 떠난 43퍼센트의 뛰어난 여성들을 다시 경제활동으로 끌어들입시다. 우리가 기여할 만한 업무 환경만 마련된다면 더 많은 가치를 창출할 수 있어요."

미국 경제계가 이러한 호소에 귀를 기울이고 새로운 업무방식을 채택할 때까지, 라이트 같은 여성들은 한때 맹활약했던 분야에서 외면당해 돌아갈 수 없는 입장에 처한다. 대부분의 경우 전혀 다른 분야에서 모든 것을 처음부터 다시 시작할 수밖에 없다. 일부는 라이트처럼 직접 사업을 시작하기도 하는데 크로책은 이를 '제3막' 커리어라고 부른다. 시티 그룹의 막강한 고위 경영진 자리에서 밀려난 후 크로책도 "여성처럼 투자하라. 경제력은 곧 권력이다"라는 슬로건을 내건 여성 전용 재무 서비스 기업인 엘레베스트를 설립했다.

내 친구 캐시 솔처럼 자선활동으로 선회하는 여성들도 있다. 캐시는 아이를 낳기 전에는 가구 디자인 및 라이선스에 관한 회사를 운영했다. 하지만 제시와 로런이 태어난 뒤 전업주부가 되었다. 세월이 흘러 막내 로런이 고등학생이 되자 캐시는 빈 둥지가 된 집안을 둘러보면서 다시 일을 하고 싶어졌다. 하지만 어떻게? 자기 같은 여성을 위한 길은 좀처럼 보이지 않았다.

"어떤 일을 해야 할까? 어떤 회사가 좋을까? 전혀 모르겠더라고." 결국 그녀는 아이들을 위해 공공 서비스를 제공하는 기관에서 자원봉사를 시작했다. 그러다가 친구와 함께 '먹거리 정의를 위해 노력하는 십대들'이라는 비영리 단체를 직접 설립하여 뉴욕시의 청소년들에게 도시 농부가 되는 법을 가르치게 되었다. 현재 이 단체는 상당수의 직원을 채용하여 뉴욕시의 여러 학교에서 학생들이 주도하는 농장을 운영하는데, 각 농장에서는 매년 거의 100톤에 달하는 신선한 농산물이 생산된다. "무언가 의미 있는 걸 만들고 싶었어. 내가 떠나더라도 계속 남을 만한 것 말이야."

캐시는 자기 길을 개척할 능력과 의지를 갖고 있었다. 무언가 새로운 것을 만들어보고 싶어했다. 그러나 캐시처럼 뛰어난 능력을 갖추었지만 자기 사업보다는 기존 기업에 합류하고 싶어하는 여성들에게 대다수 고용주는 눈길조차 주지 않는다. 그리고 소위 '커리어 부흥'에 성공한 사람들조차도 이미 수익력이 떨어져서 경력 단절 이전의 소득 수준으로는 절대 되돌아갈 수 없다. 만약 이러한 경제적인 손실을 만회해줄 배우자가 있거나 고소득 직종에 종사했던 덕에 통장 잔고가 든든하다면 어느 정도 완충이 된다. 하지만 많은 여성들, 특히 이혼이나 사별, 홀로서기를 하는 여성은 그럴 만한 여유가 없다.

❧

내 친구 캐럴의 이야기로 돌아가보자. 캐럴은 반드시 취업을 하겠다는 의지로 계속해서 구직활동을 했지만 보기 좋게 퇴짜 맞거나 설상가상으로 응답조차 받지 못했다. 완전히 무시당했다.

반년간 구직한 끝에 마침내 관심을 보이는 고용주가 나타났고, 캐럴은 한 법률 사무소에서 변호사 중에서도 하급 중의 하급으로 취급되는 문서 검토 업무의 계약직 자리를 얻었다. 몇 달 후, 해당 법률 사무소는 캐럴을 월급 변호사로 채용했다. 캐럴은 아예 처음부터 다시 시작하는 셈이었고 심지어 사법고시도 다시 한번 봤다. 하지만 현상황에 무척이나 기뻐하는 캐럴의 입에서는 아마도 역사상 아무도 내뱉지 않았을 법한 말이 튀어나왔다. "지금 외환 사기 사건을 다루고 있는데 정말 너무너무 재미있어!"

캐럴을 채용한 법률 사무소는 현명했을 뿐만 아니라 그런 인재를 만나게 되어 행운이었다. 하지만 여성이 대학 및 대학원 졸업생의 절반 이상을 차지하는 이 시대에, 여성들이 갈고닦은 능력을 절실히 필요로 하는 곳에서 마음껏 발휘하기 위해 그렇게나 필사적으로 노력함에도 왜 그렇게 적당한 일자리를 찾기가 어렵단 말인가? 남성과 여성은 힘을 합쳐 이 문제의 핵심을 공략해야 한다. 그 출발점은 형편없는 출산 휴가 정책, 워킹맘에 대한 편견, 일시적으로 직장을 떠날 경우의 수익력 상실, 그리고 무엇보다도 여성들이 돌아가고 싶어도 재취업할 수 없는 현실이 되어야 할 것이다.

남녀가 긴밀히 협력함으로써 이러한 문제에 하나하나 대처할 현명한 정책을 세울 수 있다. 마미 트랙을 전전하는 여성들에게 새로운 기회를 제공한다. 어떤 형태로든 근로활동을 이어가고자 하는 여성 및 남성들을 위해 융통성 있는 프로젝트 기반 일자리를 창출하는 방법도 있다. 또한 기업이 자녀를 둔 남성과 여성에게 평등한 임금을 지급하도록 의무화할 수도 있다.

이러한 전략들은 모두 효과적이고 가시적인 성과를 얻을 수 있음이 증명된 바 있다. 우리는 그저 꾸준히 이러한 정책을 추진하면서 더 넓은 범위로 확대하여 남성과 여성 모두에게 유익한 방향으로 직장문화를 바꾸기만 하면 된다.

똑똑한 내 친구 캐럴이 마침내 자기 능력을 마음껏 발휘할 직장으로 돌아가게 되어 무척이나 기쁘다. 하지만 세상에는 캐럴 같은 여성이 수만 명이나 된다. 하루가 멀다 하고 더욱 많은 여성들이 다시 구직 시장에 뛰어든다. 이들은 지혜와 판단력을 차고 넘치게 갖춘 유용한 인재다. 미국 경제 성장을 위한 무엇보다 큰 희망이다. 이들은 미국에서 가장 많은 미활용 자원일지도 모른다. 하지만 이

들은 너무나 오래 분투중이며 재취업에 성공하더라도 자기 능력을
십분 발휘할 직장과는 거리가 먼 경우가 대부분이다.

투명인간이 되어버린 이 여성들을 재발견할 때다. 힘을 합치면
불가능은 없다.

9장

밀레니얼
세대:

하버드
경영대학원의
실험

사뭇 쌀쌀한 11월의 어느 날, 매사추세츠주 케임브리지에 위치한 하버드 경영대학원의 고요한 캠퍼스를 방문했다. 텅 빈 테니스 코트를 지나 스팽글러 학생회관으로 향했다. 이곳에서 아이러니하게도 맨배서더(남성Man과 대사 Ambassador를 합친 말—옮긴이)라는 이름의 새로운 남학생 단체 회원들을 만날 예정이었다. 이름은 우스꽝스럽지만 이 단체의 목표는 이보다 더 진솔할 수 없을 정도다. 맨배서더는 직장과 가정에서의 성평등을 지원하기 위한 단체다.

지금까지 심포니 오케스트라, 다양한 기업, 심지어 국가 전체적인 차원에서 성별 격차를 좁히기 위해 상상 가능한 모든 방법을 도입하고 실천하는 광경을 지켜보았다. 블라인드 오디션, 편견 타파를 위한 교육. 성별 할당제. 모든 방법을 시도해본 듯했다. 하지만 우리 주변에는 아직까지 끈질기게 성별 격차가 존재한다. 점차 명확하게 드러나는 이 문제의 핵심은, 대부분의 사람이 취직을 하는 즈음이 되면 이미 손쓰기 너무 늦는다는 사실이다. 첫 출근을 하기 오래전에 편견이 깊게 자리잡기 때문이다.

그래서 하버드를 찾았다. 하버드에서는 '보다 일찍부터 조치를 취하여 학생들을 사회로 내보내기 전에 편견을 뿌리 뽑고자 노력하면 어떤 결과가 나올 것인가?'라는 흥미로운 화두를 던진 바 있다. 이러한 의문에 대한 해답을 찾기 위해 사회 공학 분야에서 가장 야심 찬 실험에 착수했다.

2013년, 작가 겸 기자 조디 캔터는 이 위대한 계획의 태동을 시기별로 자세히 뉴욕타임스에 기고했다. 그로부터 몇 년 전, 하버드 경영대학원은 성별에 대한 편견을 없애고 여성 졸업생 및 교수진의 성공을 지원할 만한 환경을 조성하겠다는 야심 찬 목표를 세워 교과과정을 전면적으로 재정비하고 강의와 자격 요건을 변경했다.

깊숙이 뿌리박힌 사회적 통념 및 학계의 차별문화를 타파하고자 하는 의미의 실험이었다. 하버드 경영대학원에서는 수업참여도가 학점의 50퍼센트를 좌우했지만 대개 토론을 주도하는 것은 남학생들이었다. 이들 중 일부는 밤에 머리를 식히기 위해 술 마시기 게임을 하면서 함께 수업을 듣는 여학생 동기들을 "따먹을 여자, 결혼할 여자, 죽여버릴 여자"로 품평하기도 했다.

이러한 문화를 바꾸기 위해 하버드는 강의실에 필기 장치를 설치하여 여학생들이 언제 발언을 하는지 교수가 기록하게 했다. 또한 보통은 남학생들에게 유리한 개인적 기여도에 초점을 맞추기보다는 그룹 단위로 문제 해결을 해야 하는 '현장학습'이라는 새로운 과정도 도입했다. 여학생들과 내성적인 남학생들은 무리에서 묻히지 않도록 어떻게 손을 들고 의견을 개진하는지 코칭을 받았다. 하버드는 또한 남성 교수들에 비해 종신재직권을 받는 비율이 훨씬 낮은 여성 교수진과도 협력하여 상황을 개선하고자 했다.

하버드 경영대학원의 이 실험은 몇 가지 측면에서 성공을 거두었다. 여학생들은 이전보다 수업에 적극적으로 참여하게 되었고 전보다 우수상도 많이 받았다. 그러나 한 가지 중요한 척도에서는 실패하고 말았다. 일부 남학생들이 반발했던 것이다. 한 남학생은 뉴욕타임스와의 인터뷰에서 대학원측의 "가르치려드는 태도가 불쾌하다"고 했다. 나와 이야기를 나누다가 다양성 교육에 대해 발끈하던 나이 지긋한 경영자들처럼, 몇몇 학생들은 성평등이라는 메시지를 "억지로 강요한다"며 불만스러워했다.

그러나 그후에 어떤 일이 벌어졌을까 궁금했다. 이 실험은 결국 성공했을까? 학생들은 사회에 진출한 후에도 학교에서 얻은 교훈을 기억할까? 아니면 까맣게 잊어버렸을까? 한마디로 말해서, 남녀 모두에게 평등한 환경을 마련해주겠다며 세심하게 설계된 커리큘럼에 일찍부터 학생들을 노출시킨 게 모두에게 효과적이었을까?

여성혐오가 밑바탕에 깔린 실리콘밸리와 월스트리트의 '남성 중심 문화'에서 상당한 지분을 차지하는 것이 젊은 남성들이다. 전반적으로는 이 밀레니얼 세대가 그 윗세대들보다 세상을 더욱 평등한 관점에서 바라본다는 증거도 적지 않다.

18세에서 35세 사이 연령대인 밀레니얼 세대의 남성은 다른 세대 남성들보다 남편과 아내의 동등한 관계를 선호할 확률이 높다. 뿐만 아니라 딜로이트가 남녀 밀레니얼 세대에게 커리어에서 무엇이 가장 중요한지 묻자, 승진 기회, 리더십, 일을 통해 얻는 보람 같은 일반적인 답변보다는 '일과 삶의 균형'을 최우선으로 여기는 응답자가 훨씬 많았다.

　대부분 워킹맘 밑에서 자란 이 밀레니얼 세대 남성들은 그들의 아버지나 할아버지 세대와는 사뭇 다른 관점을 가졌기 때문이다. 또한 "잘할 수 있어, 우리 딸!"이라는 격려를 듣고 자란 밀레니얼 세대 여성들이 차별적인 시선을 좀처럼 참지 않아서이기도 하다. 그리고 무엇보다 주말도 없이 이십사 시간 내내 일에만 매달리는 문화에 남녀 모두 지쳐버렸기 때문이다. 하루종일 컴퓨터나 휴대전화를 달고 살면서 회사에서 연락이 오면 달려갈 정도로 직장에 매여 사는 부모를 지켜보았기 때문에 그렇게 살고 싶지는 않다고 생각하게 되었다.

　나 역시 이러한 변화를 감지한 참이었다. 꽤 오래전, 한 남성 직원이 육아 휴직을 냈을 때 동료들이 모두 깜짝 놀라며 의아해했다. 다들 그가 그냥 빈둥거리고 싶어하거나 몰래 다른 직장을 찾는 중일 거라고 생각했다. 그때만 해도 채용 면접 자리에서 아내나 자녀를 언급하는 남자 지원자는 아무도 없었다. 가족이라는 화제 자체가 오르내리지 않았다.

　그로부터 여러 해가 지난 요즘에는 면접 자리에서 만나는 젊은 아빠들이 사실상 예외 없이 가족과 함께하는 시간의 중요성을 강조한다. 새로운 직급으로 갈 기회가 생겼을 때 이들은 모두 아내와 상의해야 한다고 말한다. 물론 일자리에 대해 남편과 상의해보겠다고 말하는 여성은 거의 없다는 사실을 고려하면 아이러니한 일이지만 말이다.

여성 입사 지원자들은 배우자와 자신이 육아를 어떻게 분담하고 있는지 복잡하게 설명하지 않으나 젊은 아빠들은 종종 이 문제를 언급한다. 아이가 참여하는 축구팀을 감독하거나 가끔 재택근무를 하면서 자녀와 시간을 보낼 수 있도록 유연 근무가 가능한지를 묻는 쪽도 여성이 아니라 남성이다. 남성 입장에서 이는 자부심의 표현이다. 여성 입장에서 이는 여전히 나약함의 상징으로 간주된다.

밀레니얼 세대 중에서도 가장 젊은 연령대, 즉 18세부터 25세 사이의 남성들에게서 이러한 태도가 더욱 두드러진다. 이들은 남편이 가계를 책임지고 아내가 집안을 돌보아야 한다는 전통적인 사고방식에 극도로 부정적이다. 하버드에서만 관찰되는 현상은 아니다. 경영대학원 출신이나 고학력 남성들만 이렇게 생각하는 것도 아니다. 모든 계층의 남성들에게서 이런 현상을 볼 수 있는데 이는 세대 전반이 변화한다는 암시이며 이러한 변화는 미래의 성별 관계에 엄청난 영향을 미칠 수 있다.

변화가 어떤 형태로 드러나는지, 그리고 이러한 태도가 계속 유지될 것인지 직접 느껴보고자 서둘러 계단을 올라 학생회관 2층에 위치한 회의실에서 맨배서더 리더들을 만났다. 남성들을 '젠더 문제에 대한 생산적이고 지속적인 대화'에 참여시킨다는 이 모임의

미션이 시사하듯, 전반적으로 하버드 경영대학원 학생들은 모든 일을 진지하게 대하는 부류다. 교수들뿐만 아니라 학교 웹사이트에서조차 미래의 글로벌 리더를 양성한다는 목표를 명확하게 제시한다.

"세상에 변화를 일으키는 리더의 육성이 우리의 사명입니다"라고 하버드 경영대학원 학과장 중 한 명이 말했다. 이 학교에서 말하는 리더십이란 "리더의 존재로 주변 사람들이 더욱 행복해지며 그 리더가 물러나고서도 그 영향력이 지속되는 것"이라고 한다.

하버드 경영대학원의 몇몇 학생들은 이곳의 사회생활이 그 어떤 강의나 공부만큼이나 치열하다고 표현한다. 연애도 계산적으로 이루어지며 세부사항까지 거의 극단적으로 집착한다. "교제하고 사흘째가 되면 현재의 연애 상대가 인생을 함께할 배우자인지 아닌지 결정해야 합니다." 최근 하버드 경영대학원을 졸업한 어떤 남성은 이렇게 설명했다. "하버드 경영대학원에 입학하는 학생들 중에는 이런 사람이 많아요." 학생 단체에 가입할 때에도 분명한 목적의식을 가지고 행동한다. 한 학년은 대략 구백 명의 학생들로 구성되는데 이게 다시 열 개의 반으로 나뉘며, 각 반마다 학생들이 맨배서더를 비롯하여 다양한 학생 단체의 대표가 되기 위해 치열하게 경쟁한다.

맨배서더의 기원은 두 친구의 대화로 거슬러올라간다. 2013년에 당시 하버드 경영대학원 재학생이었던 타라 헤이건은 캠퍼스 내의 남학생들이 가끔씩 여학생들의 의견에 공감하지 못한다는 사실을 깨달았다. 경영대학원에서 여학생은 지금까지도 소수로, 2016년을 기준으로 살피면 하버드 경영대학원에서 여학생은 41퍼센트에 불과하다. 그나마 이 수치도 역사상 가장 높은 수준이다. 헤이건은 절친한 남자 동기의 말이 상당히 인상적이었다.

"만약 네가 남자라면 젠더 문제에 대해서는 말도 꺼내본 적이 없을걸. 도대체 내가 뭘 하면 되는 거야? 내가 어떻게 도와야 해? 무슨 말을 해야 할지도 모르겠어. 여차하다 차별적인 발언을 할까 봐 걱정돼."

비록 하버드 경영대학원이 시험 성적이 뛰어나고 어마어마한 야심을 가진 학생들을 끌어들이지만, 헤이건은 이곳의 남학생들도 한 가지 측면에서만큼은 어디에서나 볼 수 있는 남성들과 전혀 다르지 않음을 깨달았다. 그들은 젠더에 대해 이야기하는 걸 극도로 두려워했다. 이 사실을 깨닫자마자 좋은 생각이 떠올랐다. 여학생 단체와 연계되어 있지만 남학생으로만 구성된 학생 단체를 만드는 일이었다.

그야말로 눈이 번쩍 뜨이는 깨달음의 순간이었다. 하지만 창립자 중 한 명인 헤이건조차도 그런 단체가 제대로 활동할 수 있을지는 확신하지 못했다. 헤이건은 "정말이지 걱정됐어요…… 다른 학생들이 쓸데없는 단체라고 여길까봐 두려웠어요"라고 인정했다.

불필요한 걱정이었다. 하버드 경영대학원의 학생 단체 가입 설명회가 열리는 날, 헤이건은 노트북과 포스터만 들고 나타났다. 설명회장을 떠날 즈음에는 백 명의 학생이 가입을 한 상태였다.

그후 얼마 지나지 않아 서른 명의 남학생이 빈 강의실에 모였다. 이들은 한 명씩 돌아가며 왜 그 자리에 참석했는지 밝혔다. 어떤 학생은 자기 어머니가 직장에서 고생하는 모습을 지켜보았다고 했다. 또다른 학생은 자기 여자 형제에게 자신과 같은 기회가 주어지지 않았다고 말했다. 남학생들이 각자 자기 이야기를 털어놓는 모습을 보고 헤이건은 소름이 돋았다. 맨배서더가 본격적인 출범을 알리고 있었다.

맨배서더는 그후 상당히 많은 회원을 확보했다. 요즘에는 하버드 경영대학원의 남학생 가운데 대략 40퍼센트가 맨배서더 회원이며, 이러한 움직임은 점차 확대되는 추세다. 지난 몇 년 동안 와튼, 스탠퍼드대, 컬럼비아대, UCLA, 듀크대, 시카고대, 미시건대 등을 비롯한 다른 여러 경영대학원에도 맨배서더와 유사한 남학생 단체가 등장했다.

맨배서더는 저명한 하버드 경영대학원 졸업생 및 그 배우자를 초청하여 일과 삶의 균형에 대해 토론하는 행사를 개최한다. 회원들은 세련되고 점잖은 회색 맨배서더 티셔츠를 입고 소속 단체를 대표한다. 맨 처음 제작했던 핫핑크색 티셔츠에는 "뛰어난 남성은 뛰어난 여성에 위협을 느끼지 않는다"는 토머스 제퍼슨의 인용구를 큼직하게 새겨넣었다. 하지만 아무도 안 입더라고 헤이건은 나에게 털어놓았다. "좋은 교훈을 얻은 셈입니다. 한 번에 한 걸음씩 나아가야 한다는 걸 배웠어요."

회의실로 들어가자 맨배서더의 공동 회장인 샘 트래버스가 나를 맞아주었다. 격자무늬 버튼다운 셔츠에 적갈색 스웨터를 입은 샘은 사근사근하면서도 진지하게 말했는데, 하버드 경영대학원에 입학하기 전에는 국방부에서 근무했다고 했다. 또한 그는 이곳에서 소수파에 속하는 기혼자였다. 샘의 아내는 로스쿨을 다녔는데, 이 부부는 언젠가 아이가 태어나면 일과 가정을 어떻게 양립할 것인가 하는 문제에 대해 자주 논의했다.

"하버드 경영대학원에 오기 전에는 직장에서 여성 권익 보호 단체에 가입하려는 생각조차 해보지 않았습니다." 샘은 입을 열었다. 하지만 아내와 이야기를 나누거나 전 직장에서 운좋게도 여성 멘토 및 상사들과 일할 기회가 있어 여성들이 직면한 문제를 보다 분명히 인식하게 되었단다. "그래서 하버드 경영대학원에 입학했을 때 이러한 문제, 특히 일과 삶의 균형에 대해 남녀가 함께 이야기 나눌 공동체를 알게 되어 무척이나 기뻤습니다."

샘은 다른 수많은 밀레니얼 세대 남성들처럼 아내와 평등한 결혼생활을 유지하면서 부부가 모두 일과 가정을 양립할 수 있는 삶을 계획하고 있다. 샘뿐만 아니라 다른 남학생들도 이를 충분히 실현 가능한 이상이라고 확신했다.

샘은 면접 자리에서 항상 아빠를 위한 육아 휴직 정책에 대해 묻는다고 말했다. 그의 아내 말로는 "여성 지원자들에게는 사내 육아 휴직 정책에 대해 정보가 기본적으로 제공된다"고 한다. 하지만 샘이 육아 휴직에 대해 물으면 면접관들이 놀란단다. "사려 깊은 질문이라고 칭찬을 하더군요. '부인이 아주 자랑스러워하겠다'고도 하고요." 샘은 왜 남녀 사이에 이러한 이중 잣대가 존재하는지 도무지 이해할 수 없단다. "남성 문제라거나 여성 문제라는 건 따로 없습니다. 모든 게 서로 연관되어 있지요."

샘 뒷자리에는 수염을 멋들어지게 기르고 테이크아웃 커피를 마시는 또다른 맨배서더 회원 맷 심프슨이 앉아 있다. 맷도 샘처럼 대학을 졸업하고 경영대학원에 입학하기 전까지 컨설팅 회사에서 여성 상사와 함께 일했었다. 맷은 그녀를 통해 '모든 일을 프로답게 처리해야 한다'는 압박을 비롯하여 '미처 알지 못하던 문제들'을 인식하게 되었다. 맷은 "그렇게나 리더십이 뛰어난 여성조차 '남성처럼 행동해야 한다'는 부담을 느낀다는 사실에 깜짝 놀랐습니다"라고 했다. 그는 "남자들이 잘 이해하지 못하는 사소한 문제나 무의식적인 작은 행동들이 있습니다. 아무래도 여자보다 다른 남자의 말에 더 귀를 기울이게 되는 남자들의 성향도 여기에 해당하죠. 이 점을 인지만 해도 약간 더 신중해집니다" 하고 깨달았다.

더 윗세대 남성들보다 젠더 문제에 대해 훨씬 거리낌없이 이야기하는 샘과 맷의 모습이 상당히 인상 깊었다. 이들은 남의 시선을 의식하거나 주저하지 않았다. 토론 도중 누군가가 여성의 말을 가로막는 경우처럼 다소 불편한 상황이 발생하면 자발적으로 적절히 대응했다. 여성이 낸 아이디어가 남성의 공으로 돌아갔을 때 이를 지적하기를 비롯해서 현재 실천중인 지극히 상식적인 행동에 대해서도 이야기해주었다. 윗세대와 달리 이들은 젠더 문제로 화제가 흘러갔을 때 반사적으로 말문이 막히거나 사색이 되지 않았다.

"여기서는 사람들이 이 문제에 대해 관심을 갖도록 도울 수 있습니다. 반드시 공식적인 자리일 필요도 없어요." 맷의 표현에 따르면 남자 친구들끼리 맥주 한잔하면서도 충분히 이야기할 수 있다.

이들은 분명 진지했다. 게다가 앞으로 펼쳐질 새로운 세상을 무척이나 낙관적으로 생각했다. 그러나 현실에서는 하버드 경영대학원뿐만 아니라 하버드 경영대학원을 졸업한 학생들이 리더 역할을 하게 될 비즈니스 세계도 아직 이러한 이상을 따라가지 못한다. 한 여학생이 우리 대화에 참여하자 이 점이 더욱 분명해졌다. 그녀는 어떤 수업에서 '엄마나 여동생, 할머니조차' 사용 가능할 정도로 기술을 단순화하는 문제에 대해 토론을 했으며, 또다른 수업에서는 가상의 기업 경영자들을 '남성 대명사'로 지칭했다고 말했다.

안타깝지만 남성 대명사의 사용은 현실을 반영한다. 실제 경영자를 다루는 강의 교재인 하버드 경영대학원 사례 연구 중에서 여성 경영자에 집중한 것은 고작 9퍼센트다. 이러한 경향은 모든 유명 경영대학원에서 공통적으로 발견되며, 어느 분석에 따르면 경영대학원 사례 연구 가운데 90퍼센트가 남성을 다룬다고 한다.

샘과 맷은 사회로 나가면 하버드 경영대학원에서 배운 대로 재계에서 종횡무진 활약하는 리더가 되고자 한다. 그리고 그런 위치에 올라서도 여기서 배운 교훈을 꼭 기억하겠다고 말했다. 여성 부하 직원들에게 훌륭한 상사가 되겠다고 말이다.

"하버드 경영대학원을 졸업하고 3년, 10년, 20년 후의 기회들을 생각해보면, 성평등 문제를 개선할 경우 제가 멘토가 되어준 여성들이 성공하는 데 매우 큰 힘이 될 겁니다."

꿍

이 학생들은 너무나 자신만만해 보였다. 이들을 가르치는 교수도 학생들만큼 낙관적인지 궁금했다. 그래서 맨배서더 학생들에게 작별을 고한 후 선임 학과장이자 젠더 이니셔티브Gender Initiative를 운영중인 로빈 일리 교수의 연구실로 향했다. 여성 리더십 연구를 위해 2015년 설립된 젠더 이니셔티브는 젠더 문제와 관련하여 하버드가 내세운 분명한 이정표다. 성별 격차를 좁히기 위해 하버드가 진지하게 노력한다는 걸 세상에 천명하는 단체이기도 하다. 하버드 캠퍼스 내의 젠더 문제 현황을 가장 잘 파악하는 사람이 있다면 아마 일리 교수일 것이다.

자그마한 체구에 삐죽삐죽한 금발 머리, 분홍색 안경을 쓴 일리는 나를 자신의 연구실로 안내했다. 책이 빼곡한 책장이 사방을 둘러싼 연구실의 분위기는 아늑했다. 여기저기 책에 무심하게 기대어둔 상패가 눈에 띄었고, 거추장스러울 정도로 서류가 높게 쌓여서 책상이 잘 보이지 않을 정도였다. 인종 및 성별 관계를 전공으로 하는 그녀는 굴착기를 다루는 남성들을 관찰함으로 남성성에 대해 살피는가 하면 여성 리더십 프로그램을 분석하는 등 모든 것을 연구 대상으로 삼았다. 가장 최근에는 여성들이 직면하는 '진퇴양난', 즉 능력이 뛰어나고 강한 권력을 가진 여성일수록 주변 사람들에게 미움받는 일을 연구한 바 있다.

일리 교수도 상당한 입지를 쌓아올렸지만 여기까지 오는 길은 멀고도 험했다. 2000년 처음 하버드 경영대학원에 입성했을 때 그녀는 다양성에 대해 강의하려 했다. 그러나 아무도 수강 신청을 하지 않았다. 학생들은 인종과 젠더 문제에 관심이 없었다. 그들은 성공을 손에 쥐고 경쟁자를 짓밟아버리며 승승장구하기 위해서 하버드 경영대학원에 입학을 했지 감수성에 대해 배우기 위해서 온 게 아니었다.

좌절을 맛본 일리는 접근방식을 재고했다. 학생들의 관심을 끌 만한 새로운 아이디어가 떠올랐다. 이번에는 다양성에 대한 내용을 일부 포함시키면서도 다른 말로 포장했다. 새 강의명은 '권력과 영향력'이었다. 눈 깜짝할 사이에 수강생이 물밀듯이 몰려들었다.

"그런 주제를 내걸고 인종과 젠더에 대해 슬쩍 끼워넣었습니다." 일리는 웃으면서 말했다.

하지만 학생들에게 그 이상의 관심을 이끌어내기는 여전히 어려웠다. 학생들은 출세와 다양성 사이에서 아무런 상관관계를 찾지 못하는 모양이었다. "학생들은 이 문제의 중요성을 이해하지 못했어요. 다른 강의처럼 제 연구실로 찾아와서 토론하고 싶어하지도 않더군요." 일리는 당시의 좌절감을 떠올렸다. "왜 이 문제에 대해 이야기하지 않는 걸까? 학생들은 전혀 구미가 당기지 않아 했어요."

일리의 말에 따르면 이렇게 악전고투했던 초기에 비해 현재는 분위기가 "몰라볼 정도로 바뀌었다"고 한다. 하버드 경영대학원이 취한 조치도 도움이 되었다. 여학생의 비율도 늘어났고 전체 학생 중 사분의 일이 소수인종이다. 하지만 단순히 그 때문만은 아니다. "어느 정도는 시대정신 때문이지요. 분명 세상은 이에 대한 담론을 원하고 있어요."

그렇다고는 해도 하버드 경영대학원 교수진은 여전히 압도적으로 남자가 많다. 교수진 중 여성은 사분의 일에 불과하다. 또한 갓 임용된 젊은 여성 교수들 중 많은 수가 고전하며 이직률도 놀라울 정도로 높다. 2012년 실시된 교직원 근무 환경 조사에 따르면 남성 교수진의 만족도가 여성 교수진에 비해 훨씬 높은 것으로 드러났다.

강의실이나 사례 연구 및 대학원의 주요 직책에서 여성을 다루거나 여성이 활약하는 비율이 현저하게 낮은 나머지, 니틴 노리아 학장은 2015년에 여성 졸업생들을 만난 자리에서 여성들이 때때로 "학교에서 무시당하고, 소외당하며, 제대로 대우받지 못했다"며 사과의 뜻을 전했다. 대학원 내 문화를 쇄신하고 남녀 학생들에게 평등한 환경을 조성하려는 노력이 결실을 맺으리라고 기대하려면, 학교부터 행동으로 보여주어야 했다.

우버에 합류하기 몇 년 전까지 이곳에서 선임 학과장으로 재직했던 프랜시스 프레이는 왜 이렇게 여성 교수진의 수가 형편없이 적은지 직접 조사했다. 그 결과 실망스럽게도 하버드 경영대학원이 여성 교수보다 남성 교수를 두 배나 더 많이 채용한다는 걸 알게 됐다. 뿐만 아니라 일단 채용한 후에도 남성 교수가 여성 교수보다 두 배나 많이 승진했으며, 경쟁관계에 있는 다른 명문 경영대학원의 교수를 영입할 때에도 남성 교수를 데려올 확률이 여성 교수보다 열 배나 높았다.

프레이는 이렇게 수치에 차이가 발생하는 이유를 보다 세심히 파헤치다가 여성이 하버드 교수직 제안 자체를 남성보다 훨씬 많이 거부한다는 사실을 발견했다. 이직을 위해 이사를 하는 경우 남편이 새로운 도시에서 일자리를 다시 찾아야 한다거나, 아이가 어려서 연구를 위한 출장을 다닐 수 없다는 등의 가족 사정을 이유로 고사하는 경우가 많았다.

어쩌면 그보다 더욱 심각한 문제는 남녀 교수 간의 불공평한 승진 비율일지도 모른다. 프레이는 처음에는 여성에 대한 무의식적인 편견 때문이 아닐까 의심했단다. 하지만 분석을 실시하자 놀라운 사실이 드러났다. 남성 학자들이 여성 학자들보다 더 자주 논문을 발표할 뿐만 아니라 연구에 대한 인용 빈도도 높아 객관적으로 보아도 남성 학자들이 훨씬 뛰어난 승진 자격을 갖추고 있었다. 프레이의 말대로 "학자들의 가장 큰 무기는 논문"인 학계에서, 논문을 발표하지 않으면 경쟁에서 이길 수 없다. 남성 교수들이 여성 교수들보다 승진할 자격이 충분했다는 간단한 결론이 나왔다.

"일단 제 입에서 제길이란 말이 저절로 튀어나왔습니다." 프레이는 자신의 발견에 대해 이렇게 말했다. "그러고는 편견 때문은 아니구나 하고 깊이 안도했죠. 그러자 이런 의문이 생기더군요. 왜 남자들이 여자들보다 승진 자격을 더 잘 갖추는 걸까?"

프레이가 파악한 바에 따르면 남성 교수들이 딱히 여성 교수들보다 더 똑똑하거나 능력이 뛰어나지는 않았지만, 논문을 제출할 때만큼은 훨씬 자신감 넘쳤다. 여성은 더 좋은 논문을 작성하기 위해 계속해서 노력하면서도 아직 발표하기에는 부족하다고 생각한다. 남성은 이렇게 사서 걱정을 하지 않는다. 남성은 논문을 제출한 후 그에 대한 피드백이나 평론을 환영하며, 이것이 연구를 개선하는 하나의 과정이라 생각한다. 여성은 그 반대다. 자기 눈에 논문이 완벽하지 않을 경우 세상에 내놓기 부끄러운 결과물이라고 여긴다.

하버드 경영대학원 교수 정도 되는 사람이 자신감 부족 문제를 겪는다니 말도 안 된다고 생각할지도 모른다. 여기 몸담은 사람들은 자부심이 어마어마해 일각에서는 오만하다고까지 생각할 정도다. 하지만 프레이가 하버드 경영대학원에서 발견한 내용은 다른 학자들이 여느 다른 곳의 여성들에게서 알아낸 바와 일맥상통했다. 수많은 연구를 통해 남성은 자기 능력에 대해 지나치게 자신하는 반면 여성들은 자기 능력을 지나치게 과소평가한다는 결론이 도출된 바 있다. 예를 들어 법정 변호사를 대상으로 진행한 연구를 보면 재판 결과에 관계없이 배심원 변론에 대한 여성 변호사들의 만족도가 남성 변호사들에 비해 현격히 떨어진다.

학계에서는 이러한 성향이 더욱 두드러진다. 연구 인용은 해당 학자의 영향력을 가늠하는 중요한 척도로 간주된다. 그러나 최근의 통계 수치를 보면 남성은 본인의 연구를 자주 인용한다. 이들은 이런 식으로 인용 건수를 부풀려서 자기 연구가 널리 인정받고 있다는 착각을 불러일으키고, 실제보다 더욱 권위와 영향력을 발휘한다는 인식을 퍼뜨린다. 그리고 이는 자기 분야에서의 인정과 보상으로 직접 연결된다. 이러한 전략은 지난 20여 년간 증가 추세를 보여왔으며 남성이 자기 연구를 인용하는 비율은 여성보다 70퍼센트나 높다.

한편 논문 게재를 거절당하면 남성보다 여성이 훨씬 큰 타격을 입는다. 연구자들에 따르면 여성의 경우, 심지어 하버드 경영대학원에 재직하는 것처럼 학계에서 성공의 정점에 도달한 여성조차도 자신의 가치에 대한 외부의 인정을 남성보다 더욱 필요로 한다. KPMG가 삼천 명 이상의 전문직 및 대학생 연령의 여성을 대상으로 진행한 연구를 예로 들어보자. 여성의 자존감과 자기 성과에 대한 평가를 좌우하는 가장 중요한 요소는 연봉 인상이나 승진이 아니라 상사의 칭찬이었다.

칭찬을 받지 못하거나 설상가상으로 거절당하게 되면 직장에서 엄청나게 좌절하게 된다. 언론인 케티 케이와 클레어 시프먼이 『나는 오늘부터 나를 믿기로 했다』라는 저서에서 주장했듯이, "남보다 앞서 나가기 위해서는 능력보다 자신감이 더 중요하다".

하버드 경영대학원에서도 바로 이러한 현상이 일어나고 있었다. 프레이는 이렇게 말했다. "여성 교수들은 너무나 완벽을 추구한 나머지 좀처럼 논문을 제출하지 않습니다. 아니면 조금이라도 나쁜 이야기가 들려오면 두문불출해버리지요."

현재 하버드 경영대학원에서는 이러한 현상을 방지하기 위해 노력중이다. 이들은 일찍부터 개입하여 여성 학자들이 적극적으로 논문을 발표하도록 독려한다. 또한 강의실 뒤쪽에 비디오카메라를 설치하여 교수들이 녹화된 자신의 강의를 직접 살펴보면서 거슬리는 버릇이나 학생들의 집중력을 떨어뜨리는 지루한 부분 등 아쉬운 점을 확인하고 개선 방안을 모색할 수 있도록 했다.

그러나 아이러니하게도, 강의 녹화가 남성 교수들에게는 상당히 도움이 됐지만 여성 교수들은 상처만 입었다. 프레이는 강의 녹화 때문에 "여성 교수들이 더 남의 눈을 의식하게 되었지요. 녹화 때문에 강의 시간에 집중력이 흐트러졌습니다. 많은 여성 교수들에게 전혀 도움이 되지 않았을 뿐 아니라 오히려 강의 질이 떨어져버렸어요"라고 했다.

나 역시 전적으로 공감한다. 한 케이블 TV 뉴스 프로그램의 임시 앵커 자리를 맡아달라고 제안을 받은 적이 있다. 방송국 관계자들은 사전에 나에게 프롬프터 읽는 방법을 가르쳐주었고, 연습 광경을 녹화해서 생방송 출연 전에 검토해보라고 건네주었다. 나와 친한 한 남성도 같은 제안을 받아 나와 똑같은 교육을 받았다. 그는 일주일 내내 그 녹화 영상을 꼼꼼히 살피고 분석했다. 한편 나는 녹화 테이프에 담긴 내 모습을 도저히 눈 뜨고 볼 수가 없었다. 아직까지도 그 영상은 봉인해뒀다. 생방송에서 누가 더 앵커 역할을 잘해냈는지 쉽게 짐작될 것이다.

하버드 경영대학원은 강의 실력을 향상시켜야 하는 교수들에게 일대일 코칭도 제공하지만 이 역시 오히려 역효과를 불러일으키기도 한다. 사방이 칸막이벽으로 둘러싸이고 은은한 베이지색의 나무 식탁이 놓인 경영대학원 식당에서 하버드 경영대학원에서 인기 있는 젊은 교수 중 한 명인 메그 리스마이어와 마주앉았다. 어깨까지 내려오는 금발에 뿔테 안경을 쓰고 헐렁한 스웨터를 입은 그녀는 학생이래도 쉽게 믿을 정도로 앳된 모습이었다. 중국 경제 전문가이면서 내가 만났던 고참 교수들도 인정하는 스타 교수였다. 나와 이야기를 나누는 동안 그녀는 사과를 아삭아삭 씹어 먹으면서 현재 책 집필 마무리 단계라고 이야기했다. 연구를 위해 아시아로 출장을 다녀온 지 얼마 되지 않았는데, 하버드 경영대학원에서 남편과 아기가 함께 갈 수 있도록 지원해줘 다녀올 수 있었다고 한다.

하지만 리스마이어는 다른 여성 교수들이 자신처럼 임용되자마자 좋은 평가를 받지 못한다는 사실을 분명하게 인식했으며, 설령 시간이 지나 어느 정도 상황이 나아진대도 여성 교수가 첫인상을 극복하기는 매우 어렵다고 말했다. "부임 첫해에 굉장히 고전했다가 그후 강의를 끝내주게 하는 친구들이 있습니다. 하지만 소속 학과에서는 그 친구들을 여전히 제대로 평가해주지 않아요." 학계뿐만 아니라 다른 분야도 마찬가지다. 여성이 실수를 하면 남성이 실수할 때보다 더 분명하게 인식되고 더 오래 기억한다.

리스마이어의 말에 따르면 여성 교수진은 다른 여성들에게 멘토 역할을 해주어야 한다는 기대도 받는다. 역량과 장점, 강의 스타일, 또는 전공 분야가 서로 맞든 안 맞든 여성이라면 다른 여성의 멘토가 되어야 한다고 여기기에 정작 연구를 하고 논문을 발표할 시간이 줄어든다. "저는 교수진에 있는 모든 여성의 멘토가 되어줄 시간이 없어요." 리스마이어는 딱 잘라 말한다.

"정말 이상한 일이에요. 멘토링에 대해 많은 논의가 이루어지죠. 제가 대학원에 다닐 때에는 모든 여성에게 여성 멘토를 붙여줘야 한다는 움직임이 있었습니다." 리스마이어는 계속 말을 이었다. "정말 우스웠어요. 도대체 왜 그래야 하죠? 무조건 여성 멘토를 붙일 게 아니라 전공에 도움이 될 멘토를 붙여줘야죠."

리스마이어는 여성들끼리 서로 돕도록 독려하는 '린인 운동'에 상당히 비판적이다. "득보다는 실이 많습니다. 여성이 다른 여성들을 돌보아주어야 한다고들 하는데 말이죠, 그사이에 제 남자 동료는 논문을 발표하는걸요."

그녀는, 여성이 다른 여성의 멘토 역할을 하거나 여성의 수가 절대적으로 부족한 나머지 여기저기 토론회에 끌려다니느라 시간을 허비하면, 본업에 집중할 소중한 시간은 줄어들 수밖에 없어 커리어에 타격을 입는다고 본다. "금융계, 학계, 경제계, 법조계 등 분야를 막론하고 재직 기간 중에는 생산성으로 평가받습니다." 리스마이어는 자리에서 일어나며 이렇게 덧붙였다. "여성들 몇 명이 서로 의지한다고 해결될 문제가 아니죠."

그녀의 이야기로 다양한 업계의 여성들이 털어놓았던 좌절감이 잘 설명됐다. 성공하거나 높은 자리에 오른 여성의 수가 너무나 적은 나머지, 이들은 온갖 위원회에 불려나가고 소속 조직을 대표해 콘퍼런스에 참석할 뿐 아니라 채용할 때 얼굴마담 노릇에다가 다른 여성 직원들의 멘토 역할까지 해야 한다. 이 모든 부수적인 일 때문에 실제로 자기 업무를 제대로 처리하지 못한다.

평등한 일터를 만들고자 한다면 남성들의 협조를 이끌어내는 게 얼마나 중요한지 이로써 잘 드러난다. 남성도 얼마든지 여성의 멘토가 될 수 있으며 여성만큼이나 강력하게 평등을 옹호할 수 있다. 여성의 힘만으로는 모든 것을 성취할 수 없다. 이 모든 문제를 해결할 짐을 성공한 극소수의 여성들에게 짊어지게 하고 그들이 모든 여성의 상징이자 구원자가 되기를 기대한다면, 자신도 모르게 그들의 발목을 잡는 셈이다.

❧

케임브리지에서 돌아오는 기차 안에서 그날 나눈 대화들을 곱씹어보았다. 하버드 경영대학원은 어느 정도 성별에 관계없이 동등하게 경쟁하는 환경을 마련해놓고는 있었다. 하지만 궁극적으로 하버드 경영대학원의 접근방식이 효과적인 것일까? 이 의문에 대답해줄 만한 사람은 철저히 성평등 교육을 받은 최근 졸업생들일지도 모른다.

그래서 뉴욕으로 돌아온 후 뉴욕타임스에 게재된 자세한 소개 글을 바탕으로 2013년 졸업생들을 찾아 나섰다.

머지않아 제니퍼 브라우스를 만나게 되었다. 공학을 전공한 그녀는 대학 시절 축구 국가대표팀에서 뛴 경력이 있으며 금융 분야로 진출한 극소수의 하버드 경영대학원 여자 졸업생이었다.

각 분야에서 가장 뛰어난 인재들만 모인 하버드 경영대학원에서도 브라우스는 눈에 띄는 학생이었다. 졸업 후 브라우스는 두 명의 교수에게 투자를 받았는데, 이는 동기들 사이에서도 극소수만 얻을 수 있는 혜택이었을 뿐만 아니라 그중 여학생은 브라우스 혼자였다. 교수들은 유망한 기업을 물색하고 인수하기 위한 자금이라 경쟁이 치열한 '서치펀드'를 시작하게끔 브라우스를 지원해주었다. 서치펀드는 하버드 경영대학원 졸업생이 잡을 수 있는 가장 화려하고도 영광스러운 성공의 기회였다. 자금을 유치했다는 사실 자체가 투자자인 교수들이 그 졸업생을 굳건히 신뢰한다는 뜻이었다. 또한 기업의 소유주이자 최고경영자로서 자기 사업체를 운영할 가장 빠른 지름길이기도 하다. 그녀는 남편과 함께 즉시 시애틀로 이주하여 인수할 사업체를 찾기 시작했다.

브라우스의 사례를 보면 하버드는 그녀의 재학 기간 동안 남녀가 평등하게 경쟁할 만한 환경을 '상당히 잘 조성해놓은 셈'이었다.

"저는 무시당한다고 생각해본 적이 없어요. 모든 사람이 굉장히 프로답게 행동했고 교수님들도 최고였지요."

하지만 사회에 나와보니 세상은 전혀 달랐다. 서치펀드를 운영하다보면 비즈니스 브로커, 즉 매각 대상 기업을 대표하는 중개인들을 상대해야 한다. 거의 대부분 남성인 브로커들은 가끔씩 말문이 막힐 정도로 기막힌 발언을 했다.

"한 브로커는 저더러 제가 무슨 일을 하는지 남편은 아느냐고 묻더군요." 다른 브로커들은 브라우스의 남편을 제멋대로 책임자라고 생각했던지, 깜짝 놀라 이렇게 되물었단다. "그쪽이 사업체를 운영하는 겁니까?" 그렇다고 답하자 다시 이런 질문이 날아왔다. "'남편 분은 뭘 하실 거죠?' 저는 이렇게 응수했죠. '이봐요, 다른 사람들한테도 그런 질문을 하나요?' 왜 그렇게 모두가 제 남편을 신경쓰는 거죠?"

브라우스는 이렇게 덧붙였다. "남자 동기들한테 물어봤더니 부인이 사업 경영을 도울 예정이냐고 질문하는 사람은 한 번도 만난 적 없다더군요."

그다음에는 재학중에 공동 학생 대표로 활동했던 쿠날 모디를 만났다. 재학 시절 그는 다른 남성들에게 '남자답게 나서서' 직장과 가정, 그리고 선거에서의 성평등을 위한 싸움에 동참하자는 글을 허프포스트에 기고했다. 당시에 그가 쓴 글은 다음과 같다. "남성도 여성만큼이나 미국 경제 경쟁력의 핵심임을 보여주는 이 중요한 가족 문제 해결을 위해 주인의식을 가져야 한다."

졸업 후 모디는 경영 컨설턴트가 되었다. 그는 성평등에 초점을 맞춘 하버드 경영대학원의 교육이 아직까지 자신에게 영향을 미친다고 했다. "남성들은 이 문제를 해결하기 위해 보다 적극적으로 동참해야 합니다. 남성들 각자에게도 실질적인 이해관계가 걸린 문제입니다. 이 문제를 인식하지 못한다면, 스스로가 이상적으로 여기는 남편이나 아버지가 될 수 없을 겁니다."

모디가 이러한 이상을 실현하기 위해 아무리 안간힘을 써도 현실이 계속해서 앞을 가로막는다. 대화에서 누군가 여성의 말을 가로채거나 여성의 아이디어가 남성의 공으로 돌아가는 등의 무의식적인 작은 행위를 가끔 눈치채더라도, 상사가 아닌 신입 직원의 입장에서는 좀처럼 지적하기가 어렵다. "직장에서 낮은 직급에 있는 여성이나 남성이 고위직 임원에게 '지금 하신 말씀은 정말 생각 없네요'라고 말할 수는 없으니까요."

모디는 아직까지 낙관적이긴 하지만 앞으로 해결해야 할 과제가 얼마나 많은지도 분명하게 실감한다고 했다. "남성의 10퍼센트는 적극적으로 이 대의명분에 동참하고 이를 지원하려고 합니다. 반대로 네안데르탈인 같고 멍청한 남성도 10퍼센트 정도는 되지요. 우리는 그 중간에 있는 80퍼센트의 남성들, 그러니까 능력이 뛰어난 사람이 정상에 오를 만한 평등한 환경을 조성하는 데 대체로 호의적인 사람들에게 주목해야 합니다. 어떻게 이들을 찾아내서 현상황이 지극히 편향됐다는 걸 이해시킬 수 있을까요?"

앞서 프랜시스 프레이에게 들었던 말이 떠올랐다. 그녀는 하버드 경영대학원이라는 보호막에 둘러싸인 환경과 그 바깥 현실 세계 사이에 종종 괴리가 발생한다고 언급했다. 이상을 품고 하버드 경영대학원을 졸업한 일부 학생들이 가혹한 현실을 맞닥뜨리면서 정신을 차리는 일도 드물지 않다고 인정했다.

"어떻게 그렇게 튼튼한 보호막을 쳐놓을 수 있습니까!" 몇몇 졸업생은 프레이를 책망하기도 했다. "우리는 현실의 쓴맛을 볼 준비가 전혀 안 되어 있었다고요!"

이는 쉽게 해결할 수 없는 난제다. 하버드 경영대학원은 뛰어난 미래의 리더를 양성한다는 목표에 철저히 초점을 맞추지만 그보다 덜 시급한 문제에는 상대적으로 관심을 기울이지 않는다. 바로 현재의 뛰어난 부하 직원을 양성한다는 과제다.

만약 졸업생들이 책임자 자리에 앉지 않는다면 어떻게 그들이 세상을 바꾸리라 기대하겠는가? 졸업생들이 아무 힘이 없는데 어떻게 다른 사람의 역량을 키워줄 수 있겠는가? 이러한 현실이 뼈아프게 다가왔다. 하버드나 다른 유수의 경영대학원들은 먼 미래의 리더십에 관해서만 교육할 것이 아니라, 졸업 직후 일개 부하 직원으로서 눈앞에 닥치는 진짜 세상을 어떻게 헤쳐나가고 변화를 모색해야 하는지에 대해서도 가르쳐야 한다. 아직은 그 해결책을 찾지 못한 상태다.

프레이는 하버드 경영대학원이 올바른 길로 나아가고 있다고 본다. 남학생들이 분명히 변화하고 있으며 졸업 후에도 생각을 바꾸지 않는다고 확신한다.

"그럼요, 물론이죠." 하버드 경영대학원에서 배운 학생들이 성평등에 대한 교훈을 졸업 후에도 기억할 것 같으냐고 묻자 프레이는 딱 잘라서 이렇게 대답했다. "제가 대책 없는 낙관주의자일지는 모르겠지만 10년이 지나면 지금 그토록 집착하고 있는 능력주의의 실현에 성별은 장애물이 안 될 거라 믿어요. 무언가 다른 것이 그 자리를 대체하겠지요."

그러면서 이렇게 덧붙였다. "제가 낙관적인 건 밀레니얼 세대를 직접 접하기 때문입니다. 그들은 지금까지 보아왔던 어떤 세대와도 달라요. 성별은 이들에게 그리 중요치 않아요. 다른 세대가 자기 성별을 의식하는 것처럼 이들은 자기 성별을 의식하지 않습니다. 물론 다른 많은 것들을 의식하지만, 최소한 성별은 이들의 의식에서 상당히 낮은 순위를 차지하는 것 같습니다."

이 밀레니얼 세대, 그리고 그들보다 더 아랫세대의 남성들이 유의미한 변화를 가져오리라 믿고 싶다. 그와 동시에 지금까지의 증거를 보면 밀레니얼 세대 남성들도 나이가 들고 책임이 늘어남에 따라 젊은 시절의 이상주의를 잊어가는 듯도 하다. 우리가 몸담고 살아가는 문화의 힘이 강력하기에 한 세대가 이를 뒤바꾸기란 어렵다.

젊은 남성도 나이가 들어 결혼을 하고 자녀를 낳고 주택 대출을 받으면 생각이 바뀌기 마련이다. 가족과 일 연구소에 따르면 밀레니얼 세대 남성 중 자녀가 없는 경우에는 자신이 집안의 주소득원이 되어야 한다고 생각하는 사람은 삼분의 일에 불과했지만, 자녀가 있는 경우에는 그 수치가 53퍼센트로 올라갔다. 또한『미국사회학평론』에 발표된 논문에 따르면 젊은 남성과 여성이 모두 평등주의 관점을 가졌더라도 융통성 없는 직장 환경과 친가족 정책의 부재라는 현실을 직면하면서 태도가 바뀐다고도 한다.

하버드 경영대학원의 남자 졸업생들은 지금까지 지극히 전통적인 길을 걸어왔다. 2014년 조사에 따르면, 밀레니얼 세대에 해당하는 하버드 경영대학원 남성 졸업생 중 절반이 여전히 자기 커리어가 부인의 커리어보다 우선순위가 높다고 여긴다. 뿐만 아니라 아내가 아이들을 돌보고 육아를 대부분 책임질 것이라 추정하는 남성이 삼분의 이 정도였다. 하지만 이에 동의하는 이들의 여성 동기는 소수에 불과했다. 만약 남성 졸업생과 여성 졸업생이 결혼해서 아이를 낳는다면 양쪽 모두 언제 터질지 모르는 지뢰를 밟고 서는 셈이다.

캠퍼스에서도 성별에 따른 차이가 어느 정도 감지됐다. 투자 분야로 진출하는 졸업생은 여전히 거의 대부분 남학생이었다. 큰돈을 손에 쥘 수 있어 모두가 선망하는 벤처 캐피털 분야를 선택하는 하버드 경영대학원 여자 졸업생은 극소수다. 캠퍼스를 방문하는 비즈니스 리더들도 남녀 간의 격차를 심화시킬 뿐이다. 한 졸업생에 따르면, 초청 강연을 했던 금융사 임원이 학생들에게 "만약 여러분이 여성이고 아이를 낳을 예정이라면 우리 은행에서 한자리하기는 어려울 것이다"라고 대놓고 발언했단다.

❧

조디 캔터가 뉴욕타임스에 자세히 기록한 것처럼 하버드 경영대학원의 2013년 졸업생들은 학교에서 배운 대로 리더십을 발휘할 만한 위치에 오르기 위해 전진중이다. 상위 5퍼센트의 학생에게 수여되는 조지 F. 베이커 우등상을 받았으며 동기들의 추천으로 졸업

주간에 연설을 했을 만큼 동급생 중에서도 특히 돋보이던 브룩 보야르스키는 졸업 후 맥킨지의 컨설턴트가 되었다. 그녀는 하버드 경영대학원에서의 시간을 돌아보면서 젠더 문제를 강조하는 학교의 방침이 얼마나 지속될지에 대해 철학적인 견해를 내놓았다.

"원래부터 이러한 문제에 열정을 가졌을 법한 사람들은 더욱 열렬하게 성평등을 지지하게 되었죠. 그중 상당수가 남성이고요. 하버드 경영대학원 동기 중 지금 함께 일하는 남성들은…… 적극적으로 성평등을 옹호하고 있어요. 계속해서 이 문제에 관심을 가지고 행동하기 때문에 상당히 고무적이라고 할 수 있습니다."

하지만 그녀는 현실적인 시각도 놓치지 않는다. "하버드 경영대학원은 기적을 일으킬 수 없어요. 거기에서 공부한 모든 학생들이 여성을 위한 투사가 되었는지는 모르겠네요."

⚬

보야르스키의 말을 들으면서 맨배서더 회원들이 떠올랐다. 현재 이 단체는 나름대로 입지를 굳혔지만 처음 맨배서더를 설립한 이들은 과연 어떻게 지낼까 궁금해졌다. 당연히 그들은 여전히 활발히 활동할 것 같았다. 어쨌든 가장 목소리를 높이고 성평등을 추구하기 위한 활동에 앞장섰던 사람들이었으니 말이다.

그래서 나는 어리둥절해하는 남자 동기와의 대화를 계기로 맨배서더를 설립하고 성평등운동을 촉발한 타라 헤이건을 찾아 나섰다.

2014년 하버드 경영대학원을 졸업한 후, 헤이건은 대형 광고사에 입사했다. 그로부터 1년이 지나 나와 이야기를 나누며 헤이건은 남자 상사가 아주 좋은 사람이라고 말했다. 물론 그는 가끔 중요한 인물은 당연히 남자라는 식으로 습관처럼 남성 대명사를 사용하기도 했다. 하지만 그녀는 자신이 그런 문제를 지적할 입장이 아니라고 생각했다.

"하버드 경영대학원에서는 더욱 뛰어난 리더가 되는 방법을 가르칩니다. 모든 사람을 차별 없이 포용하는 것은 분명 더 좋은 리더가 되는 길이죠. 하지만 광고계에서 일하다보면 다양성을 고려한다고 반드시 더 괜찮은 광고를 제작하는 것은 아니에요. 다양성과 좋은 광고가 직결되지는 않는 듯해요. '광고상을 타기 위해 여성 대명사를 사용합시다'라는 제안은 말이 안 되잖아요."

그렇다면 젠더 문제 해결을 위한 적극적 활동은 어떻게 되었을까? "하버드 경영대학원에서는 당당히 페미니스트라고 밝히는 모습이 멋있어 보이죠. 이곳에서도 여성 직원들은 당연히 페미니스트일 겁니다. 하지만 그걸 지나치게 드러내면 안 된다고 생각해요. 동료들이 거부감을 보일 수도 있으니까요."

이어지는 헤이건의 말에 깜짝 놀라 눈을 휘둥그레 떴다.

"심지어 저는 동료들에게 맨배서더 활동을 했다고도 이야기를 안 해요. 너무 부담스럽거든요. 제 안에 양가적인 마음이 공존하죠. 하버드 경영대학원에서 배운 모든 교훈과 경험을 바탕으로 비즈니스 세계에 뛰어들어야 한다는 것은 알아요." 물론 거기에는 젠더 문제에 대한 의식도 포함된다. 하지만 그녀는 "사실 좀 두려운 주제잖아요"라고 털어놓는다.

서열을 중시하는 기업문화에서는 하버드 경영대학원에서 장려하는 식으로 대화를 하기가 어렵다. "학교에서는 모두 동급생이잖아요. 정해진 서열이 없죠. 하지만 기업 조직 내에서는 갓 합류한 직원이 기업문화를 실질적으로 변화시킬 수 없어요. 직장에서는 성평등을 주장하기가 훨씬 까다롭습니다."

∽

언젠가는 밀레니얼 세대와 그후 세대들이 남녀 사이의 역학을 바꿀지도 모른다. 그러나 헤이건이나 그녀의 동료들이 이미 깨달은 바와 같이 그렇게 되려면 엄청나게 노력해야 한다. 하버드 경영대학원이 최선을 다해 성평등 교육을 실시했음에도 불구하고, 미래의 비즈니스 리더들은 여전히 현재의 제도적 성차별주의라는 견고한 벽에 부딪히고 있다.

진정한 변화를 이끌어내고자 한다면 이 젊은 남녀가 윗세대의 악습을 타파하고 소득, 승진, 존중의 불평등이라는 악순환을 끊는데 역량을 집중해야 한다. 친가족 정책을 도입할 뿐 아니라 직장및 가정에서 평등을 위해 남녀가 힘을 합쳐 싸워나가야 한다.

타라 헤이건은 나름대로 이를 실천하기 위해 꾸준히 노력중이다.

헤이건과 처음 이야기를 나누고 2년 정도 지났을 무렵, 직장 환경이 개선되었는지 궁금해서 다시 한번 그녀에게 연락을 했다. 별진전이 없다고 솔직히 털어놓았다. "위쪽에서부터 실질적으로 변화시키고 근본적인 개선을 도모하기란 상상을 초월할 정도로 어렵네요."

그러면서도 어느 정도 변화를 이끌어내고 있는 자신의 전략을 소개했다. 그녀만큼이나 강력하게 다양성을 지지하는 마음 맞는 고객들과 적극 협력한단다. 적당히 유머를 섞어서 성차별주의적인 행동을 방지하기도 한단다. 그리고 자신보다 어린 세대에게 이미 멘토도 되어줬다. 그들을 통해 미래에 대한 희망을 키운다.

"저희 팀에는 뛰어난 여성 직원이 몇 명 있어요. 열심히 훈련시키고 있는데 눈에 띄게 성장하더군요. 그들만 보면 흐뭇하네요."

10장

**여자들이
가장 살기
좋은 나라**

모든 대화가 끝날 때
세상 모든 문제가
실체를 드러내고 해결되었을 때
서로 눈길을 마주치고
악수를 나눈 후
냉철한 깨달음의 순간에
─여자는 언제나 다가와서
식탁을 치우고
바닥을 쓸고 창문을 열어
담배 연기를 내보낸다.
절대 예외는 없다.
─「여자」, 아이슬란드 시인 잉기비외르그 하랄즈도티르(1983)

목을 쭉 빼고 눈앞의 기둥 꼭대기를 올려다보았다. 바닥에서 솟아오른 기다란 원통형 유리 기둥 안 투명한 액체에 떠 있는 것은 세계에서 가장 큰 페니스가 틀림없었다. 발기해서 끝이 꼿꼿하게 선 그것은 내 키보다 더 컸다.

왼쪽을 쳐다보았다가 다시 오른쪽을 쳐다보았다. 눈길 닿는 곳마다 온통 페니스였다. 거대한 것, 중간 크기의 것, 자그마한 것들이 벽에 걸리고, 천장에 매달리고, 바닥에 솟아나 있었다. 그야말로 남근의 숲이었다.

당황한 나머지 고개를 흔들었다. 환각인가? 시차 때문에 헛것이 보이나?

아니다. 여기는 아이슬란드다. 여기는 세계 유일의 페니스 박물관이다. 이 박물관은 내 눈앞에 있는 거대한 향유고래의 페니스부터 자그마한 햄스터나 들쥐의 기관까지 무려 285개나 되는 음경 표본을 보유하고 있다. 유리 상자에 든 고대의 남근 조각, 고래의 음경 포피로 만든 전등갓과 나비넥타이 등의 전시품뿐만 아니라 죽은 뒤 자신의 신체 기관을 자랑스럽게 기증하겠다는 남성들의 편지도 벽에 걸려 있었다. 그중에서도 돋보이는 어느 전시대에 은으로 만든 인간 페니스의 주형물이 열두 개 이상 놓여 있었는데 각 페니스의 주인이 누군지 알아볼 수 있도록 친절하게 그 위에 사진이 걸려 있었다. 아이슬란드 국가대표 핸드볼팀이 2008년 베이징 올림픽에서 은메달을 딴 후 찍은 사진이었다(다행히도 유니폼은 입고 있었다).

이 박물관이 아이슬란드의 수도 레이캬비크의 중심가에 자리잡았다는 사실은 무척 잘 어울린다. 아이슬란드는 지구상에서 가장 남성다운 문화가 남아 있는 곳이다. 기념품점에서 판매하는 도끼부터 버젓이 남근처럼 생긴 아이슬란드 교회 탑을 수호하듯 세워진 모험가 레이프 에릭손의 동상까지, 아이슬란드 사람들은 자기네 뿌리가 바이킹이라는 걸 매우 자랑스러워한다.

공항에서 시내로 가다가 버스 창문 너머로 펼쳐지는, 움푹움푹 패인 검은 바위들이 끝없는 험준한 경치에 마음을 뺏겼다. 화산과 간헐천이 수없이 자리한 아이슬란드의 지형은 혹시 다른 별이 아닐까 싶을 정도로 척박해서 닐 암스트롱과 아폴로호의 동료 우주비행사들도 달 착륙을 앞두고 여기서 훈련을 했단다.

이곳에서 만난 사람들도 지형만큼이나 다부졌다. 얼음장처럼 차가운 비와 세찬 바람을 피하기 위해 발길 닿는 대로 들어간 곳은 공식적으로는 아이슬란드 남근 박물관으로 불리는 박물관이었다. 거리를 지나다니는 아이슬란드 사람들은 궂은 날씨에 크게 개의치 않는 듯했다. 아무도 우산을 쓰지 않았는데, 아마도 우산은 나약함을 상징하는 창피한 물건인 모양이었다. 호텔 프런트 데스크에 있는 명랑한 젊은 직원은 삼십분 전 건물 바깥쪽으로 손을 저으면서 반어법이 아니라 진심으로 "산책하기 좋은 날씨네요"라며 나를 안심시켜주었다.

몇 가지 척도를 기준으로 볼 때 세계에서 가장 여성이 살기 좋은 나라가 아이슬란드였기에 직접 여기까지 날아왔다. 세계경제포럼은 8년 연속으로 지구에서 가장 성평등이 잘 정착되어 있는 나라로 아이슬란드를 꼽았다. 성평등이라는 기준에서 볼 때 아이슬란드는 미국을 비롯해 다른 144개국보다 앞선 셈이었다. 참고로 미국은 르완다나 브루나이보다도 아래인 45위라는 실망스러운 순위를 차지했다.

아이슬란드의 남성들은 페미니즘을 지지하기로 유명하다. 유엔은 남성들의 성평등운동 동참을 위해 2014년 히포쉬HeForShe 캠페인을 시작했는데 이때 아이슬란드 남성들의 참여율은 다른 나라 남성들을 훨씬 앞질렀다. 무려 전체 남성 인구의 이십분의 일에 해당하는 삼만오천 명이 참가했는데, 만약 미국 남성들이 이 정도의 참여율을 보였다면 천육백만 명이 참여한 셈이다.

그 이유를 이해하고자 아이슬란드를 찾았다. 이 작은 섬나라는 도대체 어떻게 다른 나라들이 몇 세기 동안이나 골머리를 썩이고 있는 문제를 해결했단 말인가? 아이슬란드 남성들은 다른 나라 남성들과 다른 부류인 걸까? 이들이 어떤 비결을 귀뜸해줄 수 있을까?

그리고 무엇보다도 진정한 성평등이 이루어진 사회란 과연 어떨지 너무나 궁금했다.

세계 1위라는 순위만큼이나 거기까지 도달한 속도도 흥미로웠다. 아이슬란드는 오랫동안 성평등 국가 순위에서 다른 북유럽 국가들과 비슷하게 상위권을 유지했다. 그러다가 갑자기 다른 북유럽 국가들을 제치고 상당히 빠르게 1위를 차지했다.

어쩌면 아이슬란드의 사례가 성차별적인 문화를 최대한 빨리 개혁하려는 다른 나라에 모범이 되지 않을까 싶었다. 다른 나라에서도 성별 격차 문제를 개선하는 데 효과적으로 활용할 만한 방법을 아이슬란드가 찾아냈을지도 모른다고 말이다. 사실 아이슬란드가 성평등 순위의 선두를 향해 달린 건 2008년 이후였기 때문이다.

알고 보니 이는 결코 우연한 시기가 아니었다.

❧

2008년 9월, 세계 경제는 깊은 수렁에 빠졌다. 대공황 이후 최악의 경제 위기가 찾아왔다. 미국에서는 주식 시장이 붕괴되었다. 금융 시스템은 손도 못 써보고 무릎을 꿇었다. 수많은 사람들이 하루아침에 은퇴 자금을 날리거나 직장을 잃었으며 집값이 주택 대출금보다도 낮은 수준으로 폭락해 대출금을 못 갚는 사람이 속출했다.

하지만 이렇게 국내 경제가 위기에 처한 미국인들에게 그나마 작은 위안이 있다면 최소한 아이슬란드보다는 사정이 낫다는 사실이었다. 아이슬란드 경제는 미국보다 훨씬 심각하게 타격을 입었기 때문이다.

경제 위기가 2008년 전 세계를 강타했지만 아이슬란드만큼 심하게 몸살을 앓은 나라는 없었다. 경제 위기 전에 아이슬란드만큼 비정상적으로 행동한 나라가 없었기 때문이다. 국민 대다수가 어부와 양 치는 목축업자였던 아이슬란드는 갑자기 월스트리트의 금융전문가들이 할 수 있는 일이라면 뭐든 자기네도 할 수 있다고 확신하는 국제 금융전문가 및 외환 딜러들의 나라가 되었다.

이들은 자랑스레 '비즈니스 바이킹'을 자처했다. 런던에서 맞춘 근사한 양복을 입고, 스노 부츠와 파카 대신 모피와 보석으로 치장한 화려한 차림의 여자 친구를 데리고 다녔으며, 검소한 소형차가 대다수를 차지했던 이 나라에서 한때 보기 힘들었던 차종인 레인지로버를 끌고 레이캬비크의 좁은 도로를 누볐다.

이들은 거의 전부 남자였다. 그것도 젊은 남자.

"아이슬란드 사람들 눈에는 그들이 영웅처럼 보였어요. 우리가 전 세계를 정복하는 '금융 천재들'을 배출했다고 생각했거든요." 아이슬란드 경기 부흥 시절에 대법원 판사였던 욘 스테이나르 귄뢰익손은 해안가에 자리잡은 자신의 소박한 사무실을 찾은 나에게 이렇게 말해주었다. 귄뢰익손의 말투에 애석함이 묻어나는 듯했다. "아이슬란드 경제에 그런 비극이 발생한 건 그들이 지나치게 거친 사내들이라서였을지도 몰라요."

아이슬란드 사람들이 호경기에 대해 이야기하는 것을 듣다보면 이렇게 근육질 남성이 떠오르는 표현을 자주 접하게 된다. 정복자. 바이킹. 약탈자. 어떤 정부 보고서에서는 금융 시스템을 '바이킹 선박' 같다고도 표현했다. "아이슬란드인들은 모험을 좋아합니다. 대담하고 공격적이지요." 아이슬란드의 올라퀴르 라그나르 그림손 대통령은 2005년 열린 런던의 월브룩 만찬 클럽에 모인 청중들 앞에서 자랑스럽게 이렇게 말했다.

그림손은 월스트리트에서 런던, 아시아, 그리고 다보스에서 개최되는 세계경제포럼 회의에 이르기까지 여러 자리에서 수없이 대화를 나누면서 이 메시지를 거듭 강조했다. 거친 바다를 항해하는 바이킹처럼 아이슬란드의 금융전문가들은 젊고 에너지 넘치며 신속하게 의사결정을 할 뿐만 아니라 무엇이든 그들의 길을 가로막는 것은 정복했다. 게다가 이 금융전문가들은 자기들만 호화롭게

생활한 게 아니었다. 다른 사람들에게도 아낌없이 금고를 개방했고 신청만 하면 거의 모든 이에게 대출을 해줬다. 이 새로운 바이킹의 등장으로 말 그대로 모든 바이킹 선박, 즉 모든 아이슬란드 사람이 풍족해졌다.

❧

페니스 박물관을 나와 비를 흠뻑 맞으며 종종걸음으로 호텔로 돌아와 귄나르 시귀르손을 만났다. 56세에 희끗희끗한 반백 머리의 그는 장난기 넘치는 미소와 짓궂은 유머감각을 가진 사람으로 아이슬란드에서 만난 대부분의 남성과 마찬가지로 어부였다. 아니, 전직 어부라고 해야 맞을지도 모른다. 아이슬란드의 호경기 때 그는 연극연출가가 되겠다는 오랜 꿈을 실현할 수 있었다.

귄나르는 대출금을 받아서 극단을 창단했다. 돈을 더 빌려 좋은 동네에 침실 두 개짜리 아파트도 샀다. 닛산의 세단형 자동차도 빌렸다. 다른 아이슬란드인들과 마찬가지로 그도 유로화와 엔화로 대출을 받았다. 아이슬란드 화폐인 크로나의 가치가 급상승중이라 상대적으로 인플레가 덜한 다른 통화로 대출금을 고정해두는 편이 훨씬 경제적이고 현명하다는 논리에 따른 행동이었다. 2001년부터 2008년까지 아이슬란드의 국가 부채를 나타내는 그래프를 보면 사실상 수직에 가까울 정도로 급격한 증가세를 보인다.

귄나르는 깨닫지 못했을지 모르지만, 그가 그렇게 넉넉히 대출받았던 것은 2003년 아이슬란드가 세 군데 국영 은행을 민영화하면서 규제 변경을 단행했기 때문이었다. 그전에는 은행원들이 인근의 어부, 양 치는 목축업자, 아이슬란드 스웨터를 관광객에게 파는 상인을 엄격하게 심사해 소액의 생활 자금을 대출해주었다. 은행원은 고객을 개인적으로 잘 알았다. 그도 그럴 것이 대부분 친척 관계였기 때문이다.

아이슬란드의 인구는 삼십이만 명 정도에 지나지 않는다. 단일 민족으로 동질성이 높아 유전자 연구를 하는 과학자들의 단골 실험 대상이다. 알츠하이머 유전자나 유전체 서열에 대해 우리가 아는 정보 중 상당수가 아이슬란드인들을 대상으로 한 실험에서 얻은 것이다. 너무나 많은 아이슬란드인들이 유전적으로 연관되어 있기 때문에, 아이슬란드 젊은이들은 하룻밤 상대가 혹시 사촌뻘은 아닌지 앱으로 검색해보기도 한다.

호경기 전만 해도 아이슬란드인들은 엄청나게 부유하지는 않아도 비교적 평화롭고 화기애애하며 편안하게 살았다. 아이슬란드 국민의 교육 수준은 높기로 손꼽히며 의료 제도도 잘 정비되어 있다. 특히 육아 휴가 정책은 유래를 찾기 힘들 정도로 너그러워 무려 9개월 동안 유급 휴가가 제공된다. 수세기 동안 전쟁을 겪지 않았을 뿐만 아니라 군대도 없다.

아이슬란드도 다른 북유럽 국가들처럼 현대 사회에서 가장 사회주의에 가까운 체제다. 레이캬비크 공항에 도착했을 때, 일등석 승객도 다른 승객과 같은 줄에 서야 한다는 사실을 발견했다. 마치 이들 돈 많은 승객들이 너무 기고만장해지지 않도록 주변에서 잔뜩 경계라도 하듯이 말이다.

하지만 국영 은행이 민영화되면서 모든 상황이 바뀌었다. 아이슬란드는 국제 금융 열풍으로 들끓어 올랐다. 순식간에 새롭게 민영화된 은행들이 어디에서나, 아무하고나 거래할 수 있게 되었다. 당시 아이슬란드 총리였던 다비드 오트손은 세계를 지배하는 금융 강국이라는 국가 비전을 제시했다. 시인이자 레이캬비크 시장 출신의 오트손은 로널드 레이건과 마거릿 대처라는 자유 시장 경제의 영웅들에게 푹 빠졌다. 그는 세금을 낮추고 교역을 자유화했다. 아이슬란드의 인플레는 알루미늄 제련에 집중 투자하는 나라 치고는 기이할 정도로 하늘 높은 줄 모르고 상승했고 금리 역시 올라 2007년에는 두 자리에 달했다. 새롭게 민영화된 아이슬란드 은행들이 바깥세상에 문을 열자 연 금리 14퍼센트라는 손쉬운 수익을 노리고 외국 자금이 물밀듯이 쏟아졌다. 은행에는 갑자기 현금이 넘쳐났다.

권나르에게는 그야말로 천재일우의 기회였다. 그는 오랫동안 고깃배를 타거나 비디오테이프 가게, 아이스크림 가게 운영 등 다양한 직업을 전전하면서 간신히 생계를 유지해왔다. 이제 난생처음으로 돈 걱정을 할 필요가 없었다. 현금 확보는 누워서 떡 먹기였다. 그는 단순히 국내에서 연극 연출을 하면서 생활비를 번다는 꿈에 그치지 않고 훨씬 장대한 야심을 품었다. 아이슬란드 은행가들처럼 해외 시장 진출을 노렸다. 그는 연극 대본을 쓰고 런던의 극장을 대관했다. 그다음 배우들과 함께 국제무대 데뷔를 위해 연습을 시작했다.

몇몇 친구들에 비해 그의 계획은 상대적으로 겸손한 축이었다.

2003년에서 2007년 사이 미국 주식 시장은 두 배로 성장했다. 그러나 아이슬란드의 주식 시장은 두세 배 정도가 아니라 무려 아홉 배나 뛰었다. 한때 평등한 소득 분배 국가로 알려졌던 아이슬란드에 갑자기 이루 말할 수 없을 정도로, 어마어마하게, 상상조차 하기 힘들만큼, 더럽게 돈이 많은 사람들이 등장했다.

한 선박 회사 사장은 창고 중 하나를 거대한 파티 공간으로 개조하여 자기 생일 파티를 열면서 엘턴 존을 섭외했다. 욘 아스게이르 요한네손이라는 소매계의 거물은 약 44미터 길이의 요트와 2500만 달러짜리 맨해튼 펜트하우스 아파트를 구입했다(훗날 여기에 싸구려 이케아 주방 집기를 설치했다는 이유로 잠재적인 구매자들에게 고소를 당하기도 했다). 은행 CEO인 라뤼스 벨딩그는 월급을 세 배로 올려달라고 아우성치는 직원들에게 진절머리가 난 나머지 이렇게 일침을 놓았다. "포르셰를 그만 사고 술만 덜 마셔도 훨씬 기분이 나아질 걸세. 이혼도 좀 작작 하게. 엄청나게 돈이 절약될 거야."

아이슬란드 은행가들은 마르지 않는 샘처럼 솟아나는 현금에 잔뜩 들떠서 자기네가 역사상 가장 거대한 거품 경제에 갇혀 있다는 사실을 알아채지 못했다. 사실 아이슬란드 경제는 벼랑 끝에 서 있었다. 2007년 후반 즈음에는 이 거품이 곧 터질 것이라는 소문이 알음알음 돌았다. 국제금융가, 규제담당자, 언론인들이 의문을 제기했다. 임박한 참사에 대한 경계가 전 세계에서 커져갔다.

그러나 레이캬비크로 돌아와보면 어부 출신의 연극연출가 귄나르는 이러한 수군거림을 그리 걱정하지 않았다. 그는 경제에 대한 흉흉한 소문에 어깨를 으쓱하는 아이슬란드 정치인들을 믿었다.

은행에 다니는 그의 친구는 이러한 우려를 '홍보 캠페인'으로 해결 가능한 '이미지 문제'라며 대놓고 일축했다.

귄나르는 자기 친구와 나라의 지도자들이 아이슬란드의 성공을 질투해 부정적인 의견을 내놓을 뿐인 외국인들보다 상황을 훨씬 제대로 파악할 것이라 믿었다. 게다가 런던에서의 첫 공연을 위해 배우들과 연습하느라 눈코 뜰 새 없이 바쁘기도 했다. 그는 극장 대관 기간에 맞춰 저금해둔 돈을 탈탈 털어 연습실까지 빌렸다. 모든 것이 계획대로 진행되어갔다.

"저는 일이 전부 순조롭게 흘러간다고 생각했습니다." 귄나르는 당시를 이렇게 회상했다. "금융계의 천재들이 모든 것을 다 알아서 하고 있는데 딴소리하는 사람들은 그냥 멍청이와 바보들이라고 생각했지요."

물론 이 '멍청이와 바보들'의 예상은 적중했다. 귄나르의 연극은 2008년 10월 8일에 막을 올릴 예정이었다. 하지만 그날은 첫 공연일 대신 아이슬란드 은행들이 무너져내린 날로 기록되었다. 그보다 몇 주 앞서 미국의 리먼브라더스가 무너지면서 국제적인 경제 공황 상태로 이어졌는데 거기서 살아남을 아이슬란드 은행은 전무하다시피 했다.

끔찍한 혼란이 찾아왔다. 한때 부러움의 대상이었던 이 작은 나라는 갑자기 전 세계의 조롱거리가 되고 말았다. 다른 나라들은 아이슬란드가 소위 골드먼삭스처럼 대마불사가 될 정도는 아니라고 판단했다. 그리고 아이슬란드는 실제로 쓰러졌다. 요란하게. 아이슬란드는 사실상 국가 부도 상황에 처했다.

귄나르는 점점 두려워하며 레이캬비크에서 사태의 추이를 지켜보았다. 그는 필사적으로 런던의 후원자들에게 연락을 취했다. 그들과 연락이 닿지 않았다. 그 모든 장대한 계획, 평생 노력해온 꿈이, 경악을 금치 못하는 귄나르의 눈앞에서 사라져버렸다.

두려움은 공포로 바뀌었다. 충분히 그럴 만했다. 경제 붕괴 이후 크로나가 폭락했다. 귄나르는 유로화로 받은 대출금을 이제 종잇조각이나 다름없는 아이슬란드 화폐로 갚아야 하는 신세가 되었다. 대출금이 순식간에 세 배로 불어났다. 그는 임대했던 자동차를 반납했다. 주택 대출금도 연체되었다. 귄나르의 연극은 막조차 올리지 못했고 국제적인 칭송을 받겠다는 그의 꿈도 산산조각났다. 투자금을 몽땅 날리는 신세가 되었다.

그의 이웃 중 몇몇은 훨씬 상황이 심각했다. 어떤 아이슬란드인은 집이 압류당해 은행 소유가 되자 화가 머리끝까지 치밀어 집을 아예 불도저로 밀어버렸다. 신문에는 마이너스 금액에 자동차를 팔겠다는 광고가 실렸다. 차를 사면 돈을 얹어주겠다고 말이다. 어떤 사람은 농담삼아 이베이에 아이슬란드 매각 광고를 싣기도 했는데, 아이슬란드의 유명 가수 비외르크는 '상품에 포함되지 않음'이라고 적혀 있었다. 경매 시작가는 99펜스였다.

모든 것이 무너져내린 2008년 가을, 대체로 평화주의자인 아이슬란드 국민들조차 '멍청한 정책'에 반발하여 분노를 표출했다. 수많은 사람들이 거리로 쏟아져나왔다. 은행 잔고는 바닥나고 연극에 대한 꿈은 가로막혔으며 자동차도 반납한 귄나르도 시위대에 동참했다. 군중은 현정권의 사임을 요구했다.

물론 이러한 시위도 철저히 아이슬란드답게 진행되었다. 시위자들은 쌍둥이용 유모차를 밀면서 법대로 시위에 참여했으며, 난폭하게 행동한대도 오렌지와 바나나를 던지는 정도였다. 당시 자주 사용되던 구호는 이랬다.

새로운 통치방식을 원하는가? 물론이지!
부패 척결을 원하는가? 물론이지!
평화로운 시위를 원하는가? 물론이지!

바로 이즈음, 아이슬란드에서 몇 안 되는 여성 은행가 중 한 사람의 사무실에는 노크 소리가 끊임없었다. 그녀가 일하는 은행은 아이슬란드에서 유일하게 무모한 리스크를 피하고 채무 이행 불능 상태에 빠지지 않은 곳이었다. 그녀의 비즈니스 파트너의 말을 인용하자면, '탁월한 여성들의 가치관을 금융 업무에 적용한' 덕분에 이곳은 살아남았다.

그녀가 노크 소리에 문을 열자 나이 지긋한 한 남성이 서 있었다. 그는 "제발 여성 직원이 내 돈을 관리해줬으면 좋겠소"라고 말했다. 이는 아이슬란드를 비롯한 여러 나라의 경제 위기를 다룬 마이클 루이스의 『부메랑』이라는 흥미로운 책에 등장하는 장면 중 하나다. 루이스가 관찰한 바에 따르면 "아이슬란드 및 월스트리트의 참사에서 눈에 띄는 특징 중 하나는 이 사태의 발생에 여성의 책임이 거의 없었다는 점"이다.

경제 전문 기자들 사이에서는 리먼브라더스가 아니라 '리먼시스터즈'가 있었다면 경제 위기가 닥치지 않았을 것이라는 우스갯소리가 오갔다. 그리고 사실이 그랬다. 루이스의 주장대로 미국과 아이슬란드에서 공공연히 벌어진 위험천만한 금융 도박은 사실상 여성들과 아무런 관련이 없었다.

하지만 각 국가가 이 사태에 어떻게 대응했느냐를 더 주목해야한다. 미국에서는 경제를 파탄으로 몰아넣은 남성들이 굳건히 자기 자리를 지켰다. 아이슬란드에서는 경제 위기의 주범인 남성들을 감옥으로 보냈다. 그리고 여성들이 그 자리를 대체했다. 아이슬란드의 은행 세 곳 가운데 두 곳이 여성을 새로운 회장으로 임명했다. 아이슬란드 정부 각료들이 모두 사퇴했으며 여기에는 소위 비즈니스 바이킹을 영웅시하며 치어리더처럼 이들을 부추긴 총리도 포함되어 있었다. 총리직은 요한나 시귀르다르도티르라는 여자가 차지했는데 커밍아웃한 레즈비언이 세계 최초로 국가의 수장 자리에 오른 것이었다.

'남자들이 야기한' 경제 위기를 두고 금융인들끼리 벌인 '페니스 경쟁'이라고 조롱한 아이슬란드 상공회의소 여성 회장의 발언도 많은 사람의 공감을 얻었다.

이는 매우 독특한 현상이었다. 마치 아이슬란드 국민 모두가 아이슬란드 사회 체제에서 테스토스테론 몰아내기라는 하나의 목표를 향해 대동단결하여 일사불란하게 움직이는 듯했다. 수천 년에 걸친 역사를 거슬러, 피에 굶주린 바이킹의 유산을 찬미해왔던 문화를 갈아엎는 작업에 착수했다.

여성이 책임자 자리를 넘겨받는 일은 전 세계 어디서도 본 적 없는 광경이었다. 영국의 『가디언』은 "경제 붕괴 이후, 아이슬란드 여성들이 구제에 앞장서다"라며 아이슬란드의 움직임을 알렸다. 파이낸셜타임스는 "젊은 남성들이 만들어놓은 난장판을 치우기 위해 아이슬란드가 여성 금융인들에게 손을 내밀다"라는 기사를 실었다. 뉴질랜드의 NZ해럴드는 "바이킹 여성들이 파산의 수렁에 빠진 나라를 구하기 위해 싸우다"라고 보도했고 PBS는 "바이킹 여성들이 아이슬란드의 테스토스테론 시대에 종지부를 찍으려 한다"고 더욱 신랄하게 분석했다.

실제로 요한나 총리(아이슬란드는 성이 아니라 이름으로 인물을 지칭하는 경우가 많다)가 이끄는 새 정부는 남성 주도의 비즈니스 및 금융계에 다량의 에스트로겐을 주입하는 작업에 착수했다. 그녀는 지체 없이 막강한 권력을 쥔 몇몇 요직에서 남자들을 몰아내는 한편, 의무적으로 기업 이사회 임원 중 40퍼센트 이상을 여성으로 채우는 할당제를 도입했다. 뿐만 아니라 재무부에 '성인지 예산 제도' 전담 부서를 신설했는데 말 그대로 정부가 여성보다 남성에게 예산을 더 많이 집행하지 않도록 관리하는 부서였다.

"아이슬란드는 다른 나라들보다 먼저 경제 위기를 맞았지만 가장 빨리 위기를 탈출하는 나라가 될 수도 있습니다. 그리고 그 과정에서 여성이 큰 역할을 하겠지요." 여성 금융인들이 이끄는 은행의 공동 창업자 할라 토마스도티르는 이렇게 이야기했다. "바이킹 여성들로 되돌아가는 거죠. 남자들이 밖에 나가서 강간과 약탈을 일삼는 동안 고향을 지켜낸 것은 여자들이었어요."

국가 운영을 책임지게 된 여성들은 금융 위기의 본질을 파악하기 위해 여러 전문가를 불러모았는데, 아이슬란드 국민들은 이들을 '진짜 위원회'라고 불렀다. 여기에 더해 놀랍게도 아이슬란드 대학에서 여성 젠더 문제의 전문 교수를 몇 명 초빙하여 경제 위기를 야기하는 데 성별이 어떤 역할을 했는지를 평가했다. 역사상 그 어느 나라에서도 유래를 찾기 힘든 사례로, 아이슬란드 정부는 실제로 남자다움을 과시하려는 태도가 경제 붕괴를 초래했는지 분석했다. 분석 결과는 한마디로 그렇다였다.

이러한 전면적 변화를 살피면, 일단 초기에 권력 구조를 쇄신하고 나자 개혁 작업이 더욱 추진력을 얻었다는 사실이 무엇보다 놀랍다. 이 새로운 '여성화' 정책의 영향을 받지 않은 분야가 없을 정도였다. 무모한 은행가들을 몰아내기 위해 시작된 조치가 문화 전반으로 구석구석 퍼져나갔다.

2010년 아이슬란드는 스트립 클럽을 불법화했다. 노골적인 인터넷 포르노그래피를 단속하기 위한 계획도 발표했다. 사상 최초로 여성이 아이슬란드 교회의 주교로 임명되었다. 이미 혼인관계에 준하는 동성 간의 동반자 관계를 허용했던 아이슬란드는 미국보다 5년이나 빠른 2010년 동성 결혼을 공식적으로 합법화했다. 초반에 동성 배우자와 결혼식을 올린 사람들 중에는 총리도 있었다.

아이슬란드에 처음 도착했을 때 아이슬란드의 변화가 요행은 아니었을까 하는 의구심을 품고 있었다. 2008년 이전에 워낙 광란에 가깝게 국제 금융 열풍이 불었던 터라 그에 대한 반발로 남성적인 것은 모조리 숙청하려는 집단 히스테리나 강박에 사로잡힌 것일 거라 확신했다.

하지만 아이슬란드에서 시간을 보내다보니 이것이 일시적 풍조가 아님을 깨달았다. 무엇보다도 여기서 만난 남성들이 최소한 여성들만큼이나 이 '여성화'를 위한 움직임을 적극 지지한다는 사실에 놀랐다.

최소한 귄나르는 이러한 변화를 반겼다. "아이슬란드의 영웅 전설에는 수많은 여성이 등장합니다." 며칠 후 그는 나를 태우고 레이캬비크의 주요 간선 도로를 따라 운전하면서 이렇게 말했다. "유명한 바이킹들의 이야기를 보면 적이 잠들었을 때 서로 죽이기 바쁘죠. 하지만 영웅 전설에 등장하는 그 남자들 뒤에는 강인한 여성들이 있었습니다."

그는 여성의 권리가 지금보다 더욱 철저하게 보장되어야 한다고까지 말한다. "뭔가 잘못된 것 같네요." 세계경제포럼의 분석에 따르면 아이슬란드가 성평등 분야에서 1위를 차지했다는 말에 그는 얼굴을 찡그렸다. "평등한 사회가 되려면 아직 갈 길이 멉니다."

그는 잠깐 창밖으로 시선을 돌려 항구가 내려다보이는 절벽 위에 세워진 아름다운 주택을 가리켰다. 로널드 레이건과 미하일 고르바초프가 1986년에 처음 회동한 곳이란다.

"아름답네요." 자그맣게 감탄했다.

"유령이 나오는 집이에요."

"뭐라고요?"

귄나르는 운전대를 돌려 골목길로 들어섰다. "아이슬란드의 인구는 삼십오만 명에 불과하지만 엘프 오십만, 트롤 이십오만, 그리고 족히 백만은 되는 유령이 함께 살고 있죠. 그러니까 사실 꽤 복작거리는 나라죠." 귄나르는 뿌듯해하며 말했다.

머지않아 투박한 외관의 커피숍 카피바그닌 카페에 차를 댔다. 주변에 정박한 고깃배들은 물결을 따라 살짝살짝 흔들렸고, 카페에는 기다란 나무 테이블을 둘러싸고 어부 여럿이 앉아 있었다.

카페 구석자리에 편안하게 앉아 있는 사람은 고깃배 선장 아서 보가손이었다. 기골이 장대하고 근육질인 아서는 키도 족히 180센티미터 이상은 되어 보였다. 오하이오주 데이턴에서 역도선수로 잠시 활동했던 시기를 제외하면 열네 살 이후로 평생 고깃배를 탄 뱃사람이다. 이제 예순이지만 여전히 땀 한 방울 흘리지 않고 50킬로그램 정도 되는 역기를 가뿐하게 들어올릴 것만 같았다.

아서가 이 자리에 나온 것은, 은행가들에 대한 이야기를 하기 위해서도(그는 언급할 가치도 없다는 듯 그들을 "엘프라고 불렀는데 일반적으로 엘프는 멍청하다는 뜻이기 때문"이었다), 어업에 대해 의견을 나누기 위해서도 아니었다. 그는 성별 간의 소득 격차에 대해 이야기하고 싶어했다. 아이슬란드의 남녀 소득 격차는 미국과 비슷한 수준으로 약 18퍼센트를 맴돈다.

"도무지 영문을 모르겠습니다. 너무나 바보 같은 일이라 말이 안 나올 지경입니다. 남자와 동일한 업무를 하는 여자가 왜 똑같은 월급을 못 받는 건지 아무리 해도 이해할 수가 없어요. 저는 진심으로 성평등을 지지합니다."

아서와 이야기를 나누면서 아이슬란드 문화, 특히 아이슬란드 남성들의 문화 중 한 가지 특징이 서서히 이해됐다. 아이슬란드에서 만난 거의 모든 남성이 똑같이 생각했다. 스위스에서 열리는 세계경제포럼에서 탁상공론만 하는 사람들이 아이슬란드를 두고 성평등 세계 1위라고 떠들든 말든, 여성을 위한 완전한 평등을 이루려면 아직 멀었다고 말이다. 아이슬란드 남성은 여성만큼이나 이 사실을 굳게 믿었다.

공교롭게도 아이슬란드를 방문한 시기에 여성 참정권 백 주년을 기념하는 콘퍼런스가 열렸다. 미국의 참정권 역사를 기억하는 독자라면 알겠지만 아이슬란드는 미국보다 5년이나 빠른 1915년에 여성 참정권을 인정했다.

이 콘퍼런스는 비교적 최근 완공된 웅장한 하르파 콘서트홀에서 열렸는데 호경기의 과소비를 상징하는 기념물이었다. 다소 우스꽝스러운 이 현대적 스타일의 유리 프리즘 구조물은 금융계 거물의 의뢰를 받아 아이슬란드 출신 유명 예술가가 설계했지만, 절반쯤 완성된 상황에서 경제 위기가 찾아오자 납세자들이 꼼짝없이 남은 건설비를 떠맡게 되었다.

콘퍼런스에서 만난 여성들도 그 주 내내 만났던 남성들처럼 성평등 측면에서 아이슬란드가 이뤄낸 성과가 충분치 않다고 했다. 이들은 쏩쏩한 말투로 최초의 여성 총리는 이미 투표에서 패배하여 정권에서 물러났다고 지적했다(그 뒤를 이은 총리는 내가 아이슬란드를 방문하고 얼마 지나지 않아 금융 스캔들로 사임한다). 포르노 금지법은 집행하기가 무척 어려울 뿐만 아니라 여기저기서 조롱까지 받았다. 바이스는 아이슬란드의 포르노 척결 정책을 두고 "터무니없다"고 비판했다. 정부 요직은 다시 남성들에게 돌아갔다.

하지만 콘퍼런스를 통해 이 모든 악재에도 불구하고 왜 아이슬란드가 성평등 측면에서 다른 나라들보다 앞서 있는지 몇 가지 깨달음을 얻었다. 그 이유 중 하나는, 아이슬란드가 다른 북유럽 국가들과 마찬가지로 평등주의의 유산을 물려받았기 때문이다. 미국에서는 기업 CEO와 그의 자동차 정비공이 만찬에 동석하는 경우가 거의 없다. 그러나 어부들이 금융업자와 스스럼없이 어울리는 여기서는 미국에서 흔히 접하는 사회적 차별을 찾기 어렵다.

이러한 문화적 배경을 증명이라도 하듯, 콘퍼런스중 휴식 시간에 커피와 페이스트리로 요기를 하다가 짧은 금발머리에 단화를 신은 나이 지긋한 여성이 로비에서 지갑을 꼭 쥔 채 잡담중인 모습을 보았다. 전직 대통령 비그디스 핀보가도티르였다. 전직 대통령이 참석했는데도 VIP 전용실이나 경호원, 줄을 쳐놓은 접근 금지 지역은 눈에 띄지 않았다.

실제로 그날 저녁 다른 수십 명의 콘퍼런스 참석자들과 함께 백악관이나 다름없는 현역 대통령 관저에서 열리는 연회에 초대받았다. 놀라기도 하고 기쁘기도 했지만 골치 아픈 신원조사를 위해 서류를 준비할 생각에 걱정이 앞섰다. 미국에서 백악관을 방문할라치면 특별 경호원에게 신원조사를 받을 뿐만 아니라 시멘트 장벽, 금속 탐지기, 그리고 폭발물 감지견에 이르기까지 삼중, 사중으로 진행되는 엄격한 보안 검사를 통과해야 한다는 사실을 잘 알았던 탓이다.

하지만 여기는 아이슬란드다. 서류를 보여달라는 사람은 아무도 없었다. 물 샐 틈 없는 보안은커녕 일행들과 다 같이 버스를 타고 공용 조깅 코스 옆에 위치한 예쁜 건물 앞에 내렸다. 학교 건물을 개조한 대통령 관저의 정문은 활짝 열려 있었고, 안으로 들어가서 벽에 외투를 걸자 올라뷔르 라그나르 그림손 대통령이 직접 우리를 맞았다. 아이슬란드 사람들은 이를 당연하게 여긴다. 대통령이 식료품점에서 계산을 하기 위해 줄을 선 모습도 흔히 볼 수 있다. 한 친구는 이에 대해 "아이슬란드는 인디애나주 블루밍턴 같은 나라야"라고 설명해주었다.

대통령 관저에서 전직 대통령 비그디스와 이야기를 나눌 기회를 얻었다. 그녀는 불경스러울 정도로 짓궂은 농담을 던지는 유쾌한 사람으로, 강인한 아이슬란드 여성들에 대한 긴 역사를 들려주었다. 내가 아이슬란드를 방문한 때로부터 거의 40년 전인 1975년 10월 24일, 잘 알려졌듯이 아이슬란드의 여성들은 일제히 파업했다. 여성들은 직장을 등졌을 뿐만 아니라 요리, 청소 및 육아까지 거부하며 거리로 나왔고 사실상 온 나라가 마비됐다.

은행과 공장, 수산시장, 학교, 상점이 문을 닫을 수밖에 없었다. 아빠들은 아이들을 달래기 위해 사탕을 잔뜩 물려주고 아이들을 데리고 출근했다. 사탕이 항상 효과적인 것은 아니라 라디오 아나운서들의 목소리가 스튜디오에서 뛰노는 아이들 소리에 묻혔다. 국가 경제 자체가 완전히 멈춰버렸다. 훗날 '여성들의 휴일'이라는 이름으로 알려진 이 시위를 계기로 아이슬란드의 정치 역학이 영원히 바뀌게 되었다.

그로부터 5년도 지나지 않아서 아이슬란드 국민들은 당시 유명 연극연출가였던 비그디스를 대통령으로 선출했다. 실제로 정부 운영은 총리가 도맡으니 아이슬란드에서 대통령은 상징적인 자리에 불과하다. 그러나 어쨌든 그녀는 선거로 뽑힌 세계 최초의 여성 국가 원수라는 영예를 안게 되었다. 선거 기간 동안 어느 남성 후보가 그녀의 유방암 병력을 들먹이면서 '반쪽짜리 여성'이라며 그녀를 조롱했다. 당선이 확정된 날 밤, 비그디스는 이렇게 반박했다. "글쎄요, 저는 아이슬란드를 모유 수유하기 위해 이 자리에 선 게 아닙니다. 아이슬란드를 이끌어나가기 위해서 섰죠."

여성들의 진격은 계속되었다. 아이슬란드 정부는 2000년에 세계에서 가장 진보적인 축에 속하는 육아 휴가 정책을 도입했다. 정부의 지원에 따라 9개월 동안 유급 휴가가 제공되며, 3개월은 엄마, 3개월은 아빠, 그리고 나머지 3개월은 양쪽 부모 중 한 명이 사용할 수 있다. 탁아 시설도 대부분 정부 보조금으로 운영된다. 아이슬란드를 방문하고 얼마 지나지 않았을 때 아이슬란드 국회의 한 여성 의원이 생후 6주 된 아기에게 모유 수유를 하면서 의회에서 연설을 하여 화제를 모으기도 했다.

하지만 이 모든 변화에도 불구하고 아이슬란드인들은 여전히 불만을 토로한다. 크리스피 크림 도넛과 맛이 비슷한 아이슬란드 전통 과자 클레이뉘르에 빠르게 중독돼 그걸 하나 집어들다가 마찬가지로 콘퍼런스에 참석해 여기 온, 에너지 넘치며 패셔너블한 시그리뒤르 에이나르스도티르를 만났다. 아이슬란드항공의 조종사인 그녀는 항공사에서 30년 이상 근무한 베테랑으로 사내 여성

조종사 중에서도 가장 직급이 높았다. 그녀는 1996년에 항공 역사상 최초로 조종실 및 객실 승무원이 전부 여성으로 구성된 항공편의 조종석에 앉기도 했다. 하지만 여전히 좌절감을 느낀다. "되돌아보면 거의 변한 게 없어요. 아직도 관리자 직급에는 대부분 남성들이 앉아 있으니까요."

또다른 콘퍼런스 참석자이자 붙임성이 좋은 카트린 안나 그뷔드뮌스도티르도 대화에 합류했다. 아이슬란드 페미니스트 협회 대변인이었던 카트린은 현재 아이슬란드 재무부에 설치된 성인지 예산 부서를 운영하는데 정부 예산이 남성을 우대하고 여성을 차별하는 형태로 집행되지 않도록 관리중이다.

"아이슬란드는 여자들 세상이 아닙니다. 여전히 남성중심적인 사회죠." 카트린 역시 세계경제포럼의 순위를 듣고는 코웃음을 쳤다. "우리가 세계 1위라면 다른 나라들의 성평등 현황이 너무나 형편없다는 의미인 거죠. 앞으로 얼마나 많은 변화가 이루어져야 하는지 보여주는 증거라고도 할 수 있고요."

이러한 모순에 어리둥절해졌다. 이론상 아이슬란드는 세계에서 가장 여성이 살기 좋은 나라가 아닌가? 여성들이 엄청난 권력을 손에 넣었으며 한때는 정부 전체를 좌우하기도 했다. 하지만 이곳에서 만나는 사람들은 남녀를 막론하고 누구도 만족하지 않았다. 아무도 아이슬란드가 진정한 성평등을 이룬 국가라고 믿지 않았다. 아이슬란드에서 내가 가장 자주 들은 형용사는 '멍청하다'였다.

다음날은 아이슬란드 방문 일정의 마지막날이었다. 짐을 꾸려놓고서 호텔 로비에서 귄나르를 만나 마지막 외출을 했다. 경제 붕괴와 함께 모든 것을 잃은 귄나르는 생계를 유지하기 위해 다시 여러 직업을 전전하고 있다. 연극연출자일 뿐만 아니라 정치활동가이자 여행가이드로 일하는가 하면, 일정 내내 나의 통역사 역할까지 해주었다. 이제 마지막으로 꼭 소개해주고픈 친구가 있다고 했다.

교외 지역으로 차를 몰아 낡고 쇠락한 캘리포니아 상점가 같은 건물 앞에 도착했다. 건물 안으로 들어가서 계단을 오르자 덥수룩하게 수염을 기른 건장한 전기기술자 그뷔드민즈도티르 귄나르손이 우리를 맞이했다. 최근까지 아이슬란드의 전기기술자 노조를 운영했던 그의 말로는 경제 위기 이후 노조원들 중 절반이 파산했단다. 상당수가 집을 잃었다. 양 내장에 피를 섞어 만든 싸구려 소시지를 먹으며 근근이 살아갔던 이들은 호경기 때의 정부를 혐오했다. "우리 대통령과 아이슬란드 바이킹들은 다른 나라들을 깔보았습니다. 모든 것이 무너져내리자 여성이 아이슬란드 경제 운영에 보다 적극적인 역할을 해야 할지도 모른다는 이야기를 많이들 했지요."

바로 그 순간 깨달았다. 순식간에 모든 퍼즐 조각이 맞춰졌다. 아이슬란드 남성들의 특징을 또하나 발견한 것이다. 아이슬란드 남성들은 남자다운 척 한껏 으스대지만 미국 남성들과는 달리 젠더 문제를 거리낌없이 이야기한다.

미국에서는 일단 '성평등'이라는 구절을 입 밖에 내는 순간, 남성들이 눈에 띄게 몸을 움츠리면서 방어 태세에 돌입한다. 그러나 의회에서 국정을 보는 여성들이 〈버자이너 모놀로그〉를 공연하는가 하면 비즈니스 바이킹들을 가장 열렬히 지원했던 대통령 그림

손마저도 스스로를 '버자이너 전사'(《버자이너 모놀로그》에 등장하는 용어로, 성별에 관계없이 여성 권익 향상을 지지하는 모든 사람을 의미한다—옮긴이)라고 선언하는 아이슬란드에서는 상황이 전혀 다르다.

단단한 체격에 청바지 차림으로 바다가 내려다보이는 사무실에서 이야기를 나누던 그뷔드민즈도티르는 거듭해서 여성이라는 주제를 꺼내도 눈 하나 꿈쩍하지 않았다.

"저는 전혀 거리낌없이 스스로를 페미니스트라고 이야기합니다." 그는 깊게 울리는 목소리로 선선히 인정했다. 여섯 자녀도 페미니스트로 키웠다고 말했다. "남자가 하는 말이 마음에 안 들면 박차고 일어나 '저 사람 말을 듣지 않겠다'라고 말해라" 하고 네 딸을 가르쳤단다.

그는 이게 아이슬란드 여성과 미국 여성의 차이라고 주장했다. 네 딸 중 한 명은 미국에서 산다는 설명도 덧붙였다. 그리고 미국에 사는 딸을 보러 갈 때면 둘 다 미쳐버릴 지경이 된다고 한다. "미국 여성들은 그저 가만히 앉아서 남자가 하는 헛소리를 끝까지 들을 가능성이 큽니다."

미국에서 전기기술자가 아니라 그 어떤 일을 하는 남성과 이러한 대화를 나눌 수 있었을까? 상상하기 힘들다. 이쯤 되니 아이슬란드가 다른 어떤 나라와도 다르다는 사실을 인정하게 됐다. 여기는 아이슬란드이고, 미국에 산다는 그의 딸은 우리에게 비외르크라는 이름으로 더 잘 알려진 가수다.

아이슬란드 일정을 마무리할 즈음이 되자 왜 아이슬란드가 여성들에게 그토록 호의적인 사회인지 마침내 이해할 것 같았다. 심지어 아이슬란드인들은 그렇지 않다고 주장하지만 말이다. 이 나라가 성평등 순위에서 세계 1위인 건 여성들과는 크게 상관없어 보였다. 관건은 이 나라 남성들이었다. 오히려 남성이 나서서 여성의 권익 향상을 주장했다. 남성들이 자기 아내나 딸들만큼이나 성 불평등에 불만을 품고 있었다. 아이슬란드의 남성과 여성은 이러한 투쟁을 함께하는 셈이었다.

우람한 근육질의 역도선수 출신이자 고깃배 선장인 아서 보가손이 전날 했던 말이 떠올랐다. "어떻게 그렇게 여성 문제를 거리낌없이 쉽게 이야기하실 수 있죠? 어떻게 하면 우리 여성들이 젠더에 대한 담론에 미국 남성들을 끌어들일 수 있을까요? 그 이야기만 꺼내면 미국 남성들은 열변을 토하면서 무언가 잘못한 일을 추궁당하기라도 하듯 너무나 방어적인 자세를 취하더라고요."

아서는 덥수룩한 수염을 잠시 쓰다듬다가 나를 똑바로 바라보면서 미국 남성들에게 그대로 전해줄 만한 일침을 놓았다. "나라면 그 사람들에게 야단 좀 맞으면 세상이 끝나냐고 묻겠소. 그게 뭐 어떻단 말이죠? 투덜대지 말고 제대로 대화를 하라고 말하겠소."

"두려움과 무지 때문이지요." 그는 미국 남성들이 느끼는 불편함에 대해 이렇게 말했다. 하지만 이 문제에 대한 대화를 두고 "꼭 필요한 일입니다. 결국에는 논의할 수밖에 없는 문제니까요. 하루라도 빨리 조치를 취할수록 좋습니다"라고 했다.

에필로그: 현재는 곧 미래다

하와이 출신의 할머니 테리사 슉은 낙담했다. 때는 2016년 11월이었다. 그녀는 여성에 대한 대통령 후보 도널드 트럼프의 행동에 경악을 금치 못했다. 그 얼마 전에도 액세스할리우드에 트럼프가 여성의 성기를 움켜쥐었다고 자랑했다는 내용을 인용한 기사가 대대적으로 보도됐던 바였다. 헌데 이제 트럼프가 대선에서 승리를 거두었으며 백인 여성 유권자 중 상당수가 그를 지지했다. 페이스북에 분노를 분출하다가 그녀는 한 가지 아이디어를 떠올렸다. 워싱턴 D.C.에서 성평등을 위한 행진을 하면 어떨까? 이에 그녀는 페이스북 친구들 몇십 명에게 혹시 동참할 생각이 있느냐고 초대장을 보냈다. 그러고 잠이 들었다.

테리사는 이 게시물 하나가 거대한 운동의 시발점이 되리라고는 상상도 못했다. 그녀의 제안이 도화선 역할을 했다. 그리고 트럼프 대통령의 취임식 다음날 진행된 워싱턴 여성 행진에는 오십만 명 이상 참석했으며, 세계 각지에서도 수백만 명에 달하는 여성들이 거리로 몰려나왔다.

워싱턴이나 뉴욕 같은 미국 내 도시뿐만 아니라 프랑스 파리에서 페루의 리마, 조지아의 트빌리시, 이라크의 에르빌 같은 도시에서도 수많은 사람들이 어깨를 나란히 했다. 미국 및 세계 이백여 개의 도시에서 총 오백만 명에 달하는 사람들이 행진에 참가한 것으로 추산된다.

이 행진은 여성들의 단결을 보여주는 놀라운 행사였다. 하지만 각국에서 벌어진 행진 모습을 촬영한 동영상을 보다가 다른 데 눈길이 갔다. 남성들이었다. 잘 알려지지는 않았지만 거기에 동참했던 수천 명의 남성들 말이다. 이들은 넉살 좋게 함께 행진을 하며 성평등에 대해 소리 높여 외쳤다. 미국에서 행진에 참여한 대다수 남성에게 이 문제는 민주당을 지지하느냐 공화당을 지지하느냐가 아니었다. 인간으로서의 신념에 대한 문제였다.

"저는 쉰네 살의 백인 남성이니까 전형적인 트럼프 지지층입니다. 하지만 저희 엄마는 저를 제대로 키웠어요!" 워싱턴 D.C.에서 행진에 참가한 제프 파커는 이렇게 이야기했다. 글렌 윌리스도 세상을 떠난 아내를 기리며 행진에 동참했다. 해병대 출신의 재향 군인 알렉산더 맥코이는 "예전에 여자 상관 밑에 복무한 적이 있었는데 해병대원으로서의 제 어마어마한 자부심에는 전혀 영향을 미치지 않았습니다. 이제 이 나라도 여성의 지휘를 따르는 남성은 나약하다는 생각을 버릴 때죠"라고 참가 이유를 밝혔다.

수많은 여성들이 아직도 매일같이 여러 가지 문제를 접하고, 일부 지역에서는 노골적인 여성혐오 및 학대 같은 골치 아픈 문제가 존재함에도 불구하고, 바로 이런 이유 때문에 우리가 해결책을 향해 앞으로 나아간다고 긍정적으로 믿게 된다. 점점 더 많은 남성들이 이 대의명분에 동참하고 있으며 성별 격차를 좁히게끔 손을 뻗어온다.

미국 각지뿐만 아니라 전 세계 곳곳에서 이런 남성들을 찾을 수 있다. 정치적인 견해도 가지각색이다. 사회 경제적 위상, 인종, 민족, 나이도 천차만별이다. 이들은 가정에서, 직장에서, 그리고 학교에서 성별 격차를 줄이기 위해 여러 가지 행동을 실천에 옮긴다. 비록 아이슬란드 남성들처럼 '페미니스트'를 자처하지 않을지는 몰라도 충분히 행동으로 보여주며 이미 여기저기서 변화를 일으키고 있다.

이런 남성들 중 하나가 워싱턴주의 공대생 재러드 몰딘이다. 대다수가 남학생인 동기들이 같은 과 여학생들을 무시하는 광경을 보고 그는 입장 표명을 하기로 마음먹었다.

「나와 같은 공대에 재학중인 여학우들에게」라는 제목으로 학보에 기고한 편지 형식의 글에서 그는 "여러분과 나는 사실 평등한 입장이 아니다"라고 적었다. 과학을 전공한다고 했을 때 주변에서 만류하는 것, '거만하다'는 말을 듣는 것, 교수에게 충분히 관심받지 못하는 것, 실력이 부족한데도 '남녀 비율 할당제 때문에 합격했다'고 취급받는 것 등 여학생들이 접하는 여러 가지 벽을 나열한 후 그는 이렇게 결론지었다. "내가 무언가를 성공적으로 해내면 주변에서는 내가 열심히 노력했기 때문이라고 본다. 그러니까 여학우 여러분과 나는 평등하지 않다. 여성으로서 공학 분야에 발을 들여놓았다는 사실만으로도 여러분은 이미 내가 평생 접할 어려움보다 훨씬 많은 벽을 극복한 것이다."

이 기고문은 빠르게 퍼져나갔고 열광적인 반응을 불러일으켰다. 이러한 반응 역시 그에게는 자신의 주장을 증명해주는 증거에 불과했다. "제가 무슨 새로운 이야기를 한 게 아닙니다. 하지만 이렇게 기존과 다른 반응이 나오는 건…… 제가 남자라서죠." NBC〈투데이〉에 출연하여 그는 이렇게 말했다.

몰딘보다 조금 더 나이든 남성들도 이와 비슷한 입장을 취하곤 한다. 월스트리트저널의 한 흥미로운 기사를 통해 이러한 변화를 엿볼 수 있다. 여성 기업 경영인들이 일과 가정의 균형을 어떻게 유지하느냐는 질문을 자주 받는다는 사실에 착안하여 똑같은 질문을 스물다섯 명의 남성 기업 경영인에게 던져 그 결과를 취합한 기사였다.

월스트리트저널에 따르면 "일과 직장의 균형은 여성들만의 문제가 아니다. 하지만 그렇게 인지되는 경우가 많다".

월스트리트저널의 기사에 따르면 유난히 절절하게 반응한 사람들 중 일부는 오십대 이상의 남성들이었다. 전문 보험중개업체인 마시앤드매클레넌의 최고경영자인 쉰다섯 살의 댄 글레이저는 첫째와 둘째가 어릴 때는 곁에 있어주지 못했기에 셋째 아이가 축구 시합 같은 활동을 할 때면 가급적 참석하기 위해 두 배로 노력한다고 말했다.

"젊었을 때는 삶이 영원할 것 같고 무언가를 놓쳐도 언제든지 따라잡을 수 있다고 생각합니다. 아이들, 그리고 아내에게도 나중에 만회하면 된다고요." 글레이저는 말했다. "하지만 아이들의 어린 시절은 한 번밖에 없습니다. 일단 지나가면 되돌릴 수 없지요."

마이크로소프트의 최고경영자이자 세 자녀의 아빠인 마흔아홉 살의 사티아 나델라는 일과 가정의 균형을 유지하기가 "무척이나 힘들다"고 시인한다. "만약 제가 딸을 데리고 라크로스 경기에 가면 휴대전화를 들여다보지 않고 실제로 딸의 경기를 지켜보는 시간이 얼마나 될까요? 저는 얼마 안 되는 시간을 쪼개서 아이들과 무언가를 할 때면 최대한 다른 일에 신경쓰지 않으려 노력합니다."

한편 이보다 젊은 경영진들은 조금 다른 형태로 손수 모범을 보인다. 저스트팹JustFab의 최고경영자인 서른다섯 살의 애덤 골든버그는 일과 가정의 균형을 유지하도록 경영 코치를 고용하여 일주일 중 사흘은 저녁식사 시간에 맞춰 퇴근하고 주말은 가족과 함께 보낼 수 있도록 시간을 비워두게 일정을 세웠다.

아데파Addepar의 젊은 CEO 에릭 포리에이는 모든 직원이 볼 수 있는 달력에 사무실을 비우는 시간을 표시해두는데, 딸을 병원에 데려가거나 아이가 잠들기 전에 함께 저녁을 먹기 위해 여섯시에 퇴근한다는 식으로 일정을 적어놓는다. 그러면 직원들도 자기 사생활을 '회사가 적극적으로 지원한다'고 느끼게 된다고 생각했다.

이러한 남성들은 남녀 모두 혜택을 누리는 방향으로 직장문화를 변화시키고 있다. 이들의 영향력은 다양한 방식으로 분명하게 드러나고 있다. 무엇보다 눈에 띄는 변화는 성별에 관계없이 사용 가능한 유급 육아 휴가 같은 새로운 복리후생 제도다. 기술계에서 시작된 이 관행은 언스트앤드영(16주), 존슨앤드존슨(엄마에게는 최대 17주, 아빠에게는 9주), 크레디트스위스(20주, 다만 '주' 양육자에게 한정) 등과 같은 다른 업계까지 퍼져나갔다. 한편 가장 최근 집계에 따르면 워싱턴 D.C.에 이어 뉴욕, 캘리포니아, 뉴저지, 로드아일랜드, 워싱턴의 다섯 개 주에서 유급 육아 휴가를 의무적으로 제공해야 한다는 법안을 통과시켰다.

뿐만 아니라 하버드 학생들이 맨배서더에 참여하듯이, 윗세대의 남성 경영자도 여성 동료들을 지원하기 위한 단체에 가입하는 사례가 늘어나는 추세다. 베인컨설팅이나 심프슨대처앤드바틀릿, MB파이낸셜처럼 남성이 압도적으로 많은 기업 내 여성 단체들도 남성 직원을 모임에 참여시키고 있다.

이런 혼성 집단 앞에서 진행하는 강연에서 여성들이 알게 모르게 경험하는 모욕적 언행이나 무의식적인 편견에 대해 이야기하면 여성들은 대부분 동의한다며 고개를 끄덕인다. 그러나 남성들은 이런 이야기에 머리를 한 대 맞은 것처럼 정신을 번쩍 차리기도 한다.

지난 몇 년만 살펴보아도 여성들을 후원하기 위해 남성들을 결속시키겠다는 단체가 여럿 설립되었다. 2016년 후반에 듀폰의 전 CEO 엘런 쿨먼을 포함한 경영자들을 중심으로 설립된 '동등함을 위한 패러다임'은 2030년까지 임원실에서 성평등을 구현할 것을 제창하면서 권장하는 여러 조치에 대한 '매뉴얼'도 제공한다. 여기에는 무의식적 편견 교육하기, 사무실에 얼마나 오래 앉아 있느냐가 아니라 성과를 기반으로 인사고과 실시하기, 잠재력이 뛰어난 여성에게 단순히 조언만 제공하는 멘토가 아니라 실제로 이끌어줄 만한 후원자 연결해주기 등이 포함된다. 뱅크오브아메리카, 코카콜라, 링크드인을 비롯하여 이십여 개 이상 기업의 최고경영자가 이를 지지했는데 이들 대다수가 남성이다.

이와 같은 맥락에서, 여학생들의 경영학 전공 선택을 장려하기 위해 설립된 비영리 단체 포르테 재단은 이제 남성에게도 문을 열었다. 포르테 재단은 캠퍼스 내에서 여성을 지지하는 남성들의 모임을 만들고자 하는 학생 및 교수진을 위해 '남성은 우방이다 캠페인'을 발족시켰다. 한편 비영리 단체인 린인은 #함께하는린인 LeanInTogether 캠페인을 통해 남성들의 동참을 촉구한다.

미국뿐 아니라 세계 각국에서 비슷한 움직임이 우후죽순처럼 일어나고 있다. 오스트레일리아에서는 '변화를 위한 남성 투사들'이라는 단체가 1년에 네 번씩 남성 경영자들을 한자리에 모아놓고 성별에 따른 급여 투명성 및 유연 근무제 등의 문제를 해결하기 위해 논의한다. 또한 이 남성 회원들은 남성으로만 구성된 패널에는 참여하지 않기로 맹세하기도 한다. 케냐에서도 '현재의 성평등을 위해 노력하는 남성들'이라는 단체가 활동중이다. 영국 금융계 경영인 헬레나 모리시가 발족한 30퍼센트클럽에는 기업 이사회의 여성 비율을 높인다는 목표를 지지하는 최고경영자들이 포함돼 있다. 2010년에 설립된 이 30퍼센트클럽은 현재 미국을 포함하여 여섯 개 나라에서 지부를 운영중이다.

한편 유엔은 여성을 지지하는 남성들을 겨냥한 히포쉬 캠페인을 출범시켰는데 배우 에마 왓슨이 이 캠페인의 홍보대사로 활동하고 있다. "성평등은 여러분의 문제이기도 합니다." 왓슨은 이 캠페인을 소개하는 유엔 연설에서 청중석에 있는 남성들에게 "내가 아니면 누가, 지금이 아니면 언제, 하고 자문해보십시오"라고 호소했다.

국제적으로 이들 남성 단체는 많은 수가 인도네시아에서 영국에 이르기까지 걱정스러울 정도로 증가중인 여성에 대한 폭력에 초점을 맞춘다. 에콰도르에서는 카스코스로사('분홍색 헬멧'이라는 의미)라는 남성 단체가 남학생들에게 여성을 존중하라고 가르친다. 아르헨티나와 칠레, 우루과이의 남성들도 여성의 권리를 지지하는 시위에 동참했다. 브루나이에는 여성 권한 강화를 옹호하는 남성 단체 아바탕가무초가 있는데 그대로 번역하면 '빛을 가져오다'라는 뜻이다. 2015년 1월 히포쉬와 유엔은 '이발소Barbershop'라는 회의를 개최했는데, 이는 여성 문제를 논의하기 위해 최초로 각국의 남성들을 한자리에 모은 행사였다. 파키스탄, 튀니지, 라트비아, 스웨덴을 비롯한 여러 나라에서 수백 명의 남성들이 날아왔다.

이 단체들은 분명 올바른 방향으로 나아가는 한 걸음이다. 하지만 확실히 해두자. 이러한 단체만으로는 충분하지 않다. 진정한 변화가 일어나려면, 즉 남성들이 오랫동안 자신들에게 유리하도록 기반을 다져온 문화를 완전히 바꾸려면, 각 개인이 개별적으로 젠더 문제에 대해 입장을 분명히 하고 성별 격차를 넘어서 여성들에게 손을 내밀어야 한다. 여성과 남성이 일상적으로 주고받는 작은 상호작용이 차곡차곡 쌓여야만 변화를 이뤄낼 수 있다.

예를 들어 와튼의 애덤 그랜트 교수는 여성을 무시하거나 모욕하는 발언을 들을 때마다 개입하는 습관을 들였다. 때로는 그냥 점잖은 말투로 조용히 "그게 무슨 뜻이지요?"라고만 반문한다. 이러면 굳이 상대방을 몰아세우지 않고도 남학생이 자기 발언을 돌아보고 왜 그랬는지 생각해본 다음 자기 행동에 대해 깨닫게 할 수 있다. 보다 극단적인 경우에는 부적절한 발언을 한 남학생을 따로 불러내서 다른 사람들이 그의 행동을 눈치채고 있으며 그런 발언을 하는 건 본인의 평판에 악영향을 미친다고 일러준다.

그랜트는 자신의 숨겨진 편견도 인정한다. "남성들은 자신의 편견을 털어놔야 합니다. 다른 사람에게 지적을 받으면 남성들은 주변에서 잣대를 들이댄다고 느끼기 마련입니다. [자신의 편견을] 스스로 인정하게 되면 성평등을 위한 환경 조성에 한발 다가가게 되지요."

벤처 캐피털 분야에 종사하는 로저 맥너미는 하루에 하나씩 성평등을 위한 행동을 실천에 옮기자고 제안한다. 예를 들어 몇 년 전, 일부러 이메일 작성 스타일을 바꾸어 '여성스러운' 표현을 좀더 사용하고 있다. 이제는 이메일을 쓸 때 예의를 갖춘 인사말('친애하는 조앤에게')로 시작해 협업하고자 하는 의사를 전달하기 위해 명령이나 지시보다는 질문하듯이 제시한다. 그는 이러한 노력의 핵심을 '다른 사람에 대한 존중의 뜻을 표현하기'라고 칭하며 이렇게 덧붙인다. "만약 수많은 사람들이 매일 하나씩 이를 실천한다면 전부 모여서 엄청난 효과를 발휘할 겁니다."

이 책에서 소개한 남성들은 궁극적으로 우리가 보다 평등한 세상으로 나아가는 데 도움이 될 만한 크고 작은 여러 가지 전략을 소개해주었다. PwC의 로버트 모리츠 같은 남성들은 사업을 성공으로 이끄는 데 왜 여성이 중요한지에 대해 쓰기도 한다. 또한 브라이언 웰 박사는 동료 구글 직원들이 스스로의 무의식적인 편견을 인식할 수 있도록 돕는다. 그리고 샘 포크는 금융계에서 '남자들 끼리 하는 대화'가 얼마나 부정적인 영향을 미치는지 공개적으로 지적했다. 또한 컨테이너 스토어의 킵 틴델은 의사결정을 할 때 여성 경영진을 참여시키면 어떤 장점이 있는지 이야기한다. 킴벌리 클라크의 톰 포크는 다양성 영역에서 성과를 올리면 상여금을 받는 제도를 갖춰놓았다. 한편 오거스터스 화이트 박사는 '문화적 문맹'에 대해 설명하며, 성별과 인종에 관계없이 모든 사람을 존중하는 태도로 대하는 데 인식이 왜 그렇게 중요한지를 설파한다.

물론 남녀 격차를 없애기까지 아직 가야 할 길이 멀다는 사실에는 의심의 여지가 없다. 가장 깨어 있으며 진심으로 노력하는 남성들조차 극복하기 힘든 구조적, 문화적 저항을 맞닥뜨리게 된다.

"이 문제는 무척이나 뿌리깊게 박혀 있지요. 심지어 진보 성향의 사람들조차도 여전히 여성을 무시하거나 존중하지 않는다는 사실에 끊임없이 놀라게 됩니다." 포크는 나에게 말했다 "끊임없이 경계해야 합니다. 어마어마한 노력도 필요하죠."

예를 들어 컨설팅 기업 맥킨지앤드컴퍼니의 CEO이자 선교사 집안 출신인 도미닉 바턴은 미국에서 여성 권리를 옹호하는 일에 가장 목소리 높이는 남성으로 꼽힌다. 그는 관리자 직급에 있는 남성들에게 전도유망한 여성 직원들의 멘토 역할을 하도록 장려한다. 이 회사는 모든 직원이 무의식적인 편견 교육을 이수하게끔 의무화하고 있다(예전에는 자발적으로 참여하게 했지만 "정작 문제가 있는 직원들, 즉 편견을 가진 사람들은 참석하지 않더군요"이라며 그 이유를 부연했다). 심지어 말단직에 더 많은 여성을 채용하기 위해

각 성별에 따른 채용 비율 목표치까지 도입했다.

바턴은 2020년까지 파트너 직급의 여성 비율을 40퍼센트로 끌어올리겠다는 야심 찬 목표를 내세우기도 했다. 하지만 2016년 현재, 고위 관리직 중 여성 비율은 고작 11퍼센트다. "올바른 방향으로 나아가고는 있습니다만 지나치게 느리긴 합니다. 변화를 어떻게 가속화할 수 있을지 그 해답은 아직 찾지 못했습니다." 바턴은 순순히 인정한다.

그래도 그는 노력을 멈추지는 않는다. "남성의 역할이 무엇보다 중요합니다. 여성의 힘만으로는 해결할 수 없는 문제죠."

이러한 노력을 위해서는 용기가 필요하다. 여성을 옹호하는 남성은 언어적 모욕뿐만 아니라 그보다 심한 폭력을 겪기도 한다. 지극히 점잖게 지지 의사를 표현해도 격렬하게 분노하는 사람들이 있다. 미국 유대인 전문직 단체인 '남성은 우방'에서 남성만으로 구성된 패널에는 참여하지 말자고 촉구하자, 이에 영향을 받은 잡지 『애틀랜틱』에서도 독자들에게 동일한 제안을 했다. 반응이 어찌나 격렬한지 『애틀랜틱』은 그 기사의 댓글 창을 막아야 했다.

여성을 지지하는 남성은 다른 남성들뿐만 아니라 여성들의 반발까지 접한다. 일부 여성 단체는 회원들이 소외되는 일을 방지한다며 의도적으로 남성들을 배제한다. 조슈아 라이먼은 『국제평론』에 "여성운동 단체들은 아직까지도 남성의 합류를 달가워하지 않는 경우가 많다"고 기고했다. 그러나 남성들의 참여를 허용하면 "여성에 의한, 여성을 위한 대의명분이 모든 사람을 아우르는 사회운동으로 탈바꿈한다"고 밝혔다.

그러나 모든 어려움에도 불구하고 이 남성들은 끈질기게 포기하지 않는다. 그리고 비록 속도는 느리지만 성평등을 공개적으로 지지하는 남성에 대한 사회적 낙인이 확실히 사라지고 있다. 이들은 보다 많은 남성이 성평등이라는 대의명분에 동참하도록 설득하려면 여성과 남성이 각기 어떠한 노력을 기울여야 하는지에 대한 통찰을 제시해준다. 이들의 전략은 다양하지만 그 메시지는 동일하다. 여성 본인들의 힘만으로는 이 문제를 해결할 수 없다. 남성들도 성평등 문제를 인식하고 주인의식을 가져야 한다.

궁극적으로 여성에게 평등한 사회는 남성에게도 평등한 사회다. 소녀들에게 허용되는 직업뿐만 아니라 소년들에게 허용되는 직업의 정의도 더욱 확장되어야 한다. 공감력이나 협동력 같은, 예로부터 여성적 가치라 여겨진 가치를 점점 더 중시하는 추세의 현대 경제에서는 더욱 그래야 한다. 여성 외과의를 이상하게 보지 않는 것처럼 남성 간호사를 보고도 눈살을 찌푸리지 말아야 한다. 글로리아 스타이넘은 이렇게 이야기했다. "드디어 우리가 딸을 아들처럼 키우게 됐다니 무척이나 기쁩니다. 하지만 아들 역시 딸처럼 키울 때까지는 절대 문제가 해결되지 않을 겁니다."

∾

수백만 명의 남성들이 성별 격차를 좁히기 위해 의욕적으로 노력할 준비가 됐음은 이미 보았다. 하지만 이 대의명분에 참여할 잠재적 동참자들은 이보다 훨씬 많다. 이들을 도대체 어떻게 동원할 것인가. 성평등이 자신의 문제이기도 하다는 걸 보다 많은 남성에게 이해시키려면 어떻게 해야 하는가? 어떻게 이 문제에 관심을 쏟도록 만들 것인가? 한마디로 어떻게 이들을 대화에 끌어들일 것인가?

때로는 단순한 질문만으로 물꼬가 트이기도 한다. 기술 기업 임원인 스티브 뵘의 경우 간단한 질문 하나 때문에 성별 격차에 대해 인식하게 되었다. 몇 년 전, 한 동료가 그에게 자신과 다른 배경을 가진 직원, 즉 여성이나 소수집단 출신의 직원에게 회사생활이 어떤지 물어본 적 있느냐고 질문했다. 그는 그런 적이 없었다. 물론 당시 그는 여성 및 소수집단이 어떤 문제에 직면하는지를 심각하게 고민해본 적이 없다는 사실을 누구보다 먼저 인정할 만큼 열린 사고를 갖고 있었다. 하지만 그가 자신의 태도와 행동을 돌아보게 이끈 것은 동료의 간단한 질문 하나였다.

뵘은 15년 전의 자신에 대해 이렇게 말한다. "저는 제가 모두를 공정하게 대하는 좋은 사람이라고 생각했습니다. 저 같은 남성들이 아주 많아요. 이들은 좋은 의도를 가지고 있습니다. 하지만 자신이 뭘 모르는지조차 모르고 있어요."

반면 여성들은 현실을 너무나 잘 안다. 그러나 이제는 여성들끼리만 대화를 나누는 일에서 벗어나야 한다. 남성들도 이 대화에 동참하도록 독려할 때다.

이 책의 집필을 위한 조사과정에서 만난 남성들, 그리고 우리 모두에게 평등한 사회를 만들기 위해 노력중인 여성들에게서 크나큰 희망을 보았다. TV 프로그램 여성 작가들이 중간에 가로막히지 않고 끝까지 의견을 말하게끔 조치한 글렌 마자라부터 편견 없는 세상에서는 어떤 일이 가능한지 직접 보여주는 여러 심포니 오케스트라, 인간의 두개골을 들여다보는 과학자와 엔론사의 이메일을 면밀히 분석하는 연구원에 이르기까지, 점점 더 많은 남성들이 매일같이 성별 격차의 벽을 넘어 손을 내밀어온다.

물론 남성들 사이에서 일어나는 이러한 움직임은 아직 초기 단계다. 현재로서는 구심점 없이 분산되어 있으며 두드러지게 눈에 띄지도 않는다. 그러나 조사중에 만난 사람들이 이러한 노력을 전면으로 부각시키고 있으며, 남녀가 힘을 합쳐야 성별 격차를 줄여갈 수 있다는 사고방식을 중심으로 뭉치고 있다. 이들은 전국적인 담론을 촉발해 이 문제에 대한 의식을 고취한다.

내가 만난 사람들은 남성이든 여성이든 모든 해답을 안다고 자부하지 않았다. 나 역시 마찬가지다. 직장에서의 삶은 다른 어느 곳에서의 삶과 마찬가지로 골치 아프다. 하지만 이번 여정을 통해 우리가 서로를 어떻게 바라보고, 어떻게 대우해야 할지 다시 한번 생각해볼 수 있었다. 그리고 여러분 역시 그랬으면 좋겠다.

그렇다, 여성들은 여전히 남성들의 세상에서 살고 있다. 하지만 하루하루가 지날수록 더욱 많은 남성들이 성별 격차의 벽을 뛰어넘고 있다. 이제 우리는 진정한 의미에서 어깨를 나란히 하고 미래를 향해 같은 방향으로 나아간다. 함께 말이다.

직장 내 성평등을 위한 전략 노트

인터뷰를 했던 수많은 이들이 남녀가 평등하게 경쟁하는 환경을 조성하려면 어떻게 해야 할지 다양한 전략을 제안해주었다. 여러분이 남성이든 여성이든 관계없이 지금 바로 채택할 만한 몇 가지 전략을 소개한다.

1. 말을 가로막는 사람들을 가로막아라

여성 대법원 판사들조차도 남성 대법원 판사들보다 말을 가로막힐 확률이 세 배나 높다. 노스웨스턴대 연구원들은 강력한 권한을 쥔 여성 대법원 판사들조차 "다른 여성들과 마찬가지로 중간에 말을 가로채는 남성 동료들 때문에 제대로 발언하지 못한다"고 주장했다.

이럴 땐… 〈워킹 데드〉의 제작자 글렌 마자라처럼 '말 가로채기 금지' 규정을 도입해 모두에게 지키게 하라. 여성의 말이 가로막힐 경우 가로챈 사람을 저지할 수도 있다. "지금 올리비아가 이야기하잖나. 먼저 끝까지 들어보세."

2. 다른 여성의 의견을 증폭시키고 서로 칭찬해준다

여성의 아이디어는 처음에 주목받지 못하는 경우가 많으며 나중에 똑같은 아이디어를 반복해서 제시한 남성이 공을 가로채기 십상이다.

이럴 땐… 오바마 정부의 여성 관료들에게서 힌트를 얻자. 처음 아이디어를 제시한 여성의 발언을 주변에서 되풀이하여 그 아이디어에 대한 공로를 인정받게끔 '확성기' 전략을 사용한다. 여성이 자기 성과에 대해 직접 이야기하면 불이익을 당하니, 여성들끼리(그리고 뜻을 같이하는 남성들도) 각자의 '성과를 칭찬해주는 친구'가 되는 것도 좋은 방법이다. 서로의 성과를 공유하고 상대를 마음껏 칭찬하자.

3. 지원자뿐만 아니라 채용 담당자도 다양화하라

점점 더 많은 기업들이 루니 규정을 도입하여 채용과정에서 다양한 배경을 가진 지원자의 선발을 의무화하고 있다. 하지만 여성 지원자의 확보는 첫 단계에 불과하다. 면접을 실시하는 채용 담당자의 다양성이 확보되지 않는다면, 예를 들어 면접관이 전부 백인 남성이라면 여성 지원자가 '조직문화에 잘 맞는 지원자'라고 판단될 가능성이 낮을 뿐만 아니라 여성 지원자도 불편해하여 입사 제안을 받는다 해도 거절할 가능성이 있다.

이럴 땐… 다양성을 확보하라. 루니 규정을 채용 담당자에게까지 확대하자. 입사 지원자뿐만 아니라 면접관도 다양해져야 한다.

4. 여성을 투입하면 수익이 늘어난다

여성은 '조직에 잘 맞지 않는다'고 평가받거나 역량이 부족한데도 '다양성 제도 때문에 채용됐다'고 무시당해 채용이나 승진에서 밀리는 경우가 많다.

이럴 땐… 사실을 제시하라. 여성을 투입하면 업무팀의 창의력이 향상된다. 여성 CFO를 둔 기업은 남성 CFO를 둔 기업보다 인수를 추진하는 건수는 적지만 성과는 훨씬 뛰어나다. 임원진 중 여성 비율이 가장 높은 기업들은 모든 척도에서 그 반대의 경우보다 뛰어난 실적을 올린다. 혼성 집단이 단일 성별 집단보다 살인 사건조차도 더욱 정확하게 해결한다. 성공을 위한 비결을 찾는가? 그냥 여성을 투입하면 된다.

5. 여성의 성공은 '미안할 일'도 '운이 좋았기 때문'도 아니다. 그리고 여성은 질문하듯 묻지 않는다

여성들은 주변 사람들에게 강압적이라는 인상을 주지 않기 위해 수식어구를 사용하는 경우가 많다("귀찮게 해드려서 죄송합니다만……"). 여성들이 적극적으로 행동하면 오만하다거나, 성질이 더럽다거나, 같이 일하기 힘든 사람이라고 평가받아 불이익을 입게 되기 마련이다.

이럴 땐… 여성들은 이러한 언어 습관을 너무나 잘 알고 있으며 스스로 조절하려고 노력한다. 만약 그렇지 않은 경우, 다음번에 여성이 의문형을 사용해 말한다면 질문을 던지는 것이 아니라 책상을 쾅 치며 사실을 제시하는 중이라고 생각하는 편이 좋다.

6. 칭찬을 가장한 모욕을 피하자

여성은 의도적이든 아니든 업신여기는 뉘앙스의 칭찬을 받는 경우가 많다. 예를 들어 나는 TV 뉴스 인터뷰를 몇 시간 동안이나 준비했는데도 인터뷰 상대인 기업의 고위 임원에게 '귀엽다'는 말을 들어야 했다.

이럴 땐… 남성에게 그런 칭찬을 하겠는가? 만약 아니라면 여성에게도 그래서는 안 된다.

7. 남성과 여성을 동등하게 존중하라

연구에 따르면 남성이 여성보다 훨씬 더 존중받는다. 두 사람이 동일한 직급이라 하여도 말이다.

이럴 땐… 크든 작든 여성을 무시하는 태도를 보이지 않았는지 살피고 행동을 적절히 조절하라. 커플을 만난 자리에서 혹시 남성에게는 무슨 일을 하는지 물었지만 여성은 무시하지 않았는가? 회의에서 남성의 말은 경청하면서도 여성이 발언하면 이메일만 들여다보지 않았는가? 나를 비롯해 모든 사람이 항시 경계해야 한다. 나는 이 책의 초고를 살피다가 무의식적으로 여자 의사는 그냥 이름을 부르고 남자 의사는 존경을 담아 '박사'라고 칭했음을 발견했다. 이는 다양한 연구를 통해 상당히 보편적인 실수임이 드러난 바 있다. 이러한 실수를 다시는 하지 않겠다고 다짐했다.

8. 여성을 위한다며 대신 결정을 내리지 마라

새로운 기회가 생기고 여성 직원이 후보로 거론될 때마다 고위 임원이 이런 식으로 이야기하는 것을 몇 번이나 들었다. "미아가 이상적인 후보지만 출산한 지 얼마 안 됐으니 출장을 싫어할 거야" "아이들이 어려서 이사하기 곤란할 거야" "야근이 부담스러울지도 몰라"……

이럴 땐… 섣불리 넘겨짚지 마라. 직접 그녀에게 물어라. 설령 그 직원이 기회를 거절한대도, 다음번에 새로운 기회가 생기면 제안을 하고 그다음에도 거듭 제안을 하라. 나의 상사들은 내 아이들이 어렸을 때 그렇게 했으며 다시 한번 내가 커리어를 위해 전력투구할 준비가 되자 변함없이 여러 가지 기회를 제안해주었다.

9. 눈물을 두려워하지 마라

『직장에서 만난 화성남자 금성여자』에서 바버라 애니스와 존 그레이는 남성들이 직장에서 접하는 주된 어려움으로 감정을 꼽았다. 남성 관리자들은 눈물을 두려워해 여성 부하 직원들의 성장에 필수적인 솔직한 피드백을 제공하지 못하기도 한다.

이럴 땐… 만약 여러분이 관리자라면 직원 인사고과 결과를 보면서 남성과 여성을 동등하게 평가했는지 확인해보자. 그리고 솔직하게 피드백을 했을 때 여성 직원이 실제로 운다면 왜인지 알아보자. 그녀는 슬퍼서 눈물을 흘리는 게 아니다. 분해서 혹은 극도로 화가 났기 때문에 울 수도 있다. 남성들은 화가 날 때 소리를 지른다. 여성에게 눈물은 사실상 그와 비슷한 의미다.

10. 여성은 연봉 인상 자격을 갖춰도 요청하지 않는다

남성이 연봉 인상을 요청할 확률은 여성보다 네 배나 높은데 카네기멜런대 경제학과 교수 린다 배브콕에 따르면 여성이 연봉 인상을 요청한대도 일반적으로 남성보다 30퍼센트 정도 낮은 인상분을 제시한다고 한다.

이럴 땐… 만약 여러분이 관리자라면 우는 아이에게 떡 하나 더 준다는 식으로 연봉을 결정하고 있지는 않은지, 남성 직원이 빈번하게 연봉 연상을 요구해서 경력이 비슷한 같은 팀 여성 직원보다 더 연봉이 높지는 않은지 살펴보자. 그리고 만약 여러분이 직원이라면 페이스케일, 샐러리닷컴, 글래스도어 등에서 제공하는 연봉 데이터를 확보하자. 미국의 몇몇 주와 일부 국가에서는 현재 성별에 따른 급여 격차에 대해 감사를 실시해 그 결과의 공개를 의무화하고 있다.

11. "어머니 세대의 여성을 고용하라"

『맥콜』의 전 편집장인 샐리 코즐로가 뉴욕타임스 사설란에 기고한 이 눈에 띄는 헤드라인은 중년 여성 세대를 둘러싼 까다로운 문제를 완벽하게 요약해준다. 많은 여성들이 자녀가 어릴 때에는 직장을 그만두거나 부담이 적은 '마미 트랙'을 택한다. 하지만 일단 아이가 둥지를 떠나고 나면 젊었을 때와 다름없는 야심을 품고 다시 한번 커리어를 한 단계 발전시키고자 의욕을 불태운다.

이럴 땐… 이들을 고용하라! 그보다 처음부터 이들의 경력이 단절되지 않게끔 적절한 업무 환경을 조성하라. 아이들이 어려서 잠시 일선에서 물러나고자 하는 여성에게는 사무실에 출근하지 않고도 계속해서 조직에 기여하고 성장할 수 있는 프로젝트 업무를 제시하

라. 예를 들자면 법률 브리핑 문서 작성이나 재무 모델 구축 업무 등이 이에 해당된다.

12. 그녀는 아직 모르지만 승진할 만하다

남성들은 보다 좋은 일자리에 결원이 생겼을 때 자신이 자격을 갖추었든 아니든 적극적으로 지원할 확률이 여성보다 훨씬 높다. 한편 구글을 비롯한 여러 기업에서 발견한 바에 따르면 여성들은 자격을 충분히 갖췄음에도 좀처럼 앞으로 나서지 않는다.

이럴 땐… 자원했든 아니든 간에 자격을 갖춘 여성을 반드시 후보로 고려하자. 본인이 선뜻 나서지 않는다면 적극적으로 설득하는 일도 마다하지 않는다. 함께 이야기를 나눴던 몇몇 임원들은 적절한 자격을 갖춘 여성 직원을 찾아내서 지원하라고 권유했다고 했다. 그렇다고 해서 그녀가 반드시 그 자리를 차지한다는 보장은 없지만, 애초에 후보로 고려조차 안 된다면 그 자리에 임용될 가능성은 제로에 가깝다.

감사의 말

이 책을 집필하는 동안 자신의 이야기를 공유해주고, 아낌없이 조언해주며, 연구 내용을 소개해주고, 시간을 할애해준 모든 분께 마음속 깊이 감사드린다. 여러분 덕분에 모든 장이 활력을 얻을 수 있었다.

윌리엄 모로 출판사의 모든 분들께 아무리 감사를 드려도 부족하다. 발행인 리에트 슈텔리크, 그리고 이 원고를 다듬는 과정에서 다양한 의견을 제시해준 뛰어난 편집자 레이철 카한에게 감사한다(다행히도 마감일 전에 탈고할 수 있었다!). 이 책을 쓰는 모든 단계마다 아낌없이 지지해준 샤린 로젠블룸, 린 그레이디, 몰리 왁스먼, 그리고 알리비아 로페스에게도 무한한 감사를 표하고 싶다. 줄리아 멜처, 냐메키 왈리야야, 그리고 교열 담당자 캐런 리처드슨은 셀 수 없이 여러 차례 나를 구원해주었다. 또한 처음부터 이 책을 적극적으로 옹호해준 헨리 페리스에게도 감사한다.

기획 단계부터 적극적으로 내 등을 떠밀어주고, 구상과정에서 용기를 북돋아주었으며, 원고가 완성되었을 때에는 소중한 피드백을 제공하는 등, 누구보다 많은 도움을 준 수잰 글루크가 없었다면 이 책은 세상의 빛을 보지 못했을 것이다. 수잰은 나의 좋은 친구이자 이번 프로젝트를 앞장서서 견인했던 끝내주는 #엄마보스 momboss다. 또한 마틸다 포브스 왓슨, 재닌 캐모우, 로런 슈르고트, 앤드리아 블랫에게도 감사를 전한다.

마감을 향해 숨가쁘게 달려가던 우리를 많이 도와준 미셸 히긴스 기자에게는 항상 감사하며 살아갈 것이다(벨로리아는 평생 마음껏 풀장을 사용해도 좋다!). 또한 사실 확인 및 오류 점검 작업을 해준 케빈 밀리언, 테일러 헤스, 니콜 김플에게도 감사한다.

이 책을 집필하는 동안 개닛에 입사하여 USA투데이 네트워크에 합류했다. 뛰어난 재능과 헌신, 창의력을 가진 동료들은 매일같이 많은 영감을 주었다. 이 책의 내용을 다듬을 만큼 날카로운 통찰력은 물론이고 아낌없는 지지를 보내준 너무나 많은 동료들, 특히 초고를 검토해준 바버라 월, 브렌트 존스, 키라 노태프트, 크리시 테럴, 마커스 윌리엄스에게 감사한다.

원고를 읽고 소중한 조언을 아끼지 않은 로저 맥너미에게도 진심으로 감사의 뜻을 전한다. 또한 원고의 일부 또는 초교를 살펴보고 유익한 피드백을 제공해준 셰릴 샌드버그, 라지니 베르마, 앤드루 티시, 애덤 그랜트, 샐리 크로첵, 케이티 커릭, 찰스 두히그, 맷 크렌츠, 멜러니 쿠프친스키, 글렌 마자라를 비롯, 많은 분께 감사한다. 기꺼이 상담에 응하고 올바른 방향을 제시해준 매기 네이프와 코트니 해밀턴에게도 감사를 표하고 싶다. 그리고 대학 시절 룸메이트였던 캐럴 오키프의 지혜와 솔직한 의견, 그리고 우정에도 특별히 감사한다.

마지막으로 나의 가족, 특히 하늘에 계신 아버지 버턴 리프먼과 어머니 다이앤 리프먼에게 감사드린다. 두 분 덕분에 우리 세 자매는 강한 여성으로 성장하여 역시 강인함과 동정심을 갖춘 손녀와 손자들(그리고 손자사위들!)을 두 세대나 키워낼 수 있었다. 나에게 매일같이 영감과 깨달음을 안겨주는 우리 아이들 리베카와 앤드루에게도 사랑과 감사를 보낸다. 또한 3년에 걸친 집필과정에서 나와 함께 해주었을 뿐만 아니라 아내인 나를 포함한 모든 여성들을 평생 동안 지지해오며 이 책의 내용을 실천중인 남편 톰에게 감사하며 무한한 사랑을 전한다.

옮긴이 구계원

서울대학교 식품영양학과, 도쿄 일본어학교 일본어 고급 코스를 졸업했다. 미국 몬터레이 국제대학원에서 통번역 석사과정을 수료하고, 현재 전문 번역가로 활발히 활동중이다. 옮긴 책으로는 『옆집의 나르시시스트』 『술 취한 식물학자』 『화성 이주 프로젝트』 『봉고차 월든』 『사랑할 때 우리가 속삭이는 말들』 『아무도 대답해주지 않은 질문들』 외 다수가 있다.

제가 투명인간인가요?

초판 인쇄 2019년 1월 16일
초판 발행 2019년 1월 23일

지은이 조앤 리프먼 | 옮긴이 구계원 | 펴낸이 염현숙
책임편집 임혜지 | 편집 황은주 | 모니터링 이희연
디자인 최윤미 이주영 | 저작권 한문숙 김지영
마케팅 정민호 이숙재 안남영 | 홍보 김희숙 김상만 이천희
제작 강신은 김동욱 임현식 | 제작처 한영문화사

펴낸곳 (주)문학동네
출판등록 1993년 10월 22일 제406-2003-000045호
주소 10881 경기도 파주시 회동길 210
전자우편 editor@munhak.com | 대표전화 031) 955-8888 | 팩스 031) 955-8855
문의전화 031) 955-3578(마케팅) 031) 955-2672(편집)
문학동네카페 http://cafe.naver.com/mhdn | 트위터 @munhakdongne
북클럽문학동네 http://bookclubmunhak.com

ISBN 978-89-546-5468-5 03330

www.munhak.com